진입도로법의 체계

맹지에 대한 새로운 접근

김면규

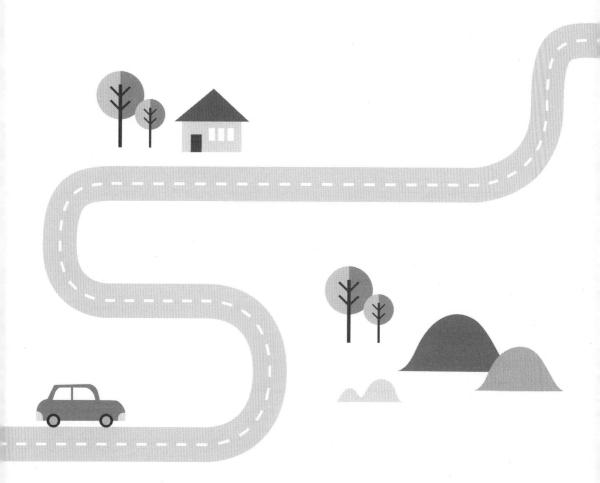

박영사

머리말

우리나라의 경우 국토 면적이 협소한 데다가 건축이 가능한 요건을 갖춘 토지가 부족해서 지가 상승폭이 클 뿐만 아니라, 그 토지가 필요로 하는 사람에게 배분되지 않는 현상이 심각하다. 국토의 상당부분을 차지하는 공도(公道)에 연결되지 아니한 소위 '맹지'들도 공도와 연결되는 진입도로만 확보할 수 있으면 건축 등 다양한 용도에 효율적으로 쓰일 수 있다. 그런데 정부가 예산을 들여 도로망을 확충하는 데는 한계가 있기 때문에, 실제로는 토지 이용자가 자기 소유의 토지에 직접 진입도로를 개설하거나 진입로 부지 소유자의 동의를 얻어 접도요건을 충족할 수 있게 하고 있다.

공도에 연결되어 있지 못한 토지의 경우 진입로 개설에 필요한 토지의 소유자가 이를 매도하지 않으면서 그 사용마저도 반대하게 되면, 당해 토지를 건축 등에 이용하는 것은 불가능해지고 만다. 사정이 이러하다 보니 토지들 중 상당수가 맹지가 되고 마는 실정이다. 그리고 도시화가 진행되어 지가가 상승할수록 진입도로 개설 문제와 관련된 갈등이 늘어나게 마련이다.

이러한 양상은 제도가 현실적인 문제의 해결에 적극적이지 못했던 결과다. 필자는 이 문제를 해결하여야 한다는 고민에서 한시도 자유로운 적이 없었다. 그러던 중 이 문제의 해결방안을 찾는 것이 박사학위논문의 주제가 되었고, 결국 20여 년의 고민 끝에 이 책을 완성하게 되었다.

그동안 관련 공무원들과 민원인, 건축사나 토목설계사들이 얼마나 혼란스러워했는지? 또한 그것이 국가와 사회발전에 얼마나 큰 장애가 되었는지? 헤아릴 수 없다. 이 책의 출간을 계기로 우리나라 법체계하에 진입도로와 관련한 혼란스러운 사정들이 줄어들기를 바란다. 이 책이 우리의 토지 사용방법을 혁신하여 소위 맹지의 건축문제를 해결하고, 토지시장의 공급량을 증대시켜 지가를 안정시키며 국토의 효율적 이용에도 기여하기를 기대해 본다.

이 책은 토지와 도로를 연결하는 진입도로라는 개념을 체계적으로 정립하여 이른바 '맹지'의 진입도로 개설에 큰 도움이 될 것이다.

도로의 연결허가·점용허가, 국·공유재산 활용 및 공유수면 활용(공유수면 점·사용), 하천·소하천부지 활용(하천점용 등), 구거 활용(농업생산기반시설 목적외 사용)에 대하여도 심도있게 다루고 있다.

진입도로와 주위토지통행권에 관하여 깊은 이해와 더불어 입법정책에 도움을 주고자, 입법례와 한국, 독일, 일본 판례와 프랑스의 사례도 풍부하게 담았다.

주요 소재·주제에 관한 색인을 풍부하게 담아 업무상 참조하기 쉽고, 각 장을 주제별로 분류하여 국내외 모든 자료를 전문적으로 다루었다.

주요 독자층은 인허가 관련 공무원, 건축사, 토목설계사, 변호사, 공인중개사, 법학과·부동산학과 학생, 토지에 관심 있는 투자자·개발자일 것이다. 또한 국회의 입법자들도 꼭 살펴보시길 기대한다.

2021. 7.

김 연규 씀

들어가면서
(Summary)

　토지를 사용·수익하는 방법은, 예컨대 농작물을 재배한다든가, 공장이나 주택 등을 건축한다든가 하는 등 일일이 열거할 수 없을 정도로 다양하다.

　그런데 토지를 일정한 방식으로 지속적으로 사용·수익하기 위해서는 그 용도에 부합하는 통행로가 필요하게 마련이다. 토지에 출입하기 위한 통로는 그 사용·수익의 방식에 따라 다양한 형태를 띠게 될 것이다. 주된 통행수단이 도보인지 자동차인지, 제한된 사람들만이 사용하는 통로인지 아니면 상가나 공장의 진입로와 같이 불특정다수가 출입하여야 하는 통로인지에 따라서 통행로의 폭이나 형태 등이 달라지게 될 것이다.

　당해 토지가 일반 공중이나 차량 등이 사용하는 도로에 직접적으로 접해있다면 통행로를 확보하는 일은 크게 문제되지 않을 것이다. 그러나 당해 토지와 도로를 연결하는 통로가 없는 경우에는 사정이 달라진다. 이러한 경우에도 그 통행로를 사용하고자 하는 자의 토지에 통행로를 개설할 수 있다면 특별히 문제될 것이 없으나, 다른 사람 소유의 토지에 통행로를 개설할 수밖에 없는 경우라면 전혀 다른 양상을 보이게 될 수도 있다. 예를 들어 채집·농림어업 생산 등을 위해서 타인의 토지를 간헐적·일시적으로 통과하는 수준이라면 '호의에 의한 통행'으로도 가능할 것이지만, 통행이 정기적이고 반복적으로 이루어져야 하고 더군다나 불특정다수인까지 통행하여야 하는 경우라면 '계약에 의한 통행'이 필요할 수도 있을 것이다. 그리고 타인 토지의 통행에 관하여 당사자들 간에 합의가 성립되지 않더라도 일정한 요건이 갖추어진 경우 법률 규정에 의하여 통행권을 부여하는 '법정통행권'이 요구되기도 한다. 그리고 특정 지역과 지역을 연결하고, 누구든지 아무런 제한 없이 통행할 수 있는 도로가 필요한 경우에는 공공용 도로가 개설될 필요가 있다.

역사적으로 볼 때, 근대적 의미에서의 소유권 관념이 확립되기 전에는 아직 공공용 도로의 필요성이 크게 인식되지 못하였으나, 농경사회가 본격적으로 발달하고 정착생활이 보편화되면서 개인 소유의 경작지와 거주지를 연결하는 도로와 통로의 중요성이 대두되었다. 그리고 점차 도시와 시장의 발달, 생산기술과 이동기술의 발전에 따라 통로를 넘어서 공공용 도로가 필요하게 되었다. 인구가 증가하고 이에 따라 대규모 도시가 형성되면서 통행할 수 있는 도로망뿐만 아니라 상·하수도망의 설치에 대한 수요까지 생겨나게 되었고, 교통수단이 다양화·대형화됨에 따라 점점 더 넓은 폭의 통행로가 필요하게 되었다. 이러한 변화 내지 발전과정에서 사회 구성원들 간에 통행로나 공공용 도로를 둘러싸고 이해관계가 대립하는 일이 늘어나게 되었고, 이에 각국은 이러한 이해관계를 효율적으로 규율하기 위한 법제도를 정비하게 되었다.

고대 로마법 시대에는 그 경작지와 주거지를 개인에게 할당할 때 그 통로(경계도)를 수반해서 배분했는데, 오랜 세월 상속과 매매가 거듭되면서 공로에 접하지 않는 토지문제가 심각하게 대두되었고, 12세기 이후에 이탈리아에서 이 문제를 해결하기 위한 방편의 한 가지로 주위토지통행권이 생성되었다(윤의섭, 후술 논문 10-12면). 그 후 이탈리아, 프랑스, 스위스는 로마법의 개인주의적 경향에 영향을 받아 '탄력적 이용조정'을 목적으로 주위토지통행권의 '개인적 권리'로서의 성격을 강조함으로써 주위토지통행권을 독립한 물권인 법정지역권의 형태를 인정하는 방향으로 발전시켰다. 이에 반하여 독일, 일본, 우리나라 등은 게르만법의 단체주의적 경향을 이어받아 주위토지통행권을 이웃하는 토지 상호간의 '이용관계를 최소한의 범위에서 조절'할 목적으로 이용할 수 있게 하였고, 그 결과 주위토지통행권이 가지는 '소유권 제한적 성격'에 주목하여 포위된 토지의 소유자가 주위토지통행권을 행사할 경우 주위토지소유자에게 수인의무를 지우는 방향으로 제도를 정비하여 왔다. 근대 사법체계는 토지에 대한 사적인 소유제도가 확립된 이후 이웃한 토지 소유자들 간의 다툼을 해결하기 위해 상린관계 제도를 도입하였고, 그 상린관계의 핵심적 내용이 주위토지통행권이라 할 수 있다. 주위토지통행권은 이웃 토지 소유자의 소유권을 제한하는 것이기 때문에 엄격한 요건 하에서 인정되어야 하는 것이지만, 이러한 원칙만을 고수하다 보면 토지 가치를 충분히 활용할 수 없게 되는 일이 생기는 불합리한 결과를 낳을 수도 있다.

　우리나라의 경우에도 국토의 효율적 이용을 위하여 국토의 계획 및 이용에 관한 법률이라든가 도로법 등을 제정·시행함으로써 도로와 관련된 다양한 이용자들 간의 이해를 조절하고 공공용 도로 인프라를 국토 전체에 구축하였다. 그리고 공공용 도로만으로 토지의 이용에 필요한 도로를 충족하지 못하는 경우에 대비하여, 건축법상에 개별적 건축허가요건으로서 도로지정·공고제도를 도입하기에 이르렀다. 그리고 건축뿐만 아니라 토지를 가공(개발행위)하는 과정에서도 각종 차량 등의 통행을 둘러싸고 인근 토지의 소유자들 사이에 많은 이해의 상충과 민원이 발생하는데, 이와 같은 문제를 해결하기 위하여 정부는 국토교통부훈령의 형태로 일정한 규모의 공작물설치와 토석의 채취를 할 때에도 그 규모에 상응하는 진입도로 설치를 요구하고 있다.

　토지는 그 위치가 고정되어 있는데다가 용이하게 그 양이 쉽게 늘어나지 않는 것이기 때문에, 일정 지역에 토지 수요가 발생하였다고 해서 다른 지역에 있는 토지를 이동시킨다거나 그 수요증가에 맞추어 즉각적으로 산지를 택지로 개발하는 등의 방식으로 토지시장에서의 수요와 공급의 균형을 잡을 수가 없는 것이다. 이러한 이유 때문에 토지시장은 다른 재화에 대한 시장과는 다른 양상을 보이게 된다.

　그런데 오늘날 어떤 토지가 토지시장에서 그 가치를 어느 정도로 인정받을 수 있는지 여부를 결정하는 요소가 바로 그 토지에 대한 진출입이 얼마나 원활한가 하는 점임을 알 수 있다. 즉, 토지를 불특정다수인이 아무런 제한 없이 지속적으로 출입하며 사용할 수 있는가, 차량이 자유롭게 드나들 수 있는가, 아니면 소수의 사람들만이 도보로 통행할 수 있는가에 따라 토지의 가치가 변하게 된다. 그렇다면 토지의 가치를 결정하는 중요한 요소가 당해 토지에 진출입할 수 있는 통행로이고, 결국 토지의 진출입로를 용이하게 확보할 수 있게 한다면 토지의 공급량을 늘릴 수 있을 뿐만 아니라 나아가 토지시장의 왜곡현상도 어느 정도 해결할 수 있을 것이라는 결론에 도달하게 된다.

　이 책은 이러한 문제의식에서 출발하여, 현행 법제도 하에서 토지 진입도로의 확보 방법을 모색하기 위해 그 전제로서 도로의 성립의 요건과 효과를 살펴서

도로의 확보와 확보한 도로의 유지라는 문제까지 검토해보고자 노력하였다. 아울러 공공용도로로부터 해당 토지로 연결하는 방법을 알아보고, 여의치 않을 때 국유재산 등 공공용물을 활용하는 방법까지 살펴보려 한다. 그럼에도 진입도로가 원활하게 해소되지 않는 근원적인 이유가 무엇인지를 살펴보고, 그러한 문제점들을 해소할 수 있는 개선방안을 제시하는 것을 목표로 한다. 그리하여 토지시장에서의 수요와 공급 사이의 불균형을 해소함으로써, 토지시장의 여러 왜곡현상들을 바로잡는 데 일조하고자 한다.

특히 토지를 개발하거나 건축에 이용하는 경우 진입도로를 확보하는 방안으로서 민법상의 주위토지통행권이 어떻게 활용되고 있는지를 살펴보고, 그와 관련된 문제점이 무엇인지 검토한다. 그리고 검토 결과 도출된 문제점을 해소할 수 있는 개선방법을 모색한다.

한때 토지공개념의 도입이 논의되기도 하였으나, 이것은 사유재산제도에 관한 변경을 의미하는 것일 수도 있으므로, 신중한 접근이 필요한 문제라고 생각한다. 그러므로 현행법 체계와의 마찰을 최소화하면서 토지 이용의 효율성을 극대화할 수 있는 방안으로 주위토지통행권을 개선함으로써, 이른바 맹지에 해당하는 토지들의 경제적 가치를 충분히 활용할 수 있는 방법을 찾아보고자 한다.

목 차

제2장 진입도로 관련 행정법규와 해석론 _53

제3장 도로연결 및 점용허가 _95

제 5 장　주위토지통행권 _173

제1절　주위토지통행권에 관한 민법규정과 해석론 _175

제 6 장　진입도로 관련 법제의 개선방안 _241

제 **7** 장 진입도로의 유지·보존 문제 _299

제1절 서 언 _301
제2절 수도 등 시설권 _302

제 8 장 마무리 _327

제 1 장
토지 활용과 진입도로

제 1 절 ╱ 토지와 도로에 관한 기본적 고찰

Ⅰ. 토지의 의의와 특성

1. 토지의 의의

토지라는 개념은 사용되는 상황이나 관계, 사람의 관점에 따라 그 개념을 달리한다. 경제적 관점에서 보면 토지는 생산요소 중의 하나이고, 토지개발업자의 입장에서 토지는 자본으로 파악되지만, 도시계획 전문가의 눈에 토지는 계획대상인 공간으로 분류될 것이다. 이처럼 토지는 보는 관점에 따라 그 개념을 달리한다.[1] 토지가 어떠한 의미를 가지는지 정리해보면 대체적으로 다음과 같다.[2]

첫째, 토지가 지표(地表)라는 이차원적인 공간을 넘어 지중(地中)과 공중을 포함하는 3차원적인 공간이란 의미에서, 토지는 공간이다.

둘째, 토지가 인간의 노력에 의해 그 특성이 바뀔 수는 있지만 여전히 인간생활에 많은 제한을 가한다는 의미에서, 토지는 자연이다.

셋째, 토지는 인간생활에 필요한 재화를 생산하는 생산재로서 중요한 역할을 담당한다는 의미에서, 자본, 노동과 더불어 3대 생산요소 중의 하나이다.

넷째, 주거용 토지나 휴양형 토지는 인간생활의 편의를 제공하는 최종 소비재라는 의미에서, 토지는 생산재인 동시에 소비재이기도 하다.

다섯째, 토지는 사용·수익·처분의 대상으로서 여러 가지 법적 권리의 결합체라는 의미에서, 개인이나 기업에 있어서 가장 중요한 재산 중의 하나이다.

여섯째, 토지는 사회 전체의 입장에서는 무료로 주어지는 재화일지는 모르지만, 개인이나 기업의 입장에서는 결코 그렇지 않다. 생산자의 입장에서 볼 때, 토

---

[1] 안정근, 『현대부동산학』, 양현사, 2019, 32-35면.

[2] Raleigh Barlowe, *Land Resource Economics: The Economics of Real Estate* 5th ed., Englewood Cliffs: Prentice-Hall, 1986, pp.8-9.

지는 다른 자본재와 마찬가지로 임대하거나 구입해야만 하는 재화이다. 토지는 사회 전체적으로는 자본이 아닐지 모르지만 개인적으로는 분명히 자본에 속한다.

일곱 번째, 토지는 위치를 의미하기도 한다. 도시의 형성이 도로망에 따라 형성이 되고, 따라서 그 위치는 대부분 도로에 의해서 결정된다. 이러한 토지의 특성이 토지의 여러 특성들 중에서 오늘날 가장 큰 비중을 차지하는 부분이라 할 수 있다.

2. 토지의 특성과 토지시장의 문제점

(1) 토지의 특성

첫째, 토지는 지리적으로 위치가 고정되어 있기 때문에 다른 재화들과 같이 인위적으로 그 위치를 변경할 수가 없다. 토지가 가지는 이러한 특성, 즉 위치의 고정성 때문에 일반상품과 달리 토지의 가격이 지역별로 다르게 형성되고 그 편차도 크게 나타나는 것이다. 또 이러한 개별 부동산의 위치의 고정성 때문에 전체 토지를 대상으로 보면 토지의 연속성(Kontinuität)이라는 특성이 나타나게 되는 것이다.

그런데 토지는 그 지리적 위치가 고정되어 있지만, 주변 환경의 변화에 따라 그 사회적 · 경제적 가치가 변하는 특성을 가진다. 동일한 용도의 토지라 하더라도 주변토지의 이용관계가 변하는 경우 그 토지의 사회적 평가나 경제적 가치가 달라진다. 예를 들면 일정한 지역이 산업단지로 개발된다든가 도시계획에 따라 주거단지로 개발되는 경우 당해 단지에 포함되는 토지는 물론이고 주변 토지들까지 그 가치가 변하게 되는 것이다. 그리고 토지는 본래부터 가지고 있는 지리적 위치의 고정성 때문에 개별 토지의 대체불가능성을 나타내기도 하지만, 사회적 · 경제적 · 행정적 위치의 가변성으로 인하여 개별 토지의 대체가능성도 보여주는 이중적인 성질을 가진다.

둘째, 토지는 특수한 경우를 제외하고는, 인위적인 생산을 통하여 그 물리적인 절대량을 늘릴 수가 없다는 특징을 가진다. 이러한 특성을 토지의 부증성(不增性)이라 한다. 간척사업이나 공유수면매립 등을 통해서 토지의 양이 늘고는 있지만, 그 늘어나는 면적은 기존의 토지 면적에 비하면 극히 미미한 정도에 그치고 있다. 또한 인위적으로 토지의 양을 늘리는 데는 과다한 비용이 들고, 기간도 장기간에 걸친다는 점에서 한계가 있을 수밖에 없다. 이처럼 토지의 절대량이 고정되어 있기 때문에 토지의 희소성이 유발되고, 그로 말미암아 일정한 지역이나 토지에 대한 가치가 급등하는 현상이 나타나며, 투기를 유발시키는 부정적인 현상이 생기는 것이다.

어떤 토지도 그것과 완전히 동일한 토지는 존재하지 않는다. 즉 토지는 개별성을 가진다. 모든 토지는 위치, 크기, 모양 등에 있어서 차이를 보이고 있다. 경우에 따라서 어떤 토지는 다른 토지와 유사하거나 경제적으로 서로 대체성이 있을 수도 있다. 그러나 모든 부동산은 지리적으로 결코 같을 수 없다.[3] 그렇지만 토지는 사용하는 사람의 의사에 따라 다양한 용도에 사용될 수 있다는 특성, 즉 용도다양성을 가진다. 예컨대 하나의 토지를 전답이나 상가나 주택의 부지 등 여러 가지 용도로 사용할 수 있다. 이처럼 토지는 다용한 용도에 사용할 수 있다는 성질을 가지고 있기 때문에, 경우에 따라서는 하나의 토지가 두 가지 이상의 용도에 사용되기도 하고, 전답에서 주택용지로 그 용도가 전환되기도 한다.

따라서 그 부증성과 개별성으로 인하여 토지시장은 심각한 공급제한 현상이 나타나지만, 용도의 다양성 때문에 용도를 전환하여 사용하고자 하는 용도의 개별 토지의 공급을 증대시킬 수 있다.

셋째, 토지는 영속성을 가진다. 즉, 토지는 시간이 흐르거나 많이 사용한다고 해서 마멸되거나 소모되지 아니한다. 기계라든가 건물과 같은 재화들은 그 수명이 한시적인 데 반해서, 토지는 영구적으로 이용이 가능하다는 것이다. 한편, 토지는 크기나 형태면에서 다양성을 띤다. 뿐만 아니라 하나의 토지를 여러 개로 분할하거나 여러 토지를 하나로 합병할 수도 있기 때문에 그 크기나 형태를 변동시킬 수 있다. 그래서 토지의 변화 가능성, 용도의 다양성이라는 특성이 중요한 의미를 가지게 된다. 그 결과 지리적 위치는 달라도 용도가 유사한 토지상품을 토지시장에 공급할 수 있다.

---

3) 안정근, 앞의 책, 55-56면.

이상에서 본 바와 같이, 토지는 위치의 고정성, 영속성, 부증성, 개별성이라는 자연적 특성과 용도의 다양성, 병합·분할의 가능성, 사회적·경제적·행정적 위치의 가변성이란 인문적 특성을 가지고 있다. 토지라고 하는 재화의 원활한 공급을 저해하는 요소들은 주로 토지의 자연적 특성에서 기인하는 것인데, 그나마 토지가 가지는 인문적 특성으로 인하여 이러한 장애를 완화할 수 있다.

(2) 토지의 특성에 따른 토지시장의 문제점

토지는 경작지나 공장·주택의 부지 등의 생산요소로 기능하기도 하고, 예컨대 경작, 공업생산, 주거, 관광휴양시설 등 다양한 용도에 활용되는 상품 내지는 생산물을 의미하기도 한다. 토지는 모든 생산의 가장 기초적인 근간이 되는 중요한 자원이고, 따라서 자원시장에서 중요한 가치를 가지는 상품임에 틀림없다.

토지는 그것이 가지는 자연적 특성들, 예컨대 위치의 고정성, 부증성, 개별성 등으로 인하여 그 공급량이 한정된 자원이다. 토지는 그 위치가 고정되어 있기 때문에 일정한 입지적 조건을 요구하는 사업 등에 맞는 토지는 그 공급량이 극히 제한적이다. 예컨대 조선소와 같은 사업에 필요한 토지가 그 대표적인 예가 될 수 있다. 또한 토지는 부증성을 가지고 있어서, 토지에 대한 수요가 증가하는 것에 상응하여 그 공급을 늘리는 것이 불가능에 가깝다. 사정이 이렇다 보니 토지 수요에 대하여 공급량이 부족한 현상이 나타나게 마련이고, 결국에는 특정 지역이나 토지의 가격이 지나치다 싶을 정도로 상승하게 되는 시장왜곡현상이 나타나는 것이다.

요약하자면, 토지의 자연적 특성들 때문에 토지시장은 매우 독과점적이라고 할 수 있다.

여러 환경적 요인도 있지만 도시의 형성 및 발전과 더불어 인구가 특정 지역에 집중되고, 그에 따라 도시 지역에서의 토지의 사용 방법이 다양해지고 토지 수요가 늘어나면서, 이러한 독과점적인 속성은 더욱 증폭되고 있다. 이러한 독과점적 구조 때문에 토지라고 하는 자원의 효율적 배분이 이루어지기 어렵다. 다시 말하면 토지를 사용하고자 하는 자에게 원하는 시기에 적당한 가격으로 토지가 공급되지 못하는 경우가 허다하다. 여기에 토지에 대한 투기수요까지 가세하면 그 부작용은 상상을 초월하게 된다.

　이러한 여러 가지 문제점을 일거에 해결할 수 있는 방안으로 토지공개념의 강화를 통한 '토지공유제'[4]를 생각할 수 있을 것이지만, 이것은 현실적으로 우리나라에서는 수용할 수 없을 것으로 보인다. 그러므로 토지시장의 독과점적인 구조를 완화할 수 있는 방안을 모색하는 것이 실현 가능하다고 할 것이다. 토지에 대한 수요를 억제하는 것은 불가능하기도 하거니와 설령 가능하다고 하더라도 전체 경제에 미치는 부작용이 너무 클 것이므로 고려할 수 있는 방법이 아니다. 결국 토지의 공급량을 늘리는 것이 가장 적절한 방안이라 할 수 있다. 그런데 토지의 공급량을 물리적으로 늘리는 데는 한계가 있으므로, 실효성 있는 방안은 개별 토지의 이용 가능성 내지는 활용 가능성을 개선시킴으로써 간접적으로 토지의 공급량을 늘리는 것이라 생각된다. 토지의 공급량을 늘리는 방안이 될 수 있는 대규모 토지개발이나 도로 개설은 국가적·정치적·행정적인 차원의 문제이므로 논외로 한다.

　오늘날과 같이 자동차의 사용이 필수적인 상황에서, 차량 통행이 불가능한 토지는 토지시장에서 공급량에 포함되지 못할 가능성이 높다. 따라서 차량 통행이 불가능한 토지들에 대하여 차량 통행이 가능한 통로를 확보할 수 있는 법적 장치를 마련해줌으로써 토지 공급량을 늘리는 방법을 검토할 가치가 있다고 본다. 현행 법률상 토지의 진입도로에 관련된 규정들이 다수 존재하지만, 그러한 규정들은 규제적 성격이 강하다. 그렇다보니 공도와의 통행로가 없는 토지의 용도에 적합한 통행로를 개설하는 일은 해당 토지 소유자가 개인적으로 해결하여야 하는 경우가 대부분이어서 여전히 난제로 남아 있는 것이다. 그러므로 이 문제를 개선할 수 있는 방안을 찾는다면, 토지 공급량을 늘리고 나아가서는 국토의 효율적 이용을 꾀할 수 있을 것이라 생각한다.

---

4) 김용문, "러시아 법제도의 사회주의적 기원과 계승－사적 소유권 미발달에 대한 논의를 중심으로－",『법조』(통권 제578호), 2004. 11. 94－100면; 정매화, "중국 토지이용계획 및 규제제도의 특성에 관한 연구", 2007.; 정매화/최막중, "중국 토지이용제도 특성에 관한 연구",『국토계획』43(3), 2008. 99－109면; 황해봉, "아시아각국의 토지제도의 특징과 발전방향－사회주의국가를 중심으로",『법제』2012(8), 2012. 참조.

<h2 align="center">Ⅱ. 도로 제도</h2>

1. 도로의 법률적 의미

사회통념상 도로란 불특정 다수인 또는 차마가 통행할 수 있도록 공개되고, 일반 공중의 왕래에 사용되는 육상의 통로를 일컫는데, 법률적으로 개별법의 목적에 따라 달리 규정하고 있다.

도로에 관한 기본법이라 할 수 있는 도로법에서는 도로를 차도 등과 그 외 도로의 부속물을 포함하는 것으로 개념 정의하고 있으며(도로법 제2조 제1항), 도로교통법에서는 도로를 도로법상의 도로와 그 외 현실적으로 불특정 다수의 사람 또는 차마가 통행할 수 있도록 공개된 장소, 안전하고 원활한 교통을 확보할 필요가 있는 장소를 가리키는 개념으로 사용하고 있다(도로교통법 제2조 제1항). 그리고 사도법 제2조는 사도란 도로법상의 도로 등과 그에 연결되는 길을 말하는 것으로 규정하고 있고, 건축법은 도로를 보행과 자동차 통행이 가능한 너비 4m 이상의 도로라고 규정하고 있다.[5] 그 밖에 지적에 관한 기본법인「공간정보의 구축 및 관리 등에 관한 법률(약칭: 공간정보관리법)」및 그 시행령에서는 도로라는 지목[6]에 대해서 일반 공중의 공동사용을 전제로 하여 그 범위를 정하고 있다.[7]

---

[5] 이재삼, "현행 도로 관련법상 쟁점사항에 관한 연구",『토지법학』제30권 제2호, 2014, 223면; 김현준, "건축법상 도로",『토지공법연구』, 183면.

[6] 지목이란 "토지의 주된 용도에 따라 토지의 종류를 구분하여 등록한 것"을 의미하며, '도로' 지목은 주된 용도가 '도로'라는 것이며(공간정보관리법 제2조 24호), 지목을 도로로 결정하는 행위는 확인적 성격이 강하다(김종보, "건축허용성의 부여와 반영".『서울대학교 법학』53(3), 2012. 9, 170면 참조). 지목이 도로라 해서 바로 공물법상의 도로의 성립요건을 갖춘 도로라고 할 수는 없다.

[7] 공간정보의 구축 및 관리 등에 관한 법률 시행령 제58조(지목의 구분)
   14. 도로
      다음 각 목의 토지. 다만, 아파트·공장 등 단일 용도의 일정한 단지 안에 설치된 통로 등은 제외한다.
         가. 일반 공중(公衆)의 교통 운수를 위하여 보행이나 차량운행에 필요한 일정한 설비 또는 형태를 갖추어 이용되는 토지
         나.「도로법」등 관계 법령에 따라 도로로 개설된 토지
         다. 고속도로의 휴게소 부지

도로는 행정주체가 공적 목적을 위하여 제공하는 것으로 공물[8])에 해당한다. 도로는 일반 공중의 사용에 제공되는 것이므로 공공용물(公共用物)에 속하고, 토지의 형태에 변경을 가하는 등 인위적인 가공행위를 통하여 공적 목적에 적합하도록 제공되는 인공공물(人工公物)이다.[9]) 일반적으로 국가 또는 지방자치단체가 공물의 목적을 실현시키기 위해 공물의 본래의 기능을 발휘할 수 있도록 행하는 공물관리권이 있고, 공물에 관한 행정작용의 일환으로 공물경찰권이 있으며 그 결과 관리비용을 부담하게 된다. 또한 공물관리와 관련한 강제수단으로서 행정벌, 강제집행, 집행벌, 강제징수제도가 존재한다.

2. 도로에 대한 다양한 법적 규율[10])

도로는 도시기능의 유지에 있어 핵심적인 기반시설이므로, 그에 대하여는 특별한 공법적 규율이 중첩적으로 이루어지고 있다.

첫째, 도로는 국토계획법의 규율을 받는다. 「국토의계획및이용에관한법률」(이

라. 2필지 이상에 진입하는 통로로 이용되는 토지"

8) 공물의 법적 특징으로는 ⅰ) 공물에 대해 행정주체에 의한 소유권만을 인정하고 있던 과거의 견해와 달리 오늘날에는 공물에 대한 사인의 소유권 성립을 배제하지 않는다(도로법 제4조). 즉 공물의 목적달성을 위해 필요한 최소의 한도에서만 공물에 대한 공법적 규율이 행해지는 것이므로 공물의 개념적 징표로서 반드시 공소유권이 전제되는 것은 아니다. ⅱ) 공물은 그 기능인 공적 목적달성을 위한 한도에서, 그 대상의 특성에 상응하여 사법상의 융통성이 제한된다. 그러나 도로를 구성하는 부지, 옹벽, 그 밖의 시설물에 대해서는 사권(私權)을 행사할 수 없지만, 소유권을 이전하거나 저당권을 설정하는 경우에는 사권을 행사할 수 있다(도로법 제4조). ⅲ) 공물에 대한 압류와 경매의 강제집행은 공물의 달성하고자 하는 행정목적에 비추어 원칙적으로 인정되지 않는다. 따라서 국·공유 공물의 강제집행은 인정되지 않는다. 현실적으로 국가나 지자체에 대한 강제집행 국고금의 압류에 의해 행해지므로 국유공물에 대한 강제집행은 불필요하다고 보아야 한다. 그러나 융통성 인정되는 도로의 경우에는 강제집행은 가능하나 새로운 소유권을 취득하는 자도 도로부지에 대한 공법적 제한을 받게 된다고 본다. ⅳ) 공물이 현실적으로 공공목적을 위해 제공되는 한, 이는 시효취득의 대상이 될 수 없다고 보아야 한다. 그러나 공물이라고 하더라도 장기간 그 공적 목적 사용에 제공되지 않아 사인에 의해 사적용도로 장기간 사용되고 있는 경우에는 묵시적 공용폐지를 인정하여 시효취득의 대상이 될 수 있다고 보아야 한다(류지태, 『행정법신론』, 신영사, 1996. 760-761면).

9) 채우석, "도로관리에 관한 법적 고찰", 『토지공법연구』 (56), 2012.2.155면.

10) 박건우, "도로점용허가와 주민소송 - 대법원 2019. 10. 17. 선고 2018두104 판결 사례 -", 『행정법연구』 62, 2020. 8, 173면.

하 '국토계획법')은 도시관리계획으로 설치하는 기반시설을 규정하면서 도로를 가장 먼저 열거하고 있다(제2조제6호가목). 도로의 공공성으로 인해 도로는 원칙적으로 행정주체에 의하여 건설되고 공급되어야 하며, 다른 용도로 사용될 수 없다. 도로는 국토계획법에 따라 도시계획시설계획으로 설치되거나, 「도로법」에 따른 도로구역결정(동법제25조)에 따라 설치된다.[11)

둘째, 도로는 공물법의 규율을 받는다. 도로는 특정한 행정목적을 가지는 공물에 해당하는데, 구체적으로는 직접 일반공중의 공동사용에 제공된 물건으로서 공공용물에 해당한다. 대표적인 공물법인 「도로법」은 도로의 설치 및 관리와 보존에 관한 사항을 규율하고 있다.

셋째, 국가 또는 지방자치단체 소유 도로는 재산관리법의 규율을 받는다. 도로는 국유재산 또는 공유재산(지자체소유)에 해당하는 경우가 대부분이다. 이들 도로는 재산적 가치의 보존과 효율적 이용을 목적으로 하는 재산관리법인 「국유재산법」 또는 「공유재산 및 물품관리법」(이하 '공유재산법')의 규율을 받는다.

넷째, 도로는 경찰법의 규율을 받는다. 도로는 경찰행정법상의 통제를 받는 교통경찰작용의 대상이다. 이에 대해서 「도로교통법」이 작동한다. 이 법에서 도로를 도로법상의 도로와 그 외 현실적으로 불특정 다수의 사람 또는 차마가 통행할 수 있도록 공개된 장소, 안전하고 원활한 교통을 확보할 필요가 있는 장소를 가리키는 개념으로 사용하고 있다(도로교통법 제2조 제1항).

3. 도로의 성립요건

공물로서의 도로는 국가 또는 지방자치단체 등의 행정주체에 의하여, 행정상의 목적을 위하여 형성되는 개개의 유체물이다. 그러므로 공물로서의 도로가 그 공법적 효과를 달성하기 위해서는 기본적으로 공공도로의 생성·이용·관리를 포괄하는 행정주체의 공식적인 의사표시에 따른 법률적 행위가 필요하게 되는 것이다.

도로는 노선의 지정·인정 및 공고, 도로구역의 결정고시, 수용 기타의 방법

---

11) 도로법에 따른 도로구역결정이 있으면 국토계획법에 따른 도시계획시설결정 및 실시계획의 인가가 있는 것으로 의제된다(도로법 제29조 제1항 제4호). 도로설치절차에 관한 도로법의 규정은공물관리법적 성격과 동시에 강력한 국토계획법적 성격을 갖는다.

에 의한 토지취득, 공사시행, 도로의 사용개시·공고 등 도로법과 국토계획법 등
에 정해진 절차에 따라 일반의 교통에 공용되는 길로서의 구조와 형태를 갖춘 다
음, 도로관리청이 실제로 그 토지를 도로로 취급하여 일반의 교통에 제공하는 것
을 필요로 한다.[12] 즉, 도로가 성립하기 위해서는 형태적 요소로서의 사실상의 제
공과 의사적 요소로서의 공용지정이 요구된다. 도로법상의 도로구역의 결정(도로법
제25조)을 통상적인 행정행위 달리 물적 행정행위라고 한다.[13]

4. 도로의 법적 효과

┃표 1-1┃ 도로의 법적 효과

	법정도로		건축법상 지정도로
도로관리권	점용허가권(관리자 동의권[14])/ 도로유지·보수의무	도로부지 소유권	도로부지사용 동의권
도로경찰권	공물경찰권/ 도로교통법상 교통경찰권	자력구제권	방해제거·예방청구권○/ 도로교통법상 교통경찰권△
자유사용권	공법상 권리	통행권	공법상권리△, 민법상 권리○

(1) 도로의 관리권

가. 도로 관리권

도로에 관한 행정작용으로써 도로의 관리권은 도로의 관리주체가 도로에 관
한 법규에 의하여 도로의 설치·유지·관리·수선 등을 행하고 그에 필요한 공용
부담을 하며 도로를 일반 공중의 이용에 제공하거나 그 점용허가를 하고 도로의
공적 목적달성에 있어서의 장애의 예방 및 방지를 하게 된다. 이를 도로관리 작용
이라 한다.[15][16]

---

12) 이재삼, "현행 도로 관련법상 쟁점사항에 관한 연구", 『토지법학』 30(2), 2014, 224면.
13) 류지태, 『행정법신론』, 신영사, 1996, 757-759면.
14) 예컨대 산업단지내 도로에 접한 토지에 건축허가를 받을 때, 그 도로의 소유권자가 국가나
    지방자치단체라도 산업단지관리협의회의 동의가 있어야 한다.
15) 이재삼, 앞의 논문, 225면.

도로의 설치·유지·관리·수선 등을 행하는 관리작용을 도로법에서는 도로의 공사권이라 하여 "도로의 신설, 확장, 개량 및 보수(補修) 등을 하는 공사"를 말하며(도로법 제2조 7호), 유지·관리권은 "도로의 기능을 유지하기 위하여 필요한 일반적인 도로관리(경미한 도로의 보수 공사 등을 포함한다) 활동"을 말한다(도로법 제2조 8호). 이상의 규정을 해석해보면 중대한 보수공사는 '도로의 공사권'이지만 경미한 보수공사는 '도로의 유지·관리권'에 포함된다(도로법 제2조 7호, 8호).

나. 도로관리청

도로법 제23조 및 제24조의 규정은 '도로의 관리주체'를 '도로관리청'이라고 지칭한다. 도로에 관한 계획·설계·건설 및 유지관리 업무는 국가의 소관사항이며, 행정주체인 국가의 '행정기관'이 '국토교통부장관'이다. 지방자치단체의 장은 국가의 관장 하에 각 지방자치단체의 관할 도로를 관리[17]하도록 되어 있다.[18] 고속국도와 일반국도는 국토교통부장관이, 그리고 지방도는 시·도지사가 관할하는 것이 원칙이지만, 특별자치도·시 관할구역의 동 지역에 있는 일반국도 및 지방도는 해당 특별자치도지사·시장이 그 관리청이 된다.[19] 그리고 간선기능이 약한 부분의 일반국도구간을 '위임국도'라고 하여 별도로 관리하고 있다.[20]

또한 도로를 건설하는 주체가 도로 준공 후에 그 도로기능의 필요불가결한 부분만을 관리하고 나머지 부체도로, 램프의 하단부(출·입구 부분)를 공공기관에 위탁계약(공법상 계약)에 의거 위탁하거나 기관위임사무로 위임[21]하는 경우가 많

---

16) 도로의 관리권은 공물의 소유권에 근거한 권리가 아니라, 독립한 공법상의 물권적 지배권으로 본다(류지태, 『행정법신론』, 신영사, 1996. 762면).

17) 농어촌도로 및 도시계획도로를 포함하는 경우 지방자치단체 관리도로는 전체 도로연장의 90% 이상을 차지한다(한국건설관리공사, 『지방자치단체 관리도로 제도개선방안 연구』, 2017. 7, 3면).

18) 이재삼, 앞의 논문, 225면.

19) 도로법 제23조 참조. 예: 14번국도 통영시 무전동 구간.

20) 도로법 시행령 제29조(도로공사와 도로의 유지·관리에 관한 업무의 수행 등) ① 법 제31조 제2항 전단에 따라 도지사 또는 특별자치도지사가 도로공사(도로법 제2조 7호: 도로의 신설, 확장, 개량 및 보수 등)와 도로의 유지·관리(경미한 보수공사 포함)에 관한 업무를 수행하는 일반국도(이하 "위임국도"라 한다)는 간선 기능이 약한 별표 1에 따른 일반국도 구간으로 한다. 예: '77번국도 고성군 하이면 덕호리−통영 도산면 법송리' 구간: 위임국도구간의 도로점용허가권과 유지·관리업무를 경남도가 고성군에 위임, 단 도로공사는 경남도 업무.

21) 위탁: 서울시시설관리공단 등 독립된 법인격에 맡기는 것, 위임: 고성군수 등 하급 행정기관

다. 이때 '도로 및 도로시설물 인수 · 인계서'를 작성하여 기술적 · 물리적 사항을 기재하고 거기에 따른 구체적 권한과 책임은 위탁계약이나 도로의유지 · 보수등에 관한규칙 등[22](기관위임사무)으로 정해진다. 그러한 경우 인수자가 주로 "도로점용 허가권을 갖는 대신, 유지 · 관리업무를 수행하게 된다.

그런데 건축허가 또는 신고 시에 시 · 도지사 또는 시장 · 군수 · 구청장이 위치를 지정하여 공고한 도로(건축법 제2조 제1항 11호 나. 제45조)의 경우 공용수용의 절차를 거치지 않은 경우이므로 그 관리권이 해당 지정도로 부지의 소유자에게 있는지 아니면 해당 지정도로 지정권자에게 있는지가 문제이다. 또한 그 관리권의 범위가 도로법상의 도로의 관리권과 동일한지 문제된다.

생각건대, 전형적인 지정도로인 골목길 등은 도로법, 농어촌도로정비법이나 국토계획법에서 정한 바가 없으므로 지정도로와 이해관계 있는 자들의 자율적 관리에 맡겨져 궁극적으로는 토지소유자의 관리책임 하에 놓이게 된다. 그러나 해당 건축법상 지정도로가 '소규모공공시설'에 해당된다면, 이러한 시설에 대해서 새로 제정된 법률을 살펴보아야 한다.

「소규모 공공시설 안전관리 등에 관한 법률(약칭: 소규모공공시설법)」제2조 1호에서 "소규모 공공시설"이란 「도로법」, 「하천법」 등 다른 법률에 따라 관리되지 아니하는 소교량, 세천, 취입보, 낙차공 등 대통령령으로 정하는 시설이라 하고, 시행령 제2조에서 "……소교량(小橋梁), 세천(細川), 취입보(取入洑), 낙차공(落差工), 농로(農路) 및 마을 진입로(進入路)에 해당하는 시설로서 행정안전부장관이 다음 각 호의 사항을 고려하여 고시하는 기준을 충족하는 시설"이며, 행정안전부 「소규모 공공시설의 범위」에서 ⓐ **농로** : 경작지 등과 연결되어 농어민의 생산 활동에 직접 공용되는 도로, 평균 폭이 2.5미터 이상인 것, ⓑ **마을진입로** : 자연 · 인위적으로 생긴 마을을 연결하거나 마을안의 공공용 도로, 평균 폭이 3미터 이상인 것으로 고시하고 있다.

건축법상 지정도로가 이러한 소규모공공시설인 농로와 마을진입로에 해당하면, 특별히 소규모공공시설법 제4조(소규모 공공시설 대장 작성), 제5조(소규모 공공시

에 맡기는 행위.
22) 국도유지 · 보수운영에 관한 규정 등이 있다.

설의 안전점검 등), 제6조(소규모 공공시설 관리기준 고시 및 이행), 제7조(소규모 위험시설의 지정 및 관리) 등 법령을 적용하도록 하는 것으로 보아야 하며, 또한 이법에 따라 시장·군수·구청장이 관리청이 되게 하는 것으로 보아야 한다(소규모공공시설법 제2조 5호).

그러나 소규모 공공시설[23]인 농로라든가 마을진입로는 공공용재산(公共用財産)으로서, 관리청은 이를 '소규모 공공시설 대장'에 기재하여 관리하고 있다. 하지만 법률상 '공공시설구역'이란 개념이 별도로 존재하는 것은 아니며, 다만 안전관리 차원에서 이러한 시설에 대한 대장을 작성하는 것이다. 그러므로 이와 같은 공공시설의 특정부분(공공시설구역이지만 '차도'가 설치되지 않은 부분)을 유형적·고정적으로 사용하는 특별사용에 해당하는 '점용허가'란 개념은 없다.

(2) 도로의 경찰권

가. 도로 경찰권

도로경찰이라 함은 도로상의 안전 질서를 유지하기 위한 경찰권의 작용을 말한다. 도로는 그것이 공물이라는 이유만으로 당연히 경찰권의 대상이 되는 것은 아니지만, 그것이 도로의 안전을 해하고 나아가 질서에 장해를 일으키는 경우에는 필요한 한도에서 경찰권의 대상이 되는 것이다. 도로교통의 안전을 위해 도로의 통행 기타의 사용을 금지·제한하는 것이 그 하나의 예이다(도로교통법 제54조).[24]

그런데 건축허가 또는 신고 시에 시·도지사 또는 시장·군수·구청장이 위치를 지정하여 공고한 도로(건축법 제2조 제1항 11호 나, 제45조)의 경우 공용수용의 절차를 거치지 않은 경우이므로 그 경찰권이 해당 지정도로 부지의 소유자에게 있는지 아니면 해당 지정도로 지정권자에게 있는지가 문제이다. 또한 그 경찰권의 범위가 도로법상의 도로의 경찰권과 동일한지 문제된다.

---

23) 공공시설 가운데 「도로법」, 「하천법」 등 다른 법률에 따라 관리되지 않는 소교량, 세천, 취입보, 낙차공 등의 소규모 시설을 말한다. 「소규모 공공시설 안전관리 등에 관한 법률」에 의하면, 행정안전부장관은 소규모 공공시설의 안전점검, 보수·보강 등 유지관리에 필요한 관리기준을 정하여 고시하여야 하며, 관리청(특별자치도지사·특별자치시장·시장·군수·구청장)은 관할구역 내 소규모 공공시설의 점검·보수·보강 등 유지관리 시에는 관리기준을 준수하여야 한다.

24) "도로경찰", http://www.molit.go.kr/brocm/USR/WPGE0201/m_15056/DTL.jsp(2021. 3. 23. 검색)

생각건대, 전형적인 지정도로인 골목길 등은 도로법, 농어촌도로정비법이나 국토계획법, 건축법 등에서 정한 바가 없으므로 지정도로와 이해관계 있는 자들의 자율적 관리에 맡겨져 궁극적으로는 토지소유자의 경찰책임 하에 놓이게 된다. 그러므로 토지소유자로서 행사가 가능한 경찰권에 대응하는 것은 민법 제209조에서 정한 자력구제권이 있을 뿐이다. 그러나 도로경찰권과 관련하여 후술하는 「도로교통법」상의 도로경찰권도 외에도, 「소규모 공공시설 안전관리 등에 관한 법률(약칭: 소규모공공시설법)」의 적용을 받는 '지정도로'의 경우에는 소규모공공시설법 제8조(통행제한), 제17조(재해예방을 위한 긴급 안전조치 등)가 도로경찰권으로 활용할 수 있는 법조문이라 생각한다.

나. 도로관리권과 도로경찰권의 관계

앞서 설명한 도로 관리권과 도로 경찰권은 어떠한 관계인가. 양자의 목적을 비교하여 보면, 도로관리권은 적극적으로 도로 본래의 목적을 달성시키는 것을 목적으로 하는 것인데 대하여, 도로경찰권은 소극적으로 도로상의 안녕과 질서에 대한 위해를 방지하는 것을 목적으로 하는 것이다. 그러므로 도로관리는 도로 자체의 존속 유지 및 그 이용관계에 관한 것으로서 상태법(狀態法)의 영역에 속하는 것이고, 도로경찰은 도로의 사용과 관련하여 발생하는·사회공공의 안녕질서에 대한 위해를 예방하고 제거하기 위하여 행하는 일반경찰행정작용의 하나로서 원칙적으로 질서법의 영역에 속하는 것이라 할 수 있다. 행정법규상 도로경찰에 관한 일반적인 사항은 「도로교통법」에서 규율하고 있고, 도로관리에 관한 일반적인 사항은 「도로법」에서 규율하고 있다.

도로관리와 도로경찰은 이론적으로는 위에 설명한 것과 같이 구별되지만, 실제에 있어서는 동일한 도로에 대하여 도로관리권과 도로경찰권이 경합되는 경우가 있을 수 있다. 예컨대 도로관리청이 "도로의 구조를 보전하고 운행의 위험을 방지하기 위하여" 차량의 운행을 제한하는 것(도로법 제77조)은 도로관리 작용에 해당하지만, 경찰서장이 도로에 있어서 "위험을 방지하고 교통의 안전과 원활을 기하기 위하여" 도로의 통행을 일시 금지 또는 제한하는 것(도로교통법 제58조)은 도로경찰 작용에 속하는 것이다. 두 가지의 작용이 경합되는 경우에는 이 두 작용은 별개의 작용으로서 서로 독립된 효력을 가지는 것이므로, 현행법은 권한 행사 기관들이 상호간의 권한을 존중하여 서로 다른 방향의 작용이 행하여지지 아니하도록 정하고 있다. 즉, 도로관리청이 도로법 제61조의 규정에 의하여 도로의 점용허가를 하고자 하는 때나 도로법 제76조 또는 제77조의 규정에 의하여 통행을 금지시키거나 제한하고자 하는 때에는 그 도로관리청이 국토교통부장관인 경우에는 경찰청장, 도로관리청이 특별시장·광역시 장·도지사 또는 시장이나 군수인 경우에는 관할경찰서장의 의견을 듣도록 한 도로교통법 제70조도 그러한 취지의 표현이다.25) 그러나 도로교통법 제70조 제1항이 "다음 각 호의 어느 하나에 해당하는 행위를 하였을 때에는"이라는 문언을 사용하고 있는 바, 이 문언에 충실하게 해석할 경우 도로관리청이 경찰청장이나 관할경찰서장에게 도로의 점용허가 등에 관하여 사전이 아닌 사후 통보를 하면 족한 것이 되기 때문에 문제가 될 수 있을 것으로 생각된다.

(3) 도로의 자유사용권

도로는 공공용물로서 일반인의 교통목적으로의 사용에 제공되는 것이므로 누구든지 그 공용목적에 따라 자유로이 사용할 수 있다. 그러므로 내국인이건 외국인이건 당해 지방자치단체의 주민이든 아니든, 자연인이건 법인이건 묻지 아니하고 모든 사람에게 도로의 사용이 허용되는 것이다.

도로법에서 도로라 함은 '일반의 교통에 공용'되는 것(도로법 제2조 제1항)이라 규정하고 있음에 비추어 볼 때, 도로의 교통목적으로의 사용은 자유사용에 속한다고 할 것이다. 또한 도로는 "그 밖의 사유로 도로를 점용하고자 하는 자는 도로관리청의 허가를 받아야 한다."(도로법 제61조제1항)고 규정하고 있는 것을 볼 때에도, 일반 공중은 도로를 특별한 허락을 받지 아니하고 그 공용목적에 따라 자유로이 사용할 수 있는 바, 이를 도로의 자유사용, 일반사용 또는 보통사용이라고도 한다.26) 한편 사도법상의 사도도 사도의 이용자로부터 사용료를 징수할 수 있을 뿐

---

25) "도로관리와 도로경찰의 관계", http://www.molit.go.kr/brocm/USR/WPGE0201/m_15056/ DTL. jsp(2021. 3. 23. 검색)
26) 이재삼, 앞의 논문, 226면.

원칙적으로 도로의 자유사용권이 있다.[27] 반면에 농지법이나 농어촌정비법상의 '농로'는 일반인의 자유사용이 허용되지 않는 농업생산기반시설이다.[28]

도로의 자유사용권이 인정되면 해당 도로의 점용 및 연결허가를 얻어 건축 및 공작물 설치를 위한 진입도로로 활용할 수 있게 된다.

도로의 자유사용권과 구별하여야 할 개념이 자유통행권이다. 도로의 자유통행권은 도로의 형태나 용도 등에 아무런 변동을 가져오지 않고 오로지 '통행'이라는 행위를 도로에서 이용할 수 있는 자유를 뜻한다. 도로의 자유통행권은 도로를 통행 목적에 자유롭게 이용할 수 있는 권리를 의미하는 것으로 도로의 자유사용권과는 그 의미가 다르다. 그러므로 '통행지역권(통행권)'이 바로 도로개설을 위한 개발행위허가의 사용권에 해당한다고 볼 수 없다.[29]

(4) 법적 효과의 쟁점

공공용도로가 성립하면 도로의 법적 효과로서 도로 관리자의 도로관리권, 도로 경찰책임자의 도로경찰권, 일반 시민의 도로 자유사용권이 발생한다. 한편 일반 시민이 성립된 도로에서 사용하고자 하는 토지로 출입하기 위해 '차도' 부분을 벗어나 도로구역이지만 '차도가 설치되지 않은 도로부지'에 진출입로를 설치하려

---

27) 사도법상의 사도는 일반의 통행이 허용되는 공도이므로 건축법상의 도로로 인정되어 도로의 자유사용권이 부여되는 공공용 성격을 갖는다(사도법 제9조(통행의 제한 또는 금지); 건축법 제2조 제11호. "도로"란 …… 로서 다음 각 목의 어느 하나에 해당하는 도로나 그 예정도로를 말한다.
가. ……「사도법」, 그 밖의 관계 법령에 따라 신설 또는 변경에 관한 고시가 된 도로).
28) 농지법 제2조 제1호 나목; 농어촌정비법 제2조 제6호, 제23조, 농어촌정비법 시행령 제32조 제1항 제3호 가. ……농로 등을 통행로·진입로 또는 이와 유사한 용도로 사용하는 경우(목적 외 사용허가 사용료징수) 참조.
29) 사용권이란 소유권으로부터 사용권능이 분리되어 독립한 물권이나 채권으로 되어 있는 권리를 말하는데, 지역권은 일정한 목적을 위해 타인의 토지를 자기토지의 편익에 이용할 수 있는 용익물권의 일종……. 지역권에 따른 사용·수익과 나머지 소유권에 따른 사용·수익이 병존하여 각각 용익할 수 있다는 점에서 다른 용익물권과 구별……. 통행지역권은…… 개발행위를 하려는 토지의 사용권에 해당되지 않는다고 할 것이나, 예외적으로 도로를 개설할 수 있는 내용으로 통행지역권을 취득·설정한 특별한 사정이 있는 경우 그러한 통행지역권은 도로를 개설하기 위한 사용권에 해당할 수도…….(법제처, "통행지역권이 도로개설을 위한 개발행위허가의 사용권에 해당되는지(「국토계획법시행규칙」제9조제1호본문 관련)", 법령해석사례[안건번호16-0144 회신일자 2016-07-20])

면 도로관리자의 점용허가가 필요하다. 이에 반하여 도로의 성립요건이 결여되어 도로의 관리권이 인정되지 않는 골목길, 현황도로, 관습상의 도로 등 이른바 비법정도로의 경우에는, 국가, 시장·군수·구청장 등의 도로관리권이 발생한다고 할 수 없으므로, 그것을 이용하는 것에 관하여는 도로부지 소유자의 동의권이 문제될 뿐이다.

여기서 가장 문제가 되는 것은 건축허가나 신고 시에 이해관계인의 동의를 얻어서 지정하는 건축법상 지정도로이다. 도시지역에서의 지정도로는 건축선의 지정으로 건축물 사용승인시 도로부지 지적분할을 해서 그 지목을 변경하여야 한다(건축법 제46조). 그러나 비도시지역에서는 이해관계인의 동의를 얻어 진입도로 부지로 사용하더라도, 건축선 지정을 하지 않으므로 지정도로 부지를 분할할 이유가 없고 따라서 도로지목으로 지목변경할 수도 없고, 도로관리대장에 등재를 하거나 도로지정 사실을 토지이용계획확인서에 공시할 이유가 없다.

그런데 주택단지나 공장단지를 만들면서 단지 내 도로에 대한 이해관계가 충돌할 가능성이 많은 경우나 건축허가·신고시 신청자가 요청을 해서 도로지정을 원할 경우가 많이 있다. 이런 경우에 도시지역에서의 건축과 같이 도로관리대장 등재, 토지이용계획확인서에 공시할 수 있다(토지이용규제기본법 시행규칙 제2조 제2항 3호).

한편 지정도로 부지에 대한 관리권자인 시장·군수·구청장은 이를 단지 도로관리대장에 등재하여 둘 뿐이고 별도의 관리는 하지 않으므로, 해당 지정도로 부지를 활용한 건축허가시 시장·군수·구청장의 점용허가권 등이 문제될 여지가 없었다. 하지만 소규모공공시설법이 제정되어 소규모공공시설에 해당하는 농로나 마을진입로의 경우는 관리청이 관리권을 행사할 수 있게 되었으므로, 이에 대한 연구가 필요할 것으로 보인다. 또한 건축법상 지정도로는 이미 법정의 공공용도로가 되어 시민들의 도로 자유사용권이 인정되므로, 도로부지 소유자는 도로사용에 대한 동의권을 행사할 수 있는 권한을 가지지 못한다.

결국 도로부지 소유자의 동의권이 필요한 사안은 도로지정을 받지 못하였거나 그 지정의 흔적이 없는 경우일 것이다. 이러한 예의 특수한 경우가 국·공유재산이거나 공공용물인 경우인데, 이에 관해서는 제4장에서 후술한다.

한편 건축법상 지정도로의 경우 예컨대, 공공용도로에서 벗어난 골목길에서,

그 골목길 부지 소유자가 민법상 소유권을 행사(민법 제213조, 제214조)할 때에도 도로교통법상 '교통방해시설 제거조치'(도로교통법 제72조 등)등의 도로경찰권이 필요할 수도 있다.

5. 도로의 유형

(1) 법정도로

부동산 관련 실무계에서는 일반적으로 법률에 의하여 정의되거나 규정된 도로를 법정도로(法定道路)라 한다. 이에 반하여, 법률에서 정하고 있지 아니한 도로를 비법정도로라고 하게 된다.

도로에 관한 규정을 두고 있는 법률들로는 도로법, 사도법, 농어촌도로정비법, 건축법, 국토계획법 등을 들 수 있는데, 이와 같은 법률에 규정된 도로를 편의상 법정도로라고 부르는 것으로 이해된다. 하지만, 법정도로라고 해서 모든 법률에 통용되는 개념이 존재하는 것은 아니므로, 개별 법률들을 해석함에 있어 도로의 개념은 그 법률의 입법취지나 규정들의 관계를 살펴 개별적으로 정의할 수밖에 없다.

예컨대 도로법 제2조 제1호는 "'도로'란 차도, 보도(步道), 자전거도로, 측도(側道), 터널, 교량, 육교 등 대통령령으로 정하는 시설로 구성된 것으로서 제10조에 열거된 것을 말하며, 도로의 부속물을 포함한다"고 정의한 다음, 제10조에서 도로의 종류와 등급을 고속국도(고속국도의 지선 포함), 일반국도(일반국도의 지선 포함), 특별시도(특별시도)·광역시도(광역시도), 지방도, 시도, 군도, 구도로 나누고 있다. 한편, 건축법 제2조 제1항 제11호에서는 "'도로'란 보행과 자동차 통행이 가능한 너비 4m 이상의 도로(지형적으로 자동차 통행이 불가능한 경우와 막다른 도로의 경우에는 대통령령으로 정하는 구조와 너비의 도로)로서 ①「국토계획법」,「도로법」,「사도법」, 그 밖의 관계 법령에 따라 신설 또는 변경에 관한 고시가 된 도로[30]나 ② 건축허

---

30) 주의해야 할 것은 '사도법상의 사도(私道)는 도로법상의 도로 등(소위 '법정도로')에 연결된 길'을 의미하는데, 도로의 구조·시설 기준에 관한 규칙의 시설기준을 갖춘 '농어촌도로, 농업기반시설인 도로'에 연결되어야 허가가 가능하다는 것이다(사도법 제2조 참조).

가 또는 신고 시에 특별시장·광역시장·특별자치시장·도지사·특별자치도지사
(이하 "시·도지사"라 한다) 또는 시장·군수·구청장(자치구의 구청장을 말한다. 이하 같
다)이 위치를 지정하여 공고한 도로 중 어느 하나에 해당하는 도로나 그 예정도로
를 말한다."라고 규정하고 있다.

　법률상 도로는 도로법에 의한 노선인정의 공고 및 도로구역의 결정[31]이나 국
토계획법에 의한 도시계획사업의 시행 등 법률에 따른 정식의 도로설정행위를 거
쳐 개설된 도로이다. 사유지상에 법률상 도로를 개설할 수 있으나, 이때 행하여지
는 공용수용 또는 공용사용에 대하여는 법률에 따른 보상이 이루어진다. 이는 공
법상 손실보상으로서의 성격을 가진다.[32]

　도로가 갖추어야 할 형체적 요건과 의사적 요건을 모두 갖추어야 법률상 도
로라고 하고, 사실상 도로는 형체적 요건은 갖추었으나 의사적 요소를 결여한 도
로를 가리킨다.[33]

(2) 비법정도로

가. 비법정도로의 의의

　비법정도로란 도로관련 법 및 개발행위허가로 만들어지지 않는 법률 및 허가
없이 필요에 의해서 만들어진 도로를 말한다.[34] 현황도로, 관습상의 도로, 사실상
도로라고도 하는데 일반 공중의 교통에 제공되는 물적 시설물로서의 실질을 가지
고 있지만, 법률에 따른 도로개설행위가 존재하지 않는 도로이다. 사유지가 사실
상 도로로 사용되는 경우 그 토지소유자는 현실적으로 재산권 행사에 지장을 받

---

31) 도로구역이 지정되면 건축 등 도로구역 내 행위제한이 뒤따르는데(도로법 제27조) 이는 도
　로 구역지정 후 도로를 건설해야 하는 도로예정부지를 확보하기 위한 것이다. 도로법에 따
　라 도로구역이 결정되면 토지보상법상 사업인정이 의제되고 이에 따라…….사업시행자에게
　토지소유권을 박탈할 권능이 부여되므로 취소소송의 대상이 되는 처분이다. 다만 도로구역
　의 결정은 행정에 관한 전문적 기술적 판단을 기초로 하는 행정계획의 일종으로 행정 주체
　에게 광범위한 재량을 부여한다(김종보, "도로의 설치와 관리 그리고 점용허가", 『행정법연
　구』 54, 2018. 204면; 대법원 2015. 6. 11. 선고 2015두35215 판결 참조).
32) 권영준, "배타적 사용수익권 포기 법리에 관한 비판적 검토", 서울대학교 『법학』 47(4),
　2006, 306면.
33) 김종보, "건축법과 민사법의 접점", 『중앙법학』 4(2), 2002. 89면.
34) 서영창, 『건축과 도로』, 맑은샘, 2018, 21면

게 된다. 그러나 정식의 도로개설행위가 없었으므로 공법상 손실보상이 이루어지지는 않는다.[35]

개발행위허가운영지침[국토교통부훈령 제1129호]에서는 그 예로 마을안길, 농로 등을 예시하고 있으며,[36] 일반적으로는 사도(개인도로), 관습상 도로(사실상 도로), 통로(골목길, 오솔길, 통행로, 산책로), 농로, 임도를 말한다. 임도[37]는 산지관리법에서 임도를 기반으로 건축행위가 불가함을 규정하고 있고,[38] 농로[39]는 농지법, 농어촌정비법의 규율 대상이지만 지목이 '도로'이므로 공중의 사용을 전제로[40] 하는 공공용재산(公共用財産)이므로 해석상의 여지가 있다.

한편 이른바 현황도로를 이용해서 보전산지에서의 '농지와 초지'의 조성과 '준보전산지에서의 건축 등'이 가능하다고 규율하면서 「임도를 제외한 다음 각 목의 도로(가. 현황도로로 이미 다른 인허가가 난 경우, 나. 이미 2개 이상의 주택의 진출입로로 사용하고 있는 도로, 다. 지자체에서 공공목적으로 포장한 도로, 라. 차량진출입이 가능한 기존 마을안길, 농로)」로 '현황도로'를 정의하고 있다.[41]

나. 관습법상의 도로의 논의

그 밖에 '관습법에 기한 통행권'을 인정한 판례가 등장하였다. "일정한 사실관계가 오래되고 그에 따른 법적 확신이 생기면 관습법이 인정되어 당초에 통로가 없었지만 오랜 세월에 타인 소유의 토지를 통행하여 통로로서의 외관이 완성되어 누가 보더라도 통로라고 인식할 수 있는 상태가 되었을 때 그 통행을 관습법상의

---

35) 권영준, 앞의 논문, 306면.
36) 개발행위허가운영지침[국토교통부훈령 제1129호] 제3절 3−3−2−1 도로 (3) ①
37) 산림자원의 조성 및 관리에 관한 법률 제2조 1.라. "산림"으로 규정함.
38) 산지관리법 시행령 별표4. 산지전용허가기준의 적용범위와 사업별·규모별 세부기준(제20조제6항 관련)1.마.10), 15); 산지전용시 기존도로를 이용할 필요가 없는 시설 및 기준 [시행 2018. 2. 28.] [산림청고시 제2018−25호, 2018. 2. 28, 일부개정.] 임도를 "현황도로"에서 조차 제외하고 있다.
39) '농로'를 '농지법 시행령 제2조(농지의 범위)'에서 농지로 규정하고, 「농어촌정비법」 제2조 6호는 "농업생산기반시설"로 규율하고 있음.
40) 제58조 14. 도로: 다음 각 목의 토지. …… 가. 일반 공중(公衆)의 교통 운수를 위하여 …… (공간정보의 구축 및 관리 등에 관한 법률 시행령 제58조 14호 참조):지목이 도로이면 일반 공중의 사용을 전제로 한다고 규정하고 있다.
41) 산지전용시 기존도로를 이용할 필요가 없는 시설 및 기준 [산림청고시 제2018−25호]참조.

물권으로서 보호해야 한다는 견해"[42]가 있고, 서울고등법원[43]이 이를 인정한 적이 있으나 대법원은 원심이 인정한 관습상의 통행권은 성문법과 관습법 어디에서도 근거가 없으므로 원심이 원고들에게 관습상의 통행권이 있다고 판단하여 원고들의 통행권 확인청구를 인용한 것은 물권법정주의에 반한다는 이유로 파기환송 하였다.[44] 판례는 관습법상의 통행권 인정 가능성 자체를 부정한 것이 아니라, 해당 사실관계에서 이러한 관습법의 존재에 관한 입증을 찾을 수 없다고 본 것이다.[45]

더 나아가 '관습법에 기한 통행권이 인정되는 도로'를 '관습법상의 도로'로 인정하여 공공용 도로지정의 효과가 발생하도록 하면 어떨까. 결국 이 문제는 도로의 성립요건 중에 물적 기준은 충족했으나 의사적 요소가 결여된 경우에 행정청의 묵시적 공용개시의사를 인정할 수 있느냐의 문제로 귀결될 것이다.

생각건대 행정청의 공용지정행위는 여러 가지 권리와 의무를 동시에 가져오는 물적 행정행위이므로 자연공물과는 달리 명시적 지정행위를 요한다고 보아야 할 것이다. 다만, 비법정도로에 해당 지방자치단체가 상·하수도관이 매설되는 등 지방자치단체의 점유가 인정되어 도로관리권이 해당 지방자치단체에 있다고 볼 수 있는 경우, 상·하수도관의 매설로써 묵시적 공용개시의사가 있는 것으로 보아 관습법상의 도로를 인정할 필요가 있을 것이다. 이 경우 동시에 도로의 자유통행권, 자유사용권은 관습법상의 도로로서 당연히 인정되어 질 것이다. 그러나 관습법의 성립요건에 가장 장애가 되는 요인은 헌법상의 소유권보장(헌법 제23조 제1항)일 것이다. 우리나라의 물권법처럼 등기를 물권변동의 성립요건[46](민법 제186조)으로 보는 체제하에서는 미등기 토지가 매우 많은 편이다. 그러므로 통행지가 미등기 토지이며 소유자가 불명이고, 가까운 장래에 국유화(법정도로 개설 등)될 가능성이 없는 경우에는 관습법상의 도로를 인정하는 것이 매우 의미 있는 일일 것이다.

---

42) 박종욱, "사도의 법률관계", 『사법논집』 (20), 1989, 95-96면.
43) 서울고법 2001. 8. 31. 선고 2000나9811 판결
44) 대법원 2002. 2. 26. 선고 2001다64165 판결.
45) 이병준, "사도의 사법상 법률문제", 한국토지법학회 『토지법학』 30(2), 2014, 206-207면.
46) 다른 의견이 있으나 다수설에 따라서 서술하였다.

6. 도로의 점용과 연결

도로의 점용허가란 국가나 자치단체의 공물관리권에 기해 일반인에게는 허용되지 않는 특별한 공물사용의 권리를 특정인에게 설정해 주는 행정처분으로 공물의 특허사용을 설정하는 설권행위로서 재량행위이다.[47] 도로법이 보호하려는 도로는 교통의 안전과 원활한 연계에 기여하는 시설물이며 도로법은 도로에 공공성을 승인해서 수용권을 부여하는 등 설치절차를 보장할 뿐만 아니라 도로가 건설된 후 도로의 이용을 저해하는 행위들을 금지한다. 이처럼 도로법상 도로는 물리적인 시설물로서 교통망의 원활한 연계를 주된 기능으로 하며 이를 충족하는 도로들만이 설치와 유지 · 관리에 특례를 인정받을 수 있다.

이런 관점을 고려한다면 사인에게 도로의 특별 사용을 허락하는 도로점용 허가는 도로법이 정하는 도로점용 허가요건은 도로의 물리적 기능적 측면과 관련을 맺고 있으며, 공작물 · 물건, 그 밖의 시설을 신설 · 개축 · 변경 또는 제거하거나 그 밖의 사유로 도로를 점용하려는 자에게 도로관리청의 허가를 받도록 정하고 있다(도로법 제61조).[48]

도로법상의 도로, 농어촌도로정비법상의 도로와 국토계획법상의 도로는 일반 공중의 교통의 공용(이른바 일반사용)되는 공공시설이므로, 공공이 아닌 특정목적으로 도로구역을 사용(이른바 특별사용)하는 것은 극히 제한을 하여야 하는 것이나, 도시의 발달이나 생활환경에 변화 등으로 인하여 도로점용에 대한 수요가 날로 증가하고 있다. 그리고 도로의 본래 기능 이외에 전기, 가스, 통신시설의 매설 또는 지하시설의 설치, 사용 · 수익하고자 하는 토지로의 진 · 출입로를 설치 등에 대한 수요를 충족하기 위해서도 도로점용이 불가피한 실정이다.

한편 도로법상 도로 등으로부터 가 · 감속차로를 설치하여 사용 · 수익하고자 하는 토지로 진 · 출입하려고 할 때는 변속차로를 연결하면서 도로연결허가를 받아야 하며, 연결허가를 받아 도로에 연결하는 시설에 대하여는 도로점용허가를 받은 것으로 본다(도로법 제52조, 제61조).

---

47) 김동희, 『행정법 II』, 박영사, 2010, 289면.
48) 김종보, 앞의 논문, 209−210면.

해당 도로의 관리청이 도로를 일정 기간 계속하여 연결·점용하는 권리를 설정하는 설정적 행정행위로서 도로 연결·점용허가를 하여 비로소 해당 도로로부터 사용·수익하려는 토지에 진·출입로를 개설하게 된다.[49]

반면에 사도법상의 사도나 건축법상의 지정도로(법정도로 중의 하나)와 비법정도로는 공공시설구역(도로구역)이란 개념이 없고, 국가나 지방자치단체가 거기에 대한 도로관리권을 가지는 것은 아니기 때문에, 도로점용허가나 연결허가를 필요로 하지 않는다. 따라서 이론적으로는 해당 도로에서 사용·수익하려는 토지로의 진·출입로가 허가 없이 바로 개설될 수 있다. 다만 이러한 도로를 통행할 수 있는 권원이 문제가 될 수 있는 때에는 사도개설자의 동의나 비법정도로 토지소유자의 동의가 필요한 경우가 있을 수 있다. 그런데 사도법상의 사도는 사용료를 징수할 수는 있어도 통행을 제한할 수 없으므로[50], 사도개설자의 관리권[51]에 기한 동의권은 단지 진입도로를 접속시키려는 자와의 접속시설의 접속방법, 접속시기·기간, 사용료 등에 관한 협의가 가능하다는 의미일 뿐이고, 특별한 경우[52]를 제외하고는 진입로 개설 희망자의 요구를 거부하기 어려울 것이다.

기술적이고 상세한 설명은 제4장에서 다루기로 한다.

---

49) 국토교통부, 앞의 책, 23-25참조; 도로법 제52조, 제61조, 국토계획법 제108조[도시·군계획시설 도로 등에 대한 준용], 농어촌도로정비법 제18조 참조.
50) 사도법 제9조(통행의 제한 또는 금지), 제10조(사용료 징수)
51) 사도법 제7조(사도의 관리) 사도는 사도개설자가 관리한다.
52) 많은 경우 인허가 단계에서 걸러질 것이지만, 사도 주변의 지역환경과 전혀 어울리지 않는 "분뇨처리시설' 등을 상상할 수 있다.

제 2 절 ✎ 진입도로

I. 서 언

│그림 1-1│ 도로, 진입도로, 토지와의 관계

土 地		
공공용도로	진입도로	토 지

도로의 자유사용권	토지의 사용 · 수익 · 처분권	1. 토지의 사용 · 수익권 2. 건축물 사용 · 수익권 3. 건축할 권리(건축물 · 공작물 축조할 권리) (1) 공작물: 진입도로× (2) 광고탑, 철탑, 태양광(공작물 中): 현황도로 (3) ① 부지 1,000㎡ 미만 제1종 근생 · 단독주택 ② 농 · 어 · 임업용 시설(+부지 2,000㎡ 이하 농어업인의 농수산물 가공, 유통, 판매시설) (4) 건축물
	교통권?	
	(건축법 § 44: 건축물이용자가 교통 · 피난 · 방화 · 위생상 안전한 상태를 유지 · 보존하게) (개발행위: 교통소통에 지장 초래 ×)	
	ⓐ 공용수용 도로법etc. ⓑ 동의+심의+VA(지정) 건축법 ⓒ 관행(차량진출입가능 마을안길) 개발행위허가기준 ⓓ 허가(VA)사용 ⓔ 주위토지통행권	

진입도로는 도로와 건축물의 대지 및 각종 시설의 부지를 연결하는 통로라고 할 수 있다.

진입도로와 관련된 법적 요건이나 제한 등은 단일 법률에 의하여 통일적 · 체계적으로 규정되어 있는 것이 아니라, 여러 법률들에 산재하여 구체적·개별적으로 정해지고 있다. 그러므로 우선 진입도로에 관한 규제 체계가 어떠한 형태를 띠고 있는지, 그리고 다양한 법규들에서 소위 진입도로에 관하여 어떠한 규정을 두고

있는지를 종합적으로 검토하는 작업이 필요하다. 이러한 법규들은 일정한 기준에 따라서 만들어진 것이 아니라 입법 당시 해결하여야 할 문제의 성격이나 필요에 따라 만들어진 것이어서 통일성을 찾아보기 어려운 것이 사실이다.

이처럼 진입도로에 관한 규정들이 여러 법규에 산발적으로 존재하므로, 이를 한데 모아서 살펴보는 것도 의미 있는 일이라 생각한다. 또한 이렇게 함으로써 진입도로 관련 규정들이 통일성 내지 정합성을 가지도록 하는 방법을 모색해볼 수도 있을 것이다.

한편 각종 진입도로 관련 현행법규의 규정을 살펴보기 이전에 '진입도로'의 이론적인 개념을 파악하여 어떠한 개념적 징표를 가지는지, 어떤 사회적 의미를 지니는지를 먼저 살펴본다. 그리고 이러한 고찰 결과를 종합해보면, 진입도로와 관련해서 살펴야 하는 법규의 범위, 법령의 해석의 관점 등이 보다 명확해질 것이다.

그런데 관련 법규들이 진입도로에 대하여 여러 가지 용어를 사용하고 있는 데다가 그 규정들의 내용도 제 각각이라, 법률적인 의미에서 진입도로를 한마디로 정의하는 것은 매우 어려울 것으로 보인다. 그러나 위 그림에서 보듯이 사용·수익의 대상이 되는 토지와 자유사용의 대상인 도로 사이를 이어주는 통로라는 개념으로 '진입도로'를 파악한다면, 그 개념은 훨씬 단순하고 명확하게 걸러지게 될 것이다. 이러한 방법으로 복잡한 규정과 용어들을 잘 살펴보면 공통적이며 추상적인 개념적 징표가 나타난다. 이렇게 진입도로 개념을 명확히 한 후에 건축법상, 국토계획법상, 산지관리법상, 농지법상의 도로제도를 관통하는 원리를 탐구하여, 새롭게 등장하는 도로 관련 난제들이나 판례상의 문제들을 해결할 수 있는 방안을 마련해보고자 한다.

이러한 과정에서 진입도로 관련된 현행 법제를 체계적·종합적으로 해석해보기 위해서는, 토지 활용의 핵심적인 건축할 권리에 대한 입법태도에 따라 토지를 전용하고 건축하기 위한 진입도로 관련 법제에 대해 전혀 다른 입장을 취할 수 있기 때문에 다음절에서 먼저 '건축할 권리와 진입도로 법제의 관계'를 살펴보기로 한다.

Ⅱ. 진입도로의 의의

1. 진입도로의 개념과 유형

사전적 의미의 진입도로란 '어떤 지역으로 들어설 수 있도록 만들어 놓은 도로'를 일컫는다.[53] 이 책에서는 사용·수익하고자 하는 토지의 이용을 위하여 공공용도로(公共用道路)로부터 해당 토지로 들어설 수 있도록 만들어 놓은 통로를 토지의 진입도로라고 정의하기로 한다.

토지의 진입도로는 법률적인 의미에서 실정법에 근거하여 개설된 법률상의 도로와 토지 소유자 등이 통행을 위하여 임의로 개설한 사실상 도로로 구분할 수 있다.

한편, 토지의 진입도로의 이용자에게 그 진입도로를 이용할 수 있는 권원이 무엇인가에 따라 '호의 관계에 의한 도로', '사실상, 관습상의 도로', '계약에 의한 도로', '법정통행권에 의한 도로' 등으로 구분할 수 있다.

그리고 통행로에 해당하는 토지의 이용방법에 따라 등산로, 작업로, 임도, 농로, 골목길, 마을 안길, 사람과 차 등이 다니는 도로, 보도와 자동차 전용도로[54] 등으로 분류할 수도 있다.

2. 도로와 토지의 연결통로로서의 진입도로

토지를 사용·수익하기 위해서는 대부분의 경우 사람이 그 토지에 통행할 수 있어야 한다. 그리고 토지의 사용이 일시적이지 않고 장기적·주기적인 때에는 그 토지에의 지속적이고 안정적인 통행을 확보할 수 있는 통로가 확보되지 않으면

---

53) "진입도로", 다음사전, https://dic.daum.net/search.do?q (2019. 3.12.검색)
54) 자동차 전용도로는 주유소 등 예외적인 경우를 제외하고는 토지의 진입도로로서의 역할을 수행하기 어렵다. 도로법 제52조(도로와 다른 시설의 연결) ① 도로관리청이 아닌 자는 고속국도, 자동차전용도로 …… 에 다른 도로나 통로, 그 밖의 시설을 연결시키려는 경우에는 미리 도로관리청의 허가를 받아야 하며 ……이 경우 고속국도나 자동차전용도로에는 도로, 「국토계획법」 제60조제1항 각 호에 따른 개발행위로 설치하는 시설 또는 해당 시설을 연결하는 통로 외에는 연결시키지 못한다.

아니 된다. 이처럼 토지에 대한 통행로를 확보한다는 것은 통상적으로는 당해 토지와 도로를 연결하는 것이라고 할 수 있다.

토지와 도로를 연결하는 통행로, 즉 토지의 진입도로를 확보하는 일은 그 토지의 사용·수익을 편리하게 할 뿐만 아니라 토지의 경제적인 가치를 높이는 데도 가장 중요한 요소가 된다. 예컨대 진입도로가 없고 그것을 확보하는 데도 큰 어려움 있는 토지는 활용할 수 있는 방법이 극히 제한적이기 때문에 도로에 접해 있거나 진입도로를 통해 도로에 연결되어 있는 토지에 비하여 그 거래가격이 낮을 수밖에 없다.

또한, 진입도로는 당해 토지를 이용하는 자들의 안전성을 확보하는 수단이기도 하다. 가령 도로와 상당한 거리가 떨어져 있고 겨우 사람이 걸어서 통과할 수 있는 길 이외에는 그 토지에 출입할 방법이 없는데, 그 토지상에 주택이 건축되어 있다고 가정해보자. 그 주택에 화재가 발생하거나 보행이 불가능한 상태의 응급환자가 발생하였을 경우 소방차나 구급차 등이 접근할 방법이 없어 문제가 될 소지가 있는 것이다. 그러므로 토지와 도로를 연결하는 진입도로의 중요성이 거론되는 것이고, 이러한 사정을 고려하여 각종 법률에서는 장기적이고 주기적인 토지이용행위를 위해서는 진입도로의 확보를 요건으로 정하는 경우가 많다.

이용하고자 하는 토지가 도로와 접해 있지 않더라도 당해 토지와 도로 사이에 동일인 소유의 토지가 있는 경우에는 크게 문제될 것이 없을 것이나, 타인 소유의 토지가 끼어있는 때에는 진입도로를 확보하는 데 상당한 어려움이 따르거나 불가능해지는 경우도 있을 수 있다.

3. 건축 및 공작물 설치요건으로서의 진입도로

(1) 건축 및 공작물의 설치의 개념

건축물이란 토지에 정착하는 공작물 중 지붕과 기둥 또는 벽이 있는 것과 이에 딸린 시설물, 지하나 고가(高架)의 공작물에 설치하는 사무소·공연장·점포·차고·창고, 그 밖에 대통령령으로 정하는 것을 말한다(건축법 제2조 제1항 제2호). 그리고 공작물은 인공을 가하여 제작한 시설물 중에서 건축물을 제외한 것(국토계획법 시행령 제51조 제1항 제2호)으로, 굴뚝, 광고탑, 기념탑, 댐, 교량, 옹벽, 아스팔트 등의 땅 위나 땅 속에 인공으로 만든 물건 중에 건축물을 제외한 것으로 정의된다.

한편, 건축이라 함은 건축물을 신축 · 증축 · 개축 · 재축(再築)하거나 건축물을 이전하는 것을 말하고(건축법 제2조 제1항 제8호), 공작물의 설치란 건축물을 제외한 인공을 가하여 제작한 시설물을 설치하는 것을 말한다(국토계획법 시행령 제51조 제1항 제2호).

(2) 건축 및 공작물설치 요건으로서 진입도로의 의의

건축법은 건축물의 대지는 2m 이상이 도로(자동차만의 통행에 사용되는 도로는 제외한다)에 접하여야 한다는 점을 건축에 관한 원칙으로 정하고 있다(건축법 제44조 제1항 본문). 이것은 통상적으로 건축허가를 위한 접도요건이라고 불린다. 위 건축법 규정에 따라, 직접적으로 폭 2m 이상이 도로에 접하지 않는 대지의 경우 그 지상에 건축을 하기 위해서는 도로와 연결되는 폭 2m 이상의 통행로를 확보하여야 한다. 이 경우 대지와 도로를 연결하는 폭 2m 이상의 통로를 건축 요건으로서의 진입도로라 할 수 있다.

한편 건축 및 공작물설치[55]와 같은 개발행위[56]에 관한 허가기준에 대해서는, 국토계획법 및 국토계획법 시행령이 일반적 · 보편적인 사항들을 정하고 있고,[57] 개별적 · 구체적인 사항들은 국토교통부 훈령인 개발행위허가운영지침[58]에서 정하

---

55) 건축법 제2조11호, 제44조, 제45조를 준용하지 않으므로(건축법 제83조 제3항), 개발행위기준과 달리 건축법상 공작물 축조 시 진입도로가 필요없다고 해석된다.
56) 개발행위허가 대상에 건축, 공작물 설치, 토지의 형질변경, 토석채취, 토지분할, 물건의 적치가 있다. 국토계획법 제51조(개발행위허가의 대상) 제1항 참조.
57) 국토계획법 제58조 제3항, 국토계획법 시행령 제56조 제1항 별표 1의2.에서
   1. 분야별 검토사항 마. 기반시설: (1) 주변의 교통소통에 지장을 초래하지 아니할 것 (2) 대지와 도로의 관계는 「건축법」에 적합할 것 …….
   2. 개발행위별 검토사항 가. 건축물의 건축 또는 공작물의 설치: (2) 도로 · 수도 및 하수도가 설치되지 아니한 지역에 대하여는 건축물의 건축(건축을 목적으로 하는 토지의 형질변경을 포함한다)을 허가하지 아니할 것. 다만, 무질서한 개발을 초래하지 아니하는 범위 안에서 도시 · 군계획조례가 정하는 경우에는 그러하지 아니하다.
58) [국토교통부훈령 제1129호, 2018.12.21.]

고 있다. 개발행위허가운영지침에 따르면, 진입도로는 「도로법」과 「건축법」상의 도로가 아닌 진입도로는 국토교통부장관이 정한 기준에 적합하게 확보(지자체 조례로서 별도의 조례를 정한 경우 조례에 따라 확보)하되, 해당 시설의 이용 및 주변의 교통소통에 지장을 초래하지 아니하도록 하여야 한다. 그리고 대지와 도로의 관계는 「건축법」에 적합하도록 진입도로를 확보하여야 한다.[59]

개발행위허가운영지침 제3장 제3절에서 건축물의 건축 및 공작물의 설치 시에 적용할 진입도로에 관한 기준을 정하고 있다. 이에 의하면 진입도로는 도시·군계획도로 또는 시·군도, 농어촌도로에 접속하는 것을 원칙으로 한다. 그리고 이 원칙에 따라 개설(도로확장 포함)하고자 하는 진입도로의 폭은 개발규모가 5천㎡ 미만은 4m 이상, 5천㎡ 이상 3만㎡ 미만은 6m 이상, 3만㎡ 이상은 8m 이상으로서 개발행위규모에 따른 교통량을 고려하여 적정 폭을 확보하여야 한다는 뜻을 정하고 있다.[60] 이때 진입도로의 폭은 실제 차량 통행에 이용될 수 있는 부분으로 산정하도록 하고, 진입도로의 길이[61]를 산정할 경우 단지(주택단지, 공장단지 등) 내 도로는 제외하며, 변속차로 및 기존 도로의 확장된 부분은 포함하여야 한다.[62]

그리고 ① 차량진출입이 가능한 기존 마을안길, 농로 등에 접속하거나 차량통행이 가능한 도로를 개설하는 경우로서 농업·어업·임업용 시설(가공, 유통, 판매 및 이와 유사한 시설은 제외하되, 「농업농촌 및 식품산업 기본법」제3조에 의한 농업인 및 농업 경영체, 「수산업·어촌 발전 기본법」에 따른 어업인, 「임업 및 산촌 진흥촉진에 관한 법률」에 의한 임업인, 기타 관련 법령에 따른 농업인·임업인·어업인이 설치하는 부지면적 2천㎡ 이하의 농수산물 가공, 유통, 판매 및 이와 유사한 시설은 포함), 부지면적 1천㎡ 미만으로서 제1종 근린생활시설 및 단독주택(건축법 시행령 별표1 제1호 가목에 의한 단독주택)의 건축인 경우, ② 건축물 증축 등을 위해 기존 대지 면적을 10% 이하로 확장하는 경우, ③ 부지확장 없이 기존 대지에서 건축물 증축·개축·재축(신축 제

---

59) 개발행위허가운영지침 제3장 제2절 '3-2-5 기반기설' 참조.
60) 개발행위허가운영지침 제3장 제3절 3-3-2-1 (2). 다만, 이러한 기준을 적용함에 있어 지역여건이나 사업특성을 고려하여 법령의 범위 내에서 도시계획위원회 심의를 거쳐 이를 완화하여 적용할 수 있다(개발행위허가운영지침 제3장 제3절 3-3-2-1 (5) 참조).
61) 진입도로의 길이는 막다른 도로에서 도로의 폭을 결정하는 기준으로 필요하다.
62) 개발행위허가운영지침 제3장 제3절 3-3-2-1 (2) 하단, (3)

외)하는 경우 및 ④ 광고탑, 철탑, 태양광발전시설 등 교통유발 효과가 없거나 미미한 공작물을 설치하는 경우에는 개발행위허가운영지침에 정한 진입도로기준의 예외를 인정하고 있다.63)

또한 개발행위허가운영지침 제3장 제3절 3-3-2-1에 정한 진입도로의 폭이나 적용 예외에 관한 기준64)을 적용함에 있어 산지에 대해서는 산지관리법령의 규정에도 적합하여야 한다.65)

또한 주택법에 따른 주택건설기준 등에 관한 규정 제2조 제8호의 규정에서 말하는 진입도로라 함은 보행자 및 자동차의 통행이 가능한 도로로서 기간도로66)로부터 주택단지의 출입구에 이르는 도로를 말한다.

이상에서 본 바와 같이, 다수의 현행 법률은 건축 및 공작물 설치의 인허가 요건으로서 진입도로를 요구하고 있다.

Ⅲ. 진입도로의 중요성

토지는 지리적으로 그 위치가 고정되어 있기 때문에, 그 토지에 접근이나 출입을 가능하게 해주는 진입도로가 어떻게 형성되는가에 따라 그 가치가 변하게 마련이다. 다시 말하면, 토지는 지리적으로 위치가 고정되어 있지만 그 토지에 이르는 진입도로 유무, 위치, 크기 등에 따라 그 토지의 사회적·경제적 가치가 현저하게 변하게 된다. 따라서 진입도로는 토지의 가치나 용도 등을 결정하는 주요

---

63) 개발행위허가운영지침 제3장 제3절 3-3-2-1 (4) 참조.
64) 개발행위허가운영지침 제3장 제3절 3-3-2-1 (2) 및 (4)의 기준을 말한다.
65) 다만, 보전산지에서는 산지관리법령에서 정한 기준을 따른다(개발행위허가운영지침 제3장 제3절 3-3-2-1 (6)).
66) 주택법 시행령 제5조에 정한 도로로서, 보행자 및 자동차의 통행이 가능한 도로로서 다음 각 호의 어느 하나에 해당하는 도로를 말한다.
　　1.「국토의 계획 및 이용에 관한 법률」제2조제7호에 따른 도시·군계획시설(이하 "도시·군계획시설"이라 한다)인 도로로서 국토교통부령으로 정하는 도로
　　2.「도로법」제10조에 따른 일반국도·특별시도·광역시도 또는 지방도
　　3. 그 밖에 관계 법령에 따라 설치된 도로로서 제1호 및 제2호에 준하는 도로

한 변수라 할 수 있다. 토지는 그 소유자 등의 의사에 따라 건축물의 부지나 농지 등 여러 가지 목적에 사용되는데, 이 경우 그 토지에 사람이나 차량 등이 통행하여야 하고, 그 토지에 통행할 수 있는 도로가 확보되어야 하는 것이다. 그리고 토지상에 건축물 등의 구조물을 설치·이용하고자 할 때는 사람이나 차량이 통행할 수 있는 통로뿐만 아니라 상·하수도관이나 가스관, 전기 및 통신선로와의 연결이 필수적이다.

역사적으로 보면, 차량을 이용하지 않던 시대에는 토지의 통행로는 사람이나 가축이 지나다닐 수 있기만 하면 충분할 수 있었다. 그렇지만, 오늘날과 같이 많은 일상생활에서 차량의 이용이 필수적이고 농사를 짓는 경우에도 대형 농기계의 이용이 불가피한 시대에는 토지의 통행로는 일정 이상의 폭과 적절한 경사도 등의 요건을 갖추어야만 그 기능을 수행할 수 있게 되었다.

앞서 본 바와 같이, 토지는 생산수단인 동시에 생산물이며, 이러한 토지가 그 역할을 다할 수 있게 하기 위해서는 토지시장을 활성화시키는 일이 절대적으로 중요하다. 그리고 토지시장을 활성화시키는 데는 개별 토지가 상품성 내지는 시장성을 갖추게 하는 것이 필요하다. 토지에 대하여 상품성 내지는 시장성을 극대화할 수 있게 하고, 이를 통하여 토지시장을 활성화하는 일은, 토지에 대한 소유권 및 사용·수익권을 보장하는 것이기도 하다. 예컨대 진입도로가 없어 농기계나 차량 등의 접근이 불가능한 토지는 오늘날에는 그 가치를 인정받기 어렵고, 그 결과 그 토지에 대한 소유권이나 사용·수익권은 엄격한 의미에서는 의미를 상실하게 되기 때문이다.

이런 맥락에서 주변토지에 포위되어 있는 등의 이유로 공도와의 연결이 끊어져 있거나 통로가 있다고 해도 그 폭이 너무 좁아 차량 등이 통행할 수 없는 토지들에 대해, 그 용도에 적합한 진입도로를 확보할 수 있는 장치를 마련하는 것이 무엇보다 중요하다.

한편 진입도로의 확보를 용이하게 하는 것은 토지공급량을 확대하는 방편이 되기도 한다. 토지시장에 상품의 공급량을 늘리는 가장 좋은 효과적인 방법은 홍콩식 토지공유제[67]를 채택하는 것이겠지만, 이러한 제도의 도입은 우리나라의 현실에서는 불가능하다고 보아야 한다. 현재와 같은 사유재산제 하에서 토지 공급량을 늘릴 수 있는 실현 가능한 방법은 개별 토지가 토지시장에 상품으로 나올 수 있게 유도하는 것인데, 택지소유상한제나 토지초과이득세제 등이 여기에 속한다. 그러나 이러한 제도들은 토지의 특성과 그에 대한 수요 형태 등을 충분히 이해하지 못한 것으로 결국 실효성 없는 것으로 판명되었다.[68)]

　　그렇다면 토지 과잉 소유자의 수요를 억지로 억제함으로써 간접적으로 토지시장에 공급량을 늘리려는 것보다 직접적으로 토지의 공급량을 확대할 방안을 끊임없이 고민해야 한다. 이를 위해서는 도시계획이라든가 토지의 진입도로 확보를 용이하게 하는 등을 고려할 수 있을 것인데, 도시계획은 정부정책차원의 문제이므로 논외로 하고, 법률적인 관점에서 접근 가능한 토지의 진입도로 확보방안을 고찰해볼 실익이 있다고 본다. 만일 진입도로제도를 개선한다면 토지시장의 독과점적 구조를 많이 해소할 수 있을 것이다.

---

67) 홍콩특별행정구역정부가 모든 토지소유권을 가지고, 토지사용자는 50년간의 임대기간을 가지며, 매년 사용료는 토지시장가치의 3%이인데 그 시장가치에 연동해서 부과하고, 원하는 토지는 공개경쟁 입찰하도록 하고 있다(김원중, "홍콩특별행정구역의 토지공급 및 관리제도 고찰", 『Journal of Real Estate Analysis』 2(1), 2016. 5, 133–134면).
68) 택지소유상환제(헌법재판소 1999. 4. 29. 94헌바37 등 전원재판부 위헌결정), 토지초과이득세제(헌법재판소 1994. 7. 29. 선고 92헌바49 전원재판부 헌법불합치결정)는 효력을 잃었다.

제 3 절 ◦ 건축할 권리와 진입도로의 관계

Ⅰ. 건축할 권리에 대한 외국 입법태도[69]

1. 프랑스

프랑스에서는 근대 시민혁명의 성과로서 토지의 사적 소유권이 견고하게 확립되었다. 프랑스혁명 이후에 제정된 나폴레옹법전에 의하여 처음으로 근대적인 토지소유권이 확립된 것이다. 이후에 토지소유권은 행정의 간섭으로부터 개인의 자유와 독립을 보장하는 보루로 간주되어 왔다.

프랑스 민법 제552조에서는 "토지소유권은 지상 및 지하의 소유권을 포함한다. 토지소유자는 토지 위에서 스스로 적당하다고 판단하는 식재 및 모든 건축행위를 할 수 있다"라고 규정하고 있다. 이는 토지소유권의 절대성을 표현한 것으로 건축의 자유를 옹호한 규정으로 볼 수 있다.

그러나 1970년대에 토지 투기의 횡행, 택지·공공시설 등의 공급 부족, 환경파괴 등 도시·토지문제가 크게 부각하면서 토지소유권의 절대성에 대한 제한이 크게 강화되기 시작하였다. 우선, 1975년에 제정된 「토지정책의 개혁에 관한 법률」에서는 법정상한밀도(PLD : plafond légal de dendité)와 초과부담금제도가 도입되었다.

PLD란 용적률의 상한을 의미하는데, PLD를 초과하는 개발행위에 대해서는 지자체에서 초과부담금을 징수할 수 있도록 하였다. 이는 그동안 토지소유권의 속성으로서 당연하게 인정되어 온 개발권을 PLD의 범위내에서만 인정하고 PLD를 초과하는 개발권을 공유화하였음을 의미한다.

도입 당시에 설정된 PLD는 용적율 기준으로 파리가 150%, 기타지역이 100%

---

69) 국토교통부, "정책정보",http://www.molit.go.kr/USR/policyData/m_34681/dtl.jsp?id=36 (2021. 2. 8검색): 이하의 내용은 "정책정보"의 내용을 요약 정리한 것임.

였다. 그러나 1980년대에 접어들어 PLD 설정권한이 지자체로 이양되고, 규제완화가 추진되면서 PLD 제도는 거의 유명무실한 존재가 되었다. 그리고 1983년에는 「지자체와 국가 간의 권한재배분을 규정하는 법률 제8호」에서 도시계획 권한의 지방 이양과 함께 '건축가능성 제한의 원칙'을 명시적으로 규정하였다.

즉, 기성 시가지를 벗어난 지역에 대하여 기초지방자치단체가 미리 토지이용계획(POS)을 수립하지 않은 경우에는 건축을 원칙적으로 금지한다는 것이다. '건축가능성 제한의 원칙'의 도입에 대해서는 많은 저항이 있었으며, 국회를 통과하는 과정에서 예외규정이 다수 포함되었던 것으로 알려져 있다.

그러나 이 원칙은 민법에서 규정하고 있는 건축자유의 사상에도 불구하고 "건축가능성은 원칙적으로 제한됨"을 법령으로 천명함으로써 토지소유권에 대한 개념 변화를 시도하였다는 점에서 큰 의미를 갖는다.

2. 독 일

독일의 토지소유권은 절대적 소유권으로서 19세기에 성립되었다. 절대적 소유권이란 개인이 자기가 소유하고 있는 물건을 자유롭게 처분할 수 있는 권능을 의미하는데, 절대적 소유권의 개념이 성립하게 된 배경에는 프랑스혁명 이후의 근대사상의 영향이 있었던 것으로 보인다.

그러나 성립 당시부터 절대적 소유권의 개념에 대한 수많은 비판과 논쟁이 있었으며, 20세기에 접어들면서는 '소유권의 사회화'를 주장하는 논조가 우위를 점하기 시작하였다. 1919년에 제정된 바이마르헌법 제153조에서는 "소유권은 의무를 수반한다. 소유권의 행사는 공공의 복리에 적합하여야 한다"라고 규정함으로써 소유권이 절대 무제한의 권리가 아님을 천명하고 있다.

이를 계승하여 1949년의 독일 헌법 제14조에서는 "소유권의 이용은 공공의 복리에 적합하여야 한다. 토지, 천연자원 및 생산수단은 사회화의 목적을 위하여 공동소유 또는 공동경제의 형태로 이행할 수 있다"라고 규정하고 있다.

즉, 소유권에는 공공의 복리에 적합하게 이용되어야 하는 사회적 의무가 내재되어 있어서, 사회·국가적으로 약속한 범위 내에서만 자유롭게 행사할 수 있다는 것이다.

이러한 소유권 개념은 「건설법전(Baugesetzbuch－BauGB)」 등의 도시계획 관련 법령들에서 구체적으로 확인할 수 있다. 독일에서 "계획 없이 개발 없다"는 건축부자유의 원칙이 제도적으로 확립된 것은 1960년에 제정된 「연방건설법(Bundesbaugesetz)」(1971년에 제정된 「도시건설촉진법」과 통합되어 1986년에 「건설법전(Baugesetzbuch－BauGB)」이 됨)에서이다.

10년 이상의 논의를 거쳐서 제정된 「연방건설법」에서는 토지이용계획(F－plan: Flächennutzungsplan)과 지구상세계획(B－plan:Bebauungsplan)의 2단계 도시계획체계를 도입하였다. F플랜은 지자체의 행정구역 전체를 대상으로 수립되지만, B플랜은 개발대상지에 대해서만 수립되는데 토지소유자는 B플랜의 수립을 통하여 비로소 건축권을 확보할 수 있게 된다.

즉, 독일의 도시적 토지이용은 건축부자유의 원칙을 전제로 하되 계획을 통하여 토지소유권의 구체적 자유를 부여하는 법원리에 입각하고 있는데, 이러한 법원리의 배경에는 토지소유권의 사회적 의무라는 관념이 자리잡고 있는 것이다.

3. 영 국

영국의 토지소유권은 유럽의 대륙법과는 다른 특수한 구조 속에서 발전하여 왔다. 모든 토지는 국왕의 소유이며, 국민들은 국왕으로부터 직·간접적으로 토지를 수여받는다는 관념이 전제가 되어 있다. 따라서 영국에서는 절대적 토지소유권의 개념은 존재하지 않는다.

영국에서 인정되는 부동산권리는 존속기간이 한정되어 있는가 없는가에 따라서 절대정기부동산권(term of years absolute possession)과 자유토지보유권(freeholder)의 2가지로 구분된다. 어떤 유형의 부동산권리가 존재하는 토지를 배타적으로 지배할 수 있으나, 개발권은 관념적으로 국유화되어 있다.

영국에서 개발권 국유화가 추진된 것은 1947년의 일이다. 당시의 노동당정권에 의하여 제정된 1947년 도시농촌계획법(Town and Country Act)은 개발권의 국유화와 관련하여 다음과 같은 내용을 담고 있다.

① 토지이용에 대한 기본계획 성격의 도시계획(development plan)이 제도화되었다.

② 토지의 개발권이 국가에 귀속됨을 전제로 하여 건축을 포함한 모든 토지개발행위는 지방정부 또는 중앙정부의 계획허가(planning permission)를 받은 경우에만 허용되었다.

③ 지방정부에게 토지를 강제 취득할 수 있는 권리를 부여하였다.

④ 사유지의 매매가격을 "현재의 사용가치"로 억제하였다.

⑤ 개발이익의 100%를 징수하는 개발부과금(development charge)제도가 창설되었다. 개발권이 국가에 귀속되어 있기 때문에 개인이 토지를 개발하고자 할 때에는 국가에 개발부과금을 지불하고 개발권을 구입하여야 한다는 것이다.

그러나 영국의 토지정책 및 도시계획제도는 정권의 향방 및 여건의 변화에 따라 끊임없이 변화하여 왔다. 예를 들어 1951년에 정권을 잡은 보수당정권은 1953년에 개발부과금제도를, 1954년에는 개인간의 토지거래 제한을 각각 폐지하였다.

1968년에는 개발계획제도가 광역지자체에 의한 기본계획(structure plan)과 기초지자체에 의한 지방실시계획(local plan)의 2단계 구조로 재편되었고, 계획수립 및 계획허가의 권한이 지자체로 이양되었다.

1976년에는 새로운 개발이익 환수제도로서 토지개발세(Development Land Tax)가 창설되었다가 1980년대 초반에 다시 폐지된 바 있다.

그리고 2004년에는 종래의 기본계획–지방실시계획 체계가 지역공간전략(RSS)과 지방실시계획(local plan)의 2단계 계획체계로 전면 개편되었다.

이러한 변화에도 불구하고 계획허가제는 여전히 엄격하게 운용되고 있어서, 도시계획과 정합적이지 않거나 주변상황에 적합하지 않은 모든 개발행위는 철저하게 통제된다.

4. 미 국

미국의 토지소유권은 기본적으로 영국의 관습법(common law)을 따르고 있다. 따라서 대륙법에서 나타나는 절대적 소유권의 개념은 존재하지 않으며, 소유권을 대신하는 개념으로서 점유권(hold)이 일반적으로 중시된다.

점유권이란 "기한이 정해져 있는 소유권"으로서 일정 기간 동안만 토지를 배타적·독점적으로 지배하면서 토지에 부착된 제반의 권리 및 권익을 행사·향유할 수 있는 권리를 의미한다. 따라서 점유권은 토지의 이용에 관한 권리라 할 수 있다.

헌법에서는 부동산에 대한 과세권, 토지수용권, 경찰권(police power) 등의 권리를 정부가 행사할 수 있도록 보장하고 있으며, 정부의 권리는 개인의 점유권에 우선한다. 여기에서 경찰권이라 함은 별다른 보상 없이 공익을 위하여 부동산의 이용 등에 관한 개인의 권리 행사를 제한할 수 있는 권리를 말한다. 미국 도시계획의 가장 중요한 정책수단인 지역지구제(zoning)는 경찰권 행사의 한 형태이다.

토지소유권과 관련하여 미국에서 주목할 만한 도시계획제도로 개발권양도제(TDR)가 있다. TDR은 개발권이 토지소유권으로부터 분리됨을 전제한 제도로서, 특정지역에 있는 토지의 소유주에게 개발권을 행사하지 못하게 하는 대신 다른 지역에서 그 개발권을 행사할 수 있도록 허용하는 제도를 말한다. 보전지역의 개발권이 개발지역으로 옮겨지기 때문에 보전지역을 개발권 송출지역(sending area), 개발지역을 개발권 수용지역(receiving area)이라 부르기도 한다. 개발권의 내용은 도시지역에서는 건축연면적, 오픈 스페이스에서는 주택호수가 일반적이다.

개발권은 민간 토지소유자간에 거래되며, 등기와 연결되어 있다. 이론적 장점에도 불구하고 TDR의 도입을 위해서는 해결해야 할 과제가 많다. 첫째, 보전지역의 개발권 발급량을 결정하고 이를 개인들에게 할당하는 기준이 마련되어야 한다. 둘째, TDR이 토지시장에서 거래되어 시장가치가 확보될 수 있도록 경제적 장치가 마련되어야 한다. 셋째, 토지소유권이나 세법 등과 관련하여 TDR의 법적 개념이 명확하게 설정되어야 한다. 이상의 제도적 한계로 인하여 미국에서도 TDR은 자연보호나 역사적 유물의 보전 등을 위하여 제한적으로 활용되고 있을 뿐이다.

5. 일   본

일본의 경우 건축행위를 위해서는 기존 택지에서 건축하는 경우에는 '확인신청(계획통지)'70)와 '건축허가'만으로 건축이 가능하다. 그러나 새로운 택지 즉, 토지의 구획·형질의 변경이 필요한 경우에는 건축허가 등만으로는 안되고 도시계획법상의 별도의 '개발행위'가 필요하다.

일본의 개발행위는 "주로 건축물의 건축 또는 특정공작물의 건설용으로 제공할 목적으로 실시하는 토지의 구획·형질의 변경"으로 정의하고 있다(일본 도시계획법 제4조 제12항). 특정 공작물의 건설용에 제공할 목적으로 행하는 토지의 구획·형질의 변경이 개발행위로 추가한 것은 1974년의 법 개정 때이다.

개발행위는 주로 건축물의 건축 또는 특정공작물의 건설용에 제공할 목적이어야 한다. 건축물의 건축 또는 특정공작물의 건설용에 제공하기 위한 목적 외의 구획형질의 변경은 포함되지 않고, 기존 택지에 있어서 건축행위, 건축행위와 불가분의 관계에 있는 일련의 행위는 건축행위에 해당하더라도 개발행위에 해당하지 않는다.71) 우리나라와 거의 동일한 구조를 취하고 있다.

일본에서 건축허가란 기본적으로 건축기준법에 불일치하는 건축물을 짓는 경우, 주위의 여건 등을 고려해 특정행정청이 특례로 허가해 주는 것이다. 즉, 우리나라 국토계획법에서 규정된 지역·지구내 건축할 수 있거나 없는 건축물의 종류를 일본의 건축기준법에 규정해 놓고 있는데, 건축허가의 경우 불가피한 사정으로 원칙적으로 금지되어있는 건축물을 지어야 할 경우 주변환경, 안전성, 공익성 등을 고려하여 특별행정청에서 금지를 해소해 특별히 허가해 주는 것이다.

현재 건축기준법에서는 건축허가에 관한 근거 규정은 없으나, 도로내 건축물의 허가(건축기준법 제44조), 용도지역내의 용도금지의 열외허가(건축기준법 제48조) 등 세부조항에서 특별행정청이 건축심사회의 동의를 얻어 허가할 수 있다는 규정 등을 명시하고 있다.72)

---

70) 우리나라 건축허가에 해당하는 것이다. 확인신청의 대상은 내화·준내화 건축물로 건축해야 하는 특수건축물로서 바닥면적 합계가 100㎡ 이상인 건축물 3층이상 연면적 500㎡ 또는 높이가 13m 혹은 처마높이가 9m 이상인 목조건축물, 기타 2층 이상으로 연면적 200㎡인 건축물 등이다.

71) 서순탁 외, "한국과 일본의 개발행위 허가제 비교연구", 주택도시연구원, 2007. 12, 참조.

72) 황은경/박근수, "한국과 일본의 건축허가 체계 비교 연구", 「대한건축학회 학술발표대회 논문집」 - 계획계』 29(1), 2009. 10, 259면 참조.

결론적으로 우리나라처럼 토지의 계획적 이용과 관련된 개발행위와 결부된 건축행위는 개발행위허가가 재량권한이 큰 관계로 관계된 건축의 권한이 공익적 목적에 제한은 받는다. 따라서 건축의 권리가 공익적 목적 및 토지의 계획적 이용과 관련하여 많은 제한이 따르게 된다.

그리고 개발행위가 필요 없는 기존의 택지에 건축의 확인신청(계획통지) 받아서 하는 건축행위는, 법정요건만 맞으면 건축이 가능해진다. 이러한 행정청의 처분은 건축물의 위험방지요건과 관련한 법령의 요건에 맞으면 행정청이 처분을 해야 하는 기속행위이기 때문이다. 그러므로 제한된 범위 내에서 일본에서의 건축할 권리는 법적으로 보장되어지는 것으로 생각한다.

Ⅱ. 진입도로에 관한 외국 입법태도

1. 프랑스[73]

다음으로 프랑스의 관련 법규에 대해서 살펴보기로 한다.

프랑스의 경우에는 건축이 그 규모 또는 해당 건축물의 용도나 정비의 목적에 부합하는 조건하에서 공적·사적 도로와 연결되지 않을 경우에는 건축허가가 거부될 수 있다. 그리고 그 진입도로가 있다고 하더라도 그것이 화재진입이나 통행의 안전에 적합하지 않은 경우, 일정한 조건을 붙여 건축허가를 하거나 거부할 수 있다.[74]

---

73) 이하의 내용은 주로 김현희, "프랑스 건축허가제도에 관한 연구", 경희대 박사학위논문, 2009, 59-60면 참조.

74) 구체적으로는 진입도로의 특성상 화재진압용 차량의 이동 또는 이용이 어려운 때, 또는 그 진입도로가 공용도로를 이용하거나 그 통로를 이용하는 자의 안전에 위험한 경우 그 허가는 거부되거나 특별한 조건의 준수를 유보하는 경우에만 인정될 수 있다. 이러한 안전은 통로의 위치, 형태 및 성격과 교통상황 등을 고려하여 판단되어야 한다(R.111-5).

한편, 이와 관련하여 R111-6은 허가 또는 신고에 ① 계획의 성격에 부합하는 주차공간 확보의무와 ② R111-5 2항에 언급된 안전에 필요한 모든 개별적인 정비의무를 부과할 수 있도록 규정한다. 공용도로에 대한 통로의 수는 안전의 범위 내에서 제한될 수 있다. 특

프랑스의 경우에도 건축을 위한 토지는 지역도시계획(PLU)의 규정 제3조가 정하는 특성에 따라 공·사(公·私)도로에 연결되어야 한다. 프랑스 판례는 진입도로와 관련하여 총 주택이 5동을 초과하는 경우에는 폭 8m, 5동 미만의 주택인 경우 적어도 5m의 진입도로가 필요함을 인정한 바 있다. 토지는 공·사도로에 연결되어야 할 뿐 아니라 통행로를 가져야 한다. 시가지의 외관을 순환하는 고속도로와 그 지선 주변의 토지, 도시계획법 L.111-2에 의하여 자동차도로, 자전거도로 및 등산로 등 일반적인 통행에 개방되지 않은 특화된 도로의 주변지도 마찬가지이다.

2. 독 일

독일의 경우에는 각주의 건축규제법에서 진입도로에 관하여 규정하고 있다. 건축규제법은 건설계획법과 함께 건설법의 영역을 구성하는 것으로, 건설계획법이 토지의 이용에 관한 규율인 것에 대하여, 건축규제법은 건축의 시행과 개개의 건축물에 대한 실체법상의 여러 가지 요건들을 규율한다. 또한 건축규제법에는 건설법상의 여러 가지 규정의 준수를 보장하기 위한 규정이 포함되어 있다.

건축규제법은 건축의 영역에서 공공의 안전·질서에 대한 위험을 방어하는 것을 목적으로 하고 있다. 독일기본법(Grundgesetz für Bundesrepublik Deutschland)에 따르면, 건축규제법은 토지거래·토지법(독일기본법 제74조 제1항 제18호)이 아닌 경찰법의 영역에 속하는 것이 되고, 이 입법권한은 각 주에 있는 것으로 풀이되고 있다(독일기본법 제70조).[75]

독일의 각 주마다 건축규제법이 정해져 있는데, 그 내용은 기본적으로 모델 건축규제법(Musterauordnung)[76]에 기초하고 있는 것으로, 실체법상의 관점에서는 일치하는 부분이 많다. 그러므로 이하에서는 여러 주의 건축규제법을 참조하면서

히 토지가 여러 도로에 의해 연결된 경우 계획은 통로가 도로교통에 피해가 최소가 되는 도로에 설치된다는 조건하에서만 허가될 수 있다(R.111-6).

75) 이하의 설명은 주로 W. Brohm, Öffentliches Baurecht, 3 Aufl. 2002 § 1 Rn 10-12, § 4 Rn 1; W. Krebs, in : Schmidt-Aßmann, Besonderes Verwaltungsrecht, 11 Aufl. 1999, 4. Abschnitt Rn 5-7을 참조한 것이다.

76) 이것은 독일의 연방 및 각주의 소관 관청의 대표자들로 구성된 위원회가 작성한 것이다.

토지와 공도와의 접속에 관한 규정을 살펴보기로 한다.

기본적인 규정의 예는 대체로 다음과 같다.

「토지가 차량 통행이 가능한 공도와 적절한 폭으로 접하고 있는 경우 혹은 차량 통행이 가능한 공도로의 차량통행이 가능하고 공법상 보장된 통로를 가지고 있는 경우에 한해서 당해 토지에서 건물을 건축하는 것이 허용된다. 주거용 도로에 관하여는 방화(防火)에 관한 염려가 존재하지 않는 경우에는 차량통행가능성을 포기할 수 있다.」[77]

이와 같이 각 주의 건축규제법에서는 차량통행이 가능한 공도와 접하고 있는 경우에만 당해 토지에서의 건물의 건축을 허용하고 있다. 공공의 안전을 확보하고 토지를 불합리하지 않게 이용하기 위해서는, 토지는 소방 · 구급 · 위생 · 경찰 · 우편 · 방문자 · 이용자 등의 차량으로써 도달 가능한 상태여야 한다. 그래서 이러한 도달 가능성을 보장하기 위하여 각 주의 건축규제법은 토지와 공도가 적절한 폭으로 직접적으로 접하고 있을 것을 요구하고 있다.

어느 정도 폭으로 공도에 접해야 '적절'하다고 할 수 있는가는 개별적인 사례에서 토지이용의 종류나 건물에 체재할 인원수 등을 고려하여 판단된다. 이러한 판단을 할 때 원활한 구급 · 소방 활동, 통행의 안전성 등이 중요한 판단요소가 된다고 한다. '공법상 보장된 통로'의 해석에 관하여는 도로법상의 공도 혹은 주 건축규제법의 Baulast[78]에 의하여 보장된 통로일 것을 요하는 것으로 풀이된다.

한편 주거용 통로(Wohnweg)에 대해서는 차량통행의 가능성을 요구하지 않는다. 주거용 통로라고 하는 것은 거기에 접하고 있는 것이 오로지 주택만 있는 통

---

77) 이 규정 례는 베를린州 건축규제법 제4조 제1항을 소개한 것인데, 다른 주의 규정도 거의 유사하다.

78) Baulast(이하 '건축부담'이라 번역함)라고 하는 것은, 토지나 기타 토지상에서의 건축의 종류 · 방법에 대하여 요구되는 제반의 사항을 공법상에서 확보하기 위한 수법이고, 많은 주 건축규제법에 규정되어 있다. 건설감독행정청에 대한 토지소유자의 공법상의 의사표시에 의하여 설정된다. 그 결과 당해 토지소유자는 자기의 토지에 관하여 반드시 현행 공법 규정에 의하여 발생하는 것이 아닌 공법상의 작위 · 부작위의무를 부담하게 된다. 토지소유자의 의사표시에 의하여 Baulast가 설정되면, Baulast 목록에 등록되고, 건설감독청은 건설감독이라는 수단을 통해서 그 이행을 강제하게 된다. 이러한 수법이 이용되는 장면은 종래 인지건물(隣地建物)과 간격용지(間隔用地)의 확보, 자동차주차장의 설치, 토지에의 통로의 확보나 전기 · 가스 등의 도관(導管)의 부설 등이 있었고, 오늘날 확대되고 있는 추세이다.

로, 혹은 건설계획법에 따라서 허용된 통로를 가리킨다. 이러한 주거용 통로의 경우 방화(防火)에 관한 염려가 없는 한도 내에서 건설감독행정청은 그 재량에 의하여 차량통행가능성의 요건에 대한 예외(Ausnahme)를 건축주에게 부여할 수 있다.[79]

　토지와 공도와의 접속은 주 건축규제법만이 아니라 건설계획법의 영역에서도 규율하고 있다.[80] 건설계획법상에서의 토지와 공도와의 접속이라는 요청은 지구시설정비라고 하는 문제로 취급되고 있다. 건축을 허가받은 지역이 주거나 사업목적에 이용될 수 있기 위해서는 교통·기술·사회적 관점에서 다양한 인프라시설을 필요로 하고 있다. 요컨대 지구시설의 정비가 이루어져야 비로소 당해 지역은 포괄적으로 이용가능한 상대로 된다. 건설계획법상의 지구시설정비에는 일반적으로 교통상의 지구시설정비(공공도로망에의 접속 등), 기술적 관점에 기한 지구시설정비(전기·수도의 공급이나 하수처리 등), 사회적 관점에 기한 지구시설정비(녹지대나 학교의 설치 등) 등이 있다.

　토지에서의 건축행위(신축뿐만 아니라 개수나 용도변경도 포함, 건축법전 제29조 제1항)가 건설계획법상 허용되는지 여부를 판단함에 있어서 토지와 공도와의 접속이 그 판단요소의 한가지로 되고 있는 것이다. 건설법전(Baugesetzbuch-BauGB)에 의하면 건축행위가 건설계획법상 허용되기 위해서는 지구시설정비가 이루어져야 하고, 이때 토지와 공도와의 접속이 필요하다고 한다. 다음으로 어떤 지역을 대상으로 하여 지구상세계획(B-plan: Bebauungsplan)이 책정되어 있는 경우에 그 계획 속에 공도에의 접속에 관한 지정이 포함되어 있어야 한다고 한다.

3. 영 국

　영국의 건축법 체계는 1984년에 제정된 '건축법(Building Act)'를 기초로, '건축규칙(Building Regulation)' 및 '승인문서(Approved Document)'로 구성된다. 건축법의

---

79) 건축규제법에 있어서의 예외 제도에 관해서 Brohm, a. a. O., § 5 Rn 29-34; Krebs, a. a. O., Rn 206을 참조할 것.
80) 이하의 설명은 山下淳, "西ドイツにおける土地の建築的利用規制(二) - 建築自由に關する豫備的考察", 『自由』59卷 11号, 1983, 116頁도 함께 참조하였다.

입법취지가 개별 문서마다 동일하게 강조되는데 "건강, 안전, 에너지 보존 그리고 복지 및 장애인의 편의"를 추구하고 있다. 14개의 승인문서로 구성된 건축규칙은 큰 원칙을 유지하면서 세부적인 규정의 경우 시대적 상황에 따라 계속해서 개정이 이루어졌다. 최근에는 이슈가 되는 화두들이 새로운 개념으로 추가되고 있는데, 근래에는 지속가능한 환경 및 에너지와 관련된 내용을 중심으로 변화가 있는 편이라 할 수 있다. 이러한 경우에 큰 법체계의 틀은 유지하면서 세부 규정을 추가하거나 확대하는 방식으로 법의 규정을 재해석하도록 유도한다. 이와 같은 영국의 건축법은 건축물의 건립승인을 받기 위한 도시계획체계의 큰 틀에 포함되어 허가신청을 위한 타당성을 해당 지방자치단체에서 검토한다. 한편, 14개 승인문서의 경우 각각의 부문별로 구체적인 세부설계기준(British Standard Code: BS code)을 포함한다. 설계자가 이를 토대로 가장 합리적인 법의 원칙을 적용할 수 있도록 유도한다.

'승인문서(Approved Document)' Part M에서 '건물 접근성 및 활용도(Access to and use of buildings)'를 규정하고 있다. 이에 대해서 상세히 살펴보면 아래와 같다.

Part M – 건물 접근성 및 활용도(Access to and use of buildings)

Part M은 장애인 시설(facilities for disabled people)을 위한 요건과 더불어 모든 건물에 대한 접근 완화(ease of access)와 모든 건물 내 이동(circulation)을 위한 포괄적인 제공(inclusive provision)을 요구하고 있다. 특히 건물은 다음과 같은 합리적인 수준의 제공(reasonable provision)이 이루어질 수 있도록 하여야 한다.

· 모든 사람들이 건물에 접근할 수 있고 이용할 수 있도록 함
· 모든 사람들이 건물 내 화장실을 이용할 수 있도록 함.
· 건물 내 청중 혹은 관객을 위한 좌석이 구비되어 있다면 장애인(people with disabilities)을 위한 합리적인 제공이 도모되어야 함.

The DDA 5 – 2006는 서비스 제공자, 학교 그리고 공적 기관에 대하여 법적으로 구속력 있는 의무를 부과하고 있으며, 특히 이는 건축 규칙 2000(the Building Regulations 2000)의 최소접근수준(minimum access)과 시설요건(facilities require

－ments)과는 별개의 것이고 나아가 이에 부가적인 것이다. 하지만 Part M 승인문서는 당해 법적 의무(legal duties)를 확보하기 위한 수단으로 제정된 것이 아니다. 이는 건물의 설계가 건물의 수명을 넘어 (over its lifetime) 건물의 포괄적인 사용에 물리적인 장애(physical barriers to a building's inclusive use)를 야기하지 않도록 확인하기 위하여 제정되었다.

건축법상 요구되는 건물 접근성 및 활용도(Access to and use of buildings)에 대한 실제적이고 실무적인 사항은 역시 2010 No. 2214 Building And Buildings, England and Wales, The Building Regulation 2010의 Schedule에서 상세히 규정하여 건축법상의 관련 내용을 보다 구체적으로 다루고 있다.

PART M 건물에 대한 접근과 활용(ACCESS TO AND USE OF BUILDING)
접근과 활용(Access and use)
M1. 사람이 다음을 하기 위한 합리적인 설비가 설치되어야 한다.
(a) (건물에의) 접근(gain access to); 그리고
(b) 건물과 이의 시설의 활용
주택을 제외한 증축된 건물로의 접근(Access to extensions to buildings other than dwellings)
M2, 합리적으로 실용적인 수준에서 증축된 건물로의 적절한 독립적인 접근방법(suitable independent access)이 제공되어야 한다.[81]

4. 미 국

미국연방 수정헌법 제10조에 연방정부가 헌법에서 위임한 사항 이외에는 주정부에 개입할 수 없다는 것을 명시하고 있다. 미국은 토지이용과 건축에 관한 사항은 중앙정부 차원이 아니라 지방정부에서 규율한다. 주정부에서 제정한 법률에 의해 약 38,000여개의 지방정부들이 각 주정부로부터 위임받은 권한을 바탕으로 토지이용과 건축에 관한 법률을 운영하고 있다. 주에 따라 별도로 운영하다 보니

---

81) 이상의 내용은 주로 김용훈, "영국의 건축안전 법제에 관한 비교법적 연구", 한국법제연구원, 2015, 67－68면 참조.

형평성이나 통일적인 규율이 문제되어, 최근 미국 전체의 건축기준을 통합하려는 시도로서 International Building Code가 도입되어 각 지방정부 건축법의 모델로서 기능하고 있다.

각 지방정부들의 공통적인 건축 관련 법들을 유형별로 구분해 보면, ① 도시계획관련 사항을 규율하는 조닝(Zoning), 분할규제(Subdivision Control), 역사보존법(Landmark Law), ② 개별 건축의 성능을 규제하는 건축법(Building Code), ③ 건축서비스 관련 용역의 발주와 공공계약을 규율하고 있다.

도시계획 단계를 벗어나 건축 단계에 들어서면 건축법(Building Code)이 개별 건축의 성능을 규제한다. Zoning의 목적이 토지의 합리적 이용이라고 한다면 건축법은 건축물의 안전에 국한되기 때문에, 건축법은 개별건축의 최소 성능을 위한 기준들이 코드화 되어 있다. 일반적으로 건축법은 구조의 안전과 화재에 대응할 수 있는 건축물의 최소 기준에 주요 초점이 맞춰져 있으며, 최근 들어 친환경 및 에너지에 관한 내용들이 포함되고 있다. 최근 뉴욕시 Building Code는 미국 전체의 통합 건축법 모델인 International Building Code(IBC)를 도입하여 건축법 운영의 전환기에 있다.[82]

건축하려는 해당 토지의 진입도로와 관련하여 의미 있는 규정을 살펴보면, 공공도로에 접하지 않는 토지들도 그 Zoning법상 건축이 가능하면 'Easement by necessity'[83] 때문에 사실상 문제가 되지 않는다. 여기서 검토할 필요가 있는 부분은 주택 등의 건축물 개발사업자가 공공도로로부터 진입도로를 개설하거나 상·하수도 등 인프라를 인입하는 방법에 관한 의문일 것이다. 이와 관련하여 '연방 토지정책 관리법'상의 통행권 부여[84]에 관하여 개략적으로 살펴본다.

먼저 제1763조에서 '통행권 회랑[85]: 지정에 적용 가능한 기준 및 절차'에 대하여 아래와 같이 규정한다. "불리한 환경적 영향을 최소화하고 별도의 통행권의

---

82) 이상의 내용은 주로 유광흠외, "건축법의 체계적인 정비를 위한 기본방향 연구", 2010, 87-100면 참조.
83) 제5장 "주위토지통행권에 관한 외국 입법례"에서 상세히 설명한다.
84) the United States Code: Title 43—Public Lands, Chapter 35—Federal Land Policy And Management, Subchapter V—Right-Of-Way(sections 1761 to 1772)
85) 우리나라의 사도법상의 사도와 유사하다.

확산을 최소화하기 위해 통행권의 공동이용은 실질적인 범위 내에서 요구되며, 각 통행권 또는 그 허가는 장관에게 있다. 추가 통행권을 부여할 수 있는 권리 또는 이 법에 따라 부여된 통행권에 대해 또는 이와 인접하여 호환되는 사용을 위한 허가를 고려했다. 통행권 회랑을 지정하고 통행권의 제한을 요구할지 여부를 결정할 때 관련 장관은 국가 및 주 토지이용정책, 환경, 경제적 효율성, 국가안보, 안전, 엔지니어링 및 기술 관행을 살펴야 한다. 관련 장관은 그러한 회랑을 지정할 때 사용할 기준과 절차를 포함하는 규정을 제정하여야 한다."

또한, 일반적인 요구 사항으로는 ① 경계 사양 기준; 추가 토지의 임시 사용, ② 통행권 또는 허가 조건, ③ 신규 프로젝트 신청자에 의한 건설, ④ 운영 및 복구 계획 제출; 계획 요구 사항, ⑤ 통행권의 부여, 발급 또는 갱신 기준, ⑥ 이용약관, ⑦ 통행권이 적용되는 토지의 양도 이용 약관 등을 규율하고 있다.

5. 일 본

일본의 건축기준법에서는 도시계획구역 및 준도시계획구역에 한하여 대지와 도로의 관계에 관한 기준을 정하고 있으며,[86] 그 이외의 지역은 해당 지방자치단체의 조례로 기준을 정하도록 하고 있다.[87] 일본의 건축기준법상의 도로에 대한 정의는 우리나라 건축법 제2조 제1항 제11호의 규정과 유사하다. 즉 일본 건축기준법은 폭 4m 이상의 도로로서 관련 법규들에서 정하고 있는 도로나 그 예정도로를 말한다고 도로를 정의하고 있다.[88]

일본의 경우 건축물의 부지는 원칙적으로 도로에 2m 이상 접하여야 하며, 도

---

86) 일본 건축기준법 제41조의2 참조.
87) 일본 건축기준법 제68조의9 참조.
88) 구체적으로는 ① 도로법에 의한 도로, ② 도시계획법, 토지구획정리법, 구 주택지 조성사업에 관한 법률, 도시재개발법, 신도시기반정비법, 대도시지역의 주택 및 주택지의 공급의 촉진에 관한 특별조치법, 밀집시가지정비법에 의한 도로, ③ 건축기준법에서 정하고 있는 대지와 도로의 관계 규정이 적용되기 전에 실제로 존재하던 길, ④ 도로법 등 위 ①, ②에 해당하는 법령에 의해 신설(변경) 사업계획이 있는 도로로서 2년 이내에 사업이 집행될 예정인 것으로 특정행정청이 지정한 것, ⑤ 도로법 등 관계법령에 의하지 않고 축조하는 성령(省令)으로 정하는 기준에 적합한 도로로 이를 축조하는 사람이 특정행정청에서 그 위치를 지정받은 것을 말한다.

로 중 자동차전용도로, 고가도로, 기타 도로에 있어서 자동차가 출입할 수 없는 구조의 것 등은 여기서 말하는 도로로 해당하지 않는다.[89] 그러나 부지 주위에 넓은 공지를 갖는 건축물과 기타 국토교통성령(國土交通省令)으로 정하는 기준에 적합한 건축물의 경우 특정행정청이 교통·안전·방화 및 위생상 지장이 없다고 인정하여 건축심사회의 동의를 얻어 허가하는 경우에는 도로에 2m 이상 접하지 않아도 건축이 가능하다.[90] 또한, 특수건축물, 3층 이상 건축물, 성령으로 정하는 창문 기타 개구부가 없는 거실을 가지는 건축물, 연면적 1,000㎡ 초과 건축물의 경우에는 건축물의 용도·규모의 특수성을 고려하여 대피 또는 통행의 안전을 확보하기 위해 조례로 도로의 폭 등에 대한 제한을 부가할 수 있다.[91]

Ⅲ. 건축할 권리와 진입도로의 관계 분석

1. 건축할 권리와 진입도로의 관계

토지제도와 '건축할 권리'에 대한 프랑스, 독일, 영국, 미국의 입장을 살펴보면, 로마법의 전통을 이어받은 프랑스 민법은 원칙적으로 토지에 대한 완전한 소유권 행사를 보장하는 취지에서 제552조가 모든 건축행위의 자유를 천명하고 있다. 그런데 동일한 대륙법계의 국가라도 독일에서는 토지소유자의 사회적 의무를 강조하여 토지소유권을 공중의 이익이나 계획에 적합하게 행사하도록 하고, 건축 또한 공중의 이익이나 계획과의 조화를 고려하여 허용하는 '선계획 후개발'이라는 원칙을 독일 「연방건설법」에 체계화시켰다.

대륙법계와는 다른 법률적 전통을 이어온 영국과 미국의 입장은 전혀 다르다. 토지의 소유권은 왕에게 있다는 왕토사상에 따라 소유권의 절대성이 부정된다. 그러므로 당연히 자기의 땅이라도 국가가 부여한 개발권에 따라 특별히 건축이 허

---

89) 일본 건축기준법 제43조 제1항 제1호 참조.
90) 일본 건축기준법 제43조 제2항 참조.
91) 일본 건축기준법 제43조 제3항 참조.

용되어지는 것이다.

프랑스, 독일, 영국, 미국, 일본의 건축허가와 관련된 진입도로 요건에 대해서 살펴본 결과, 그 구체적인 내용면에서는 다소 차이가 있기는 하지만 모두 건축허 가를 받기 위해서는 공도와 그 토지를 연결하는 진입도로를 확보하도록 정하고 있음을 볼 수 있었다. 이러한 요건을 정하는 이유는 진입도로라고 하는 것이 건물 의 소유자나 이용자들의 안전을 확보하고, 건물이나 토지의 이용에 따른 주변 사 람들과의 분쟁 등을 예방한다는 것 이외에도 넓게 보아 일반 공중의 안전 등을 확 보하는 데에도 필요한 요소이기 때문이다.

프랑스의 경우에는 우리나라와 달리 도시계획법으로 건축허가를 다루면서 진 입도로와 관련한 규정을 두고 있다. 건축허가가 도시계획의 궁극적 목적을 실현시 키는 수단[92]이라는 점에서 매우 의미 있는 입법이라 할 수 있겠으나, 프랑스의 법 제는 우리나라의 법제와 너무 많은 차이를 보이고 있기 때문에 직접적으로 참고 하기에는 무리가 있어 보인다.

독일의 경우에는 건축규제와 관련된 입법권한을 각주에 맡기고 있는 점에 특 색이 있다. 하지만 진입도로 및 접도요건에 관한 규제에 대해서는 거의 대부분의 주가 모델건축규제법의 예를 기초로 그 내용을 정하고 있으므로, 각주의 입법내용 이 유사하다고 한다. 독일의 경우 한 가지 눈여겨 볼 점은 건축허가와 관련하여 Baulast라는 독특한 제도를 활용함으로써, 감독관청과 토지소유자가 건축과 관련 된 세부사항들, 예컨대 이웃 건물과의 이격거리 확보, 토지에의 통로 확보, 전기 · 가스 등의 도관의 부설 등과 같은 문제를 해결하고 있는 부분이다. 우리나라에서 도 독일의 Baulast 제도에 대하여 깊이 있게 연구하여 지방자치단체 등에서 활용 하는 방안을 고려할 필요가 있다고 본다.[93]

영국과 미국은 'Easement by necessity'라는 제도가 주요한 기능을 하므로, 입 법론은 별론으로 하고 우리나라 진입도로 법제의 해석 및 적용에는 직접 도움이 될만한 내용은 아니라고 본다.

---

92) 김현희, "프랑스와 한국의 건축허가제도에 관한 비교법적 검토", 『토지공법연구』 45, 2009, 197면.

93) Baulast에 대해서는 독일 건축규제법 부분을 참조할 것.

일본의 건축 관련 기본법이라 할 수 있는 건축기준법은 우리나라의 건축법과 많은 유사성을 가진다.[94] 따라서 일본 법제상의 진입도로 관련 규정과 그에 관한 해석론 등을 살펴보는 것은 의미 있는 것이라 판단된다. 다만, 각국의 건축 관련 법규는 그 나라의 생활방식이나 건축문화 등을 반영하고 있는 부분이 있게 마련이므로, 일본의 관련 법제와 우리나라 법제의 차이점이 무엇인지를 정확하게 파악한 다음에 일본의 법제 및 그 해석론을 참조하여야 할 것으로 본다.

이러한 건축할 권리에 대한 입법태도의 차이 때문에 건축허가 요건으로서의 '진입도로'를 규정하는 방식이 각 국가별로 다를 수 있을 것이다. 이에 대해서는 국가 별로 법의 체계가 상이하고 다양한 종류의 '토지공간계획, 개발권과 건축권'의 관계가 복잡하고 다양하므로 일의적으로 마치 수학적 함수처럼 대응시킬 수는 없을 것이다.

2. 건축할 권리와 진입도로의 관계 분석의 시사점

우리나라 대법원은 "건축법 소정의 건축허가권자는 건축허가신청이 건축법, 도시계획법등 관계 법규에서 정하는 어떠한 제한에 배치되지 않는 이상 당연히 같은 법조 소정의 건축허가를 하여야 하므로, 법률상의 근거 없이 그 신청이 관계법규에서 정한 제한에 배치되는지의 여부에 대한 심사를 거부할 수 없고, 심사 결과 그 신청이 법정요건에 합치하는 경우에는 특별한 사정이 없는 한 이를 허가하여야 하며, 공익상 필요가 없음에도 불구하고 요건을 갖춘 자에 대한 허가를 관계 법령에서 정하는 제한사유 이외의 사유를 들어 거부할 수 없다"고 한다.[95]

즉, 이상의 판례를 살펴보면 우리나라 대법원은 개발행위허가 등과 같은 재량행위가 의제되지 않는 한 건축허가의 법적 성질에 대하여 일관되게 기속행위로 해석하고 있다.

행정작용은 크게 소극적인 질서유지행정으로서의 경찰행정과 적극적인 복리

---

94) 우리나라와 일본의 건축허가 체계에 대한 비교 연구로는 황은경/박근수, "한국과 일본의 건축허가 비교 연구", 『대한건축학회 학술발표대회 논문집－계획계』29(1)(통권 제53집), 2009. 10, 257－260면이 있다.

95) 대법원 1995. 6. 13. 선고 94다56883 판결; 대법원 1989. 6. 27. 선고 88누7767 판결; 1992. 12. 11. 선고 92누3038 판결 등 참조.

행정으로서의 급부행정(공물법, 공기업법), 규제행정, 공용부담행정으로 나뉘어진다. 그 중 경찰행정은 '직접사회공공의 안녕과 질서를 유지하기 위하여 일반통치권에 기하여 국민의 자연적 자유를 제한하는 작용을 가리키는 것으로서, 사회공공의 안녕과 질서의 유지라는 소극적 목적을 위하여 발동되는 것인 점에서 적극적으로 공공복리의 증진을 위한 복리행정과 구별된다. 소극적인 질서유지행정으로서의 경찰행정은 경찰금지를 특정한 경우에 해제함으로써 일정한 행위를 적법하게 행할 수 있도록 자연의 자유를 회복시켜 주는 것이다. 행정법상 '허가'는 법률에 의한 일반적 상대적 금지(부작위의무)를 특정한 경우에 해제하여 적법하게 일정한 사실행위 또는 법률행위를 할 수 있게 하는 소극적인 질서유지행정으로서의 행정행위(면허, 인가, 승인, 등록, 지정 등)를 지칭하는 것으로서 원칙적으로 기속행위에 속하고, 그와 관련하여 가치판단의 여지가 인정되는 경우에도 그 재량은 자유재량이 아니라 기속재량에 속하는 것이라고 본다. 건축법은 기본적으로 경찰행정의 한 수단으로서 성격을 가지고 있고, 이러한 경찰법상의 허가의 대표적인 것이 바로 건축법상의 '건축허가'이다. 경찰법상의 허가는 원칙적으로 국민에게 허용되는 행위를 경찰목적으로 잠시 묶어놓고 경찰법규가 정하고 위험방지요건이 충족되는 개별적인 사안마다 그 금지를 풀어주는 제도로 이해되었다. 즉 건축허가는 전형적인 강학상 허가에 해당하는 행위로서 자연적 자유를 회복시켜 주는 것이므로 일정한 요건을 갖춘 신청이 있으면 반드시 허가를 하여야 하는 기속행위라고 이해되어 왔다.[96]

따라서 일반적 인·허가와 마찬가지로 '건축의 자유'라는 기본권의 실현측면에서, 관계법상의 허가요건을 충족하면 건축허가를 발급하여야 하는 기속행위이다 다수의 학설 역시 이와 의견을 같이하고 있으며, 대법원 역시 건축법 제11조가 정하고 있는 건축허가의 대상이 되는 건축행위는 원칙적으로 자유로이 행할 수 있는 것이나, 일정한 공익목적과의 관련에서 이를 상대적·일반적으로 제한하여 두고 관계인의 건축계획이 이러한 공약 목적에 배치되는지 여부를 사전에 통제하기 위하여 규정되어 있는 것으로서 상대방의 건축허가신청이 관계법규에서 정한 제한에 배치되지 아니하는 한 당연히 그 허가를 하여야 한다고 보아, 건축허가가 기

---

96) 박동민, "建築許可의 法的 性質에 관한 硏究", 한양대대학원 석사학위논문, 2011. 8. 48면.

속행위라고 하고 있다.[97] 이상의 행정작용의 이론과 판례를 살펴보면, 우리나라의 건축할 권리의 모태는 기본적으로 프랑스 민법의 '건축의 자유'에서 출발한 것으로 보인다.

그렇다 하더라도 건축의 자유가 건축경찰법[98]을 충족했다고 해서 모든 토지의 건축이 허용됨을 의미하지는 않는다. 왜냐하면 토지상의 건축에는 공간의 계획법(計劃法)적 측면, 소지(素地)에 해당하는 토지의 개발법(開發法)적 측면, 해당 대지의 건축경찰법(建築警察法)적 측면 등의 모든 요건이 충족되어져야 하기 때문이다. 대법원도 같은 견해이다.[99]

그러나 다양한 체계와 복잡한 메카니즘 속에서도 '건축의 자유'는 매우 중요한 토지소유권 행사의 핵심이며, 부족한 토지자원의 원활한 공급의 필수적 요소이므로 당연히 건축의 권리에 대한 입장에 따라 건축법상의 진입도로를 입법하고 해석·적용하는 데 중요한 방침이 된다.

물론 그러한 입장차이가 반드시 대응되는 제도를 만들어 내지는 않지만 적어도 희소한 토지를 공급하고 국토의 효율적 활용을 논함에 있어 의미 있는 전제가 될 수 있을 것이다.

---

97) 대법원 1996. 3. 12. 선고 95누658 판결; 대법원 1996. 3. 8. 선고 95누7451 판결; 대법원 1996. 2. 13. 선고 95누16981 판결; 대법원 1995. 12. 12. 선고 95누9051 판결; 대법원 1989. 3. 2. 선고 88누10541 판결.

98) 우리나라의 건축법은 근본적으로 건축물의 대지·구조·설비 기준 및 용도 등을 정하여 건축물의 안전·기능·환경 및 미관을 향상시킴으로써 공공복리의 증진에 이바지하는 것을 목적으로(건축법 제1조)하면서 공공복리에 장애가 될 건축물 등의 제한·규제를 위한 경찰행정작용을 가장 우선적 기능으로 한다.

99) 국토의 계획 및 이용에 관한 법률에 의하여 지정된 도시지역 안에서 토지의 형질변경행위를 수반하는 건축허가의 법적 성질을 '재량행위'로 보았으며, 행정청이 상·하수도관로가 매설되어 있지 않는 등 도시기반시설이 미비하고 난개발 및 도시슬럼화를 방지하기 위한 계획적인 개발이 검토되고 있다는 이유로 토지의 형질변경행위를 수반하는 건축허가신청을 거부한 사안에서, 그 처분에 재량권의 범위를 일탈·남용한 위법이 없다고 한 사례(대법원 2010. 2. 25. 선고 2009두19960 판결)

제 2 장
진입도로 관련 행정법규와 해석론

제 1 절 ⸗ 서언 – 건축관련 허가의 체계

건축법에는 건축허가(건축법 제11조 제1항)를 받으면 다른 법률에 의한 관련 인·허가 등을 함께 받은 것으로 간주하는 규정이 있다(제11조 제5항). 건축허가를 받으면 「국토계획법」 제56조에 따른 개발행위허가, 「산지관리법」 제14조와 제15조에 따른 산지전용허가와 산지전용신고, 「농지법」 제34조, 제35조 및 제43조에 따른 농지전용허가·신고 및 협의, 「도로법」 제36조에 따른 도로관리청이 아닌 자에 대한 도로공사 시행의 허가, 같은 법 제52조 제1항에 따른 도로와 다른 시설의 연결 허가, 「도로법」 제61조에 따른 도로의 점용 허가 등을 받은 것으로 의제하고 있다.

허가권자는 인·허가 의제사항 중 어느 하나에 해당하는 사항이 다른 행정기관의 권한에 속하면 그 행정기관의 장과 미리 협의하여야 하며, 협의 요청을 받은 관계 행정기관의 장은 요청을 받은 날부터 15일 이내에 의견을 제출하여야 한다. 그리고 이 경우 관계 행정기관의 장은 건축법 제11조 제8항에 따른 처리기준[1]이 아닌 사유를 이유로 협의를 거부할 수 없고, 협의 요청을 받은 날부터 15일 이내에 의견을 제출하지 아니하면 협의가 이루어진 것으로 본다.(건축법 제11조 제6항).

또한 일정한 건축신고에 관하여 위 규정들을 준용하고 있다(건축법 제14조 제2항).

산지전용 혹은 농지전용이 필요한 건축허가를 하면, 개발행위허가와 동시에 이 산지전용허가 혹은 농지전용허가가 동시에 필요하게 된다. 아래의 그림은 그러한 과정을 설명하고 있다.

앞서 언급하였던 바와 같이, 우리나라의 진입도로 관련 법규는 건축법 제44조의 규정을 기본으로 하면서, 국토의 계획 및 이용에 관한 법률(이하에서는 '국토계획법'이라고만 한다) 및 이 법률에 근거한 개발행위허가기준, 산지관리법, 농지법, 기

---

1) 이에 대하여 「건축관련 통합기준」 [시행 2017. 3. 22.] [국토교통부고시 제2017-179호, 2017. 3. 22., 일부개정]이 있다.

타 법규 및 조례에 개별적인 개발행위 등에 필요한 진입도로 요건을 정하고 있다. 따라서 여기서는 먼저 우리나라의 진입도로 관련 법규의 체계에 대해서 개괄적으로 살펴본다.

　건축행위 및 각종 개발행위에 관해서는 건축법과 국토계획법이 기본법이라 할 수 있고, 여타의 개별 법규들에 비하여 그 중요성이 높다고 할 수 있다. 그러므로 건축법과 국토계획법상의 진입도로 관련 규정에 대한 해석론에 대해서 별개로 설명한다.

그림 2-1 개발(농지전용·산지전용)/건축/지목변경: 진입도로 규정

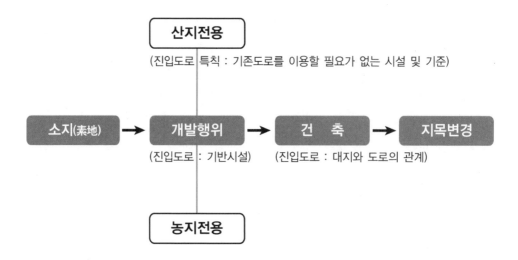

제 2 절 우리나라 진입도로에 관한 법규 체계

Ⅰ. 건축법상의 진입도로 관련 규정

1. 현행 건축법규

건축물을 건축하기 위해서는 원칙적으로 대지가 도로에 2m 이상 접하여야 한다(건축법 제44조 제1항 본문). 여기서 말하는 도로는 보행과 자동차 통행이 가능한 너비 4m 이상의 도로(지형적으로 자동차 통행이 불가능한 경우[2])와 막다른 도로의 경우에는 대통령령으로 정하는 구조와 너비의 도로[3]))로서 첫째, 국토계획법, 도로법, 사도법, 농어촌도로정비법 그 밖의 관계 법령에 따라 신설ㆍ변경에 관한 고시가 된 도로, 둘째, 건축허가ㆍ신고 시에 특별시장ㆍ광역시장ㆍ특별자치시장ㆍ도지사ㆍ특별자치도지사 또는 시장ㆍ군수ㆍ구청장(자치구의 구청장)이 위치를 지정하여 공고한 도로나 그 예정도로를 도로로 정의하고 있다(건축법 제2조 제1항 제11호 참조). 다만 해당 건축물에 출입에 지장이 없다고 인정되는 경우, 건축물 주변에 대통령령으로 정하는 공지가 있는 경우 및 농막[4])을 건축하는 경우는 대지가 2m 이상 도로에 접하지 아니하여도 건축허가가 가능한 예외로 하고 있다(건축법 제44조 제1항 단서).

---

2) '지형적으로 자동차 통행이 불가능한 경우'란 지형적 조건으로 차량통행을 위한 도로의 설치가 곤란하다고 인정하여 시장ㆍ군수ㆍ구청장이 그 위치를 지정ㆍ공고하는 구간에는 너비 3m 이상(길이가 10m 미만인 막다른 도로인 경우에는 너비 2m 이상)인 도로(건축법 시행령 제3조의3 제1호).

3) 막다른 도로의 너비는, 길이가 10m미만: 2m 이상, 10−35m 미만: 3m 이상, 35m 이상: 6m 이상이어야 하는데 도시지역이 아닌 읍ㆍ면지역은 4m만 확보하여도 된다(건축법 시행령 제3조의3 제2호).

4) 농막은 농작업에 직접 필요한 농자재 및 농기계 보관, 수확 농산물 간이 처리 또는 농작업 중 일시 휴식을 위하여 설치하는 시설로 연면적 20㎡이하의 주거 목적이 아닌 것으로 정의.(농지법 제2조 제1호 나목, 농지법 시행규칙 제3조의2 제1호)

대통령령이 정하는 공지란 공장, 공원, 유원지, 그 밖에 관계법령에 따라 건축이 금지되고 공중의 통행에 지장이 없는 공지로서 허가권자가 인정한 것을 말하며, 연면적[5]의 합계가 2,000㎡(공장은 3,000㎡) 이상인 건축물(축사, 작물재배사, 조례로 정하는 건축물)은 대지가 너비 6m 이상의 도로에 4m 이상 접하여야 한다(건축법 제44조 참조). 연면적이 2,000㎡ 미만인 건축물, 3,000㎡ 미만인 공장, 2,000㎡ 이상인 축사, 재배사 등은 4m 이상의 도로에 2m 이상 접한 것으로 충분하다고 해석된다.

대지와 도로의 관계는 건축법 제정 시부터 도로에 2m 이상 접하는 것을 원칙으로 하고 있으며, 국토계획법에 따른 도시지역·지구단위계획구역 외의 지역으로서 동이나 읍이 아닌 지역(섬의 경우 인구 500명 이상인 경우만 해당), 즉 면 지역에는 적용하지 않는다(건축법 제3조 제2항).[6]

건축법 제정 시부터 시행된 건축법상의 지정도로에 대하여는 허가권자가 도로의 위치를 지정·공고[7]하려면 국토교통부령으로 정하는 바에 따라 그 도로에 대한 이해관계인의 동의를 받아야 한다. 다만, 허가권자가 이해관계인이 해외에 거주하는 등의 사유로 이해관계인의 동의를 받기가 곤란하다고 인정하는 경우와 주민이 오랫동안 통행로로 이용하고 있는 사실상의 통로로서 해당 지방자치단체의 조례로 정하는 것인 경우에는 이해관계인의 동의를 받지 아니하고 건축위원회의 심의를 거쳐 도로를 지정할 수 있으며, 허가권자는 도로를 지정하거나 변경하면 국토교통부령으로 정하는 바에 따라 도로관리대장[8]에 이를 적어서 관리하여야 한다(건축법 제45조 참조).

---

5) 건축법에서 건축연면적 기준으로 도로 폭을 정하는 반면, 개발행위허가기준에서는 개발규모(개발행위대상 토지면적)에 따라 도로 폭을 정한다.

6) 도시지역·지구단위계획구역 외의 지역으로서 동·읍 지역에서는 4m미만의 도로에 2m미만을 접하여도 건축허가가 가능하다(건축법 제5조, 시행령 제6조 7의2).

7) 건축법상의 지정도로 공고제도는 1999. 2. 8. 도입, 5. 9.시행.

8) '도로대장' 작성의무는 1981. 10. 8. 건축법 시행령에 도입하였으나, 도로대장의 법정서식이 1994. 7. 21. 건설부령에 정하고, 99. 2. 8. 건축법에서 '도로관리대장'을 도입하여 현행서식을 정하기 前에는 도로대장 보관상태는 전국적으로 미흡하다(서영창, 『건축과 도로』, 맑은샘, 2018, 48면, 64면).

그림 2-2 막다른 도로의 폭(건축법 시행령 제3조의3)

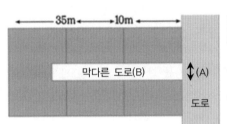

B	A (이상)
10m 미만	2m
10m 이상 35m 미만	3m
35m 이상	6m (비도시 읍·면지역 4m)

2. 건축관련법의 변천으로부터 지정도로 확인(추정)

도로는 서로 연결되어야 할 필요성 때문에, 진입도로의 확보문제를 살펴보기 위해서는 도로지정의 행정적·법적 흔적이 없지만 지정도로로 인정받을 수 있는 경우가 매우 흔하다. 그 이유는 도로지정제도의 역사는 오래되었지만, 그 제도가 불완전하여 공적인 기록이 없거나 관련 제도의 빈번한 제정 및 개정으로 판단하기 어렵기 때문이다. 그러므로 그 동안 시행된 건축법상의 도로지정제도가 어떤 역사를 가졌는지 알아볼 필요가 있다. 이하 도로지정과 관련된 제도들의 연혁은 아래와 같다.

(1) 1934. 6. 28. 시행. 조선시가지계획령[9] 제37조 제1항 : 이 장에서 도로라 함은 폭원 4미터 이상의 도로 및 폭원 4미터 미만의 도로로서 토지의 상황에 따라 행정관청이 인정한 것을 말한다.

(2) 1962. 1. 20. 건축법 제정시부터 건축법상 도로지정제도가 있어서 사실상 허가 받은 건축물의 부지까지는 건축법상의 도로로 보아야한다(건축법 제2조 15호 : 도로라 함은 폭 4m이상의 도로를 말한다. 시장, 군수가 도로의 신설 또는 변경에 관한 계획의 고시를 하였거나 위치의 지정을 한 도로도 또한 같다.).

(3) 1973. 1. 1. 前에 농업인이면 건축허가(신고) 없이 읍·면·동장의 확인으로 농지에 주택을 건축(농지분할→건축→건축물대장작성/지목변경) : 이 경우 진입로가

---

9) 이 令은 1934년 제정되어 1962년까지 도시계획법과 건축법으로서의 역할을 하였다.

현행 건축법 기준에 미달한 곳이 많다[농지의보전및이용에관한법률(73. 1. 1.시행)→농지법(96. 1. 1.시행)].

> ※ 읍·면·동장의 확인으로 농지에 주택을 건축 : 읍·면·동장의 확인행위로 농지 분할해서 건축 후 건축물대장 작성(지목변경: 농지전용)함.
>
> ※ 1973. 1. 1. 법제정 이후 : 도시계획구역 밖의 농지를 전용하고자 하는 자는 관할 서울특별시장·부산시장 또는 도지사 등의 허가를 받도록 함(2정보 미만의 농지전용 관할 시·군·구청장의 허가 요함).

(4) 1976. 1. 31.까지의 4m이상의 사실상의 도로는 도로지정이 없더라도 모두 건축법상의 도로로 본다.10)

(5) 1981. 10. 8. 시행 : 「도로대장작성의무」(건축법 시행령[대통령령 제10480호] 제140조(도로의 설치·폐지 또는 변경) ① 법 제2조제15호나목의 규정에 의하여 시장·군수가 도로를 지정하고자 할 때에는 당해 도로에 대하여 이해관계를 가진 주민의 동의를 얻어야 하며, 도로를 지정한 때에는 그 도로의 구간·연장·폭 및 위치를 기재한 도로대장을 작성·비치하여야 한다.)

(6) 1992. 6. 1. 前의 신고대상 건축물(주택: 60㎡, 축사·창고: 100㎡이하)에 건축법상 도로지정제도가 없었다.(개정 전 건축법[시행 1991. 9. 9.] [법률 제4364호] 제2조 15. "도로" 나. 건축허가시 시장·군수가 그 위치를 지정한 도로 : '건축신고' 용어가 없다.)

(7) 1994. 7. 21.「도로대장서식」신설 : 건축법 시행규칙[건설부령 제556호] 제26조의2 (도로대장등) 영 제30조제1항 및 제2항의 규정에 의한 도로대장 및 도로의 폐지·변경허가신청서는 각각 별지 제25호의2서식 및 별지 제25호의3 서식에 의한다.

---

10) 건축법[시행 1976. 2. 1.] [법률 제2852호, 1975. 12. 31., 일부개정] 개정법률 부칙 제2조는 이 법 시행 당시 종전의 규정에 의한 도로로서 제2조 제15호의 규정에 적합하지 않은 것은 동 규정에도 불구하고 이를 도로로 본다고 규정하고 있고, 그 전의 건축법(1967.3.30. 법률 제1942호) 제2조 제15호는 "도로"라 함은 폭 4m 이상의 도로와 다음에 게기하는 것의 하나에 해당하는 예정도로로서 폭 4m 이상의 것을 말한다. 폭 4m 미만의 도로로서 시장 군수가 지정한 도로도 또한 같다고 규정하고 있으므로, 폭 4m 이상의 도로는 폭 4m 미만의 도로와는 달리 시장 군수가 도로로 지정하지 않은 사실상의 도로라 하더라도 건축법상의 "도로"에 해당한다 할 것이니, 사실상의 도로가 그 폭이 4m 이상으로서 위 건축법[법률 제2852호, 1975. 12. 31., 일부개정] 시행일 전에 이미 주민들의 통행로로 이용되고 있었다면 이는 건축법상의 도로에 해당한다(대법원 1994. 1. 28. 선고 93누20023 판결).

(8) 1999. 5. 9. 시행 건축법 [법률 제5895호, 1999. 2. 8., 일부개정] 도로지정·공고 제도/도로관리대장 제도 시행함.

(9) 2003. 1. 1. 국토계획법 시행前 : 토지전용(지목변경) 후에 건축허가 得한다. 지금처럼 복합민원이 아니라서 도로전용부서와 건축허가부서의 업무협조가 안되어, 건축허가는 득했는데 도로로 지목변경이 안되어 도로지정의 흔적이 없는 경우가 빈번하였다.

(10) 2006. 5. 9. 前의 비도시지역의 사후신고건축물(농지전용만 있으면 건축신고 없이 연면적 200㎡이하/3층이하 건축가능)의 경우는 건축물이 있어도 도로지정사실은 없었다 : 건축법[시행 2006. 5. 9.] [법률 제7696호] 부칙 제3조 (건축허가 신청 등에 관한 경과조치) 이 법 시행 당시 종전의 규정에 의하여 시장·군수·구청장에게 건축허가 또는 건축신고 없이 건축이 가능한 건축물을 건축 중인 경우에는 제8조제1항 또는 제9조제1항의 개정규정에 의하여 건축허가를 받거나 건축신고를 한 것으로 본다.

(11) 2009. 8. 13. 이후에 지정된 건축법상 도로는 토지이용계획확인서에 표시 (토지이용규제기본법 시행규칙 제2조 ② 3호) : 최근 비도시지역에도 허가신청자가 원하면 도로관리대장에 등재하고 토지이용계획확인서에 공시함.

이상에서 살펴본 제도의 변화 때문에 도로대장에 등재여부, 도로관리대장에 등재여부, 도로지정·공고여부에 의거 도로지정사실이 결정된다. 그런데 이러한 공적서류의 존부와 도로지정·공고 사실을 증명하는 어려움 때문에, 건축법상 지정도로 제도가 역할을 못하는 경우가 부지기수라서 심각한 문제가 된다.

3. 지정도로에 대한 해설 및 평가

(1) 건축법상 지정도로에 대한 해설

앞에서 'Ⅱ. 도로제도 4. 도로의 법적 효과 (4) 법적 효과의 쟁점'에서 건축법상 지정도로에 대한 상세한 설명이 있다. 추가로 설명하면, 일반적으로 도로의 법적 효과로서 인정되는 '건축등 제한'(도로법 제27조), '법령위반처분'(도로법 제96조), '공익처분'(도로법 제97조), '공용부담으로 인한 손실보상'(도로법 제99조), '도로파손, 방해 등 : 2년이하의 징역 혹은 2천만원 이하의 벌금'(도로법 제114조 7호), '도시·군계획시설도로 등에 대한 준용'(도로법 제108조)등의 규정이 있다. 하지만 건축법에는 지정도로의 법적 효과에 관한 유사한 규정조차 없고, 도로법을 준용하지도 않는다.

공공용도로를 벗어난 골목길 등은 건축법상 도로를 지정하여도 국가·지방자치단체의 공권력을 동원하기 어렵고 당사자 간 자율적으로 해결하게 하고 있다. 해당 지정도로에 대한 '소규모 공공시설법'이 최근에 제정되었지만 궁극적으로 지정도로의 이용에 방해가 된다면 민법 제209조에 의한 자력구제권을 행사할 수 있을 뿐이다. 또한 도로교통법상 '현실적으로 불특정 다수의 사람 또는 차마(車馬)가 통행할 수 있도록 공개된 장소로서 안전하고 원활한 교통을 확보할 필요가 있는 장소(도로교통법 제2조 1호. 라.)'에 해당하면 도로교통법상 '관할 경찰서장'에 경찰권 발동을 요청할 수 있을 것이다.

한편 도로관리대장에 등재되지 않은 경우 도로지정행위의 효력이 문제된다. 이에 대해 도로관리대장 등재는 도로지정행위의 효력발생요건이 아니라는 의미 있는 정부의 유권해석이 있다.[11]

---

11) 국토교통부, 『국토계획법 질의회신사례집』, 2006, 293면.
　　[질의요지]
　　가. 폭 약 6m의 막다른 도로(사유지로서 길이 약44m)에 접하여 주택 및 공동주택이 이미 건축되어 있으나 건축법상 도로대장에 등재되어 있지 아니한 경우 동 도로에 접하고 있는 다른 대지에 건축물의 건축이 가능한지?
　　나. "가" 도로를 건축법상 도로로 볼 수 있다면 동 도로에 하수관을 매설할 경우 이해관계인의 동의를 받아야 하는지?
　　[회신 내용]
　　ㅇ 질의의 도로가 건축법령의 규정에 의한 도로관리대장에 등재되어 있지 아니한 구체적인 내용은 알 수 없으나 건축법 제2조제11호나목의 규정에 의하여 건축허가 또는 신고 시 허가권자가 그 위치를 지정·공고한 도로도 건축법상 도로로 규정하고 있으므로 허가권자가 이미 동 도로에 의하여 주택 및 공동주택을 적법하게 건축허가하였다면 건축법령에 의한 도로관리대장에 등재되어 있지 아니하다 하더라도 사실상 도로의 지정행위가 있었던 것으로 보는 것이 타당할 것이며, 동 도로에 하수관 등을 매설할 경우 이해관계인의 동의[1]여부는 민법 등에 의하여야 할 것으로 사료됩니다(도시정책팀-2673, 04. 05. 20.).

건축법상 도로지정과 관련하여 우리 대법원은 지목이 도로인 국유지라는 사실만으로는 위 도로가 구 건축법상의 도로에 해당한다고 볼 수 없다고 하고,[12] 막다른 골목길을 유일한 통행로로 하고 있는 부지에 대한 건축허가 또는 신고나 준공검사가 있었던 경우에도 도로로서의 위치지정 있었던 것으로 추정할 수 없다고 한다.[13] 또한 도로가 오래 전부터 인근 주민들의 통행로로 사용되어 왔고 그 위에 보도블럭까지 포장되어 있는 경우[14]와 실질적인 도로지정 없이 도로의 폭에 관하여 행정지도의 형식으로 도로확보를 권고하고 건축허가가 발급된 경우[15]에도 당해 건축허가 자체의 효력에 의하여 도로의 지정행위가 의제된다고 볼 수 없다고 판시하였고, 시장, 군수가 건축허가시에 건축법 소정의 요건을 갖춘 도로에 대하여 그 위치를 지정하기만 하면 되는 것이지 건축법 시행령 제64조 제1항 소정의 도로대장의 비치가 건축법상 도로의 요건이 될 수는 없다[16]고 판시하였다.

(2) 평 가

가. 학계의 의견

건축법 도로지정제도상의 이해관계인의 동의와 관련해서 첫째, 일반적으로 도로를 건설하고 유지관리하는 것은 행정주체의 임무로 이해되고, 지정도로가 도로와 도시라는 관계를 전체로 보아 도시를 하나 유기체로 이해한다면 막다른 도로의 지정은 그것이 비록 직접적으로 소수의 이해관계인의 문제로 보인다 하여도 전체적인 도로망의 구성부분으로 이해되어야 한다. 둘째, 도로에 개별적 지정이 있다고 하여도 법적으로 보면 동의자의 토지소유권이 박탈되는 것도 아니고, 분필 또는 지목변경이 의무화되어 있는 것도 아니지만 토지 사용권이란 관점에서 보면 토지를 수용당한 것과 전혀 차이가 없다. 셋째, 동의한 토지소유자가 사후에 건축허가를 신청하는 경우에 건폐율계산에서나 역시 자신의 토지가 도로로 되어 건축허가요건을 제약하는 기능을 하게 된다. 넷째, 동의를 위해 건축주와 동의자 간에

12) 대법원 1991.11.26. 선고 90누9070 판결.
13) 대법원 1995. 3. 14. 선고 94누11552 판결.
14) 대법원 1992. 7. 28. 선고 92누7337 판결.
15) 대법원 1987. 7. 7. 선고 87누240 판결.
16) 대법원 1991. 12. 13. 선고 91누1776 판결.

이루어지는 민사상의 보상액이 존재하는가와 상대적으로 독립한 문제라며, 이해관계인의 동의는 도로지정에 대한 동의일 뿐, 손실보상의 포기가 아니라고 해석하여야 한다고 하면서 '동의를 전제로 하여 손실보상 규정을 두지 않은 것이 위헌'이라고 주장하고 있다[17].

이에 대하여 시장·군수 등 건축허가권자가 강제적으로 도로지정권 행사를 할 수 없도록 하고 있는 현 실정에서,[18] 오히려 '건축법상 지정도로부지'에 대해 일률적으로 인근 토지에 대한 평가액의 3분의 1 이내로 보상을 하도록 한 규정(공익사업을 위한 토지 등의 취득 및 보상에 관한 법률 시행규칙 제26조 제1항 제2호)이 장래 지정도로부지 소유자의 동의를 더욱더 어렵게 할 가능성이 있어서 문제이다.[19]

토지소유자가 해외에 거주하는 이유 등으로 동의를 얻을 수 없는 경우에 건축위원회의 심의를 거쳐 건축법에 의하여 그 위치를 지정·공고한 도로에 대하여서는 부당이득청구의 법리로서 해결하도록 하면서 동의 대상 토지소유자의 권리를 감안하여 5~10년 동안의 사용료를 공탁하게 하는 조문을 두는 것도 한 방법이라고 한다.[20]

나. 사 견

「국토계획법」에 따른 도시지역 및 지구단위계획구역 외의 지역으로서 동이나 읍(동이나 읍에 속하는 섬의 경우에는 인구가 500명 이상인 경우만 해당된다)이 아닌 지역은 제44조부터 제47조까지 …… 적용하지 아니한다(건축법 제3조 제2항). 풀어서 설명하면, 현행 건축법에는 비도시·면지역에는 지방자치단체의 '기반시설 설치의무'가 면제된다. 다시 말하면 도로 등 기반시설 설치에 대해서는 부지를 활용하려

---

17) 김종보, "막다른 도로와 손실보상",『현대공법학의과제』, 청담최송화교수화갑기념논문집, 2002. 925−929면.
18) 일본 건축기준법 제42조 제2항에서는 "이 장의 규정이 적용될 당시 건축물이 나란히 서 있는 폭4m 미만의 도로로서, 특정행정청이 지정한 것은 제1항의 규정에 관계없이 제1항의 도로로 간주해, 그 중심선으로부터 수평거리 2m … 의 선을 그 도로의 경계선으로 한다[포괄지정 규정](조연팔/최철호, "건축법상 지정도로에 관한 비교법적 연구",『법학논총』37, 2017, 251−252면); 우리의 건축법(1962.1.20. 법률 제984호)제2조 제15호.건축허가를 매개하지 않고서도 도로지정을 할 수 있는 길이 있었지만 개정되었다(조연팔/최철호, 앞의 논문, 262면).
19) 조연팔/최철호, 앞의 논문, 264면
20) 조연팔/최철호, 앞의 논문, 263면

는 '사인의 설치의무'를 간접적으로 규정하고 있다. 오직 개발행위를 수반하지 않고 건축허가를 요한다면 도로에 접하지 않아도 건축허가나 신고가 가능하다는 결론에 이른다(건축법 제3조 제2항). 그러나 개발행위허가를 받아야 한다면 건축허가나 신고를 하려는 자(이하 '건축주'라 함)가 진입도로를 개설해야 한다(개발행위허가 운영지침 제3절. 3-3-2-1 도로 (2)).

만일 비도시 · 면지역에는 토지 개발규모가 1000㎡ 미만의 1종근린생활시설 · 단독주택을 건축하려는 자 등은 '도로지정이 없었더라도' 차량출입이 가능한 기존 마을안길, 농로 등에 접하면 지방자치단체의 도로지정 없이도 건축과 개발이 가능해진다. 그런데 비도시 · 면지역에는 지방자치단체의 도로지정 · 관리의무가 없으므로 위 1000㎡ 미만의 1종근린생활시설 · 단독주택 등의 건축주가 건축허가를 득한 후 혹은 건축을 한 후에도 소유권을 이유로 해당 현황도로를 막아버리면 심각한 문제가 발생한다.

그러므로 비도시 · 면지역에도 지방자치단체의 도로지정 · 관리의무제[21]를 도입하여 건축법상 도로로 관리해서, 부족하지만 법적인 보호범위 내에 들어오게 해야 한다. 또한 '건축 조례도로'(건축법 제45조 제1항 2호)에 '건축허가 · 신고된 사실이 있는 건축물의 진출입로'를 포함[22]시켜 건축법상 '지정도로'의 범위를 확대하여야 한다. 추가적으로 지정도로의 실효성 확보수단으로 도로법 규정(건축제한, 법령위반 처분, 공익처분, 도로파손, 방해 등 : 2년이하의 징역 혹은 2천만원 이하의 벌금)을 건축법에 도입하는 방안을 검토해야 한다. 그러나 헌법상의 공용수용 및 제한의 법리상 정당한 손실보상 없이, 도로법 규정상의 실효성 확보수단을 도입하면 위헌의 소지가 있다. 그러므로 지정도로 방해시 '과태료 처분' 및 '건폐율 완화 등의 혜택'을 주는 식으로 합헌적인 건축법상의 지정도로 제도의 실효성을 확보하는 방안을 생각해 볼 수 있다.

---

21) 이를 위해서는 비도시·면지역에 건축선 제도를 도입할 필요가 있다.
22) 세종특별자치시 건축조례 제33조 4호 참조.

II. 국토계획법상의 진입도로 관련 규정

국토의 계획 및 이용에 관한 법률에서는 건축물의 건축 또는 공작물의 설치, 토지의 형질변경, 토석의 채취, 토지분할, 녹지지역 · 관리지역 · 자연환경보전지역에 물건을 1개월 이상 쌓아놓는 행위를 하는 경우에는 개발행위허가를 받도록 규정하고 있다(국토계획법 제56조).

개발행위허가기준에서 기반시설 항목으로 ⅰ) 주변의 교통소통에 지장을 초래하지 아니할 것, ⅱ) 대지와 도로의 관계는 건축법에 적합할 것, ⅲ) 도시 · 군계획조례로 정하는 건축물의 용도 · 규모(대지의 규모를 포함한다) · 층수 또는 주택호수 등에 따른 도로의 너비 또는 교통소통에 관한 기준에 적합할 것을 허가기준으로 정하고 있다(국토계획법 시행령 별표 1의2). 개발행위허가기준에서 정한 중요한 기준으로 '교통소통에 지장을 초래하지 아니할 것'을 특별히 요구하고 있다. 이는 대법원에서 인정한 '건축법 제44조 제1항 건축물 대지의 접도의무(接道義務) 규정 취지'[23]인 "건축물의 이용자의 교통상 · 피난상 · 방화상 · 위생상 안전한 상태를 유지 · 보존"이란 목적을 약간 좁힌 듯하다. 하지만 건축법의 접도의무와는 달리, 개발행위허가기준에서는 거시적 관점에서 기반시설영역에서는 주로 도로를 기준으로 '교통소통'을 다루고, '위생상'의 문제를 '공통영역'이나 '건축 및 공작물의 설치'에서 다루고 있는 것으로 보인다.[24]

또한 개발행위허가운영지침에서는, 국토계획법 시행령 '개발행위허가기준'「기반시설」기준에 "도로법과 건축법상의 도로가 아닌 진입도로는 국토교통부장관이 정한 기준에 적합하게 확보(지자체 조례로서 별도의 조례를 정한 경우 조례에 따라 확보)"하도록 그 기준을 추가하고 있다. 그리고 '건축물의 건축 및 공작물을 설치'하는

---

23) 제2절 건축법 제44조 제1항에 관한 해석론 Ⅰ.건축법 제44조 제1항의 입법취지에서 상세히 설명한다.

24) 비도시지역에서는 하수 처리가 정화조를 통과해 낮은 지대인 도랑으로 흘려보내는 방식이라서, 도시지역의 방식인 하수도를 통해서 하수종말처리장으로 보내는 방식과 달라서 "위생상"이란 용어가 빠진 듯하지만, 개발행위허가기준의 '공통분야'등을 보면 그 의미가 다를 바가 없다고 본다.

경우 진입도로는 도시 · 군계획도로, 시 · 군도, 농어촌도로에 접하는 것을 원칙으로 하며, 도로에 접하지 않는 경우 진입도로를 개설하도록 하고 있다. 진입도로의 폭은 개발규모에 따라 정해지며 개발규모가 5천㎡ 미만은 4m 이상, 3만㎡ 미만은 6m 이상, 3만㎡ 이상은 8m 이상으로 교통량을 고려한 적정 폭을 요구하고 있다. 이 경우 진입도로의 폭은 실제 차량 통행에 이용될 수 있는 부분으로 산정한다.

다만, 농어업용시설(농 · 어 · 임업인의 부지면적 2천㎡ 이하의 농수산물가공, 유통, 판매시설 포함), 1천㎡ 이하 제1종 근린생활시설 및 단독주택의 건축은 차량진출입이 가능한 기존 마을안길, 농로 등에 접속하거나 진입도로가 폭 4m 미만이라도 차량 통행이 가능하면 족하다고 본다. 그리고 광고탑, 철탑, 태양광발전시설 등 교통유발 효과가 없거나 미미한 공작물을 설치하는 경우에도 폭 4m 미만이라도 진입도로가 있으면 족하다고 한다.[25]

한편, 2013년도부터 일정한 조건의 공작물을 설치[26]하거나 토석채취[27]의 경우에도 일정한 기준의 진입도로를 개설하도록 하고 있다. 공작물의 지속적인 관리를 위할 필요성이 있는 경우와 토석채취 작업과 관련하여 발생할 수 있는 민원이나 분쟁을 예방하기 위해서 불가피하게 두고 있는 규정이다.

이상과 같이 「건축법」과 「국토계획법」에서는 개별 법령이 추구하는 목적이 다르기 때문에, 건축행위에 따른 도로 기준을 달리 정하고 있다는 것을 알 수 있

---

25) 개발행위허가운영지침 제3장 제3절 3-3-2-1 (3) 참조.
26) 개발행위허가운영지침[국토교통부훈령 제315호, 2013. 12. 23, 일부개정, 시행]제3절. 3-3-2-1 도로 참조: 지속적인 관리를 필요로 하는 공작물, 예컨대 태양광 발전 시설 등을 설치하는 경우에도 안정적인 진입도로의 설치가 필요하다고 한다.
27) 개발행위허가운영지침[국토교통부훈령 제1129호, 2018.12.21.]
   제5절 토석채취: 3-5-2 도로 및 하수처리
   (1) 진입도로는 도시·군계획도로 혹은 시·군도, 농어촌 도로와 접속하는 것을 원칙으로 하며, 진입도로가 위 도로와 접속되지 않을 경우 다음 각 호의 기준에 따라 진입도로를 개설하여야 한다. 다만, 당해 지역의 여건 등을 고려하여 허가권자가 강화 또는 완화할 수 있다.
   ① 사업부지 면적이 5만㎡ 미만인 경우 진입도로의 폭은 4m이상
   ② 사업부지 면적이 5만㎡ 이상일 때에는 6m 이상을 확보한다.
   (2) 대상지에서 발생하는 하수는 하천 등으로 배수되도록 배수시설을 설치하여야 하며 하수로 인한 하천과 주변지역의 수질이 오염되지 않도록 조치를 취하여야 한다.

다. 그런데 이러한 입법방식에 대해서는 건축이라는 동일한 행위에 대하여 각기 다른 규정을 적용하여 일반인에 입장에서는 복잡한 구조를 취한다. 이로 말미암아 법규의 명확성이라든가 법적 안정성의 원칙에도 반한다는 비판이 가해진다. 또한 중복 규제로 인식되는 문제점을 가지고 있다.[28]

Ⅲ. 기타 법률상의 진입도로 관련 규정

1. 산지관리법 관련규정

산지관리법과 시행령은 사업계획 및 산지전용면적이 적정하고 산지전용방법이 자연경관 및 산림훼손을 최소화하고 산지전용 후의 복구에 지장을 줄 우려가 없도록 도로관계법(도로법, 사도법, 농어촌도로 정비법 또는 국토계획법)상의 도로 및 그와 연결된 산지전용허가, 도로관계법외의 다른 법률의 허가를 받은 도로를 활용하여 산지전용을 하여야 함을 원칙으로 정하고 있다(산지관리법 제18조 제1항 8호, 제5항, 시행령 제20조 제6항). 다만, 개인묘지의 설치나 광고탑 설치 사업 등 그 성격상 도로관계법 및 기타 법률상의 허가 받은 도로(이하 '법정도로'라 한다)를 이용할 필요가 없는 경우로서 산림청장이 산지구분별로 조건과 기준을 정하여 고시하는 경우, 법정도로를 이용할 필요가 없다고 한다.

이에 대해서 산림청은 산지관리법 시행령에 근거하여 고시의 형태로 「기존도로[29](법정도로)를 이용할 필요가 없는 조건과 기준」을 구체적으로 고시하고 있다.

개인묘지 설치, 광고탑, 기념탑, 국가 등이 설치하는 전망대, 전체가 농지로 둘러싸인 1만㎡ 이하의 산지를 개간할 농지, 국방시설 등은 법정도로와 접속 없이

---

28) 최명진 외 공저, "건축법상 대지와 도로와의 관계에 관한 제도 개선 연구", 대한부동산학회지 36(3), 2018, 75면.
29) 산지관리법 시행령 제20조제6항의[별표 4]제1호마목10. 가)도로법,사도법,농어촌도로정비법,국토계획법에 따[른]……도로. 나),다),라),마),바).:앞의 가)~바) 도로를 '법정도로'라고 함.

도 산지전용이 가능하다는 뜻을 규정하고 있다.[30] 그리고 현황도로[31]를 진입도로로 활용해서 농지·초지를 조성하거나 차량진출입이 가능한 기존의 마을안길·농로 등 현황도로를 활용해서 준보전산지를 전용하는 경우에는 법정도로(기존도로)에 연결하지 않아도 된다. 또한 하천점용허가 또는 공유수면의 점용·사용허가 등을 받아 차량진출입이 가능한 시설물을 설치하거나 지목이 도로인 진입도로를 활용해서 산지전용하는 경우에는 기존도로(법정도로)를 이용할 필요가 없다.[32]

구체적으로 애매한 사례를 적용할 때 법정도로 필요 여부를 판단하는 기준이 중요하다. 산지관리법과 시행령의 규정을 살펴보면 그 성격상 "기존도로를 이용할 필요가 없는 조건과 기준"에 해당하는 경우란, 결국 "사업계획 및 산지전용면적이 적정하고 산지전용방법이 자연경관 및 산림훼손을 최소화하고 산지전용 후의 복구에 지장을 줄 우려가 없는" 사안일 것이다.

2. 농지법 관련규정

농지법과 농어촌정비법상의 농로는 농지이며, 농업생산기반시설 중의 하나이다(농지법 시행령 제2조 제3항 제1호 가목, 농어촌정비법 제2조 제6호). 농업생산기반정비사업[33]의 시행으로 농업생산기반시설 특히 농지를 만들면서 지목이 도로이며, 국·공유지, 농어촌공사 소유의 농로가 만들어진다. 그러므로 농로는 사인소유의

---

30) 산지관리법 시행령 제20조 제6항 [별표 4] 제1호 마목 10, 산지전용시 기존도로를 이용할 필요가 없는 경우의 조건과 기준[산림청고시 제2018-25호] 참조.

31) 여기서 말하는 현황도로라 함은, ① 현황도로로 이미 다른 인허가가 난 경우, ② 이미 2개 이상의 주택의 진출입로로 사용하고 있는 도로, ③ 지자체에서 공공목적으로 포장한 도로, ④ 차량진출입이 가능한 기존 마을안길, 농로를 말한다. 다만, 임도를 제외한다(산지전용시 기존도로를 이용할 필요가 없는 경우의 조건과 기준 제1조 참조).

32) 산지전용시 기존도로를 이용할 필요가 없는 경우의 조건과 기준[산림청고시 제2018-25호] 참조.

33) 농어촌정비법 제2조 5. "농업생산기반 정비사업"이란 다음 각 목의 사업을 말한다. 가. 농어촌용수 개발사업, 나. 경지정리, 배수개선, 농업생산기반시설의 개수·보수와 준설 등 농업생산기반 개량사업, 다. 농수산업을 주목적으로 간척, 매립, 개간 등을 하는 농지확대 개발사업, 라. 농업 주산단지조성과 영농시설 확충사업, 마. 저수지, 담수호 등 호수와 늪의 수질오염 방지사업과 수질개선 사업, 바. 농지의 토양개선사업, 사. 그 밖에 농지를 개발하거나 이용하는 데에 필요한 사업.

임도와 달리 공공용 도로로서 공중의 자유이용권이 주어지지만, 농업생산기반시설로서의 목적에 제한을 받는다.

그러나 농로 등을 통행로·진입로 또는 이와 유사한 용도로 사용하려면 농업생산기반시설관리자가 농업생산기반시설이나 용수를 본래 목적 외의 목적에 사용하려 하거나 타인에게 사용하게 할 때에는 시장·군수·구청장의 사용허가를 받으면 된다(농어촌정비법 제23조). 이에 대해서 상세한 사항은 후술한다.

3. 기타 법률 관련규정

주택단지의 진입도로란 보행자 및 자동차의 통행이 가능한 도로로서 기간도로로부터 주택단지의 출입구에 이르는 도로를 말한다(주택건설기준 등에 관한 규정 제2조 제8호). 이러한 진입도로에 관한 설치 기준은 주택건설기준 등에 관한 규정 제25조에서 자세히 규정하고 있는데, 공동주택단지의 최소한의 진입도로의 폭은 6m 이상이어야 하고 2,000세대 이상의 공동주택단지의 진입도로 폭은 20m 이상이어야 하지만 별도의 예외 기준도 있다.

사용하려는 토지가 도로변에 위치하고 그 토지와 도로변 사이에 녹지가 지정되어 있다면 진입도로가 없어서 해당 토지에 건축허가 등이 불가능하다. 그러한 경우 도시공원 및 녹지 등에 관한 법률에 따른 도시계획시설의 하나인 녹지(완충녹지, 경관녹지, 연결녹지)의 점용허가(도시공원 및 녹지 등에 관한 법률 제38조 제3항, 같은 법 시행령 제43조 제3호. 녹지를 가로지르는 진입도로의 설치)를 받아서 진입도로를 설치해야 한다. 그 진입도로 설치에 대하여 녹지를 가로지르는 진입도로의 설치기준[34]이 2018. 1. 9. 제정되었다.

---

34) 도시공원 및 녹지 등에 관한 법률 시행령 [별표 3의2] (제44조 제3호의3 관련) 참조.

제 3 절 ◦ 건축법 제44조 제1항에 관한 해석론

Ⅰ. 건축법 제44조 제1항의 입법취지

건축법 제44조 제1항 본문은 "건축물의 대지는 2m 이상이 도로(자동차만의 통행에 사용되는 도로는 제외한다)에 접하여야 한다."고 규정하고 있다. 그리고 단서에서 해당 건축물의 출입에 지장이 없다고 인정되는 경우, 건축물의 주변에 대통령령으로 정하는 공지(空地)가 있는 경우 및 「농지법」 제2조 제1호 나목에 따른 농막을 건축하는 경우에는 2m 이상의 도로에 접할 필요가 없는 것으로 인정하고 있다.

그림 2-3 대지와 도로의 관계 1

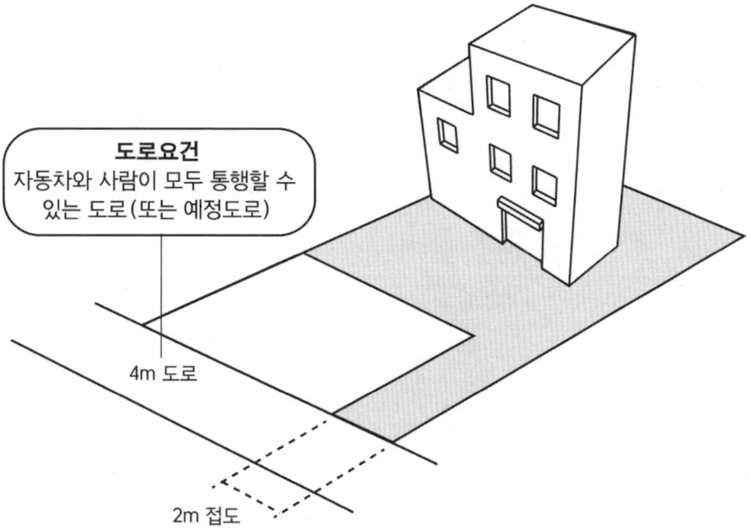

도로요건
자동차와 사람이 모두 통행할 수 있는 도로(또는 예정도로)

4m 도로

2m 접도

| 그림 2-4 | 대지와 도로의 관계 2

자동차 전용도로

A맹지

A대지가 접한 도로는 사람이 통행할 수
없는 자동차 전용도로이므로 건축물을
건축할 수 없는 땅인 맹지이다.

B대지

도로요건
1. 자동차와 사람이 모두 통행할 수 있는 도로
2. 예정도로 포함

2m 이상 접도   도로

이와 같이 건축법 제44조 제1항에서 건축물 대지의 접도의무(接道義務)를 규정한 취지는, 건축물의 이용자로 하여금 교통상·피난상·방화상·위생상 안전한 상태를 유지·보존케 하기 위하여 건축물의 대지와 도로와의 관계를 특별히 규제하여 도로에 접하지 아니하는 토지에는 건축물을 건축하는 행위를 허용하지 않으려는 데에 있다 할 것이다.[35] 이 건축법 제44조 제1항의 규정은 건축허가를 위한 접도요건을 규정한 것으로 해석된다. 따라서 건축허가를 신청하면서 2m 이상의 진입도로를 확보하지 못하게 되면 원칙적으로 건축허가를 취득할 수 없게 되는 것이다. 일반적으로 건축허가를 얻기 위한 접도요건을 충족시키는 방법으로는 2m 이상의 진입도로에 대한 소유권을 취득하거나 그 진입도로에 해당하는 토지의 소유자로부터 토지사용승낙서를 받는 두 가지의 방법을 들 수 있다.

---

35) 대법원 2003. 12. 26. 선고 2003두6382 판결; 대법원 1999. 6. 25. 선고 98두18299 판결 등 참조.

Ⅱ. 건축법 제44조 제1항의 도로의 의의

건축법 제44조 제1항의 해석과 관련하여 먼저 본조에서 말하는 '도로'를 어떻게 개념 정의할 것인지가 문제가 될 수 있다. 우리나라의 여러 현행 법률에서 사용하는 도로의 개념이 하나로 통일되어 있지 않기 때문에, 건축법 제44조 제1항에 규정된 '도로'의 개념을 명확히 하는 것은 중요한 의미를 가진다.

건축법에서 도로의 개념에 대해서는 건축법 제2조 제1항 제11호가 정의 규정을 두고 있는 바, 다음과 같다.

즉, 건축법상 도로란 보행과 자동차 통행이 가능한 너비 4m 이상의 도로(지형적으로 자동차 통행이 불가능한 경우와 막다른 도로의 경우에는 대통령령으로 정하는 구조와 너비의 도로)로서 ⅰ) 국토의 계획 및 이용에 관한 법률, 도로법, 사도법, 그 밖의 관계 법령에 따라 신설 또는 변경에 관한 고시가 된 도로, ⅱ) 건축허가 또는 신고 시에 특별시장·광역시장·특별자치시장·도지사·특별자치도지사 또는 시장·군수·구청장이 위치를 지정하여 공고한 도로나 그 예정도로를 말한다.

한편, 대법원 판례도 이러한 건축법의 규정을 바탕으로 하여 건축법 제44조 제1항에서 말하는 '도로'의 개념에 대하여 다음과 같이 해석한다.

건축법의 관련 규정에 의하면, 건축물의 대지는 원칙적으로 2m 이상이 도로에 접하여야 한다(제44조 제1항 본문). 여기서 도로란 보행과 자동차 통행이 가능하고 너비가 일정 규모 이상으로서, ① 국토의 계획 및 이용에 관한 법률, 도로법, 사도법, 그 밖의 관계 법령에 따라 신설 또는 변경에 관한 고시가 된 도로이거나 ② 건축허가 또는 신고 시에 관할 행정청이 위치를 지정하여 공고한 도로(1999. 2. 8. 법률 제5895호로 개정되기 전에는 '관할 행정청이 그 위치를 지정한 도로'라고 규정되어 있었다. 이하 '행정청 지정도로'라고 한다) 또는 위 두 경우의 예정도로를 뜻한다(제2조 제1항 제11호).[36]

요약하자면, 건축법 제44조 제1항 본문에 규정된 도로는 같은 법 제2조 제1

---

36) 대법원 2017. 10. 26. 선고 2017두50843 판결 등 참조.

항 제11호에서 규정하는 도로로서 너비가 2m 이상이고, 보행과 자동차 통행이 가능하여 실제 도로로서의 효용을 다할 수 있을 정도의 구조와 형태를 갖춘 것만을 의미한다고 할 수 있다.[37]

그렇다면, 이른바 사실상의 도로는 건축법상의 도로라고 할 수 있는가. 이 문제와 관련하여 대법원 판례는 "건축법상 '도로'라 함은 (가) 도시계획법, 도로법, 사도법 기타 관계 법령의 규정에 의하여 도로의 신설 또는 변경에 관한 고시가 되거나 (나) 건축허가시 시장 또는 군수가 이해관계인의 동의를 얻어 그 위치를 지정한 도로를 가리키므로(건축법 제2조 제15호, 동법시행령 제64조), 어느 토지의 일부가 오래전부터 사실상의 도로로 사용되어 왔고 인근주민들이 그 위에 시멘트포장까지 하였다 하더라도 이러한 사유만으로 위 토지부분이 건축법상의 도로로 되었다고 할 수 없(다)"는 입장을 밝히고 있다.[38] 따라서 사실상의 도로는 건축법상의

---

37) 법제처 법령해석사례(안건번호12-0559, 회신일자 2012. 10. 31.) 참조.
38) 대법원 1990. 2. 27. 선고 89누7016 판결.
　　　이 사건의 사실관계는 다음과 같다. 원고는 자신 소유의 토지의 일부(범전동9-27)가 오래전부터 사실상의 도로로 사용되어 왔고 인근주민들이 그 위에 시멘트포장까지 하였음에도 그 토지에 대하여 피고 부산직할시 부산진구청장에게 건축허가를 신청하였고, 피고 부산진구청장은 그러한 사정을 모르고 건축허가를 해주었다. 그런데 그 후 피고 부산진구청장은 이 사건 토지 중 사실상의 도로로 사용되고 있는 부분에는 건물을 신축할 수 없는데도 원고가 건축허가신청시 이를 신고하지 아니한 탓으로 잘못 건축허가를 하였다는 이유로 이 사건 건축허가를 취소하였다. 이에 원고가 이 건축허가취소처분의 취소를 구하면서 소를 제기한 것이다.
　　　이에 대하여 대법원은 다음과 같이 판시하였다.
　　　건축법상 "도로"라 함은 (가) 도시계획법, 도로법, 사도법 기타 관계 법령의 규정에 의하여 도로의 신설 또는 변경에 관한 고시가 되거나 (나)건축허가시 시장 또는 군수가 이해관계인의 동의를 얻어 그 위치를 지정한 도로를 가리키므로(건축법 제2조 제15호, 동법시행령 제64조), 어느 토지의 일부가 오래전부터 사실상의 도로로 사용되어 왔고 인근주민들이 그 위에 시멘트포장까지 하였다 하더라도 이러한 사유만으로 위 토지부분이 건축법상의 도로로 되었다고 할 수 없고, 또한 건축허가신청인은 신청당시 그 대지의 일부가 사실상 도로로 사용되고 있음을 허가관청에 신고할 의무가 있는 것은 아니므로 신청인이 사전에 이를 신고하지 아니하였거나 이로 인하여 허가관청이 그 토지부분을 도로로 지정할 기회를 갖지 못한 채 건축허가를 해 주었다 하더라도 그 건축허가에 어떤 하자가 있다고 할 수 없다.
　　　같은 취지에서 원심이 이 사건 토지 중 사실상의 도로로 사용되고 있는 부분에는 건물을 신축할 수 없는데도 원고가 건축허가신청시 이를 신고하지 아니한 탓으로 잘못 건축허가를 하였다는 이유로 이 사건 건축허가를 취소한 피고의 처분은 위법하다고 판단한 것은 정당하고 거기에 소론과 같은 사실오인이나 법리오해의 위법이 없다. 논지는 이유없다.

도로라고 할 수 없다는 것이 현재 해석론상의 결론이라고 할 수 있다.

Ⅲ. 건축법상 접도요건이 면제되는 경우

위에서 본 바와 같이, 건축법 제44조 제1항 단서는 ① 해당 건축물의 출입에 지장이 없다고 인정되는 경우, ② 건축물의 주변에 대통령령으로 정하는 공지(空地)가 있는 경우 및 ③ 「농지법」 제2조 제1호 나목에 따른 농막을 건축하는 경우에는 2m 이상의 도로에 접할 필요가 없는 것으로 인정하고 있다.

이하에서는 접도의무가 면제되는 세 가지 경우 중 특히 문제가 되는 것은 건축법 제44조 제1항 제1호의 해당 건축물의 출입에 지장이 없다고 인정되는 경우이다. 나머지 두 경우는 크게 문제될 것이 없다. 그러므로 여기서는 해당 건축물의 출입에 지장이 없다고 인정되는 경우가 구체적으로 어떠한 경우를 말하는 것인지 대법원 판례를 참조하여 살펴본다.

1. 해당 건축물의 출입에 지장이 없다고 인정되는 경우

해당 건축물의 출입에 지장이 없다고 인정되는 경우에는 접도의무가 면제되므로 건축물의 대지는 2m 이상이 도로에 접하지 않아도 된다(건축법 제44조 제1항 제1호). 그렇다면 해당 건축물의 출입에 지장이 없다고 인정되는 경우는 구체적으로 어떠한 경우인가. 이 문제에 관한 대법원 판례를 검토해 본다.

(1) 대법원 2003. 12. 26. 선고 2003두6382 판결

논지는 위 사실상의 도로 위에 건물을 신축할 경우 인근주민들은 노폭 1m 정도의 협소한 우회도로를 사용할 수밖에 없게 되어 주위토지통행권을 보장한 민법 제219조에 위반된다는 것이나 이것은 원고와 주민들 간에 민사절차에 의하여 해결되어야 할 문제이지 이를 이유로 일단 적법하게 행하여진 이 사건 건축허가를 취소할 수는 없다 할 것이다. 논지는 역시 이유 없다. 그러므로 상고를 기각하고, 상고비용은 패소자의 부담으로 하여 관여 법관의 일치된 의견으로 주문과 같이 판결한다.

가. 사실관계

원고들은 2002. 4. 24. 그들 소유의 서울 광진구 (광장동226: 노블빌리지) 전 1,739㎡(이하 '제1토지'라 한다) 지상에 연립주택 1동 19세대(연 면적 1,997.4㎡) 신축을 위한 건축허가신청을 하였으나, 피고 서울 광진구청장은 제1토지가 인근의 삼성아파트 단지에 둘러싸인 이른바 맹지로서 (주소 2 생략) 대 151㎡(이하 '제2토지'라 한다)를 통하지 아니하고는 공로에 이를 수 없는데, 제2토지가 건축법 소정의 '도로'에 해당하지 아니하고 국유재산으로서 매각계획이 없어 원고들이 그 소유권을 취득할 수도 없다는 이유로, 같은 달 29. 위 신청을 반려하는 처분을 하였다.

이에 대하여 원고들은 피고가 원고들이 제1토지에 출입하기 위하여 제2토지로 통행하는 것을 피고가 방치하고 있으므로 이는 '당해 건축물의 출입에 지장이 없다고 인정되는 경우'에 해당하고, 피고가 제2토지에 대한 원고들의 매수신청을 받아들이지 않는 것은 신의칙 내지 금반언의 원칙에 반한다고 주장하면서, 피고의 위 건축허가신청반려처분의 취소를 구하는 소를 제기하였다.

나. 판시사항

1. <…전략…> 위 건축허가신청은 제1토지가 건축법 소정의 '도로'에 접하지 아니하고 제2토지가 국유재산이며 현재 원고들이 제1토지에 출입하기 위하여 제2토지로 통행하는 것을 피고가 방치하고 있다는 사정만으로는 '당해 건축물의 출입에 지장이 없다고 인정되는 경우'에도 해당하지 아니하여 건축법 제44조 제1항 소정의 요건에 부합하지 않지만, 피고가 국가로부터 위임받아 관리하고 있는 제2토지에 대한 원고들의 매수신청을 받아들이지 아니한 것은 신의칙 내지 금반언의 원칙에 반하므로 이 사건 처분도 위법하다고 판단하였다.

2. 건축법 제33조 제1항[39]이 건축물 대지의 접도의무를 규정한 취지는, 건축물의 이용자로 하여금 교통상·피난상·방화상·위생상 안전한 상태를 유지·보존케 하기 위하여 건축물의 대지와 도로와의 관계를 특별히 규제하여 도로에 접하지 아니하는 토지에는 건축물을 건축하는 행위를 허용하지 않으려는 데에 있다

---

39) 2008. 3. 21. 건축법에 대한 전부개정이 이루어지면서, 종전의 건축법 제33조는 현행 건축법 제44조로 개편되었다. 그러나 그 내용은 동일하다.

할 것이므로, 같은 법 제33조 제1항 단서 소정의 '당해 건축물의 출입에 지장이 없다고 인정되는 경우'에 해당하는지 여부는 위와 같은 취지에 비추어 건축허가 대상 건축물의 종류와 규모, 대지가 접하고 있는 시설물의 종류 등 구체적인 사정을 고려하여 개별적으로 판단하여야 할 것이다(대법원 1999. 6. 25. 선고 98두18299 판결 등 참조).

원심이 인정한 사실과 기록에 의하면, 제1토지는 건축법 소정의 도로와 접하지는 않지만 연접한 국유지인 제2토지를 통행하여 폭 15m인 (주소 3 생략) 도로에 진입할 수 있고, 제2토지는 1989년경 삼성아파트가 준공될 무렵부터 그 중 일부가 삼성아파트 1동과 나동 사이의 통행 및 제1토지의 출입을 위하여 사용되어 온 점, 원고들이 제1토지에 건축하려는 연립주택은 19세대 규모이고 제2토지는 폭이 약 4m로서 위 연립주택에 출입할 사람 및 자동차의 통행이 가능한 점을 알 수 있고, 만약 제2토지에로의 통행이 차단된다면 제1토지는 맹지가 될 수밖에 없는데, 이는 1987년경 건설부장관이 인근의 삼성아파트 건설사업계획을 승인함에 기인한 것인바, 위 승인 당시 건설부장관은 사업시행자인 삼성직장주택조합 등에게 '제1토지의 출입에 지장이 없도록 도로개설 조치할 것'이라는 조건을 붙이는 한편, 국유지인 (주소 4: 광장동454−1) 토지의 일부를 분할하여 위 조합 등에게 매각하면서도 제2토지를 남겨두어 제1토지에 출입하기 위한 통행로로 제공하였으므로, 국가나 그로부터 제2토지에 대한 관리를 위임받은 피고로서는 제1토지상에 연립주택을 건축하기 위한 원고들의 제2토지에 대한 매수신청을 받아들이거나 적어도 제1토지상의 건축물에 출입하기 위하여 제2토지를 통행하는 것을 수인할 의무가 있다고 할 것이므로, 원고들의 위 건축허가신청은 '당해 건축물의 출입에 지장이 없다고 인정되는 경우'에 해당한다고 할 것이다.

(2) 대법원 2017. 10. 26. 선고 2017두50843 판결

가. 사실관계

원고는 2015. 5. 27. 피고 사천시장에게 원고 소유의 이 사건 토지 위에 다가구주택 1동(지상 4층, 연면적 625.28㎡)을 신축하기 위한 건축허가신청을 하였다.[40]

이 사건 토지 부근에는 대로에서 시작하여 ○○고등학교(사천고) 후문까지 연결되는 막다른 진입로(이하 '이 사건 진입로'라고 한다)가 있다. 이 사건 진입로는 소외 1 소유의 여러 필지 토지의 일부씩에 걸쳐서 위치해 있는데, 이는 소외 1의 부친이 1984년경 ○○고등학교를 설립하면서 학교시설 건축을 위한 공사 진입로와 학생들의 통행로로 사용할 목적으로 설치한 것이다.

한편, 소외 1은 1991. 7.경 이 사건 진입로 끝 부근에 지상 1층, 연면적 421.81㎡의 유아원(한마음어린이집)을 신축하는 내용의 건축허가신청을 하여 1991. 8.경 피고로부터 건축허가를 받았다. 위 건축허가 당시 현장조사서에는 대지에 접하는 도로의 폭이 6m, 8m인 것으로 기재되어 있었는데, 6m 폭의 도로는 이 사건 진입로를 가리키고, 8m 폭의 도로는 미개설된 도시계획예정도로(현재는 도시계획시설에서 폐지된 상태이다)를 가리킨다. 그리고 소외 1은 1992. 1.경 유아원을 지상 2층, 연면적 668㎡로 변경하는 내용의 건축허가변경신청을 하였는데, 당시 현장조사서에는 대지에 접하는 도로의 폭이 8m로 기재되어 있었고, 이에 대하여 피고가 1992. 2.경 그 변경을 허가하였다.

현재도 이 사건 진입도로는 ○○고등학교와 유아원 관계자들이 통행에 사용하고 있다.

그런데, 피고 사천시장은 2015. 10. 19. 이 사건 토지가 건축법상 도로에 접하지 않았다는 이유를 들어 원고의 건축허가신청에 대하여 불허가 처분(이하 '이 사건 처분'이라고 한다)을 하였다.

이에 원고가 이 사건 처분의 취소를 구하는 소를 제기하였고, 원심에서 패소하자 상고를 한 것이다. 원고는 이 사건 진입로가 있기 때문에 이 사건 토지에 신축하게 될 건축물은 건축법 제44조 제1항 제1호 소정의 '건축물의 출입에 지장이 없다고 인정되는 경우'에 해당하므로, 이 사건 처분은 위법하다고 주장하였다.

나. 판시사항

가. 건축법 제44조 제1항이 건축물 대지의 접도 요건을 규정한 취지는, 건축물 이용자로 하여금 교통상·피난상·방화상·위생상 안전한 상태를 유지·보존

---

40) 정의리 164, 164-5번지 상에 종전에 창고 허가신청을 하여 건축허가를 받았으나 원룸을 건축할려고 창고허가를 취하하고 다가구주택 허가신청을 한 사례.

하도록 하기 위하여 건축물의 대지와 도로와의 관계를 특별히 규제하여 도로에 접하지 아니하는 토지에는 건축물을 건축하는 행위를 허용하지 않으려는 데 있다. 그러므로 그 단서 제1호의 '해당 건축물의 출입에 지장이 없다고 인정되는 경우'에 해당하는지는 이러한 취지에 비추어 건축허가 대상 건축물의 종류와 규모, 대지가 접하고 있는 시설물의 종류 등 구체적인 사정을 고려하여 개별적으로 판단하여야 한다(대법원 1999. 6. 25. 선고 98두18299 판결 등 참조).

한편 민법 제211조는 "소유자는 법률의 범위 내에서 그 소유물을 사용, 수익, 처분할 권리가 있다."라고 규정하고 있으므로, 소유자가 채권적으로 그 상대방에 대하여 사용·수익의 권능을 포기하거나 사용·수익권의 행사에 제한을 설정하는 것 외에 소유권의 핵심적 권능에 속하는 배타적인 사용·수익의 권능이 소유자에게 존재하지 아니한다고 하는 것은 물권법정주의에 반하여 특별한 사정이 없는 한 허용될 수 없다(대법원 2012. 6. 28. 선고 2010다81049 판결, 대법원 2017. 6. 19. 선고 2017다211528 판결 등 참조).

나. (1) 원심은 다음과 같은 이유를 들어 소외 1이 이 사건 진입로 부지에 대하여 배타적 사용·수익권을 포기하였다거나 원고에 대하여 사용·수익의 권능을 포기하거나 그 행사에 제한을 설정하였다고 볼 수 없다고 판단하였다.

① 이 사건 진입로 부지는 소외 1의 사유지이다.

② 이 사건 진입로는 소외 1의 부친이 ○○고등학교를 설립하면서 통행로로 개설한 것으로서 그 끝에 ○○고등학교가 있어 막다른 통로이다.

③ 이 사건 진입로에는 ○○고등학교와 유아원 외에 거주지나 다수가 이용하는 시설이 없다.

④ ○○고등학교는 정문이 다른 곳에 개설되었기 때문에 이 사건 진입로가 없어지더라도 그 통행에 큰 지장이 없고, 소외 1이 유아원 운영을 그만둔다면 이 사건 진입로의 유지, 존속과 직접적인 이해관계를 가진 제3자를 찾기 어렵다.

⑤ 소외 1이 이 사건 건축허가 신청과 관련하여 이 사건 진입로를 도로로 사용하는 것을 분명히 반대하고 있다.

(2) 나아가 원심은, 향후 원고가 다가구 주택을 구분소유로 정하여 매도할 가능성이 있고, 그 매수인들은 건축물의 진·출입에 아무런 지장이 없다고 믿고 이

를 매수할 것인데, 소외 1이 유아원 운영을 그만두거나 다른 사정이 발생하여 원고가 건축할 주택 소유자 등에 대하여 출입의 금지를 구하거나 부당이득반환을 청구하는 등 법적 분쟁이 발생할 가능성을 배제할 수 없고, 이로 인하여 매수인들에게 예측하지 못한 손해가 발생할 우려가 있어 보인다는 점 등을 들어, 당해 건축물의 출입에 지장이 없는 경우에 해당한다고 볼 수 없다고 판단하였다.

(3) 판례에 대한 정리 및 평가

먼저, 대법원 2003. 12. 26. 선고 2003두6382 판결에 대해서 살펴보기로 한다.

이 판결은 건축물의 대지에 출입하는 진입도로에 해당하는 토지를 통행하는 것에 대하여 그 소유자 또는 관리주체가 방치하고 있다고 해서, 그러한 사정만으로는 건축법 제44조 제1항 제1호[41] 소정의 '당해 건축물의 출입에 지장이 없다고 인정되는 경우'에 해당한다고 볼 수는 없다는 점을 분명히 하고 있다.

이 사건의 경우 진입로에 해당하는 토지는 그 폭이 4m이고 폭 15m의 도로에 접해 있지만 건축법에서 정한 도로로서의 요건을 갖추지는 못하였다. 그러나 이 사건 건축물의 대지 인근에 아파트를 건축할 당시 건설부장관이 아파트 건축사업 시행자에게 '이 사건 건축물 대지의 출입에 문제가 없도록 도로개설 조치를 할 것'을 허가조건으로 명시하였고, 진입도로에 해당하는 토지를 국유 상태로 남겨둔 상태에서 이 사건 건축물 대지의 통행로로 제공하여 왔다는 특별한 사정이 있다. 이 판결에서는 이와 같은 사정들을 근거로 당해 진입로의 소유권을 가지고 있는 국가나 그로부터 그 진입로에 대한 관리를 위임받은 피고 광진구청장으로서는 원고들의 진입로 매수신청을 받아들이거나 적어도 이 사건 건축물에 출입하기 위하여 당해 진입로를 통행하는 것을 수인할 의무가 있다고 보고 있다. 그리고 이처럼 현실적으로 건축물의 대지에 통행 가능한 진입로가 존재하고, 그 진입로의 소유자에게 건축물의 대지를 이용하는 사람들의 통행을 제한할 수 있는 권리를 인정할 수 없는 경우라면, 건축법 제44조 제1항 제1호 소정의 '당해 건축물의 출입에 지장이 없다고 인정되는 경우'에 해당한다고 볼 수 있다는 해석을 내놓고 있다.

대법원 2017. 10. 26. 선고 2017두50843 판결에서 쟁점이 되고 있는 사항은

---

41) 해당 판결을 선고할 당시에는 건축법 제33조 제1항 제1호였다.

이 사건 토지 부근 대로에서 시작하여 ○○고등학교 후문까지 연결되는 막다른 진입로(이하 '이 사건 진입로'라고 한다)가 있다는 사정을 두고, 이 사건 토지가 건축법 제44조 제1항 제1호 소정의 '건축물의 출입에 지장이 없다고 인정되는 경우'에 해당한다고 인정할 수 있는가 하는 점이다.

판결은 설령 이 사건 진입로가 수년간 ○○고등학교 후문과 대로를 연결하는 통행로로서 이용되었다고 하더라도, 그것이 어디까지나 사유지이고 그 소유자가 이 사건 진입로 부지에 대하여 배타적 사용·수익권을 포기하였다거나 원고에 대하여 사용·수익의 권능을 포기하거나 그 행사에 제한을 설정하였다고 볼 수 없는 이상 이 사건 토지가 건축법 제44조 제1항 제1호 소정의 '건축물의 출입에 지장이 없다고 인정되는 경우'에 해당한다고 인정할 수 없다고 판시한다. 즉, 이 판결은 원심 판결이 "향후 원고가 다가구 주택을 구분소유로 정하여 매도할 가능성이 있고, 그 매수인들은 건축물의 진·출입에 아무런 지장이 없다고 믿고 이를 매수할 것인데, 소외 1이 유아원 운영을 그만두거나 다른 사정이 발생하여 원고가 건축할 주택 소유자 등에 대하여 출입의 금지를 구하거나 부당이득반환을 청구하는 등 법적 분쟁이 발생할 가능성을 배제할 수 없고, 이로 인하여 매수인들에게 예측하지 못한 손해가 발생할 우려가 있어 보인다는 점 등을 들어, 당해 건축물의 출입에 지장이 없는 경우에 해당한다고 볼 수 없다"고 판단한 것을 정당하다고 평가하고 있다.

이 판결을 보면, 건축물의 대지와 도로를 연결하는 기존의 진입로가 존재한다고 해도, 그 진입로 부지가 사유지인 경우에는 그 소유자가 그 부지에 대한 배타적 사용·수익권을 포기하였다고 볼 수 있는 사정이 있거나 그렇지 않으면 건축물 소유자에게 사용승낙서를 작성해 교부하는 등의 사정이 없는 이상, 곧바로 건축법 제44조 제1항 제1호 소정의 '건축물의 출입에 지장이 없다고 인정되는 경우'에 해당[42]한다고 인정할 수는 없다는 것이 분명해진다.

---

42) 통행지역권을 시효취득한 경우 당연히 건축법 제44조 제1항 본문(2m 접도요건)에 해당된다고 할 수 없으나 건축법 제44조 제1항 제1호 소정의 '건축물의 출입에 지장이 없다고 인정되는 경우'에 해당하여 건축허가가 가능할 수도 있을 것이다.

2. 그 외의 경우

건축물의 주변에 광장, 공원, 유원지, 그 밖에 관계 법령에 따라 건축이 금지되고 공중의 통행에 지장이 없고 허가권자가 인정한 공지가 있는 경우에는 별도로 건축물의 대지가 2m 이상 도로에 접하지 않아도 상관없다(건축법 제44조 제1항 제2호, 건축법시행령 제28조 제1항 참조).

다음으로 「농지법」 제2조제1호 나목에 따른 농막을 건축하는 경우에도 접도의무를 이행할 필요가 없게 된다.

제 4 절 국토계획법 시행령 제56조의 해석론

Ⅰ. 개발행위허가기준에 따른 진입도로의 원칙

지방자치단체장이 개발행위허가를 할 때에는 적용하여야 할 허가기준은, 국토의 계획 및 이용에 관한 법률 제58조 제3항에 따라 지역의 특성, 지역의 개발상황, 기반시설의 현황 등을 고려하도록 되어 있는데, 그 상세한 내용은 국토의 계획 및 이용에 관한 법률 시행령 제56조 [별표 1의2] 「개발행위허가의 기준」에서 명문으로 규정하고 있다.

개발행위허가 대상 중 하나인 '건축 및 공작물의 설치'시에 적용할 진입도로에 관한 기준은 건축법 외에 국토계획법 시행령 제56조 제1항 및 제4항에 의한 '개발행위허가운영지침(국토교통부 훈령 제1129호) 제3장 제2절 3-2-5 기반시설, 제3절 3-3-2-1 도로'에서 별도로 정하고 있다.

1. 개발행위허가기준[43]

개발행위허가기준에서 기반시설 항목으로 ⅰ) 주변의 교통소통에 지장을 초래하지 아니할 것, ⅱ) 대지와 도로의 관계는 건축법에 적합할 것, ⅲ) 도시·군계획조례로 정하는 건축물의 용도·규모(대지의 규모를 포함한다)·층수 또는 주택호수 등에 따른 도로의 너비 또는 교통소통에 관한 기준에 적합할 것을 허가기준으로 정하고 있다. 즉 개발행위허가기준에서도 기반시설을 허가하는 데 있어서는 기본적으로는 대지와 도로와의 관계에 대해서는 건축법의 규정에 따르도록 하고 있다.

그리고 개발행위허가기준 제2항 가목 '건축물의 건축 또는 공작물의 설치'라는 개발행위별 검토사항에서 "(1) 「건축법」의 적용을 받는 건축물의 건축 또는 공

---

43) 국토계획법 시행령 제56조 제1항 별표1의2

작물의 설치에 해당하는 경우 그 건축 또는 설치의 기준에 관하여는 「건축법」의 규정과 법 및 이 영이 정하는 바에 의하고, 그 건축 또는 설치의 절차에 관하여는 「건축법」의 규정에 의할 것. 이 경우 건축물의 건축 또는 공작물의 설치를 목적으로 하는 토지의 형질변경, 토지분할 또는 토석의 채취에 관한 개발행위허가는 「건축법」에 의한 건축 또는 설치의 절차와 동시에 할 수 있다. (2) 도로·수도 및 하수도가 설치되지 아니한 지역에 대하여는 건축물의 건축(건축을 목적으로 하는 토지의 형질변경을 포함한다)을 허가하지 아니할 것. 다만, 무질서한 개발을 초래하지 아니하는 범위 안에서 도시·군계획조례가 정하는 경우에는 그러하지 아니하다"라고 규정하고 있다. (2)과 관련하여서는 다음 「2. 개발행위허가기준에서 진입도로 원칙의 예외(1) 개발행위허가기준에서의 예외」에서 논의하기로 한다.

2. 개발행위허가운영지침[44]

일반적인 개발행위허가기준에서 기반시설 항목에 대해서는 ⅰ) 대지와 도로의 관계는 건축법에 적합할 것, ⅱ) 「도로법」과 「건축법」상의 도로가 아닌 진입도로는 국토교통부장관이 정한 기준에 적합하게 확보(지자체 조례로서 별도의 조례를 정한 경우 조례에 따라 확보)하되, 해당 시설의 이용 및 주변의 교통소통에 지장을 초래하지 아니할 것, ⅲ) 도·시·군계획조례로 정하는 건축물의 용도·규모(대지의 규모를 포함한다)·층수 또는 주택호수 등에 따른 도로의 너비 또는 교통소통에 관한 기준에 적합할 것의 세 가지를 허가기준으로 규정하고 있다. 이 허가기준에서 대지와 도로의 관계는 건축법에 적합하여야 함을 정하고 있으므로, 결국 공작물을 설치하는 경우에도 진입도로는 건축법 제2조 제11호 및 제44, 45조의 규정에 적합한 것이어야 한다.[45]

그리고 개발행위허가운영지침에서 건축물의 건축 및 공작물을 설치하는 경우 그 설치대상인 건축물이나 공작물이 도·시·군계획도로, 시·군도, 농어촌도로에 접하는 것을 원칙으로 한다. 만일 건축물이나 공작물이 이러한 도로에 직접 접하

---

44) 국토교통부훈령 제1129호
45) 김현준, "건축법상 도로", 『토지공법연구』, 2002, 183면.

지 않는 경우에는 건축물이나 공작물과 도로를 통행할 수 있도록 연결하는 진입
도로를 개설하도록 하며, 그 진입도로의 폭은 개발규모에 따른 교통량을 고려하여
정해진다. 구체적으로는 개발규모가 5천㎡ 미만은 4m 이상, 3만㎡ 미만은 6m 이
상, 3만㎡ 이상은 8m 이상의 각 도로 폭을 충족하는 진입도로의 개설을 필요로
한다.

Ⅱ. 개발행위허가기준에서 진입도로원칙의 예외

1. 개발행위허가기준에서의 예외

'건축물의 건축 또는 공작물의 설치'라는 개발행위별 검토사항에서 '도로·수
도 및 하수도가 설치되지 아니한 지역에 대하여는 건축물의 건축(건축을 목적으로
하는 토지의 형질변경을 포함한다)을 허가하지 아니할 것. 다만, 무질서한 개발을 초래
하지 아니하는 범위 안에서 도시·군계획조례[46]가 정하는 경우에는 그러하지 아
니하다'라고 규정하고 있다.

이하에서는 도시·군계획조례에서 도로를 설치하는 것을 조건으로 개발행위
허가를 할 수 있도록 하면서, 국토계획법에 따른 도시지역 및 지구단위계획구역
외의 지역으로서 동이나 읍이 아닌 지역에 설치해야 하는 도로에 대하여 건축법
제45조에 따라 도로의 위치를 지정·공고하도록 규정할 수 있는지와 관련하여 의
미 있는 법제처 법령해석사례가 있어서 살펴보고자 한다.[47]

---

46) 고성군계획 조례 제21조(도로 등이 미설치된 지역에서의 건축물의 건축) 군수는 다음 각 호
   의 하나에 해당하는 경우에는 ……. 건축물의 건축 및 건축을 목적으로 하는 토지의 형질변
   경을 허가할 수 있다. …… 3. 생산녹지지역·자연녹지지역·생산관리지역·계획관리지역 또는
   농림지역에서 농업·임업·어업 또는 광업에 종사하는 자의 자가주거용 건축물 및 그 부대시
   설의 건축을 목적으로 1천제곱미터미만의 토지의 형질을 변경하고자 하는 경우 4. 도시지
   역 및 지구단위계획구역외의 지역에 건축하는 연면적 200제곱미터 미만의 주거용 건축물에
   대하여는 기존도로(「건축법」 제2조제1항 제11호에 따른 도로가 아닌 사실상의 도로로 사용
   되고 있는 관습도로, 마을 안길 등)를 이용하여 통행에 지장이 없는 경우로서 인·허가권자
   가 판단한 경우

(1) 질의요지

「국토의 계획 및 이용에 관한 법률 시행령」 별표 1의2 개발행위허가기준 제2
호가목 (2)에서는 "도로·수도 및 하수도가 설치되지 아니한 지역에 대하여는 건
축물의 건축(건축을 목적으로 하는 토지의 형질변경을 포함함)을 허가하지 아니할 것.
다만, 무질서한 개발을 초래하지 아니하는 범위 안에서 도시·군계획조례가 정하
는 경우에는 그러하지 아니하다"고 규정하고 있는 바,

이처럼 본문에서는 단서에 따른 도시·군계획조례에서 도로를 설치하는 것을
조건으로 개발행위허가를 할 수 있도록 규정하면서, 「국토의 계획 및 이용에 관한
법률」에 따른 도시지역 및 지구단위계획구역 외의 지역으로서 동이나 읍이 아닌
지역에 설치해야 하는 도로에 대하여 「건축법」 제45조에 따라 도로의 위치를 지
정·공고하도록 규정할 수 있는지?

(2) 회 답

「국토의 계획 및 이용에 관한 법률 시행령」 별표 1의2 제2호 가목 (2) 단서에
따른 도시·군계획조례에서 도로를 설치하는 것을 조건으로 개발행위허가를 할
수 있도록 규정하면서, 「국토의 계획 및 이용에 관한 법률」에 따른 도시지역 및
지구단위계획구역 외의 지역으로서 동이나 읍이 아닌 지역에 설치해야 하는 도로
에 대하여 「건축법」 제45조에 따라 도로의 위치를 지정·공고하도록 규정할 수는
없다고 할 것입니다.

(3) 이 유

「국토의 계획 및 이용에 관한 법률」(이하 "국토계획법"이라 함) 제56조 제1항 제
1호에서는 건축물의 건축 또는 공작물의 설치를 하려는 자는 특별시장·광역시
장·특별자치시장·특별자치도지사·시장 또는 군수의 허가(이하 "개발행위허가"라
함)를 받아야 한다고 규정하고 있고, 같은 법 시행령 제56조 제1항 및 별표 1의2
개발행위허가기준 제2호 가목 (2)에서는 "도로·수도 및 하수도가 설치되지 아니

---

47) 법제처 법령해석사례[법제처 13-0553, 2014. 2. 27, 경기도 화성시].

한 지역에 대하여는 건축물의 건축(건축을 목적으로 하는 토지의 형질변경을 포함함)을 허가하지 아니할 것. 다만, 무질서한 개발을 초래하지 아니하는 범위 안에서 도시·군계획조례가 정하는 경우에는 그러하지 아니하다"고 규정하고 있습니다.

한편, 「건축법」제2조 제11호에서는 "도로"를 보행과 자동차 통행이 가능한 너비 4m 이상의 도로로서 … 지정하여 공고한 도로(나목)나 그 예정도로로 규정하고 있고, … 도시지역 및 같은 법 제51조 제3항에 따른 지구단위계획구역 외의 지역으로서 동이나 읍이 아닌 지역은 제45조 등을 적용하지 아니한다고 규정하고 있으며, 같은 법 제45조 제1항에서는 허가권자는 같은 법 제2조 제1항 제11호 나목에 따라 도로의 위치를 지정·공고하려면 … 그 도로에 대한 이해관계인의 동의를 받아야 한다고 규정하고 있고, 같은 조 제3항에서는 도로를 지정하거나 변경하면 국토교통부령으로 정하는 바에 따라 도로관리대장에 이를 적어서 관리하여야 한다고 규정하고 있는 바,

이 사안에서는 국토계획법 시행령 별표 1의2 제2호 가목 (2) 본문에서는 도로의 종류, 너비 등에 대하여 특별히 정하는 바가 없으나, 같은 규정 단서에 따라 도시·군계획조례에서 도로를 설치하는 것을 조건으로 개발행위허가를 할 수 있도록 규정하면서, 국토계획법에 따른 도시지역 및 지구단위계획구역 외의 지역으로서 동이나 읍이 아닌 지역에 설치해야 하는 도로에 대하여 「건축법」제45조에 따라 도로의 위치를 지정·공고하도록 규정할 수 있는지 여부가 문제될 수 있습니다.

살피건대, 국토계획법 시행령 별표 1의2 제2호 가목 (2)에서는 도로, 수도 및 하수도 등의 기반시설의 확보와 무분별한 개발의 방지를 위해 도로 등의 기반시설이 설치된 지역에서만 건축물의 건축을 위한 개발행위허가를 하도록 규정하고 있고, 특히 같은 규정의 도로는 법령상 그 너비 등에 대한 특별한 제한이 없으므로, 실제 도로로 사용될 수 있을 정도이면 이에 해당되는 것이라 할 것이므로(법제처 2013. 10. 2. 회신 13−0363 해석례 참조), 국토계획법 시행령 별표 1의2 제2호 가목 (2)에 따라 건축물의 건축을 위한 개발행위허가를 받기 위해서는 건축물에의 통행에 지장이 없도록 실제로 도로로 사용될 수 있는 통행로가 있으면 된다고 할 것입니다.

그리고 국토계획법 시행령 별표 1의2 제2호 가목 (2) 단서는 본문에서 규정하고 있는 도로 등의 확보요건을 일부 완화하여 도시·군계획조례에서 정하는 경우에는 개발행위허가를 할 수 있도록 예외를 인정하는 것으로서 무질서한 개발을 초래하지 아니하는 범위로 예외적 개발행위허가의 범위를 제한하고 있을 뿐, 도로를 「건축법」상 도로로 한정하거나, 도로의 위치를 지정·공고할 것을 요하지도 않고 있으며, 그 너비에 대해서도 어떠한 제한을 두고 있지 않고 있는데, 위 단서 규정에 따른 도시·군계획조례에서 도로를 설치하는 것을 조건으로 개발행위허가를 할 수 있도록 하면서 그 도로에 대하여 「건축법」 제45조에 따라 위치를 지정·공고하도록 하여 「건축법」상 도로로 한정하는 것은 도시·군계획조례가 위임의 근거법령인 국토계획법 시행령보다 도로의 범위를 축소하는 것으로서 허가 요건을 완화하려는 법령의 취지에 반하는 것이라고 할 것입니다.

따라서 국토계획법 시행령 별표 1의2 제2호 가목 (2) 단서에 따른 도시·군계획조례에서 도로를 설치하는 것을 조건으로 개발행위허가를 할 수 있도록 규정하면서, 국토계획법에 따른 도시지역 및 지구단위계획구역 외의 지역으로서 동이나 읍이 아닌 지역에 설치해야 하는 도로에 대하여 「건축법」 제45조에 따라 도로의 위치를 지정·공고하도록 규정할 수는 없다고 할 것입니다.

(4) 법령해석에 대한 평가

2013년 12월 23일 개발행위허가운영지침이 개정되면서 '제3절 건축물의 건축 및 공작물의 설치 3-3-2-1 도로'에서 진입도로기준이 명확해지고 강화되면서 이상의 법제처 법령해석사례[법제처 13-0553, 2014. 2. 27, 경기도 화성시]는 개정된 개발행위허가운영지침을 고려해서 해석·적용하여야 할 것이다. 한편, 문제는 법령에 근거를 두고 강제로 건축법상 지정도로를 지정·공고할 근거를 마련하지 않으면 추후 재차 삼차 동의를 받아야 하든지, 갈등의 원인이 된다는 사실이다. 그래서 본 사안에서는 도시지역 및 지구단위계획구역 외의 지역으로서 동이나 읍이 아닌 지역에 설치해야 하는 도로에 대하여는 건축법 제45조(도로의 지정·폐지 또는 변경)에 따라 지정·공고할 필요가 없지만, 허가관청의 행정지도에 따라 설치도로의 소유자와 개발행위허가를 득하는 자가 동의하여 건축법 제2조 제1항 제11

호에 따른 요건(4m이상의 도로)을 갖추고 지정도로로 지정, 도로관리대장 등재하여 법정도로로 관리할 필요가 지대하다 할 것이다. 최근에 현행법제의 운영은 건축행위자가 원하면 건축법상의 도로로 지정하여, 도로관리대장에 등재하고, 토지이용계획확인서에 공시되고 있다.[48] 그러한 개선안에 대해서는 제4장 제3절 Ⅱ.에서 서술하고자 한다. 이상과 같은 법령해석사례는 개발행위허가기준의 해석상 건축법상의 도로를 필요로 하지 않으며 단지 개발행위허가기준상의 요건을 요하며 이것 또한 지역실정에 맞게 도시 · 군계획조례에 위임하여 광범위한 입법재량을 부여하고 있는 경우이다.

2. 개발행위허가운용지침에서의 예외

개발행위허가운용지침이 정하고 있는 접도원칙과 도로폭 관련 요건에 관하여는 몇 가지의 예외가 인정된다. 그 내용은 다음과 같다.

첫째, 차량진출입이 가능한 기존 마을안길, 농로 등에 접속하거나 차량통행이 가능한 도로를 개설하는 경우로서 농업 · 어업 · 임업용 시설(가공, 유통, 판매 및 이와 유사한 시설은 제외하되, 「농업농촌 및 식품산업 기본법」제3조에 의한 농업인 및 농업 경영체, 「수산업 · 어촌 발전 기본법」에 따른 어업인, 「임업 및 산촌 진흥촉진에 관한 법률」에 의한 임업인, 기타 관련 법령에 따른 농업인 · 임업인 · 어업인이 설치하는 부지면적 2천㎡ 이하의 농수산물 가공, 유통, 판매 및 이와 유사한 시설은 포함), 부지면적 1천㎡ 미만으로서 제1종 근린생활시설 및 단독주택(건축법 시행령 별표1 제1호 가목에 의한 단독주택)의 건축인 경우

둘째, 건축물 증축 등을 위해 기존 대지 면적을 10% 이하로 확장하는 경우

셋째, 부지확장 없이 기존 대지에서 건축물 증축 · 개축 · 재축(신축 제외)하는 경우

넷째, 광고탑, 철탑, 태양광발전시설 등 교통유발 효과가 없거나 미미한 공작물을 설치하는 경우[49]

---

48) 서영창, 『건축과 도로』, 맑은샘, 2018, 197면.
49) 개발행위허가운영지침[국토교통부훈령 제1129호, 2018.12.21.] 제3절 건축물의 건축 및 공작물의 설치. 3-3-2-1 도로

이 규정을 해석하면, 농어업용시설(농·어·임업인의 부지면적 2천㎡ 이하의 농수산물가공, 유통, 판매시설 포함), 1천㎡ 이하의 제1종 근린생활시설 및 단독주택의 건축의 경우에는 차량진출입이 가능한 기존 마을안길, 농로 등에 접속하거나 진입도로가 4m 미만이라도 차량통행이 가능한 경우, 기존 건축물의 대지면적을 확장하더라도 그것이 10% 이하이거나 부지를 확장하지 않고 건축물만 증축·개축·재축의 경우, 광고탑, 철탑, 태양광발전시설 등과 같이 교통유발 효과가 없거나 미미한 공작물을 설치하는 경우에는, 4m 미만 폭의 통행로라 하더라도 진입도로 및 접도요건을 충족하는 것으로 보아 개발행위허가운용지침에서 정한 허가기준의 원칙을 적용하지 않는다는 것이다.

그러나 산지에 광고탑, 사설묘지, 기념탑, 국방시설 등을 설치하는 개발행위에 대해서는 별도의 진입도로가 없어도 허가를 취득할 수 있다. 이처럼 산지를 다른 용도로 전용하는 경우에는 농지 등의 경우와 달리 관련인들 사이에 갈등이 일어날 가능성이 비교적 적은 산지를 통행한다는 사정을 고려해서 별도의 기준[50]을 정하고 있는 것이다.

---

50) 산지전용시 기존도로를 이용할 필요가 없는 시설 및 기준[산림청고시 제2018-25호, 2018. 2. 28.]

제5절 소 결

건축법과 국토계획법에 따른 개발행위허가운영지침은 건축이나 공작물의 설치 등 개발행위를 하는 경우 기존의 도로와 그 부지를 연결하는 통로를 확보하도록 규정하고 있다. 이러한 규정들은 건축물이나 공작물 등의 이용자로 하여금 교통상·피난상·방화상·위생상 안전한 상태를 유지·보존하도록 하기 위하여 건축물이나 공작물 등의 대지와 도로와의 관계를 특별히 규제하여 도로에 접하지 아니하는 토지에는 건축물이나 공작물 등을 건축 또는 설치하는 행위를 허용하지 않으려는 데 있다.51) 그러나 건축법 제44조 제1항 단서와 국토교통부훈령인 개발행위허가 운영지침에서는 일정한 경우에는 건축물의 건축이나 공작물의 설치를 위한 허가조건의 하나인 접도요건에 대한 예외를 인정한다. 건축법의 예외사항과 개발행위허가기준상의 예외사항은 성격이 상이한 측면이 있다. 즉, 건축법이 예외를 인정하는 경우는 별도의 통행로를 개설하지 아니하여도 그 건축물의 출입 등에 크게 지장이 없는 경우이고, 개발행위허가 운영지침이 예외를 인정하는 경우는 토지의 성질이나 이용상황 등을 고려할 때 진입도로에 관한 요건을 완화하여도 크게 문제될 것이 없다고 판단되는 경우이다.

건축 및 공작물을 설치하는 데 있어서의 진입도로에 관하여 정하고 있는 우리나라의 현행법제에 관해서 살펴본 결과, 건축 및 공작물 설치를 위해서는 그 대지가 각종 법규가 요건으로 정하고 있는 진입도로를 통해 기존의 도로와 연결되어야만 한다는 점이 명확해졌다. 진입도로와 관련해서는 개별 법규에 산재해 있는 규정들이 많이 있으며, 그러한 법규들의 목적이나 현실적인 사정 등을 감안하여 각종 진입도로에 관한 법적 요건이 강화되거나 완화된다는 사실을 알 수 있었다.

이러한 건축 및 공작물 설치요건으로서 진입도로 문제는 궁극적으로는 건축법 제44조 제1항이 정하고 있는 접도요건의 문제로 귀결된다. 건축이나 공작물의

---

51) 대법원 1999. 6. 25. 선고 98두18299 판결; 대법원 2003. 12. 26. 선고 2003두6382 판결; 대법원 2017. 10. 26. 선고 2017두50843 판결 등 참조.

설치와 관련되어 나타날 수 있는 다양한 사정들과 요구 때문에 여러 개별 법규에서 조금씩 다른 내용의 규정들을 두고 있다. 하지만 결국에는 자동차 통행 등을 고려하여 규정된 건축법상의 접도요건과 같은 맥락에서 이해할 수 있는 규정들이다. 종전 자동차의 사용이 일반화되지 않았던 시절에는 건축물이 폭 4m의 도로에 폭 2m를 접하여야 한다는 개념이 전혀 없었다.[52] 그러다가 도시계획이란 관념이 등장하고 도시지역에 도시계획도로 등의 개설이 지방자치단체의 업무로 되면서 다소 엄격한 4m 도로(보행과 자동차 통행이 공히 가능한 구조)[53]를 요구하기에 이르렀다.[54] 그러나 도시지역 밖에서는 4m 보다 좁아도 차량통행이 가능하면 족하다고 한다.[55] 결국에는 도시지역안의 건축법상의 접도요건이나 도시지역 밖의 국토계획법상의 진입도로의 원칙은 모두 건축 및 공작물의 설치를 위해서 어떤 진입도로를 어떻게 접속시켜야 하느냐의 문제이다.

다음 장부터는 공법상의 허가요건으로서의 진입도로 확보 문제에 대해 다룬다. 법정 공공용 도로와 해당 토지를 연결하는 것과 관련하여서는 1999년부터 도로의 연결허가제도와 점용허가제도의 두 가지로 나뉘어 운용되고 있다. 그러므로 제3장에서는 '도로연결허가 및 점용허가'에 관하여 살펴본다. 다음으로 제4장에서는 법정도로에 직접 연결이 어려운 경우 우선적으로 검토해야 할 국·공유재산 및

---

52) 이규철, "근대이행기 건축법의 도입과정 연구", 『대한건축학계논문집－계획계』 29(5)(통권 제295호), 2013, 참조: ① 「居留地家屋建築假規則」(1880)에서'만일 도로에 면하지 않든가 또는 택지 내에 여지가 있는 것은 모두 둘레에 담장을 두고 도로에 향하여 문을 낼 것' ② 경성부 「시가지건축취체규칙[1913. 2. 25. 총독부령 제11호]」이 현재 건축법의 기원(건폐율, 건축선, 부지와 도로의 관계, 재료, 설비 등을 규정)이지만 각 지방마다 다른 규칙이 있었음. ; 시가지건축취체규칙 제3조 제4호. '공공도로에 연치 아니한 기지(基址)에 건설하는 가옥은 도로를 통하기 위하여 적어도 폭원 1.2m(四尺) 이상의 통로를 설치'라고 처음으로 도입함(김명선, "한말(1876~1910) 근대적 주거의식의 형성", 서울대 박사학위논문, 2004. 172－173면; "시가지건축취체규칙[1913. 2. 25. 총독부령 제11호]", 조선총독부관보, 1912. 2. 25.참조)
53) 김종보, "건축법과 민사법의 접점"『중앙법학』 4(20),88면; 건축법 제2조 제11호
54) 조선시가지계획령[조선총독부제령 제18호, 1934. 6. 28시행: 전국적으로 시행된 건축법규] 제26조 시가지계획구역 안에서의 건축물은 그 부지가 조선총독이 정하는 바에 의하여 도로부지에 접하지 아니하고는 건축할 수 없다. 다만, 특별한 사유가 있는 경우에 행정관청의 허가를 받은 때에는 그러하지 아니하다. 제37조 ① 이 장에서 도로라 함은 폭원 4m 이상의 도로 및 폭원 4m 미만의 도로로서 토지의 상황에 따라 행정관청이 인정한 것을 말한다.
55) 건축법 제44조 등, 개발행위허가운영지침[2013.12.23.진입도로 규정 도입]

공공용물을 활용하는 방법을 탐구한다. 그럼에도 불구하고 해당 토지에 접근이 허용되지 않을 때 사법상의 통행의 권리(건축 및 공작물설치 하려는 토지와 공로 사이의 사용권한 없는 타인의 토지상을 통행할 권리)를 충족시킬 수 있는 방법으로 논의 되는 민법상 주위토지통행권에 관한 규정의 해석을 제5장에서 순차적으로 고민해보고자 한다.

제3장
도로연결 및 점용허가

제 1 절 ┃ 공공용도로에 접속하는 방법

　국토의 대동맥이며 광역적·근린적 지역간 혹은 지역내의 연결망에 해당하는 공공용도로에 사용하려는 해당 토지를 연결하기 위해서는 진입도로가 필요하다. 이러한 진입도로를 공공용도로에 연결하기 위해서는 공공용도로에 접속시키는 것이 필수적이다. 그렇다 하여 공공용도로에 어떠한 시설이라도 연결할 수 있다고 한다면, 공공 용도로의 존재 이유와 관리에 굉장한 애로가 발생할 것이다. 따라서 특정한 경우에 특정한 방식으로 연결하도록 법적으로 규율하고 있다. 그러한 도로는 어떤 기준의 도로여야 하고, 그러한 도로에 연결하는 기준과 방법이 어떤 것인지 문제된다.

　도로에 관한 규정을 두고 있는 법률들로는 도로법, 사도법, 농어촌도로정비법, 건축법, 국토계획법 등을 들 수 있다. 도로법상의 법정도로인 고속국도, 일반국도, 특별시도·광역시도, 지방도, 시도, 군도, 구도가 존재한다. 그리고 농어촌도로정비법상의 면도, 이도, 농도 등 농어촌도로가 있다. 그렇다고 모든 공공용도로에 그러한 접속기준을 요구할 수 없다. 이 중에서 접속방법과 기준이 필요한 공공용도로는 적어도 농어촌도로정비법상의 도로 "기준" 이상의 도로를 말한다. 그러한 기준에 미치지 못하는 사도법상의 사도, 건축법상의 지정도로는 특별히 규율하고 있지 않다.

　그런데 동일한 법의 적용을 받는 도로라도 그 성격이나 유형에 따라 해당 도로에의 접속방법이 다르다. 이렇게 다른 방법을 고안한 이유는 도로의 기능인 이동성과 접근성을 도로의 성격에 따라 달리 적용할 필요가 있기 때문이다.

　도로의 '이동성(Mobility)'이란 시종점을 얼마나 빠르게 연계할 수 있느냐하는 기능을 말하고 속도(Operating Speed)로 표현되기도 하고, 교통량과 용량에 의해 영향을 받는다. 도로의 '접근성(Accessibility)'이란 사용하려는 토지의 이용시설물에 접근할 수 있는 기능과 도로간의 간격(Spacing)으로 표현되기도 한다.[1]

　이동성이 강하게 요구되는 도로에 대해서는 도로와 다른 시설의 연결에 관한 규칙으로 사용토지의 이용시설물에 접근성을 규율하고, 이동성보다는 접근성이 요구되는 도로에는 도로의 구조·시설 기준에 관한 규칙과 농어촌도로의 구조·시설 기준에 관한 규칙으로 규율하고 있다.

이동성이 중요한 도로(도로법 제52조)에 사용하려는 토지를 접속하려면 '도로에 다른 시설의 연결'이라는 방법을 사용한다. 또한 이동성보다 접근성이 필요한 도로인 도로법 제52조에서 정한 도로외의 도로법상의 도로와 농어촌도로정비법상의 도로에는 통로를 연결하려면 '도로의 점용(도로법 제61조)'이라는 방법을 사용하여야 한다.

반면에 사도법상의 사도, 건축법상의 지정도로 및 도로관련법상 공공용도로가 아닌 소규모공공시설에 해당하는 도로²⁾에 사용하려는 토지를 접속시키려 할 때에는 도로의 연결·점용허가가 필요 없다. 그 이유는 사도법상의 사도, 건축법상의 지정도로 및 소규모공공시설의 경우에는 도로구역³⁾이라는 개념이 없기 때문이다. 여기서 도로관련법상 공공용도로가 아닌 도로라 함은 "농로(農路) 및 마을 진입로(進入路)에 해당하는 시설"을 말한다(소규모 공공시설 안전관리 등에 관한 법률 시행령 제2조 본문).

---

1) 도로의 기능 및 구분, https://moneyjjang.tistory.com/60(2021. 1. 25. 검색)
2) 「소규모 공공시설 안전관리 등에 관한 법률」 제2조제1호에서 "소교량, 세천, 취입보, 낙차공 등 대통령령으로 정하는 시설"이란 소교량(小橋梁), 세천(細川), 취입보(取入洑), 낙차공(落差工), 농로(農路) 및 마을 진입로(進入路)에 해당하는 시설로서 행정안전부장관이 다음 각 호의 사항을 고려하여 고시하는 기준을 충족하는 시설을 말한다(소규모 공공시설 안전관리 등에 관한 법률 시행령 제2조 본문).
3) "도로구역"이란 도로를 구성하는 일단의 토지로서 제25조에 따라 결정된 구역을 말한다(도로법 제2조 6호.).

제 2 절 ◦ 도로의 연결허가

　　국도나 지방도, 4차로 이상의 도로구역이 결정된 공공용도로에 사용하고자
하는 토지를 접속하게 하기 위하여 다른 도로, 통로, 그 밖의 시설을 연결시키려
면, 먼저 '변속차로의 설치방법'에 따라 변속차로를 설치할 수 있어야 한다. 또한
변속차로의 설치뿐만 아니라 도로연결허가기준도 확보하여야 한다. 다시 말해서
사용하려는 토지가 진입도로를 확보하려면 그 공공용도로에 일정한 요건의 변속
차로와 연결기준을 충족하여야 한다.

　　공공용도로가 무엇이냐에 대해 국도를 기준으로 국토교통부령으로 정하고,
지방도에 관해서는 관련 조례에 의해 그 기준을 정하고, 그 밖에 4차로 이상의 도
로구역이 결정된 고등급 도로에 대해서는 지방자치단체의 조례로 정하고 있지만,
도로의 특성상 광활한 영역에 걸치므로 현재는 시·군의 조례에 국한되어 제정·
관리되고 있다.4)

　　이러한 '도로와 다른 시설의 연결에 관한 조례'의 내용이 거의 대부분 국도에
관한 「도로와 다른 시설의 연결에 관한 규칙」을 그대로 적용한다.

　　그러므로 이하에서 「도로와 다른 시설의 연결에 관한 규칙」에서 규정하고 있
는 국도의 '변속차로의 설치'와 '도로연결허가기준'을 살펴보기로 한다. 단 그 방법
과 기준 중에서 설계전문가의 기술적인 부분을 제외한 비교적 단순한 사실과 법
적 판단에 관한 내용 중심으로 설명한다.

---

4) 도로법 제52조 제3항 ; 해당 구(區)조례는 제정되지 않은 것으로 보인다.

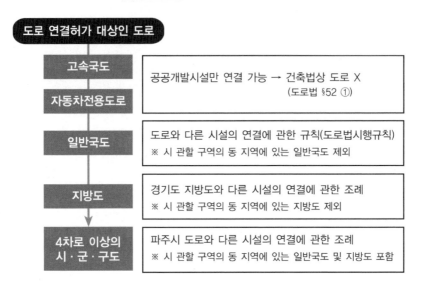

그림 3-1 도로연결허가 대상인 도로

Ⅰ. 변속차로의 설치방법 · 설치기준 · 최소길이

1. 변속차로의 설치방법

변속차로는 "자동차를 가속시키거나 감속시키기 위하여 설치하는 차로"를 말한다(도로와 다른 시설의 연결에 관한 규칙 제2조 1호). 변속차로는 자동차를 감속시키거나 가속시키기 위하여 설치하는 감속차로, 가속차로 및 테이퍼로로 구성된 '도로의 일부'를 의미한다.[5] 좀 더 설명이 필요한 '테이퍼'란 "주행하는 자동차의 차로 변경을 원활하게 유도하기 위하여 차로가 분리되는 구간이나 차로가 접속되는 구간에 설치하는 삼각형 모양의 차도 부분"을 말한다(도로와 다른 시설의 연결에 관한 규칙 제2조 2호). 이러한 변속차로의 설치방법은 토지의 현황에 맞게 먼저 직접식 혹은 평행식의 변속차로 설치방법을 선택해서 적합한 변속차로를 설치하면 된다. 직접식과 평행식의 설계방법 및 설치방법에 대한 구체적 방법과 그 타당성 문제는 토목 · 건설 기술적인 영역이므로 이 책의 논의에서 제외하고 법령의 핵심적 내용만 소개하기로 한다.

---

5) 박재영외, "터널 내 차로변경 허용 및 변속차로 실치방안에 관한 연구, 201년 한국ITS학회 춘계학술대회, 2011, 52면.

변속차로등의 설치방법(제4조제4항 관련)6)

1. 직접식 변속차로 설치

가. 1개소 연결의 경우

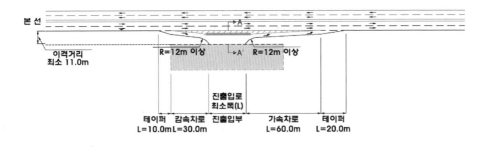

나. 2개소 이상 연결의 경우

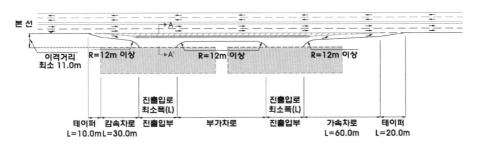

---

6) 도로와 다른 시설의 연결에 관한 규칙 [별표 2] < 개정 2014.12.29. >

2. 평행식 변속차로 설치

가. 1개소 연결의 경우

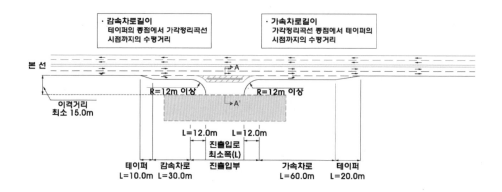

나. 2개소 이상 연결의 경우

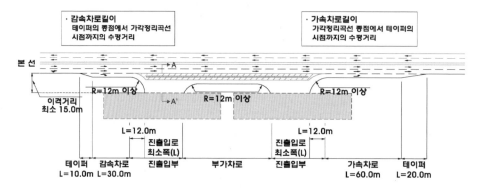

3. 평행식 감속차로와 직접식 가속차로 설치

가. 1개소 연결의 경우

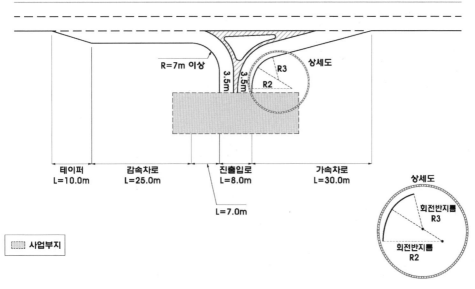

나. 2개소 이상 연결의 경우

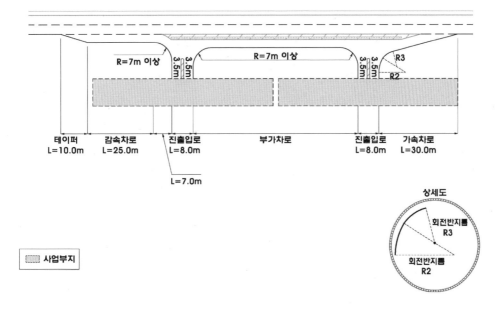

4. 도로의 모서리곡선화를 통한 변속차로 대체(代替) 설치
가. 곡선 반지름(R4) 5미터 이상인 경우

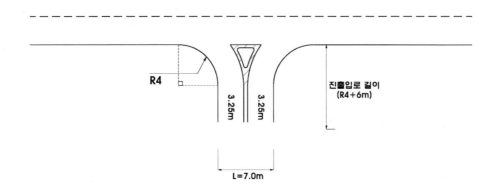

나. 곡선 반지름(R4) 3미터 이하인 경우

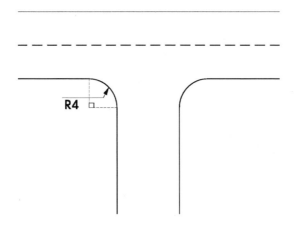

비고
 1. 위 표 중 R은 곡선반지름, L은 길이를 말하며 그 단위는 미터(m)로 한다.
 2. 사업부지와 변속차로등의 연결지점은 부지경계선 중 차량의 원활한 소통에
    지장이 없는 범위에서 해당 부지의 상황을 고려하여 정한다.
 3. 위 표 중 이격거리는 본선 차도(길어깨를 제외한다)의 바깥쪽 차선과 사업부
    지 간의 최소 거리를 말한다.
 4. 위 표 중 제1호와 제2호에서 진출입로 최소 폭(L)은 다음 각 목의 어느 하나에
    해당하는 경우에는 최소 20m로 하고, 그 밖의 경우에는 최소 10m로 한다.
  가. 별표 5 제1호의 시설란 중 가목, 나목, 마목, 바목(주차대수 51대 이상), 사
      목(주차대수 51대 이상), 아목(101가구 이상)
  나. 별표 5 제2호의 시설란 중 가목, 나목, 마목, 바목(주차대수 31대 이상), 사
      목(주차대수 51대 이상), 아목(101가구 이상)
 5. 위 표 중 제3호가목과 제4호가목은 분리대를 교통섬의 형태로 설치할 수 있다.
 6. 위 표 중 제3호에서 곡선 반지름 R_2, R_3의 크기는 가속차로의 길이에 따라 결정
    되며 그 최소 길이는 다음 표와 같다.

가속차로의 길이(미터)	R2(미터)	R3(미터)
30	10	7
25	7	5
20	7	5

2. 변속차로의 설치기준

자동차를 감속시키거나 가속시키기 위하여 설치하는 감속차로, 가속차로 및
테이퍼로 구성된 변속차로는 아래와 같은 기준[7])으로 설치하여야 한다.
  ① 길이는 별표 5에서 정한 기준 이상으로 할 것
  ② 폭은 3.25미터 이상으로 할 것
  ③ 자동차의 진입과 진출을 원활하게 유도할 수 있도록 노면표시를 할 것
  ④ 사업부지에 접하는 변속차로의 접속부는 곡선반지름이 12미터 이상인 곡
     선으로 처리할 것. 다만, 별표 2에서 정한 곡선반지름이 있는 경우에는 그
     에 따른다.

---

7) 도로와 다른 시설의 연결에 관한 규칙 제8조(변속차로)

⑤ 성토부, 절토부 등 비탈면의 기울기는 접속되는 도로와 같거나 그 도로보
다 완만하게 설치할 것

3. 변속차로의 최소길이[8]

먼저 "지구단위계획구역, 제2단계 집행계획 수립지역의 경우"와 "그 밖의 지
역의 경우"를 구분하여 규정하고, 이를 다시 "본선에 변속차로를 설치하는 경우"
와 "측도에 변속차로를 설치하는 경우"로 세분하여 규율하고 있다. 여기에 더 상
세히 "시설별[공단 진입로, 휴게소 및 주유소, 자동차정비업소, 사도 · 농로 · 마을
진입로 또는 그 밖에 이와 유사한 교통용 통로, 판매시설 및 일반 음식점, 주차
장 · 건설기계주기장 · 운수시설 · 의료시설 · 운동시설 · 관람시설 · 집회시설 및 위
락시설, 공장 · 숙박시설 · 업무시설 · 근린생활시설 및 기타시설, 주택 진입로, 농
어촌 소규모 시설(소규모 축사 또는 창고 등) 및 태양광 발전시설]로 주차대수별로,
왕복 4차로 · 왕복 2차로별로 각각 구분하여 상세히 규정하고 있다.

이하에서는 「1. 지구단위계획구역, 제2단계 집행계획 수립지역의 경우 가.
본선에 변속차로를 설치하는 경우」를 예시하여 설명하고, 나머지 사안의 경우는
별도로 「도로와 다른 시설의 연결에 관한 규칙 [별표 5]」에서 참조한다. 이하의
설명에서 '본선에서 변속차로를 설치하는 경우'와 달리 '측도에서 변속차로를 설치
하는 경우'가 있다. 여기서 '측도(Frontage Road: 側道)'라는 개념은 "자동차가 도로
주변으로 출입할 수 있도록 본선 차도에 병행하여 설치하는 도로"를 말한다(도로와
다른 시설의 연결에 관한 규칙 제2조 8호). 부연하면, 일반도로 또는 도시지역 도로의
구조가 성토(盛土)와 절토(切土)로 이루어져, 본 도로와 고저차가 있어 자동차가 주
변으로 출입이 불가능한 경우 또는 환경대책상 방음벽을 연속하여 설치할 필요가
있어 도로 주변의 자유로운 출입이 불가능한 경우에 자동차가 도로 주변으로 출
입할 수 있도록 본선 차도에 병행하여 설치하는 도로를 말한다. 또한 측도는 4차
로 이상의 지방지역 도로 또는 도시지역 도로에서 도로 주변으로 출입이 제한되
는 경우에 필요에 따라 설치되며, 측도의 폭은 원칙적으로 4.0m 이상을 표준으로

8) 도로와 다른 시설의 연결에 관한 규칙 [별표 5] 변속차로의 최소길이(제8조제1호 관련)

하되 차량의 안전과 원활한 통행이 가능하도록 고려해야 한다.[9]

이는 '부체도로'[10]와는 다른 개념이니 주의를 요한다. 부체도로(Access Road: 附替道路)를 정의하면 "자동차 전용도로를 신설하거나 확장하기 위해 기존도로를 자동차 전용도로로 편입시키는 경우 그것을 이용하던 주민들이 불편을 겪지 않도록 도로를 건설하는 도로"를 말한다.

 도로와 다른 시설의 연결에 관한 규칙 [별표 5] 〈개정 2019. 3. 11.〉

변속차로의 최소길이(제8조제1호 관련)

1. 지구단위계획구역, 제2단계 집행계획 수립지역의 경우

가. 본선에 변속차로를 설치하는 경우

(단위: 미터)

시 설	주차 대수 또는 가구수 등	감속부의 길이		가속부의 길이	
		감속차로	테이퍼	감속차로	테이퍼
1) 공단 진입로 등	–	40 (25)	15 (10)	65 (45)	20 (15)
2) 휴게소 및 주유소 등	–	40 (25)	15 (10)	65 (45)	20 (15)
3) 자동차정비업소 등	–	25 (15)	10 (10)	직접식 가속차로 30(20)	
4) 사도 · 농로 · 마을진입로 또는 그 밖에 이와 유사한 교통용 통로 등	통로 등의 폭이 6m 미만	도로 모서리의 곡선화 (곡선 반지름: 7m)			
	통로 등의 폭이 6m 이상	15 (10)	10 (10)	직접식 가속차로 25(20)	
5) 판매시설 및 일반 음식점 등	20대 이하	15 (10)	10 (10)	직접식 가속차로 25(20)	
	21대 이상 50대 이하	25 (15)	10 (10)	직접식 가속차로 30(20)	

---

9) 국토교통부, e-국토교통모니터단.

10) 출처: 대한건축학회 건축용어사전, 한편 하천점용허가기준에서는 '부체도로'란 "제방의 마루와 제방으로부터 하천 측의 토지 또는 그 반대 측에 있는 공공도로와의 연결을 위하여 제방의 비탈면에 설치하는 도로형태의 성토구조물(「하천점용허가 세부기준」 제24조)이라고도 한다.

	51대 이상	40 (25)	15 (10)	65 (45)	20 (15)
6) 주차장 · 건설기계주기장 · 운수시설 · 의료시설 · 운동시설 · 관람시설 · 집회시설 및 위락시설 등	20대 이하	도로 모서리의 곡선화 (곡선 반지름: 7m)			
	21대 이상 50대 이하	25 (15)	10 (10)	직접식 가속차로 30(20)	
	51대 이상	40 (25)	15 (10)	65 (45)	20 (15)
7) 공장 · 숙박시설 · 업무시설 · 근린생활시설 및 기타시설	20대 이하	도로 모서리의 곡선화 (곡선 반지름: 7m)			
	21대 이상 50대 이하	25 (15)	10 (10)	직접식 가속차로 30(20)	
	51대 이상	40 (25)	15 (10)	65 (45)	20 (15)
8) 주택 진입로 등	5가구 이하	도로 모서리의 곡선화 (곡선 반지름: 3m)			
	6가구 이상 20가구 이하	도로 모서리의 곡선화 (곡선 반지름: 5m)			
	21가구 이상 100가구 이하	25 (15)	10 (10)	직접식 가속차로 30(20)	
	101가구 이상	40 (25)	15 (10)	65 (45)	20 (15)
9) 농어촌 소규모 시설(소규모 축사 또는 창고 등) 및 태양광 발전시설 등	–	도로 모서리의 곡선화 (곡선 반지름: 3m)			

　　나. 측도에 변속차로를 설치하는 경우 …… 이하 생략(법제처, 참조 가능)

　2. **그 밖의 지역의 경우**

　　가. 본선에 변속차로를 설치하는 경우 …… 이하 생략(법제처, 참조 가능)

　　나. 측도에 변속차로를 설치하는 경우 …… 이하 생략(법제처, 참조 가능)

　　이상의 내용을 요약하면 '지구단위계획구역, 제2단계 집행계획 수립지역의 경우'와 '그 밖의 지역의 경우' 외의 사안인 ⓐ 도시 · 군관리계획으로 국도가 정비된

경우, ⓑ 국도가 국토계획법의 제1단계 집행계획(3년내 시행)수립된 경우에는 '변속차로의 최소길이(도로와 다른 시설의 연결에 관한 규칙 [별표 5])'를 적용하지 아니하고, 국도에 해당 '도시 · 군관리계획 등' 관련되는 계획에 적합하도록 연결하면 된다.

Ⅱ. 연결허가의 기준

도로관리청은 도시지역에서 일반국도에 다른 시설을 연결하려는 경우 ① 해당 일반국도가 「국토계획법」 제2조 제4호에 따른 도시 · 군관리계획(이하 "도시 · 군관리계획"이라 한다)에 따라 정비되어 있는 경우, ② 도로와 다른 시설의 연결허가신청일에 해당 일반국도에 대하여 「국토계획법」 제85조에 따른 단계별 집행계획 중 제1단계 집행계획이 수립되어 있는 경우 중 어느 하나에 해당하는 경우에는 해당 계획에 적합하도록 허가(연장허가 및 변경허가 포함)하여야 한다.11)

도로관리청12)으로서 국토교통부장관은 도시지역(인구와 산업이 밀집되어 있거나 밀집이 예상되어 그 지역에 대하여 체계적인 개발 · 정비 · 관리 · 보전 등이 필요한 지역)13)에서 일반국도에 다른 시설을 연결하려는 경우에 어떤 기준으로 연결할 것이냐를 정하고 있다.

또한 여기서 다른 시설이란 "다른 도로, 통로, 그 밖의 시설"을 말한다. 일반국도14)의 차량 진행 방향의 우측으로 진입하거나 진출할 수 있도록 다른 도로, 통로 또는 그 밖의 시설(이하 "다른 시설"이라 한다)을 도로의 차량 진행 방향의 우측에 연결(교차에 의한 연결은 제외한다)하는 경우에 적용하는 것으로 「도로와 다른 시설의 연결에 관한 규칙」의 적용범위를 한정하고 있다.15)

---

11) 「도로와 다른 시설의 연결에 관한 규칙」 제5조 제1항.
12) 도로에 관한 계획, 건설, 관리의 주체가 되는 기관으로서 도로관리청으로 국토교통부장관, 특별시장 · 광역시장 · 특별자치시장 · 도지사 · 특별자치도지사 · 시장 · 군수 또는 자치구의 구청장이 있다. 국도는 그 관리청이 국토교통부장관이다(도로법 제2조).
13) 「국토계획법」 제6조 제1호.
14) '도시 · 군계획도로'로 의제되는 도로법 제23조 제2항이 적용되는 일반국도는 제외한다. 이하 "일반국도"라 한다.

도로관리청은 시공 중인 일반국도에 다른 시설을 연결하려는 경우에는 해당 도로공사에 지장을 주지 아니하는 범위에서 허가할 수 있다. 이 경우 관리청은 그 연결허가구간에 대하여 「도로와 다른 시설의 연결에 관한 규칙」 별지 제4호서식에 따른 도로와 다른 시설의 연결허가 신청구간 도로시설물 현황조서(도로시설물의 물량 및 사업비에 대한 산출 근거자료와 시공물량 사진을 첨부한다)를 작성하고 설계를 변경하는 등 필요한 조치를 하여야 한다.[16]

이상의 내용을 요약하면 도시지역에서 일반국도에 다른 시설을 연결하려는 경우에는 ⓐ 도시·군관리계획으로 국도가 정비된 경우, ⓑ 국도가 국토계획법의 1단계 집행계획(3년내 시행)수립된 경우에는 국도에 해당 '도시·군관리계획 등' 관련되는 계획에 적합하도록 연결허가를 받게 된다. 이를 다시 말하면 '연결금지구간'이라도 도시·군관리계획 등 교통계획을 수립하면, 사용하려는 해당 토지에 연결허가가 가능하다는 결론에 이르게 된다. 이러한 경우에도 연결금지구간의 변속차로 구간 등 물리적 금지영역은 발생하지 않도록 설계해서 교통계획의 승인이 필요할 것이다.

Ⅲ. 연결허가의 금지구간

국토교통부장관 등 도로관리청은 다음 각 호의 어느 하나에 해당하는 일반국도의 구간에 대해서는 다른 시설의 연결을 허가해서는 아니된다. 다만, 제1호, 제2호, 제5호 및 제6호는 도시지역에 있는 일반국도로서 제5조제1항 각 호의 어느 하나에 해당하는 경우에는 적용하지 아니한다.[17]

1. 곡선반지름이 280미터(2차로 도로의 경우에는 140미터) 미만인 곡선구간의 안쪽 차로 중심선[18]에서 장애물까지의 거리가 별표 3에서 정하는 최소거리

---

15) 「도로와 다른 시설의 연결에 관한 규칙」 제3조.
16) 「도로와 다른 시설의 연결에 관한 규칙」 제5조 제2항.
17) 「도로와 다른 시설의 연결에 관한 규칙」 제6조
18) 이는 운전자의 좌석의 위치 때문에 만든 대략의 운전자 좌석 지점의 이동경로를 의미하는

이상이 되지 아니하여 시거(視距)[19]를 확보하지 못하는 경우의 안쪽 곡선구
간(곡선구간의 안쪽 차로)

│ 그림 3-2 │ 곡선구간의 안쪽 차로

구 분	4차로 이상				2차로		
곡선반경	260	240	220	200	120	100	80
최소거리	7.5	8	8.5	9	7	8	9

비고 : 최소거리는 곡선구간의 안쪽 차로 중심선에서 장애물까지의 최소거리를 말한다.

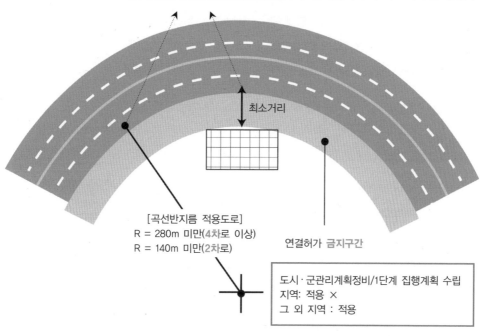

최소거리

[곡선반지름 적용도로]
R = 280m 미만(4차로 이상)
R = 140m 미만(2차로)

연결허가 금지구간

도시 · 군관리계획정비/1단계 집행계획 수립
지역: 적용 ×
그 외 지역 : 적용

※ 참조 : 도로와 다른 시설의 연결에 관한 규칙[별표 3].

데, 이하의 [그림 3-2]에서 표시한 지점이다.
19) 「도로의 구조 · 시설 기준에 관한 규칙」 제2조 41호: 정지시거는 운전자가 같은 차로 위에
있는 고장차 등의 장애물을 인지하고 안전하게 정지하는 데 필요한 거리로서, 차로 중심선
위의 1m 높이에서 그 차로 중심선상 높이 15㎝의 물체의 맨 윗부분을 볼 수 있는 거리를
그 차로의 중심선에 따라 측정한 길이를 말한다.

위 기준을 예를 들어 설명하면, 4차로 이상의 도로의 곡선구간에서 곡선구간의 반경이 220m이고 장애물까지의 최소거리가 9m를 확보하면, 진·출입하면서 사용하려는 토지에 해당 도로를 연결하는 것이 허용된다. 자동차 운전석에 앉은 운전자가 같은 차로 위에 있는 고장차 등의 장애물을 인지하고 안전하게 정지하는 데 필요한 거리(정지시거)가 확보되어져야 안전한 도로가 된다. 가속차로를 이용하여 해당 도로로 갑자기 튀어나오는 진입 차량을 인식하고 운전 차량을 정지할 수 있게 된다는 것이다. 그러한 기준을 충족하여야 해당 도로가 접근성과 이동성을 동시에 확보할 수 있을 것이다.

또한 4차로 이상의 도로에 곡선반경 200m미만의 경우와 2차로 도로에 곡선반경 80m 미만의 경우에는, 도로 공학적 함수식에 따라 산출된 엄격한 '최소거리'가 적용되어 도로 연결허가가 더욱 까다로워진다.

2. 종단(縱斷) 기울기가 평지는 6퍼센트, 산지는 9퍼센트를 초과하는 구간. 다만, 오르막 차로가 설치되어 있는 경우 오르막 차로의 바깥쪽 구간에 대해서는 연결을 허가할 수 있다.(종단기울기 기준초과 구간)

│그림 3-3│ 종단기울기 기준초과

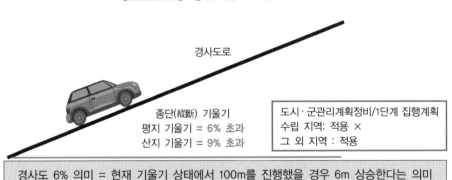

경사도로

종단(縱斷) 기울기
평지 기울기 = 6% 초과
산지 기울기 = 9% 초과

도시 · 군관리계획정비/1단계 집행계획
수립 지역: 적용 ×
그 외 지역 : 적용

경사도 6% 의미 = 현재 기울기 상태에서 100m를 진행했을 경우 6m 상승한다는 의미

※ 참조 : 도로와 다른 시설의 연결에 관한 규칙 제6조 제2호

위 기준을 예를 들어 설명하면, 평지의 경우 도로 경사도가 6%를 초과하는 내리막차로일 때에는 해당 경사진 도로에 접한 토지 상의 건축물의 이용

자가 차량으로 갑자기 진입하는데 애로가 있다고 본다. 따라서 평지에는 6%, 산지에는 9%를 초과하는 도로의 구간에서는 해당 도로에 연결하지 말고, 꼭 연결해야 할 경우 별도의 방법을 강구하도록 한다. 여기서 한번 더 고려해보아야 할 관점은 산과 평지를 어떻게 구분하느냐 하는 기준이다. 해당 도로에 연결할 토지가 지목이 전이면 '평지'이고, 임야이면 '산지'라고 한다면 주변의 지대가 산악지대인데, 해당 부지만 지목이 전일 경우 불합리한 결과가 발생할 수 있을 것이다. 보다 타당한 기준이 정립되어야 할 것이다.

3. 일반국도와 다음 각 목의 어느 하나에 해당하는 도로를 연결하는 교차로에 대하여 별표 4에 따른 교차로 연결 금지구간 산정 기준에서 정한 금지구간 이내의 구간. 다만, 일반국도로서 제5조제1항 각 호의 어느 하나에 해당하거나 5가구 이하의 주택과 농어촌 소규모 시설(「건축법」 제14조에 따라 건축신고만으로 건축할 수 있는 소규모 축사 또는 창고 등을 말한다)의 진출입로를 설치하는 경우에는 별표 4 제2호 및 제3호에 따른 제한거리를 금지구간에 포함하지 아니한다.(교차로 연결금지구간)

가. 「도로법」 제2조제1호에 따른 도로

나. 「농어촌도로 정비법」 제4조에 따른 면도(面道) 중 2차로 이상으로 설치된 면도

다. 2차로 이상이며 그 차도(길어깨의 폭은 제외한다)의 폭이 6미터 이상이 되는 도로

라. 관할 경찰서장 등 교통안전 관련 기관에 대한 의견조회 결과, 도로 연결에 따라 교통의 안전과 소통에 현저하게 지장을 초래하는 것으로 인정되는 도로

5. 터널 및 지하차도 등의 시설물 중 시설물의 내부와 외부 사이의 명암 차이가 커서 장애물을 알아보기 어려워 조명시설 등을 설치한 경우로서 다음 각 목의 어느 하나에 해당하는 구간(터널,지하차도 구간)

가. 설계속도가 시속 60킬로미터 이하인 일반국도: 해당 시설물로부터 300미터 이내의 구간

나. 설계속도가 시속 60킬로미터를 초과하는 일반국도: 해당 시설물로부터 350미터 이내의 구간

그림 3-4 터널, 지하차도 구간

[도시·군관리계획정비/1단계 집행계획 수립 지역: 적용 ×, 그 외 지역 : 적용]

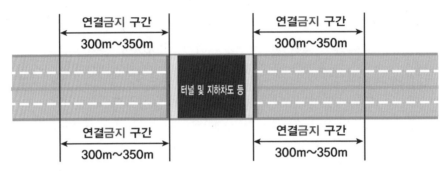

※ 참조 : 「도로와 다른 시설의 연결에 대한 규칙」 제6조 제5호

6. 교량 등의 시설물과 근접되어 변속차로를 설치할 수 없는 구간(교량 구간)

그림 3-5 교량 구간

[도시·군관리계획정비/1단계 집행계획 수립 지역: 적용 ×, 그 외 지역 : 적용]

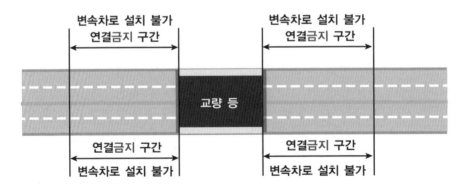

※ 참조 : 「도로와 다른 시설의 연결에 대한 규칙」 제6조 제6호

7. 버스 정차대, 측도 등 주민편의시설이 설치되어 이를 옮겨 설치할 수 없거
   나 옮겨 설치하는 경우 주민 통행에 위험이 발생될 우려가 있는 구간(버스정
   차대, 측도)

　이상을 살펴보면 도시지역에 있는 일반국도로서 ⓐ 도시ㆍ군관리계획으로 국도가 정비된 경우, ⓑ 국도가 국토계획법의 1단계 집행계획(3년내 시행)수립된 경우에는 연결금지구간에 해당되지 않는 구간이란 ㉠ 곡선구간의 안쪽 차로, ㉡ 종단기울기 기준초과 구간, ㉢ 터널, 지하차도 구간, ㉣ 교량 구간을 말한다.

　그러나 ㉠ 교차로 연결금지구간, ㉡ 버스정차대, 측도 구간은 원칙적으로 국도에 해당 '도시ㆍ군관리계획 등' 관련되는 계획에 적합하도록 연결허가를 받을 수 있는 경우에 해당된다고 해석할 수 있다.

제 3 절   도로의 점용허가

| 그림 3-6 | 도로점용 예시도

도로부지 경계

대지

도로점용부분

'차도' 경계

2차선 도로

도로
구역

| 그림 3-7 | 도로의 횡단구조

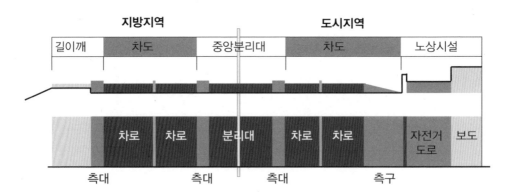

지방지역

| 길이깨 | 차도 | 중앙분리대 | 차도 | 노상시설 |

도시지역

| 차로 | 차로 | 분리대 | 차로 | 차로 | 자전거도로 | 보도 |

측대   측대   측대   측구

국도나 지방도, 4차로 이상의 도로구역이 결정된 고등급 도로가 아닌 공공용 도로는 다른 시설과 연결하기 위하여, 즉 사용하려는 토지를 접속시키려면 '도로 연결허가'가 아니라 '도로점용허가'를 받으면 된다.

이러한 도로점용허가에 대해서는 원칙적으로 도로법 제6장에서 규율하고, 그 구체적 기준은 도로법상의 도로인 시도 · 군도 · 구도에 대해서는 「도로의 구조 · 시설 기준에 관한 규칙」을 적용하고, 농어촌도로정비법상의 도로인 면도 · 이도 · 농도에 대해서는 「농어촌도로의 구조 · 시설기준에 관한 규칙」을 따라야 한다. 또한 해당 업무의 구체적 방법은 국통교통부 발간 『도로점용 업무매뉴얼』에서 상세히 다룬다.

I. 법적 성격에 따른 도로점용허가의 분류

도로를 원래의 목적에 맞게 일반통행에 사용하는 것은 당연히 허용되므로 허가를 필요로 하지 않는다. 이를 공물의 일반사용(Gemeingebrauch)라고 한다.

반면에 일반사용의 통상적 범위를 넘어 타인의 공동사용에 지장이 있는 정도에 이르는 도로사용은 특정한 경우를 제외하고는 일반적으로 금지된다.

이런 경우를 공물의 허가사용(Gebraucherlaubnis)이라고 한다. 그 예는 도로 주변의 토지에서 건축공사를 하기 위하여 도로를 일시적으로 점용하는 경우이다. 허가사용은 공물 본래의 기능을 방해하지 않는 한도에서 일시적 사용에 그친다는 점에서 공물사용의 권리를 창설하여 부여하는 특허사용과 구별된다.[20] 현행 도로법은 이런 경우도 도로점용허가의 대상으로 규정하고 있지만(도로법시행령 제55조 제8호, 제10호), 그 법적 성질은 통상적인 설권행위인 도로점용허가와 달리 강학상의 허가인 기속행위로 해석된다.

허가사용에서 한 걸음 더 나아가 일반인에게 허용되지 않는 특별한 공물사용

---

20) 박균성, 『行政法論(下)』, 박영사, 2019, 417면.

의 권리를 특정인에 대하여 설정하여 주는 것을 공물사용권의 특허라 하고, 그에 의거한 공물사용을 공물의 특허사용이라 한다. 도로에 공작물이나 건축물을 설치 또는 건축하는 행위가 특허사용에 해당한다고 할 수 있다. 이런 경우 도로 본래의 목적에 따른 활용이 독점적이고 고착적인 형태로 제한될 수 있으므로, 공물관리에 미치는 영향이 허가사용의 경우보다 현저하게 크다. 공물의 특허사용을 결정하는 관리청에게는 사용행위의 공익성 여부, 출원자의 적격성, 당해 특허사용이 일반공중에 미치는 영향 등을 구체적으로 판단하여 결정할 수 있는 폭넓은 재량이 인정된다.[21]

또한 비록 도로점용허가의 형식을 가지고 있다고 하여도 법률관계의 실질이 고권적 공물행정이라는 성격보다는 일반재산(一般財産)의 재산관리라는 관점에서 규율해야 하는 '변형된 도로 점용'이란 유형이 있다. 대법원도 도로법에 따른 도로점용허가의 형식으로 도로의 점용이 허락되었다고 하여서 그 실질이 예외 없이 설권행위에 해당하는 것은 아니라고 하였다.[22]

Ⅱ. 설권행위로서 도로점용허가

전형적인 도로점용허가란 공작물·물건, 그 밖의 시설을 신설·개축·변경 또는 제거하거나 그 밖의 사유로 도로를 점용하기 위하여 도로관리청으로부터 받는 허가이다(도로법 제61조 제1항). 도로점용허가는 공물관리권이 고권적인 행정행위의 형태로 행사된다.

도로점용허가는 실정법상으로 허가라는 명칭을 사용하고 있지만 그 법적 성질은 보통 설권행위에 해당한다. 판례는 도로점용은 도로의 특정부분을 유형적·

---

21) 김동희, 『행정법 Ⅱ』, 박영사, 2016, 291면.
22) 도로점용허가의 대상인 도로지하부분은 일반 공중의 통행이라는 도로 본래의 기능 및 목적과 직접적인 관련성이 없고, 실질적으로 임대 유사한 행위에 해당하여 재산의 관리에 해당한다고 판시(대법원 2019. 10. 17. 선고 2018두104 판결: 사랑의 교회 지하예배당 사건).

고정적으로 사용하는 특별사용을 뜻하는 것이고, 이는 특정인에게 일정한 내용의 공물사용권을 설정하는 설권행위로서 재량행위에 해당한다고 하고 있다.[23] 일반적으로 도로점용허가는 전형적인 설권행위에 해당한다.

그러나 도로의 점용허가를 받은 자는 그 허가의 내용에 따라 도로를 점용할 권리를 얻게 되지만 타인의 일반사용을 방해하는 배타적·지배적 권리를 부여하는 것은 아니며, 점용허가에 수반하는 일정한 의무(안전관리, 점용물 관리, 점용료 납부, 원상회복 등)를 부담한다.[24]

Ⅲ. 점용·연결한 진출입로의 공동사용

기존 도로연결(점용)허가 연접구간에 신규 연결(점용)허가신청자가 있을 때, 기존 도로점용자가 연결로(점용부분) 공동사용에 대한 합의를 거부하여 허가지연 및 경제적부담 등 애로사항 발생하는 경우가 매우 잦았다. 또한 공동사용이 허용되더라도 기존 연결로에 대한 설치비용을 공동으로 부담하여야 하는데, 연결로 설치비용의 산출시 증빙서류 또는 산출근거 부재로 신규 신청자와 기점용자간 시설비 분담액에 대한 이견이 발생할 수밖에 없다.

따라서 도로에 다른 도로나 시설 등을 연결하기 위한 진출입로를 설치하여 도로관리청의 허가를 받은 경우 그 진출입로의 연결허가를 받은 자는 일반인의 진출입로 통행을 방해하지 못하도록 하고, 다른 진출입로의 연결허가를 받기 위하여 일시적으로 먼저 허가를 받은 진출입로를 공동으로 사용하려는 자는 그 진출입로의 사용에 따른 비용을 부담하도록 하는 등 진출입로의 사용과 비용부담 관계 등을 명시함으로써 진출입로의 사용과 관련된 분쟁을 방지하도록 도로법 조항을 신설하였다[25].

23) 대법원 2007. 5. 31. 선고 2005두1329 판결.
24) 도로법 제53조 제1항 ; 국토교통부, 『2016년 도로관리실무(도로점용(연결)허가중심)업무매뉴얼』, 2016, 23-25면 참조.
25) 도로법 제53조(진출입로 등의 사용 등)[시행 2014. 7. 15.] [법률 제12248호, 2014. 1. 14.]

　　연결허가를 받은 시설 중 도로와 연결되는 시설이 다른 도로나 통로 등 일반인의 통행에 이용하는 시설(이하 "진출입로"라 한다)인 경우 해당 연결허가를 받은 자는 일반인의 통행을 제한하여서는 아니 된다. 나중에 연결을 신청하는 자는 먼저 연결허가를 받은 진출입로를 공동으로 사용할 수 있으며, 먼저 연결허가를 받은 자는 진출입로의 공동사용 동의 등 새로운 연결허가를 받으려는 자가 연결허가를 받는데 필요한 협력을 하여야 한다.

　　먼저 연결허가를 받은 자는 새로운 연결허가를 받기 위하여 진출입로를 공동사용하려는 자에게 공동사용 부분에 대한 비용의 분담을 요구할 수 있으며, 이러한 비용의 분담 금액은 진출입로의 사용면적을 기준으로 결정하되 구체적인 분담 금액의 결정 방법은 국토교통부령으로 정한다. 또한, 연결허가를 받으려는 자는 먼저 연결허가를 받은 자가 정당한 이유 없이 진출입로의 공동사용에 협력하지 아니하는 경우 국토교통부령으로 산정한 비용을 공탁하고 도로관리청에 연결허가를 신청할 수 있도록 하고 있다.[26]

Ⅳ. 무주부동산의 도로점용 · 연결허가 처리

　　도로에 다른 도로, 통로나 그 밖의 시설을 연결시키려는 자는 도로에 연결시키려는 해당 시설을 소유하거나 임대하는 등의 방법으로 해당 시설을 사용할 수 있는 권원을 직접 확보하여야 한다(도로법 제52조 제2항). 그러나 무주부동산의 경우는 그 처리방법이 문제 된다.

　　무주부동산은 무주재산과 불명재산으로 나뉜다(국유재산법 시행령 제75조 제2항). 무주재산으로는 ① 상속인이 없는 재산, ② 부재자의 재산으로 권리를 승계할 자가 없는 재산, 그 밖에 소유자를 확인할 수 없는 재산이 있다. 불명재산은 ① 등기부, 기타 공부에 등기 · 등록된 사실이 없는 재산, ② 공유수면 매립토지로서 이해

---

26) 도로법 제53조 참조.

관계인이 없어 소유권 취득절차를 밟지 않은 재산, ③ 공부에 등기·등록되지 않은 공공용재산으로 공공목적에 사용되지 아니한 재산인 누락재산, ④ 공부의 멸실·망실 등으로 등기 혹은 등록사실을 확인할 수 없는 재산, ⑤ 공부상 소유자란에 '미상', '불명'으로 적혀있거나 곤란으로 되어 있는 등 소유자를 확인할 수 없는 재산이 있다.

　소유자 확인이 되지 않아 권원확보가 어려운 무주부동산의 점용(연결)허가 처리를 위한 지침[27]을 국토교통부가 제정하여 운용하고 있다.

- **(처리방향)** 진출입로 설치를 위한 무주부동산 권원확보의 다양한 관련정보를 민원인에게 충실히 안내함으로서 국민만족도 제고
- 처리 요령
  (1단계) 무주부동산 여부 확인(민원인이 관련 공부 확인)
  － 연결예정부지 소재지를 통해 부동산행정정보 일원화 시스템을 통해 확인
  (2단계) 국유취득 가능여부 확인(민원인이 조달청에 요청토록 안내)
  －'소유자 없는 부동산'에 대한 확인 요청 및 대부를 위한 국유취득 요청
  (3단계) 국유취득 불허 시 대체할 진출입로 노선 권고

---

27) 무주부동산 도로연결허가 처리지침 (도로운영과－4340, 2015.11.12)

제4장
국·공유재산과 공공용물의 활용

제1절 ⸰ 국·공유재산과 공공용물의 규율체계

Ⅰ. 국·공유재산과 공공용물의 관계

국유재산 및 공유재산은 크게 행정재산과 일반재산으로 구분되고 있다(국유재산법 제6조, 공유재산 및 물품 관리법 제5조). 행정재산은 공용재산(公用財産), 공공용재산(公共用財産), 기업용재산(企業用財産)과 보존용재산(保存用財産)으로 구분된다. 그 중에 직접 국가나 지방자치단체의 사무에 공하는 공용재산과 국가나 지방자치단체가 운영하는 기업용재산, 국가나 지방자치단체가 보존하기로 결정한 보존용재산은 진입도로가 될 수 없는 재산이므로 이 책의 논의에서 제외한다.

공공용재산은 국가나 지방자치단체가 직접 공공용으로 사용하는 재산이고, 일반재산은 국가나 지방자치단체의 소유이지만 직접 행정목적에 공하지 않는 재산으로서 원칙적으로 공법(公法)이 아니라 사법(私法)의 적용을 받는 재산이다. 「국유재산법」상의 용어인 '공공용재산'을 강학상으로는 '공공용물'이라 한다. 한편 공용재산과 기업용재산에 대해서는 '공용물', 보존용재산에 대해서는 '공적 보존물'이란 강학상의 용어를 사용한다.

여기에서 진입도로와 관련하여 의미 있는 재산은 공공용물과 일반재산이다. 그 중에 일반재산을 진입도로로 사용하기 위해서는 국유재산법 제4장과 공유재산 및 물품 관리법 제4장에서 정한 절차를 따르면 된다. 여기에서의 원칙적인 방법은 결국 일반재산의 '대부계약'이며, 이는 사적 재산인 개인 토지의 사용승낙이나 임대차계약과 그 본질에 있어서 다르지 않지만, 그 공적인 관리의 필요성 때문에 '국유재산법'과 '공유재산 및 물품 관리법'의 규율을 받는다. 대부계약에 대해서는 후술하기로 하고, 이하에서는 진입도로와 관련하여 유의미한 공공용물을 주된 논의의 대상으로 다룬다.

먼저 공공용물은 상위 개념인 공물의 하나이므로 공물 일반의 특성을 살펴본다. 공물에 대해서는 행정목적의 달성을 위해 필요한 최소의 한도에서만 공법적 규율이 가해지므로 그 개념적 징표로서 공소유권(公所有權)을 전제로 하지 않는다. 공물의 소유권에는 사소유권(私所有權)의 성립을 인정하고 있다(도로법 제4조).[1] 하지만 공적 목적달성을 위한 한도 내에서 그 대상에 따라 사법상 거래대상에서 제외되는 등 법적 특수성이 인정되는 경우가 많다. 또한 공물의 목적달성을 위해서 강제집행과 시효취득이 제한된다.

　　일반적으로 공물은 성립과정에 따라 자연공물·인공공물, 공용되는 행정목적에 따라 공용물·공공용물·보존공물 등으로 분류할 수 있다. 논의의 대상인 공공용물 중 하천, 소하천 및 공유수면은 자연공물에 속하며 행정주체에 의한 별도의 공용개시행위가 없더라도 공공용물로 성립하는 것이 원칙이다. 행정주체와 사용자와의 사이에 발생하는 법률관계를 공공용물의 사용관계라고 하는 바, 그 사용의 형태에 따라 일반사용·허가사용·특허사용 등으로 구분하며 그 중에서 특허사용은 그 공공용물 본래의 용법을 넘어 이를 계속적으로 사용하기 위하여 강학상의 특허행위에 의하여 권리를 설정받아 사용하는 것을 말한다.

　　하천법 및 공유수면법에 규정된 하천 또는 공유수면의 점용이라 함은 일반사용과는 별도로 하천 또는 공유수면의 특정부분을 유형적·고정적으로 특정한 목적을 위하여 사용하는 것을 의미한다.[2]

　　이러한 특허사용의 경우 개별적인 법률을 적용함에 있어 어떤 요건 하에 어떤 절차를 거쳐야 하는지는 각각의 법률에서 구체적으로 검토해야 할 문제이다. 여기서 특히 문제가 되는 것은 각각의 법률의 적용대상과 그 기준 및 적용의 우선순위인데 이하에서 검토하기로 한다.

---

1) 류지태, 『행정법신론』, 신영사, 1996, 760면.
2) 대법원 2004. 10. 15. 선고 2002다68485 판결.

Ⅱ. 국·공유재산법과 공공용물법의 적용대상

급부행정의 영역에서 공공용물, 공용물, 공적 보존물이란 공물의 성립과 소멸, 공물의 관리와 공물경찰, 공물의 사용관계, 공물의 법적 특징을 다루는 법을 통칭하여 '공물법'이라 하는데, 이하에서는 특별히 공공용물과 관련해서만 다루게 되므로 공물법 대신 '공공용물법'이란 용어를 사용한다. 국·공유재산법을 제외한 공유수면 관리 및 매립에 관한 법률, 하천법, 소하천정비법, 농어촌정비법, 항만법, 어촌·어항법이 모두 공공용물법에 해당한다.

1. 국·공유재산법

'국·공유재산법'이란 국유재산법과 공유재산 및 물품 관리법을 통칭하여 이르는 말이며 이하 같다. 국가나 지방자치단체가 보유한 재산에 관한 기본법이며, 일반법의 역할을 한다. 특별법은 특정의 사람·사물·행위 또는 지역에 국한하여 적용되는 법이지만, 일반법은 그러한 제한이 없이 일반적으로 적용되는 법이다. 일반법은 특별법과의 관계에서는 보충적으로 적용한다는 데 그 의미가 있다.

(1) 국유재산법

"국유재산이란 국가의 부담, 기부채납(寄附採納)이나 법령 또는 조약에 따라 국가 소유로 된 제5조제1항 각 호의 재산을 말한다."라고 규정하고 있다(국유재산법 제2조 1호).

국유재산법 제5조에는 부동산과 그 종물(국유재산법 제5조 제1항 1호)과 그와 관련한 지상권, 지역권, 전세권, 광업권, 그 밖에 이에 준하는 권리(국유재산법 제5조 제1항 3호)를 적용 재산으로 규정하고 있다. 그 중에 행정재산(국유재산법 제3장)이 있고 일반재산(국유재산법 제4장)이 있지만, 이 장의 논의 대상인 공공용물은 행정재산의 범주에 포함된다.

(2) 공유재산 및 물품관리법

"공유재산"이란 지방자치단체의 부담, 기부채납이나 법령에 따라 지방자

치단체 소유로 된 제4조제1항 각 호의 재산을 말한다(공유재산 및 물품 관리법 제2
조 1호).

공유재산 및 물품 관리법 제4조에는 부동산과 그 종물(공유재산 및 물품 관리법
제4조 제1항 1호)과 그와 관련한 지상권, 지역권, 전세권, 광업권, 그 밖에 이에 준하
는 권리(공유재산 및 물품 관리법 제5조 제1항 4호)를 적용 재산으로 규정하고 있다. 그
중에 행정재산(공유재산 및 물품 관리법 제3장)이 있고 일반재산(공유재산 및 물품 관리법
제4장)이 있지만, 이 장의 논의 대상인 공공용물은 행정재산의 범주에 포함된다.

2. 공유수면 관리 및 매립에 관한 법률

공유수면 관리 및 매립에 관한 법률(이하 '공유수면법'이라 한다) 제2조는 공유수
면을 "바다·바닷가, 하천·호소·구거 기타 공공용으로 사용되는 수면 또는 수
류로서 국유인 것을 말한다."고 규정하고 바닷가는 "해안선으로부터 지적공부(地籍
公簿)에 등록된 지역까지의 사이"로서 '만조수위선으로부터 지적공부에 등록된 지
역까지의 사이'를 말한다. 하천 등에 관한 법률을 적용 또는 준용받는 공유수면은
이 법을 적용하지 아니하는 것으로 규정하고 있다. 배타적 경제수역 및 대륙붕에
관한 법률 제2조의 규정에 따른 배타적 경제수역과 그 밖에 대통령령이 정하는
공유수면은 해양수산부장관이 관리하고, 기타의 공유수면은 특별자치도지사·시
장·군수·구청장(자치구의 구청장)이 관리한다(공유수면법 제4조 제2항), 점·사용허
가로 인하여 발생한 권리·의무는 대통령령이 정하는 바에 따라 이를 이전 또는
상속할 수 있고 권리·의무를 이전 또는 상속받은 자는 해양수산부령으로 정하는
바에 따라 해당 권리·의무의 이전 또는 상속받은 내용을 관리청에 신고하여야
한다. 권리·의무의 이전 또는 상속을 신고한 자는 이 법에 따른 점·사용허가를
받은 자로 본다(공유수면법 제16조 제5항).

3. 하천법, 소하천정비법, 농어촌정비법, 항만법과 어촌어항법

(1) 하천법

하천법 제2조에서 하천을 "지표면에 내린 빗물 등이 모여 흐르는 물길로서

공공의 이해와 밀접한 관계가 있어 제7조 제2항 및 제3항에 따라 국가하천 또는 지방하천으로 지정된 것을 말하며, 하천구역과 하천시설을 포함한다."라고 규정하고 있다. 여기서 '하천구역'은 "1. 하천기본계획에 완성제방이 있는 곳은 그 완성제방의 부지 및 그 완성제방으로부터 하심측(河心側)의 토지, 2. 하천기본계획에 계획제방이 있는 곳은 그 계획제방의 부지 및 그 계획제방으로부터 하심측의 토지, 3. 하천기본계획에 제방의 설치계획이 없는 구간에서는 계획하폭에 해당하는 토지, 4. 댐·하구둑·홍수조절지·저류지의 계획홍수위 아래에 해당하는 토지, 5. 철도·도로 등 선형 공작물이 제방의 역할을 하는 곳에서는 선형 공작물의 하천측 비탈머리를 제방의 비탈머리로 보아 그로부터 하심측에 해당하는 토지, 6. 하천기본계획이 수립되지 아니한 하천에서는 하천에 물이 계속하여 흐르고 있는 토지 및 지형, 그 토지 주변에서 풀과 나무가 자라는 지형의 상황, 홍수흔적, 그 밖의 상황을 기초로 대통령령으로 정하는 방법에 따라 평균하여 매년 1회 이상 물이 흐를 것으로 판단되는 수면 아래에 있는 토지"라고 규정하고, '하천시설'이란 "하천의 기능을 보전하고 효용을 증진하며 홍수피해를 줄이기 위하여 설치하는 시설로서 가. 제방·호안(護岸)·수제(水制) 등 물길의 안정을 위한 시설. 나. 댐·하구둑(「방조제관리법」에 따라 설치한 방조제를 포함한다)·홍수조절지·저류지·지하하천·방수로·배수펌프장(「농어촌정비법」에 따른 농업생산기반시설인 배수장과 「하수도법」에 따른 하수를 배제(排除)하기 위하여 설치한 펌프장은 제외한다)·수문(水門) 등 하천수위의 조절을 위한 시설, 다. 운하·안벽(岸壁)·물양장(物揚場)·선착장·갑문 등 선박의 운항과 관련된 시설, 라. 그 밖에 대통령령으로 정하는 시설"이라고 규정하고 있다.

　또한 동조 제2항은 하천을 국토보전상 또는 국민경제상 중요한 하천으로서 국가가 관리하는 하천인 국가하천과 지방의 공공이해에 밀접한 관계가 있는 하천으로서 시·도지사가 그 명칭과 구간을 지정하는 하천으로 구분하고 있다.

(2) 소하천정비법

　소하천정비법 제2조에서 "소하천"이란 「하천법」의 적용 또는 준용을 받지 아니하는 하천으로서 '소하천', '경계소하천'의 지정 및 관리에 따라 그 명칭과 구간이 지정·고시된 하천을 말한다. 소관리청이 지정하는 소하천은 특별한 경우 외에는 일시적이 아닌 유수(流水)가 있거나 있을 것이 예상되는 구역으로서 평균 하천폭이 2미터 이상이고 시점(始點)까지의 전체길이가 500미터 이상인 것이어야 한다(하천법 시행령 제2조). '소하천구역'이란 하천법에 따라 결정·고시된 소하천정비법이 적용되는 구역을 말하고, '소하천시설'이란 소하천의 이용·관리를 위하여 설치하는 제방(堤防), 호안(護岸) 등 물길의 안정을 위한 시설과 보(洑), 수문(水門), 배수펌프장, 저수지, 저류지 등 소하천 수위의 조절을 위한 시설 등을 말한다.

(3) 농어촌정비법

농어촌정비법은 농업생산기반, 농어촌 생활환경, 농어촌 관광휴양자원 및 한계농지 등을 종합적·체계적으로 정비·개발하기 위한 법이다(농어촌정비법 제1조). 농어촌정비법의 목적인 농업생산기반 정비사업을 위하여 농업생산기반시설을 설치한다. 농업생산기반시설이란 농업생산기반 정비사업으로 설치되거나 그 밖에 농지 보전이나 농업 생산에 이용되는 저수지, 양수장(揚水場), 관정(管井: 우물) 등 지하수 이용시설, 배수장, 취입보(取入洑: 하천에서 관개용수를 수로에 끌어 들이기 위하여 만든 저수시설), 용수로, 배수로, 유지(溜池: 웅덩이), 도로(「농어촌도로 정비법」 제4조에 따른 농도(農道) 등 농로를 포함한다. 이하 같다), 방조제, 제방(堤防: 둑) 등의 시설물 및 그 부대시설과 농수산물의 생산·가공·저장·유통시설 등 영농시설을 말한다(농어촌정비법 제2조 6호).

농어촌정비법이 진입도로 역할이 가능한 농업생산기반시설을 규율하고 있다.

(4) 항만법, 어촌·어항법

가. 항만법, 어촌·어항법의 적용대상

항만법은 "항만의 지정·개발·관리 및 사용에 관한 사항을 규정함으로써 항만개발사업을 촉진하고 항만을 효율적으로 관리·운영"하는 것을 목적으로 하고 있으며, 그 적용대상은 주로 항만, 무역항, 연안항, 항만구역, 항만시설 등이다.

여기서 말하는 '항만'이란 선박의 출입, 사람의 승선·하선, 화물의 하역·보관 및 처리, 해양친수활동 등을 위한 시설과 화물의 조립·가공·포장·제조 등

부가가치 창출을 위한 시설이 갖추어진 곳이고, '무역항'이란 국민경제와 공공의 이해(利害)에 밀접한 관계가 있고, 주로 외항선이 입항·출항하는 항만을 가리킨다. 그리고 '연안항'이란 주로 국내항 간을 운항하는 선박이 입항·출항하는 항만을 말하며, '항만구역'이란 항만의 수상구역과 육상구역을 지칭하는 것이다. '항만시설'이란 항만 기본시설, 항만기능시설, 항만지원시설, 항만친수시설로 구성된다(항만법 제2조 참조).

어촌·어항법은 "어촌의 종합적이고 체계적인 정비 및 개발에 관한 사항과 어항(漁港)의 지정·개발 및 관리에 관한 사항을 규정함으로써 수산업의 경쟁력을 강화하고 어촌주민의 삶의 질을 향상"을 목적으로 하는 법이다. 어촌·어항법이 관리하는 '어항'이란 천연 또는 인공의 어항시설을 갖춘 수산업 근거지로서, 이용 범위가 전국적인 어항 또는 섬, 외딴 곳에 있어 어장(「어장관리법」제2조 제1호에 따른 어장을 말한다)의 개발 및 어선의 대피에 필요한 '국가어항', 이용 범위가 지역적이고 연안어업에 대한 지원의 근거지가 되는 '지방어항', 어촌의 생활 근거지가 되는 소규모 어항인 '어촌정주어항(漁村定住漁港)', 어촌정주어항에 속하지 아니한 소규모 어항으로서 어업인들이 공동으로 이용하는 항포구인 '마을공동어항'과 어항기본시설, 어항기능시설, 어항편익시설로 구성된 '어항시설'을 규율하고 있다(어촌·어항법 제2조).

나. 항만법, 어촌·어항법 적용상의 문제점

항만구역이거나 어업생활의 기반이 되는 어촌·어항지역의 관리자가 관리하는 항만시설, 어항시설에 대해서도 도로로부터 연결되는 진입도로로 활용하기 위해서는 해당 시설관리자의 법적 행위가 필요하다. 이에 대해서는 어촌·어항법 제38조 제1항에서 어항시설을 사용하거나 점용하려는 자는 어항관리청의 허가를 받도록 하고 있으며, 항만법 제41조 제1항에서 항만시설을 사용하려는 자는 대통령령으로 정하는 바에 따라 해양수산부장관[제104조에 따라 해양수산부장관으로부터 항만시설의 운영을 위임 또는 위탁받은 자(이하 "항만시설운영자"라 한다)를 포함]의 사용허가를 받아서 사용하도록 하고 있다.

그런데 다른 공공용물의 사용방법과 달리 어항시설이나 항만시설은 그 시설

사용자의 폐쇄성이 크고 관리예산이 많이 소요되기 때문에 해당 시설의 '목적 외 사용허가'를 허용하는 규정이 없다. 특히 항만시설은 "항만개발사업을 촉진하고 항만을 효율적으로 관리·운영하여 국민경제의 발전에 이바지함을 목적(항만법 제1조)"으로 하는 입법취지상 일반 시민들의 토지상의 진입로를 허용함이 용이하지 않다. 또한 항만시설이란 사회기반시설을 설치할 때 주변 토지의 이용을 고려하여 진입로, 우회도로 등을 먼저 계획 입안하기 마련이다. 따라서 항만시설 주변 토지의 건축 목적을 위한 진입로를 허용하기 위하여, 항만시설의 목적외 사용을 허용하는 것이 어려울 것으로 보인다.

하지만 어항시설의 경우는 그 목적이 "수산업의 경쟁력을 강화하고 어촌주민의 삶의 질을 향상시켜 살기 좋은 어촌 건설과 국가의 균형발전에 이바지"하는 데 있다(어촌·어항법 제1조). 따라서 기존의 주변 어촌생활 공간과의 조화로운 활용이 가능하고 주민밀착형 시설인 경우에는, 어항시설을 목적외로 사용하는 것이 불가피할 때가 있을 것으로 보인다.

어항시설을 목적외로 사용허가 하는 것에 관해서는 입법으로 해결하거나 입법취지를 고려한 합리적인 법률해석을 통해 해결하는 방법으로 명확한 기준을 정할 필요가 있다. 항만시설, 어항시설 구역 주변 토지의 효율적 활용을 위해 별도의 연구가 필요하다고 본다.

Ⅲ. 국 · 공유재산법과 공공용물법의 적용관계

도로, 하천, 구거, 제방, 호소 등 국가나 지방자치단체 소유의 모든 땅은 기본적으로 「국유재산법」 혹은 「공유재산법」의 적용을 받는다.

그러나 국민 모두의 생산 및 생활의 기반이 되는 국토의 효율적이고 균형 있는 이용·개발과 보전을 위하여 각각의 입법취지하에 도로법, 하천법, 농어촌정비법 등 이 제정되었고, 입법 취지와 역할에 맞게 세부적인 경우에 그 해당 법률을 먼저 적용하게 된다.

즉, 도로법, 농어촌도로정비법, 국토계획법 외에도 공유수면관리 및 매립에관한법률, 하천법, 소하천정비법, 농어촌정비법, 어촌·어항법이 특별히 각 입법취지에 맞게 작동하고 있다. 해당 법률의 적용을 받지 않은 국가나 지방자치단체 소유의 토지만 국유재산법, 공유재산법의 적용을 받게 된다. 이러한 관계를 '특별법과 일반법의 관계'라고 하며, '특별법 우선의 원칙'이 작동하여 해당 특별법에 국유재산법과 달리 정한 부분이 있으면 해당 특별법을 우선해서 적용하게 된다.

또한 국유재산법, 공유재산법이란 일반법 외에 공유수면법, 하천법, 소하천정비법, 농어촌정비법, 항만법, 어촌·어항법 들 사이의 적용 관계를 살펴보면 관련 법들은 궁극적으로 공공복리를 추구하고자 하는 제정목적상의 공통성이 있고 상호 적용범위가 일치하는 부분도 있지만 그 적용의 범위라는 측면에서는 상이하다. 공유수면은 "바다, 바닷가, 하천·호소(湖沼)·구거(溝渠), 그 밖에 공공용으로 사용되는 수면 또는 수류(水流)로서 국유인 것(공유수면법 제2조)"으로 정의하여 그 소유가 국유를 전제로 하고 있다. 또한 공유수면법 제3조(적용배제) 규정에 의해 각각의 법의 적용을 받는 영역에서 공유수면법과 별개로 작동하는 개별법으로 '하천법, 소하천정비법, 농어촌정비법, 항만법, 어촌·어항법'을 규정하고 있다. 그렇더라도 하천법, 소하천정비법, 농어촌정비법, 항만법, 어촌·어항법에서의 각각의 하천구역, 소하천구역, 농업생산기반시설, 항만시설, 어항시설 내의 공유수면은 공유수면관리법 제2조 제1항이 공유수면을 정의함에 있어 하천에 대한 지정, 관리, 사용 등 사항 등에 관하여는 공유수면관리법의 적용을 배제하고 하천법 등을 적용하도록 하기 위한 것일 뿐 하천은 공유수면이 아님을 전제로 하여 그와 같이 규정한 것은 아니다.[3] 따라서 국유이면서 지목이 하천·호소(湖沼)·구거(溝渠), 그 밖에 공공용으로 사용되는 수면 또는 수류인데, 하천구역 등이 아니면 당연히 공유수면법의 적용을 받게 된다.

---

3) 대법원 1990. 6. 22. 선고 89도2267 판결 참조.

표 4-1 국·공유재산법과 공공용물법의 적용관계

일반법	특별법	비 고
국유재산법/ 공유재산및물품관리법	공유수면법	국유 (법§ 3 적용배제)
	하천법	구역○/예정지 無[4]
	소하천정비법	구역○/예정지 ×[5]
	농어촌정비법	농업생산기반시설등록(법§ 17)
	항만법	항만시설
	어촌·어항법	어항시설

---

4) 하천예정지로 지정된 후 그 하천에 관한 사업이 3년 이내에 착수되지 아니하여 대부분 지정
   의 효력을 잃고 있으며, 하천예정지의 지정으로 인한 손실을 제대로 보상하지 않은 채 행위
   제한만 이루어지고 있어 국민의 사유재산권을 침해하고 불편을 가중시키고 있는 실정임.
   이에 하천예정지 지정 및 행위제한 규정을 삭제함으로써 불필요한 규제를 완화하고 국민의
   불편을 해소하려함(하천법 개정이유 [법률 제13493호, 2015. 8. 11., 일부개정]).
5) 소하천정비법 제14조(소하천등의 점용 등) ① 소하천등(소하천 예정지는 제외한다. 이하 이
   조에서 같다)에서 다음 각 호의 어느 하나에 해당하는 행위를 하려는 자는 행정안전부령으
   로 정하는 바에 따라 관리청의 허가를 받아야 한다.

제 2 절 국·공유재산의 사용허가와 매각·대부계약

국가나 지방자치단체 외의 자가 국·공유재산을 활용하려면, 재산의 종류에 따라 사용허가 또는 매각 및 대부를 받아야 한다. 재산의 성격에 따라 행정목적에 직접 공하는 행정재산은 사용허가를 받아야 하고, 행적목적으로 용도가 정해지지 않은 일반재산은 일정한 절차를 거쳐 매각하거나 대부계약으로 국가나 지방자치단체 외의 자가 활용할 수 있게 된다. 이하에서 재산의 성격에 따라 분류해서 살펴본다.

I. 국·공유재산의 사용허가

1. 국·공유재산의 사용허가의 의의

국유재산의 "사용허가"란 행정재산을 국가 외의 자가 일정 기간 유상이나 무상으로 사용·수익할 수 있도록 허용하는 것(국유재산법 제2조 7호)을 말하며, 공유재산의 "사용·수익허가"란 행정재산을 해당 지방자치단체 외의 자가 일정 기간 유상이나 무상으로 사용·수익할 수 있도록 허용하는 것(공유재산 및 물품 관리법 제2조 7호)을 말한다.

2. 국·공유재산의 사용허가의 법적 성질

여기서 문제되는 국·공유재산은 공공용물이 주된 대상이다. 국·공유재산의 진입로 사용은 일반사용과는 별도로 국·공유재산의 특정 부분을 유형적·고정적으로 특정한 목적을 위하여 사용하는 이른바 특별사용을 의미하므로 사용허가는 특허에 해당한다. 국·공유재산의 사용권의 특허는 상대방에게 권리를 설정해 주는 행정행위이므로 원칙적으로 자유재량행위에 속한다. 따라서 특허를 해줄 것인지의 여부는 행정청의 자유재량에 속하며 부관에 친한 행위이다.[6] 국·공유재산 사용권의 특허는 상대방의 신청이나 동의를 요한다는 점에서 강학상 쌍방적 행정행위에 속하므로 상대방의 신청이나 동의가 없는 특허는 하자있는 행정행위가 된다.

3. 국·공유재산의 사용허가의 기준

국유의 행정재산은 일정한 행정목적에 공용하는 재산이므로 ① 공용·공공용·기업용 재산: 그 용도나 목적에 장애가 되지 아니하는 범위, ② 보존용재산: 보존목적의 수행에 필요한 범위 내에서 원칙적으로 일반경쟁입찰에 의해 사용허가 한다(국유재산법 제30조 제1항, 제31조 제1항). 사용허가의 기간은 5년 이내로 하여야 한다(국유재산법 제35조 제1항). 이상의 규정을 살펴보면, 진입도로로 사용하기 위해서는 공용, 기업용, 보존재산은 그 용도나 목적에 구애를 받기 때문에, 그 성질상 공공용재산의 경우에 진입도로로 사용허가가 가능할 것이다.

공유의 행정재산에 대하여는 그 목적 또는 용도에 장애가 되지 아니하는 범위에서, 지방자치단체의 장이 일반경쟁입찰에 의해 사용 또는 수익을 허가할 수 있다(공유재산 및 물품 관리법 제20조 제1항, 제2항). 행정재산의 사용·수익허가기간은 그 허가를 받은 날부터 5년 이내로 한다(공유재산 및 물품 관리법 제21조 제1항).

또한 국유재산의 사용허가 업무처리지침에 대해서는 법령을 집행하기 위하여 「국유재산 사용허가 업무처리지침」(개정 2016. 9. 22. [행정예규 제1088호, 시행 2016. 9. 27.]에서 세부적인 사항을 규정하여 시행하고 있다.

4. 국·공유재산의 사용허가의 우선순위

국유재산의 사용허가가 가장 최우선적으로 가능한 경우는 ① 수의의 방법으로 사용허가를 받을 자를 결정할 수 있는 총 10가지 경우[7]로서 ⓐ 주거용으로 사용허가를 하는 경우, ⓑ 경작용으로 실경작자에게 사용허가를 하는 경우, ⓒ 외교

---

6) 대법원 1990. 9. 25. 선고 89두5355 판결.
7) 국유재산법 시행령 제27조(사용의 방법) 제3항.

상 또는 국방상의 이유로 사용·수익 행위를 비밀리에 할 필요가 있는 경우, ⓓ 천재지변이나 그 밖의 부득이한 사유가 발생하여 재해 복구나 구호의 목적으로 사용허가를 하는 경우, ⓔ 사회기반시설로 사용하려는 지방자치단체나 지방공기업에 사용허가를 하는 경우, ⓕ 법 제34조제1항 또는 다른 법률에 따라 사용료 면제의 대상이 되는 자에게 사용허가를 하는 경우, ⓖ 국가와 재산을 공유하는 자에게 국가의 지분에 해당하는 부분에 대하여 사용허가를 하는 경우, ⓗ 국유재산의 관리·처분에 지장이 없는 경우로서 사용목적이나 계절적 요인 등을 고려하여 6개월 미만의 사용허가를 하는 경우, ⓘ 두 번에 걸쳐 유효한 입찰이 성립되지 아니한 경우, ⓙ 그 밖에 재산의 위치·형태·용도 등이나 계약의 목적·성질 등으로 보아 경쟁입찰에 부치기 곤란하다고 인정되는 경우이다.

그 다음으로 차순위로 사용허가가 가능한 경우는 ② 제한경쟁이나 지명경쟁의 방법으로 사용허가를 받을 자를 결정할 수 있는 총 3가지 경우[8])로서 ⓐ 토지의 용도 등을 고려할 때 해당 재산에 인접한 토지의 소유자를 지명하여 경쟁에 부칠 필요가 있는 경우, ⓑ 사용허가의 신청이 경합하는 경우, ⓒ 그 밖에 재산의 위치·형태·용도 등이나 계약의 목적·성질 등으로 보아 사용허가 받는 자의 자격을 제한하거나 지명할 필요가 있는 경우이다. 마지막 방법으로서 ③ 일반경쟁입찰이 가장 원칙적인 방법(국유재산법 제31조 제1항)이다.

공유재산의 사용허가를 최우선적으로 받는 경우를 ① 수의(隨意)의 방법으로 행정재산의 사용·수익을 허가할 수 있는 경우를 '공유재산 및 물품 관리법 시행령' 제13조 제3항에 구체적으로 열거[9])하고 있으며, ② 지명경쟁 입찰이 가능한 경

---

8) 국유재산법 시행령 제27조(사용의 방법) 제2항.
9) 1. 국가·지방자치단체·공법인·공익법인이 직접 사용하려는 경우
  2. 일단(一團)의 면적이 1만제곱미터 이하인 농경지를 경작의 목적으로 해당 지방자치단체에 거주하는 농업인(「농업·농촌 및 식품산업 기본법」 제3조제2호에 따른 농업인을 말한다. 이하 같다)에게 사용·수익하도록 허가하는 경우
  3. 청사(廳舍)의 구내재산을 공무원 후생 목적으로 사용하기 위하여 그 재산의 사용·수익을 허가하는 경우
  4. 법률에 따라 해당 재산을 무상으로 사용하도록 허가할 수 있는 자에게 그 재산을 유상으로 사용하도록 허가하는 경우
  5. 법 제24조제1항 또는 그 밖의 다른 법률에 따라 사용료 면제의 대상이 되는 자에게 사용을 허가하는 경우

6. 사용·수익허가의 신청 당시 제31조제2항 각 호의 방법을 적용해서 산출한 가격(행정재산 중 일부를 사용·수익허가하려는 경우에는 해당 행정재산 전체의 가격을 말한다)이 1천만원(특별시·광역시의 자치구에 소재하는 재산인 경우에는 3천만원) 이하인 재산의 사용·수익을 허가하는 경우

7. 2회에 걸쳐 유효한 일반입찰이 성립되지 아니한 경우

8. 지역경제활성화에 기여할 수 있는 해당지역특산품 또는 해당지역생산제품 등을 생산·전시 및 판매하는데 필요하다고 지방자치단체의 조례로 정하는 경우

9. 지방자치단체가 시행하는 사업을 위하여 이전하는 공익시설의 소유자가 그 공익시설과 직접 관련된 재산을 그 공익시설을 이전하는 기간 동안 사용하려는 경우

10. 건물 등을 신축하여 기부하려는 자가 신축기간 동안 그 부지를 사용하는 경우

11. 천재지변이나 그 밖의 재해를 입은 지역주민에게 임시로 사용을 허가하는 경우

12. 공익사업을 위하여 자진철거를 전제로 하여 임시로 사용하는 경우

13. 다른 법률에 따라 공유재산을 우선 임대할 수 있는 자에게 그 재산의 사용을 허가하는 경우

14. 「정부출연연구기관 등의 설립·운영 및 육성에 관한 법률」에 따른 정부출연연구기관, 「과학기술분야 정부출연연구기관 등의 설립·운영 및 육성에 관한 법률」에 따른 과학기술분야 정부출연연구기관, 「특정연구기관 육성법」 제2조에 따른 특정연구기관(이하 "정부출연연구기관등"이라 한다) 또는 「산업기술혁신 촉진법」 제42조제1항에 따른 전문생산기술연구소에 사용을 허가하는 경우

15. 지방자치단체와 재산을 공유하는 자에게 지방자치단체의 지분에 해당하는 부분을 사용·수익하도록 허가하는 경우

16. 지방자치단체의 현재의 사용 및 이용에 지장을 주지 않는 범위에서 해당 공유재산의 공중·지하에 건물이 아닌 공작물을 설치하는 경우

17. 공유재산을 「중소기업창업 지원법」 제2조 및 제3조에 해당하는 창업자에게 창업을 위한 사무실 또는 사업장 등 창업 공간(창업보육센터는 제외하며, 이하 "창업공간"이라 한다)으로 사용·수익하도록 허가하는 경우

18. 다음 각 목의 어느 하나에 해당하는 기구 또는 단체로서 지방자치단체의 조례로 정하는 기구 또는 단체가 사용하도록 허가하는 경우

가. 국제기구(국제연합과 그 산하기구·전문기구, 정부 간 기구, 준정부 간 기구를 말한다)

나. 50개국 이상의 서로 다른 국가의 회원을 보유한 비영리민간단체

19. 이동용 음식판매 용도의 자동차를 이용하여 「식품위생법 시행령」 제21조제8호가목의 휴게음식점영업 또는 같은 호 바목의 제과점영업을 하려는 사람에게 사용·수익하도록 허가하는 경우

20. 해당 지방자치단체가 출자 또는 출연한 비영리 공공법인 또는 공법인의 비영리사업을 위하여 사용·수익하도록 허가하는 경우

21. 지방자치단체의 장이 수립한 일자리정책에 따라 미취업 청년 등 미취업자가 창업을 위해 행정재산을 사용·수익하도록 허가하는 경우

22. 행정안전부장관이 정하여 고시하는 취약계층 고용비율을 충족하는 다음 각 목의 기업 또는 조합이 사용·수익하도록 허가하는 경우

가. 「사회적기업 육성법」 제2조제1호에 따른 사회적기업

나. 「협동조합 기본법」 제2조제3호에 따른 사회적협동조합

우는 국유재산 사용허가와 같이 총 3가지를 규정[10]하고 있고, 나머지는 원칙적으로 ③ 일반경쟁입찰에 의하도록 하고 있다(공유재산 및 물품 관리법 제20조 제2항).

II. 국 · 공유재산의 매각 · 대부계약

1. 국·공유재산의 매각 · 대부계약의 의의

국 · 공유재산의 "처분"이란 매각, 교환, 양여, 신탁, 현물출자 등의 방법으로 국·공유재산의 소유권이 국가 · 지방자치단체 외의 자에게 이전되는 것을 말한다 (국유재산법 제2조 4호, 공유재산 및 물품 관리법 제2조 6호).

국 · 공유재산에 대한 "대부계약"이란 국공유재산 중에서 일반재산[11]을 해당 국가 · 지방자치단체 외의 자가 일정 기간 유상이나 무상으로 사용 · 수익할 수 있도록 체결하는 계약을 말한다(국유재산법 제2조 8호, 공유재산 및 물품 관리법 제2조 8호).

2. 국·공유재산의 매각 · 대부계약의 법적 성질

국 · 공유재산의 매각행위, 대부행위는 민법상의 매매와 임대차와 같은 사법상의 법률행위이다. 이에 대해서는 원칙적으로 민법의 계약자유의 원리가 지배한다. 하지만 국 · 공유재산이기 때문에 국유재산법과 공유재산 및 물품 관리법의 형

다. 「국민기초생활 보장법」 제18조에 따른 자활기업

라. 「도시재생 활성화 및 지원에 관한 특별법」 제2조제1항제9호에 따른 마을기업으로서 행정안전부장관이 정하여 고시하는 기준에 적합한 기업

23. 「고용보험법」 제19조제2항에 따른 우선지원 대상기업으로서 청년 친화적 근로조건을 갖추고 있다고 고용노동부장관이 정하여 공고하는 기업이 사용 · 수익하도록 허가하는 경우

24. 제1호부터 제23호까지에서 규정한 사항 외에 행정재산의 위치 · 형태 · 용도 등이나 계약의 목적 · 성질 등으로 보아 일반입찰에 부치기 곤란한 경우로서 지방자치단체의 조례로 그 내용 및 범위를 정한 경우

10) 공유재산 및 물품 관리법 시행령 제13조 제4항

11) 일반재산이란 행정재산(공용재산 · 공공용재산 · 기업용재산 · 보존용재산)을 제외한 모든 국유재산을 말한다(국유재산법 제6조 제3항).

식과 절차를 적용하여야 한다. 다시 말하면 헌법상 평등의 원리, 행정작용의 적법 절차의 원리, 법치행정의 원리는 그대로 작동되어야 한다.

3. 국 · 공유재산의 매각 · 대부계약의 기준

(1) 국유재산의 매각 · 대부계약의 기준

국유재산 중에 일반재산은 ① 중앙관서의 장이 행정목적으로 사용하기 위하여 그 재산에 대하여 행정재산의 사용 승인이나 관리전환을 신청한 경우, ② 국토계획법 등 다른 법률에 따라 그 처분이 제한되는 경우, ③ 장래 행정목적의 필요성 등을 고려하여 국유재산종합계획의 처분기준에서 정한 처분제한 대상에 해당하는 경우, ④ 공공개발이 필요한 재산, 장래의 행정수요에 대비하기 위하여 비축할 필요가 있는 재산, 사실상 또는 소송상 분쟁이 진행 중이거나 예상되는 등의 사유로 매각을 제한할 필요가 있는 재산을 제외하고는 매각할 수 있다(국유재산법 제48조).

또한, 일반재산을 공공목적으로 매각하는 경우에는 그 재산의 용도 및 사용기간을 정하여 매각할 수 있으며, 용도와 기간을 어기면 매매계약의 해제가 가능하다(국유재산법 제49조).

다음에서 설명하는 매각이 제한되는 경우 외는 일반경쟁, 제한경쟁 · 지명경쟁, 수의계약의 방법대로 매각이 가능하다는 의미이므로, 아래에 설명하는 제한기준을 살펴보아야 매각이 가능한 경우를 알 수 있다.

일반재산의 처분기준으로서 ① 매각제한 대상에 해당하는 경우, ② 총괄청의 매각승인을 받지 않은 경우에 대하여 이하에서 살펴본다(기획재정부「2020년도 국유재산처분기준」제3조).

가. 매각제한 대상에 해당하는 경우[12]

1. 중앙관서의 장이 행정목적으로 사용하기 위하여 그 재산에 대하여 국유재산법 제8조제4항에 따른 행정재산의 사용 승인이나 관리전환을 신청한 경우
2. 국토계획법 등 다른 법률에 따라 그 처분이 제한되는 경우

---

12) 기획재정부 「2020년도 국유재산처분기준」 제4조.

3. 국유재산법 제57조에 따른 개발이 필요한 경우

4. 장래의 행정수요에 대비하기 위하여 비축할 필요가 있는 경우

5. 사실상 또는 소송상 분쟁이 진행 중이거나 예상되는 등의 사유로 매각을 제한할 필요가 있는 경우

6. 상수원관리지역(상수원보호구역과 수변구역 및 상수원수질보전을 위한 특별대책지역을 말한다)이나 금강·낙동강·영산강·한강수계관리기금으로 토지를 매수할 수 있는 지역의 국유지로서 상수원의 수질개선·오염방지 및 자연환경 훼손 방지를 위하여 필요한 경우

7. 소유자 없는 부동산에 대하여 공고를 거쳐 취득한 후 10년이 지나지 아니한 경우

8. 당해 국유재산의 매각으로 남겨지는 잔여 국유재산의 효용이 감소되는 경우

9. 장래 행정목적의 활용가능성과 보존·관리의 필요성 등을 고려하여 총괄청 또는 국유재산정책심의위원회 부동산분과위원회가 매각제한 재산으로 결정한 경우

10. 국유재산법 제3조제2호에 따른 국유재산의 취득과 처분의 균형을 위하여 처분의 제한이 필요하다고 총괄청이 인정하는 경우

11. 총괄청 소관 일반재산의 관리·처분에 관한 사무를 위임·위탁받은 자(이하 '한국자산관리공사'라 한다)가 일반재산의 활용도 제고를 위하여 개발형, 활용형, 보존형, 처분형 등으로 유형화한 재산 중 처분형 재산이 아닌 경우

나. 총괄청의 매각승인을 받지 않은 경우[13]

1. 공공용재산(도로, 하천, 제방 등)을 제외한 일단의 토지 [경계선이 서로 맞닿은 국유일반재산(국가와 국가 이외의 자가 공유한 토지는 제외한다)인 일련(一連)의 토지를 말한다. 이하 같다] 의 면적이 특별시·광역시 지역에서는 1,000㎡ 초과, 그 밖의 시 지역에서는 2,000㎡ 초과, 시 외의 지역[시(행정시를 포함한다)에 소재한 읍·면 지역을 포함한다. 이하 같다]에서는 3,000㎡를 초과하는 재산

---

13) 기획재정부 「2020년도 국유재산처분기준」 제5조.

2. 국유재산법 시행령 제40조제3항제17호 및 제27호에 따라 수의계약으로 매
   각하려는 경우 매각 재산의 대장가격이 특별시·광역시 지역에서는 5억원
   초과, 그 밖의 시 지역에서는 3억원 초과, 시 외의 지역에서는 2억원을 초
   과하는 재산

3. 한국자산관리공사가 국유재산법 시행령 제40조제3항제1호부터 제6호까지,
   제11호 부터 제12호 및 같은 항 제18호자목에 따라 수의계약으로 매각하려
   는 재산

(2) 공유재산의 매각·대부계약의 기준

지방자치단체의 공유재산 중에 일반재산은 ① 지방자치단체의 장이 행정목적
으로 사용하기 위하여 행정재산으로 용도 변경하려는 경우 ② 국토계획법 등 다
른 법률에 따라 그 처분이 제한되는 경우 ③ 장래 행정목적의 필요성 등을 고려하
여 「공유재산 및 물품 운영기준」에서 정한 처분제한 대상에 해당하는 경우를
제외하고는 매각할 수 있다(공유재산법 제36조 제1항).

「공유재산 및 물품 운영기준」에서 정한 처분제한 대상에 해당하는 지방자치
단체의 장이 매각을 제한할 수 있는 경우[14]는 다음과 같다.

가)「국토의 계획 및 이용에 관한 법률」등 개별 법률에서 공유재산 처분을
   제한하고 있는 경우

나) 공유재산법 제42조 또는 공유재산법 제43조의3에 따른 신탁 또는 위탁개
   발이 필요한 경우

다) 장래의 행정수요에 대비하기 위하여 비축할 필요가 있거나 보존의 필요
   성이 인정되는 경우

라) 사실상 또는 소송상 분쟁이 진행 중이거나 예상되는 등의 사유로 매각을
   제한할 필요가 있는 경우

마) 상수원관리지역(상수원보호구역과 수변구역 및 상수원수질보전을 위한 특별대책
   지역을 말함)이나 금강·낙동강·영산강·한강수계관리기금으로 토지를 매

---

14) 지방자치단체 공유재산 운영기준 제17조 [시행 2019. 12. 15.] [행정안전부고시 제2019-89
   호, 2019. 12. 9., 일부개정] ; 행정안전부, 『2020 공유재산업무편람』, 185면

수할 수 있는 지역의 공유지로서 상수원의 수질개선·오염방지 및 자연환경 훼손 방지를 위하여 필요한 경우
바) 해당 공유재산의 매각으로 남겨지는 잔여 공유재산의 효용이 감소되는 경우

또한, 일반재산을 공공목적으로 매각하는 경우에는 그 재산의 용도 및 사용기간을 정하여 매각할 수 있으며, 용도와 기간을 어기면 매매계약의 해제가 가능하다(공유재산법 제2항).

4. 국·공유재산의 매각·대부계약의 우선순위

(1) 국유재산의 매각·대부계약의 우선순위

국유재산의 매각·대부계약이 가장 최우선적으로 가능한 경우는 ① 수의의 방법으로 매각·대부계약을 할 수 있는 총 28가지 경우[15]로서 ⓐ 외교상 또는 국방상의 이유로 비밀리에 처분할 필요가 있는 경우, ⓑ 천재지변이나 그 밖의 부득이한 사유가 발생하여 재해 복구나 구호의 목적으로 재산을 처분하는 경우, ⓒ 해당 재산을 양여 받거나 무상으로 대부받을 수 있는 자에게 그 재산을 매각하는 경우, ⓓ 지방자치단체가 직접 공용 또는 공공용으로 사용하는 데에 필요한 재산을 해당 지방자치단체에 처분하는 경우……등을 말한다. 그 다음 차순위로 매각·대부계약이 가능한 경우는 ② 제한경쟁이나 지명경쟁의 방법으로 처분·대여할 수 있는 총 4가지 경우[16]로서 ⓐ 토지의 용도 등을 고려할 때 해당 재산에 인접한 토지의 소유자를 지명하여 경쟁에 부칠 필요가 있는 경우, ⓑ 농경지의 경우에 특별자치시장·특별자치도지사·시장·군수 또는 구청장(자치구의 구청장)이 인정하는 실경작자를 지명하거나 이들을 입찰에 참가할 수 있는 자로 제한하여 경쟁에 부칠 필요가 있는 경우, ⓒ 국유재산법 제49조에 따라 용도를 지정하여 매각하는 경우, ⓓ 수의계약 신청이 경합하는 경우를 말한다. 마지막 방법으로서 ③ 일반경쟁입찰이 가장 원칙적인 방법(국유재산법 제43조 제1항)이다.

---

15) 국유재산법 시행령 제40조 제3항
16) 국유재산법 시행령 제40조 제2항

국유농지의 매각17)및 대부기준18)에 대해서 특별히 정하고 있다.

국유지를 대부(사용허가를 포함한다) 받아 직접 5년 이상 계속하여 경작하고 있는 자에게 매각하는 경우로서 ① 「농지법」에 따른 농업진흥지역의 농지 ② 시 외의 지역에 위치 ③ 10,000㎡ 이하의 면적이란 요건을 모두 갖춘 경우에 한하여 수의계약으로 매각할 수 있다.

국유농지를 대부하려는 경우 국유재산법 제31조에 따라 일반경쟁입찰에 부 쳐야 한다. 다만, 농지의 위치, 규모, 형태 등을 고려하여 필요하다고 인정되는 경 우에는 대부 받으려는 자의 대부농지 총 면적(기존 대부받은 면적을 포함한다)이 1만 제곱미터를 초과하지 아니하는 범위에서 수의계약의 방법으로 대부할 수 있다(국 유재산법 시행령 제51조).19)

(2) 공유재산의 매각 · 대부계약의 우선순위

공유재산의 매각 · 대부계약을 최우선적으로 하는 경우는 ① 수의(隨意)의 방 법으로 일반재산의 매각 · 대부계약을 할 수 있는 경우를 공유재산법 시행령 제29 조 제1항과 제38조 제1항에 구체적으로 열거20)하고 있으며, ② 지명경쟁 입찰이

---

17) 국유재산법 시행령 제40조 제3항 제18호 아목: 기획재정부「국유재산 처분기준」제9조.
18) 기획재정부훈령 제506호「국유농지의 대부기준」제3조.
19) 국유재산법 시행령 제27조 제3항 제2호:기획재정부훈령 제506호「국유농지의 대부기준」
　　제3조.
20) 이하는 수의계약으로 매각할 수 있는 경우(시행령 제38조 제1항) 중 진입도로와 관련된 경 우만을 열거하고, 대부가능한 경우는 시행령 제29조 제1항에서 따로 정한다.
　1. 국가나 다른 지방자치단체가 공용 또는 공공용으로 사용하려는 경우
　2. 제29조제5항제3호에 따른 대부계약의 조건에 따라 대부재산을 대부받은 자에게 매각하 는 경우
　3. 제31조제2항 각 호의 방법에 따라 산출한 재산가격이 3천만원 이하인 재산을 매각하는 경우
　4. 「건축법」 제57조제1항에 따른 최소 분할면적에 못 미치는 건물이 없는 토지의 인접 토지소유자가 1인인 경우 그 토지를 그 인접토지 소유자에게 매각하는 경우
　5. 지방자치단체가 건립한 아파트 · 연립주택 · 공영주택 및 그 부지를 국가보훈처장이 지 정하는 국가유공자 또는 「국민기초생활 보장법」에 따른 수급자에게 매각하는 경우
　7. 「농어촌정비법」에 따른 생활환경정비사업을 지원 또는 권장하기 위하여 주택 또는 공 공이용시설 부지로 사용하게 될 재산을 마을주민에게 매각하는 경우 및 주민 공동이용시 설을 설치하기 위하여 주민단체에 매각하는 경우
　9. 천재지변이나 그 밖의 재해가 발생하여 재해복구 또는 구호의 목적으로 재산을 처분하

는 경우

10. 「수도권정비계획법 시행령」 제3조제1호부터 제3호까지 및 제5호에 따른 수도권 인구집중유발시설을 지방으로 이전하기 위하여 해당 시설을 이전하는 자에게 재산을 매각하는 경우

12. 지방자치단체가 취급하던 업무를 해당 지방자치단체 외의 자에게 포괄하여 이관하면서 이관되는 업무에 제공되고 있던 재산을 이관받는 자에게 매각하는 경우

13. 지방자치단체가 유아교육 또는 아동복지사업을 지원하기 위하여 유아교육 또는 아동복지사업을 하는 사회복지법인 또는 「공익법인의 설립·운영에 관한 법률」을 적용받는 어린이육영단체에 재산을 매각하는 경우

14. 다음 각 목의 어느 하나에 해당하는 기관에 그 목적사업에 필요한 재산을 매각하는 경우

가. 「지방공기업법」에 따라 설립된 법인~사. 「전자정부법」에 따라 설립된 한국지역정보개발원

15. 다른 법률에 따라 해당 재산을 양여하거나 무상으로 대부할 수 있는 자에게 그 재산을 매각하는 경우

18. 「농어촌정비법」 제82조에 따른 농어촌 관광휴양단지로 조성된 재산을 농어민에게 매각하는 경우

19. 「농어촌정비법」 제78조제1항에 따른 농공단지사업을 시행하는 자에게 해당 사업에 사용할 토지를 매각하는 경우

20. 재공고 일반입찰에 부쳤으나 입찰자 또는 낙찰자가 없는 경우

21. 「도서·벽지 교육진흥법」에 따른 도서·벽지에 있는 학교를 폐지하는 경우 그 학교재산을 청소년교육과 지역주민의 복리증진사업을 위하여 다음 각 목의 어느 하나에 해당하는 자에게 매각하는 경우

가. 「사립학교법」 제2조제2항에 따른 학교법인 ~ 라. 그 밖의 비영리법인

23. 재산의 위치·형태·용도 등으로 보아 일반입찰에 부치기 곤란하거나 계약의 목적 또는 성질상 수의계약으로 하는 것이 불가피한 경우로서 지방자치단체의 조례로 그 내용 및 범위를 정한 경우

24. 「전통시장 및 상점가 육성을 위한 특별법」 제2조제6호에 따른 시장정비사업을 위하여 사업시행자, 점유자 또는 사용자에게 사업 시행에 필요한 재산을 매각하는 경우

26. 「장사 등에 관한 법률」 제2조제9호에 따른 봉안시설의 설치를 위하여 재산을 매각하는 경우

27. 동일인 소유의 사유지에 둘러싸여 고립된 토지를 그 사유지의 소유자에게 매각하는 경우

28. 지역경제를 활성화하기 위하여 지방자치단체의 조례로 정하는 기준에 적합한 시설로서 해당 지역에 거주하는 상시 종업원의 수가 30명 이상이거나 원자재의 30퍼센트 이상을 해당 지역에서 조달하려는 기업의 공장 또는 연구시설을 유치하기 위하여 매각하는 경우

31. 지방자치단체와 해당 지방자치단체 외의 자가 공유하고 있는 재산을 그 재산을 공유하고 있는 자에게 매각하는 경우로서, 지방자치단체가 소유한 지분의 면적이 특별시·광역시 지역에 소재하는 경우에는 300제곱미터 이하, 특별자치시, 도 또는 제주특별자치도의 동(洞)지역에 소재하는 경우에는 500제곱미터 이하, 특별자치시, 도 또는 제주특별자치도의 읍·면 지역에 소재하는 경우에는 1천제곱미터 이하인 토지이고, 지방자치단체 외의 자의 공유지분율이 50퍼센트 이상인 경우

가능한 경우는 국유재산사용허가와 같이 총 3가지를 규정[21]하고 있고, 나머지는 원칙적으로 ③ 일반경쟁입찰에 의하도록 하고 있다(공유재산 및 물품 관리법 제29조 제1항).

지방자치단체조례가 "재산의 위치·형태·용도 등으로 보아 일반입찰에 부치기 곤란하거나 계약의 목적 또는 성질상 수의계약으로 하는 것이 불가피한 경우로서 지방자치단체의 조례로 그 내용 및 범위를 정한 경우(공유재산법 시행령 제38조 제1항 23호)"를 다음[22]과 같이 특별히 정하고 있다. 이러한 재산은 주로 "보존부적합 일반재산"으로 분류되어 수의계약으로 매각하여 지방재정을 확충하는 데 이용된다.

1. 최대 폭이 5m 이하(폭 5m를 초과한 부분이 전체 길이의 20% 미만인 때 포함)로써 공유지 이외의 토지와 합필이 불가피한 토지
2. 좁고 긴 모양으로 되어 있는 폐도·폐구거·폐제방으로써 서로 맞닿은 사유토지와의 합필이 불가피한 토지. 이 경우 그 토지 경계선의 2분의 1 이상이 동일인 소유의 사유토지와 접한 경우
3. 기존 산업단지 등 산업시설 부지 상에 위치한 토지를 생산시설 소유자에게 매각할 때로서 토지의 경계선의 2분의 1 이상이 동일인 소유의 사유토지와 접한 경우
4. 마을회 등 주민단체가 마을회관, 경로당 등 주민 공동이용시설을 설치하기 위한 경우로 1천제곱미터를 한도로 그 주민단체에 매각하는 경우
5. 군이 천재지변, 재난 등 특정목적을 위하여 조성한 재산을 그 재산의 용도에 맞도록 매각하는 경우
7. 2012년 12월 31일 이전부터 종교단체가 직접 그 종교용도로 점유·사용하고 있는 재산을 그 점유·사용하고 있는 자에게 매각하는 경우

---

32. 사유지에 건축되거나 설치된 지방자치단체 소유의 건물이나 공작물로서 그 건물이나 공작물의 위치, 규모, 형태 및 용도 등을 고려하여 해당 재산을 그 사유지의 소유자에게 매각하는 경우
21) 공유재산 및 물품 관리법 시행령 제29조 제3항(지명경쟁에 의한 대부); 지명경쟁에 의한 매각의 경우는 약간 상이하다(공유재산 및 물품 관리법 시행령 제37조).
22) 고성군 공유재산 관리조례 제37조

8. 「농지법」에 따른 농지로써 공유지를 대부받아 직접 5년 이상 계속하여 경작하고 있는 농업인에게 1만제곱미터 범위에서 매각하는 경우

9. 군과 군 외의 자가 공동으로 소유한 일단의 토지로서 군이 소유한 지분면적이 1천제곱미터 이하의 규모에 해당하는 토지를 공유지분권자에게 매각하는 경우, 다만 군 외의 자의 공유지분율이 50퍼센트 이상이어야 한다.

10. 재산의 위치, 규모·형태 및 용도 등으로 보아 해당 공유지만으로는 이용가치가 없으나 연접 사유토지와 합친다면 토지의 효용성이 제고되거나, 소규모 공유지 매각을 제한함으로 인하여 연접 대규모 사유지의 효용성을 현저히 저해하는 경우로서 영 제27조제1항에 따라 평정한 가격이 5천만원 이하인 토지

11. 「사도법」 제4조에 따라 개설되는 사도에 편입되는 공유지를 그 사도를 개설하는 자에게 매각하는 경우

Ⅲ. 국·공유림의 사용허가와 매각·대부계약의 특칙

1. 국유림 및 공유림의 의의

(1) 국유림의 의의 및 유형

국유림이란 국가가 소유하고 있는 산림을 말한다. 이는 국유재산이지만 지목이 산림이라 국유림의 기능을 증진하고 국유림을 효율적으로 관리함으로써 국가의 경제발전과 국민의 복지증진에 이바지함을 목적으로 특별히 보존할 필요성이 있어서 별도로 규율하고 있다[국유림의 경영 및 관리에 관한 법률(약칭: 국유림법) 제1조 참조].

우리나라의 국유림은 산림청이 관할하는 국유림과 다른 부처에서 관할하는 국유림으로 나뉜다. 산림청이 관할하는 국유림은 다시 보전국유림과 준보전국유림으로 나눈다(국유림법 제16조 제1항).

보전국유림은 앞으로 계속하여 국가에서 소유하면서 목재생산을 비롯한 여러 가지 산림자원 생산을 위한 산림경영임지의 확보, 임업기술개발 및 학술연구를 위하여 보존할 필요가 있거나 사적(史蹟)·성지(城址)·기념물·유형문화재 보호, 생태계보전 및 상수원보호 등 공익상 보존할 필요가 있으며 또한 국유림을 보존할 필요가 있는 대통령령에서 정한 기준에 해당하는 산림을 말한다(국유림법 제16조 제1항 1호).

반면에 준보전국유림은 매각이나 교환 등을 통하여 민간에게 처분할 수 있는 국유림을 말하는 것으로서 다른 산업에 활용할 수 있는 산림을 의미하지만, 임업적인 가치를 충분히 발휘할 수 있는 산림으로서 목재생산을 목적으로 사용되거나 휴양자원으로 활용될 수 있는 산림을 말한다.

다른 부처에서 관할하는 국유림은 국방이나 문화재 보호 등을 목적으로 산림청 이외의 다른 정부기관에서 관리하고 있는 산림을 말하며 그 면적은 12.6만 ha이다.

국립공원으로 지정된 한국의 여러 산의 일부는 산림청이, 또 다른 일부는 국립공원관리공단이나 다른 부서에서 관리하고 있는데, 이들은 모두 국유림으로서 국가가 주인인 산림이다. 현재 한국 국유림의 총면적은 138만 ha이며, 총 축적은 9,120만 ㎥으로서 단위면적당 축적은 약 66m/ha로서 사유림의 35㎥/ha나 공유림의 40㎥/ha에 비해 훨씬 높다.[23]

(2) 공유림의 의의 및 유형

공유림이란 도유림(道有林)·군유림(郡有林)·면유림(面有林)과 같은 지방자치단체나 그 밖의 공공단체가 소유하는 산림을 말한다(산림자원의 조성 및 관리에 관한 법률 제4조 2호.)

공유림의 유형은 산지관리법 등 법률상의 보전산지, 준보전산지 등의 분류 외에는 별도로 분류하지 않고 있다.

---

23) 국유림, https://terms.naver.com/entry.naver?docId＝1067046&cid＝40942&categoryId＝31884 (2021. 3. 28. 검색)

2. 국유림 및 공유림의 법적 성질

국유림 중에 보전국유림은 국유재산법상 행정재산으로 보고, 준보전국유림은 국유재산법상 일반재산으로 본다(국유림법 제16조 제3항).

따라서 보전국유림은 대부·매각·교환 또는 양여하거나 사권(私權)을 설정하지 못한다(국유림법 제17조). 산림청장은 산림의 공익기능 확보와 국유림의 경영관리의 효율성을 증대하기 위하여 국유림 확대계획을 10년마다 수립·시행하는 등 국유림을 확대 및 매수를 꾀하고 있다(국유림법 제18조).

공유림에 대해서는 법에서 별도로 구분하지 않고 공유재산법 일반의 분류에 따라 관리되고 있는 것으로 보인다.

3. 국유림 사용허가 및 매각·대부 계약의 특칙

(1) 국유림 특칙의 입법 취지

국유림 사용허가 및 매각·대부 계약의 경우 국유재산법과 달리 국유림법에 특칙을 두고 있다. 이는 국유림의 효율적인 보존 및 활용을 도모하는 등 현행 국유림의 경영 및 관리에 관한 체제를 전면적으로 개선·보완하려는 제정이유(2005. 8. 4. 제정)에서 국유림의 사용허가 및 매각 등을 엄격한 기준으로 관리하려는 것으로 보인다.

(2) 국유림의 특칙

이하의 법령의 기준 외에도 국유림의 대부 등(사용허가, 매각·대부계약)의 기준에 관하여 산림청장이 정하는 세부사항으로 「산림청 소관 국유재산관리규정」[24]을 시행하고 있다.

가. 국유림 사용허가의 기준

보전국유림에 대한 사용허가는 다음 각 호의 어느 하나에 해당하는 경우에 한정하여 할 수 있다(국유림법 제21조 제1항 단서).

---

24) 산림청 소관 국유재산관리규정[시행 2021. 1. 15.] [산림청훈령 제1476호, 2021. 1. 15., 일부 개정].

1. 국가 또는 지방자치단체가 공용 또는 공공용으로 사용하고자 하는 경우
2. 전기 · 통신 · 방송 · 가스 · 수도 그 밖에 대통령령으로 정하는 기반시설용으로 사용하고자 하는 경우
3. 수목원 · 자연휴양림 · 산림욕장, 치유의 숲, 그 밖에 대통령령으로 정하는 산림공익시설로 사용하고자 하는 경우
4. 「산림조합법」에 의한 산림조합 또는 산림조합중앙회, 「임업 및 산촌 진흥촉진에 관한 법률」에 따른 한국임업진흥원 및 「산림복지 진흥에 관한 법률」에 따른 한국산림복지진흥원이 설립목적의 달성에 필요하여 산림청장의 승인을 얻은 사업에 사용하고자 하는 경우
5. 국유림에서 생산되는 임산물(이하 "국유임산물"이라 한다)의 매수자가 그 국유임산물을 채취 · 가공 또는 운반하는 시설용으로 사용하고자 하는 경우
6. 「광업법」 제3조제3호 및 같은 조 제4호에 따른 광업권자 및 조광권자가 광물의 채취용으로 사용하고자 하는 경우
7. 임목의 생육에 지장이 없는 범위에서 「임업 및 산촌 진흥촉진에 관한 법률」 제8조에 따른 임산물소득원의 지원대상품목 중 버섯류 · 산나물류 · 약초류 또는 약용수종류의 재배용으로 사용하려는 경우
8. 국유림 안에 위치한 공 · 사유림에서 생산되는 목재의 반출 등 임산물의 운반을 위하여 필요한 경우
10. 임목의 생육에 지장이 없는 범위에서 「농업 · 농촌 및 식품산업 기본법」에 따른 농업인과 「수산업 · 어촌 발전 기본법」에 따른 어업인이 가축 조사료용 초본식물을 재배하기 위하여 사용하려는 경우
11. 「장사 등에 관한 법률」 제16조제6항제2호에 따른 공공법인이 수목장림을 조성 및 운영하기 위하여 사용하려는 경우
12. 「광산피해의 방지 및 복구에 관한 법률」 제2조제5호에 따른 광해방지사업의 시행을 위하여 사용하려는 경우

나. 국유림 매각 및 대부의 기준

(가) 국유림 매각기준

산림청장은 준보전국유림이 다음 각 호의 어느 하나에 해당하는 경우에는 이를 매각 또는 교환할 수 있다. 다만, 제2호의2 및 제2호의3 본문의 경우에는 교환만 할 수 있다(국유림법 제20조 제1항).

1. 「공익사업을 위한 토지 등의 취득 및 보상에 관한 법률」에 의한 공익사업 그 밖에 다른 법률의 규정에 의한 사업에 사용하게 되어 매각 또는 교환이 필요한 경우

2. 지방자치단체가 공용 또는 공공용사업에 사용하기 위하여 매각 또는 교환을 요청한 경우

2의2. 제16조제4항제10호 또는 제11호에 해당하여 준보전국유림으로 재구분된 경우

2의3. 제21조제1항에 따라 5만제곱미터 이내의 면적으로 대부를 받은 자가 5년 이상 사용하고 있는 국유림을 공유림등과 교환하려는 경우. 다만, 다음 각 목의 어느 하나에 해당하는 경우에는 공유림등과 교환할 수 없다.

　가. 제26조제1항 각 호의 어느 하나에 해당하는 경우

　나. 그 밖에 다른 법률에서 매각 등을 금지하거나 제한하는 등 국유림의 효율적인 경영 및 관리에 지장이 있다고 인정되는 경우로서 농림축산식품부령으로 정하는 경우

3. 그 밖에 국유림의 확대 및 집단화 등 국유림의 효율적 경영관리를 위하여 매각 또는 교환이 필요하다고 인정되는 경우

(나) 국유림 대부기준

준보전국유림의 대부 또는 사용허가(이하 "대부 등"이라 한다)의 기준은 다음 각 호와 같다(국유림법 시행령 제17조).

1. 법 또는 다른 법령에 따라 사용이 금지 또는 제한되었거나 사용계획이 확정된 국유림이 아닐 것

2. 대부등의 용도가 「산지관리법」 제10조 및 제12조에 따라 산지전용 · 산지
   일시사용이 가능한 용도에 해당하고 같은 법 제15조, 제15조의2 또는 제18
   조에 따른 산지전용 · 일시사용기준에 적합한 국유림일 것
3. 그 밖에 다른 법령에 따라 허가 · 인가 · 승인 · 지정 · 등록 · 신고 또는 협
   의 등의 처분이 필요한 경우에는 그 처분이 있을 것

4. 공유림의 사용허가 및 매각 · 대부계약의 기준

공유림에 대해서는 별도의 특칙이 없는 것으로 보아 공유재산 및 물품관리법
에 따라 좀 더 용이하게 처리하여야 한다. 인구가 많은 시급(市級)의 지방자치단체
에서는 이러한 원칙을 유지하고 있는 듯하다.

하지만 일선 지방자치단체에서는 국유림법의 취지를 참작해서 공유림의 사용
허가 및 매각 · 대부계약을 처리할 수밖에 없는 입장으로 보인다.[25] 그 예로 경남
고성군에서는 「공유재산 관리 조례」에서 대부료요율을 정하면서 '공유임야에 대한
대부 또는 사용허가'에 관한 포괄적 사항을 준용하고 있다. 이는 헌법상의 '포괄위
임금지의 원리'(헌법 제75조)[26]와 법률유보의 원리(헌법 제117조 제1항)에 어긋나는
위헌적 조례제정이며, 이러한 위헌적 입법 및 법집행은 일부 지방자치단체에서는
관행적인 것으로 보인다.

5. 특칙에 대한 비판

이 책의 주제와 직접적으로 관련 있는 진입도로 부분을 살펴보기 위하여, 국
유림의 사용허가에 관한 "국유림법 제21조 제1항 1. 국가 또는 지방자치단체가 공
용 또는 공공용으로 사용, 2. 전기 · 통신 · 방송 · 가스 · 수도 그 밖에 대통령령으

---

25) 고성군 공유재산 관리 조례 제27조[대부료의 요율] ⑦ 공유임야에 대한 대부 또는 사용허가
   는 「국유림의경영및관리에관한법률.시행령」 제21조제1항을 준용한다. <신설2014.08.06.>
26) 법률이 위임하는 사항과 범위를 구체적으로 한정하지 않고, 특정 행정기관에 입법권을 일반
   적·포괄적으로 위임하는 것은 금지된다는 원칙으로 이는 법률에 하위법령(대통령령, 총리
   령·부령, 대법원규칙,)으로 규정될 내용·범위의 기본적인 사항들을 가능하면 구체적이고 명
   확하게 규정하여, 누구라도 그 법률로부터 하위법령에 규정될 내용의 대강을 예측할 수 있
   어야 한다는 것이 '포괄위임금지의 원리'이다(헌법 제75조).

로 정하는 기반시설용으로 사용하고자 하는 경우" 등을 검토한다.

　일반 시민이 사유지에 '건축 및 공작물 설치를 위하여 진입도로를 확보'하는 방법으로 국유림을 사용허가 받는 경우란 거의 불가능해 보인다. 그리고 준보전국유림의 매각기준도 '건축 및 공작물 설치를 위하여 진입도로를 확보'하는 방법으로는 불가능해 보이고 단지 교환의 방법만이 가능한 것으로 판단된다. 단지 준보전국유림의 대부기준에 대해서만, 해당 요건을 갖추면 진입도로로 활용할 수 있을 것으로 보인다.

　한편 공유림의 경우에는 그 구체적 기준이 없지만 일부 지방자치단체의 국유림법의 취지를 참작해서 처리하는 관행이 있다. 그리고 산림 관련 공무원들의 의견은 산림의 특성상 농지에 비하여 진입도로로 활용 시 산지 형태 변화와 그에 따른 연쇄적 전용으로 숲의 보전에 반하는 측면이 있다는 의견이 있다. 그러나 보전가치가 전혀 없고 이미 농지화 혹은 대지화 되어있는데, 단지 지목이 '임'이며 공부상 공유림으로 관리된다는 이유만으로 '국유림의 사용허가 및 매각 등에 관한 엄격한 기준'을 준용하려 하는 일부 지방자치단체의 관행은 문제가 있다고 본다.

　산림보호라는 한 방향의 정책목표 때문에 국·공유림에 둘러싸여 있지만 활용가치가 뛰어난 수많은 토지들이 맹지라는 이유만으로 전혀 활용할 수 없게 된다. 산지가 전체국토의 70% 이상인 국가에서 편향적이며 일의적인 국·공유림 사용허가 및 매각·대부계약에 관한 정책은 문제가 심각하다고 생각한다.

제3절 공유수면 점·사용허가

Ⅰ. 공유수면 점·사용허가의 의의

공유수면의 점용·사용허가는 특정인에게 공유수면 이용권이라는 독점적 권리를 설정하여 주는 처분으로서 그 처분의 여부 및 내용의 결정은 원칙적으로 행정청의 재량에 속하는 행정처분이다.[27]

| 그림 4-1 | 공유수면

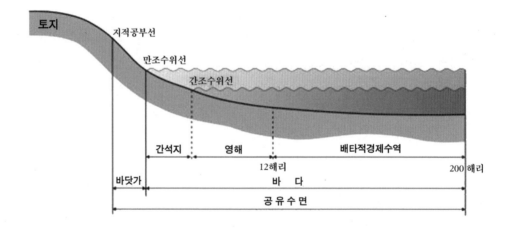

※ 출처 : 해양수산부,공유수면 업무 길라잡이 2017. 7. 3면

---

27) 대법원 2014. 9. 4. 선고 2014두2164 판결.

II. 공유수면점 · 사용허가의 법적 성질

공유수면은 자연공물이며 공공용물이다. 공유수면의 점용도 공유수면에 대하여 일반사용과는 별도로 공유수면의 특정 부분을 유형적 · 고정적으로 특정한 목적을 위하여 사용하는 이른바 특별사용을 의미하므로 점용허가는 특허에 해당한다. 공공용물 사용권의 특허는 상대방에게 권리를 설정해 주는 행정행위이므로 원칙적으로 자유재량행위에 속한다. 따라서 특허를 해줄 것인지의 여부는 행정청의 자유재량에 속하며 부관에 친한 행위이다.[28] 공공용물 사용권의 특허는 상대방의 신청이나 동의를 요한다는 점에서 강학상 쌍방적 행정행위에 속하므로 상대방의 신청이나 동의가 없는 특허는 하자있는 행정행위가 된다.

III. 공유수면점 · 사용허가의 기준 및 방법

1. 권리자의 동의 및 공익사업

공유수면법 제8조는 공유수면에 부두 · 방파제 · 교량 · 수문 · 건축물 기타 공작물을 신축 · 개축 · 증축 또는 변경하거나 이를 제거하는 행위, 공유수면에 접속한 토지를 수면 이하로 굴착하는 행위, 공유수면을 준설 또는 굴착하는 행위, 기타 공유수면을 점용하는 행위 등을 하고자 하는 자는 대통령령이 정하는 바에 의하여 해양수산부장관 또는 시장 · 군수 · 구청장(이하 '관리청'으로 칭함)으로부터 점용 또는 사용의 허가를 받아야 함을 명시하고 있다. 또한 동법 제12조는 관리청이 점용허가를 하거나 국가 또는 지방자치단체가 공유수면을 점용하고자 관리청과 협의 또는 승인을 함에 있어 당해 허가 · 협의 또는 승인으로 인하여 피해가 예상되는 권리로서 대통령령이 정하는 권리를 가진 자[29]가 있는 경우에는 당해 권리

---

28) 대법원 1990. 9. 25. 선고 89두5355 판결.

를 가진 자가 공유수면의 점용·사용에 동의한 경우와 국가·지방자치단체가 국방 또는 자연재해 예방 등 대통령령이 정하는 공익사업[30]을 위하여 필요한 경우를 제외하고는 이를 허가하거나 협의 또는 승인하여서는 아니된다고 규정하고 있다.

2. 해역이용협의 및 해역이용영향평가

여기서 중요한 절차는 공유수면의 점용·사용허가 및 공유수면 매립면허를 하고자 하는 시장·군수·구청장이 점용·사용허가 등을 하기 전에 대통령령이 정하는 바에 따라 미리 해양수산부장관과 「해양환경 보전 및 활용에 관한 법률」 제20조에 따른 해역이용의 적정성 및 해양환경에 미치는 영향에 관하여 협의(이하 "해역이용협의"라 한다)를 하여야 한다(공유수면법 시행규칙 제4조 제2항 7호, 해양환경관리법 제84조 제1항). 그러나 ⅰ) 공유수면의 바닥을 준설하거나 굴착하는 행위, ⅱ) 공유수면에서 흙이나 모래 또는 돌을 채취하는 행위, ⅲ) 흙·돌을 공유수면에 버리는 등 공유수면의 수심에 영향을 미치는 행위 등은 '해역이용협의' 대신에 '해역이용영향평가'를 받아야 한다(해양환경관리법 제85조 제1항).

'해역이용협의'를 세가지 범주로 나누면 ① '일반해역이용협의' 대상사업: 「공유수면 관리 및 매립에 관한 법률」 제8조제1항제1호에 따라 공유수면에 부두·방파제·교량·수문·건축물, 그 밖의 공작물을 신축·개축·증축 또는 변경하거나 제거하는 행위로서 길이 150미터 이상 또는 면적 3천제곱미터 이상을 점용·사용하는 경우(길이 150미터 미만 혹은 면적 3천제곱미터 미만의 경우는 간이해역이용협의 대상사업임), ② '간이해역이용협의' 대상사업: 「재난구호 및 재난복구 비용 부담기준 등에 관한 규정」 제3조제7호에 따른 개선복구사업(복구사업의 규모나 면적이 15미만

---

29) 공유수면법시행령 제12조(점용·사용허가 등의 기준)는 "대통령령이 정하는 권리를 가진 자"를 점·사용허가를 받은 자, 수산업법 제2조 제10호에 따른 입어자, 수산업법 제8조의 규정에 따른 어업면허를 받은 자, 수산업법 제43조 제2항 제2호·제3호 및 같은 조 제3항에 따른 육상해수양식어업, 종묘 생산어업 및 구획 어업의 허가를 받은 자, 공유수면매립법 제9조의 규정에 의한 매립면허를 받은 자, 인접한 토지·공작물의 소유자 또는 점유자, 조선소의 소유자 또는 점유자로 한정하고 있다.

30) "국방 또는 자연재해 예방 등 대통령령으로 정하는 공익사업"이란 다음 각 호의 사업을 말한다. 1. 국방에 필요한 시설을 하는 사업 2. 해일 등 자연재해를 예방하기 위한 방파제·제방 등의 시설물을 설치하는 사업(공유수면법 시행령 제12조 제2항).

증가한 경우에 한함, 15%이상 증가한 경우는 일반해역이용협의 대상사업이 됨), ③ '해역이용협의제외' 대상사업: 「재난구호 및 재난복구 비용 부담기준 등에 관한 규정」 제3조 제6호에 따른 '기능복원사업' 등이 있다.[31]

Ⅳ. 공유수면점 · 사용허가의 우선순위

공유수면의 점용허가를 함에 있어 신청이 경합되는 경우 공유수면법 시행령 제11조 제1항[32]에 의거 다음 각 호의 순서에 따라 ① 국가 또는 지방자치단체가 신청한 것, ② 해양수산 관련 사업에 필요한 것, ③ 해양환경에 미치는 영향이 적은 것, ④ 인접한 토지의 소유자로서 실수요자가 신청한 것 등의 순위대로 허가 · 협의 또는 승인을 하여야 한다.

Ⅴ. 내륙공유수면의 점 · 사용허가의 기본원칙

1. 내륙공유수면의 의의

내륙공유수면은 「공유수면 관리 및 매립에 관한 법률」 제2조와 제3조에 따라 해당되는 내륙부분의 공유수면인데, "하천 · 호소 · 구거, 그 밖에 공공용으로 사용

---

31) 해역이용협의 등에 관한 업무처리규정[시행 2018. 8. 20.] [해양수산부훈령 제432호, 2018. 8. 20., 일부개정.] 제5조 참조.
32) 공유수면법시행령 제11조(점용 · 사용허가등의 우선순위 등) ① 공유수면관리청은 동일한 구역의 공유수면에서 제4조에 따른 점용 · 사용허가의 신청 또는 제10조제1항에 따른 점용 · 사용 협의 또는 승인의 신청이 경합[처음 접수된 신청서가 계류 중인 상태에서 해당 신청서의 처리기간(연장된 처리기간은 제외한다)에 다른 신청서가 접수된 경우를 말한다]되는 경우에는 다음 각 호의 순서에 따라 허가·협의 또는 승인을 하여야 한다. 1. 국가 또는 지방자치단체가 신청한 것 2. 해양수산 관련 사업에 필요한 것 3. 해양환경에 미치는 영향이 적은 것 4. 인접한 토지의 소유자로서 실수요자가 신청한 것

되는 수면 또는 수류로서 국유인 것(공유수면법 제2조 1호 다목)을 말한다.

여기에서 내륙공유수면에는 바다, 바닷가, 「하천법」과 「소하천정비법」이 적용
되거나 준용되는 공유수면, 「농어촌정비법」 제2조 제6호에 따른 농업생산기반시
설 안의 공유수면[33])은 제외한다.

유의할 점은 지적공부에 등재되어있는 국유재산 중 지목이 하천, 유지, 구거
로서 물이 흐르지 않고 사실상 토지화된 경우라 할지라도 용도폐지 후 지목이 변
경되기 전까지는 「공유수면법」 적용대상이다.[34)35])

2. 내륙공유수면의 점용 · 사용허가의 기본원칙[36)]

○ 공유수면관리청은 내륙공유수면을 점용 · 사용허가를 할 때에 그 허가로 인해
  피해가 예상되는 권리자가 있는 경우에는 그 허가를 하여서는 아니된다. 다만,
  공유수면 점용 · 사용 관련 권리자가 해당 공유수면의 점용 · 사용에 동의한 경
  우와 국가나 지방자치단체가 국방 또는 자연재해 예방 등 공익사업을 위해 점
  용 · 사용하려는 경우는 예외적으로 허가를 할 수도 있다.

  ※ 피해가 예상되는 권리라 함은 당해 점용 · 사용허가로 인하여 권리를 가진 자가 그
    권리의 목적에 따라 당해 공유수면 또는 인접한 토지를 이용할 수 없게 되거나 피
    해를 방지하는 시설의 설치와 같은 조치를 하지 아니하고서는 그 공유수면 또는 인
    접 토지를 적정하게 이용 할 수 없게 되는 권리를 말함

○ 내륙공유수면의 점용 · 사용허가는 기본적으로 원상회복을 전제로 하여야 하고,
  다음과 같은 경우에는 점용 · 사용자가 자기의 책임으로 원상회복해야 한다.

  1. 점용 · 사용의 허가나 협의 또는 승인을 받지 아니하고 점용 · 사용하는 경우

---

33) 농업생산기반시설 안의 공유수면이란, 「농어촌정비법」 제17조에 따라 등록관리되고 있는
   공유수면을 말함.
34) 해양수산부, 『내륙공유수면 업무처리요령』, 2014. 2, 1면.
35) 공유수면은 자연의 상태 그대로 공공용에 제공될 수 있는 실체를 갖는 이른바 자연공물로
   서, 간척에 의하여 사실상 공유수면으로서의 성질을 상실하였더라도 「국유재산법」에 따라
   용도폐지를 하지 않은 이상 당연히 잡종재산으로 되는 것이 아니라는 것이 일관된 판례의
   입장임(대법원 1993.4.13. 선고 92누18528 판결(공 1993, 1410), 대법원 1995.11.14. 선고,
   94다42877 판결(공 1996상, 2)).
36) 해양수산부, 『내륙공유수면 업무처리요령』, 2014. 2, 2면.

2. 점용·사용의 허가나 협의 또는 승인을 받은 면적을 초과하여 점용·사용하는 경우

3. 점용·사용기간이 끝난 경우

4. 점용·사용의 허가나 협의 또는 승인과 관계있는 사업이 폐지된 경우

5. 점용·사용의 허가나 협의 또는 승인이 취소된 경우

○ 부속물 및 인공구조물의 설치 등에 수반되는 내륙공유수면의 점용·사용은 수면의 변화와 수로의 기능 등을 초래하지 않는 범위 내에서 허가한다.

1. 주변지역의 통수능력과 수위상승에 영향을 미치지 않아야 한다.

2. 제방 부근에서 유속의 변화가 종전보다 현저하게 변화되지 않아야 한다.

3. 공작물은 하천의 수충부 및 계획 제방부지, 그 밖에 다른 인공구조물 부근 또는 지반이 매우 약한 장소에 설치하지 않아야 한다.

4. 인공구조물을 하천 및 구거 등의 종단방향으로 설치하여 통수단면을 축소하는 형태가 되지 않도록 한다.

○ 내륙공유수면의 점용·사용은 가급적 주변지역의 자연적·사회적 환경을 훼손하지 않는 범위에서 허가한다.

제 4 절　하천점용허가

I. 하천점용허가의 의의

　　하천점용허가란 하천의 구역 안에서 공작물·물건 기타의 시설을 신설·개축·변경 또는 제거하거나 토지의 굴착·성토·절토 및 채취, 그 밖의 토지의 형질변경, 기타의 목적으로 토지 및 하천시설을 점용하고자 하는 자에게 하천관리청이 하천구역 이용권이란 독점적 권리를 설정하여 주는 처분으로서 그 처분의 여부 및 내용의 결정은 원칙적으로 행정청의 재량에 속하는 행정처분이다.

II. 하천점용허가의 법적 성질

　　하천의 점용은 하천에 대하여 일반사용과는 별도로 하천 또는 공유수면의 특정부분을 유형적·고정적으로 특정한 목적을 위하여 사용하는 이른바 특별사용을 의미한다. 자연공물인 하천의 점용허가권은 특허에 의한 공물사용권의 일종으로서 하천의 관리주체에 대하여 일정한 특별사용을 청구할 수 있는 채권이며 대세적 효력이 있는 물권이라고 할 수는 없다.[37]

III. 하천점용허가의 기준 및 원칙

　　하천법 제33조는 토지의 점용, 하천시설의 점용, 공작물의 신축·개축·변경,

---

37) 대법원 1990. 2. 13. 선고 89다카23022 판결.

토지의 굴착 · 성토 · 절토 기타 토지의 형질변경, 토석 · 모래자갈의 채취, 그 밖에 하천의 보전 · 관리에 장애가 될 수 있는 행위로서 대통령령으로 정하는 행위 등을 하고자 하는 자는 하천관리청의 허가를 받아야 하며 관리청은 허가 시에 하천의 오염으로 인한 공해 기타 보건 위생상 위해를 방지함에 필요한 부관을 붙일 수 있음을 규정하고 있다.

하천관리청이 하천점용허가를 하고자 할 경우에는 ⓐ 제13조에 따른 하천의 구조 · 시설 기준에의 적합 여부, ⓑ 하천기본계획에의 적합 여부, ⓒ 공작물의 설치로 인근 지대에 침수가 발생하지 아니하도록 하는 배수시설의 설치 여부, ⓓ 하천수 사용 및 공작물 설치 등으로 하천시설에 미치는 영향을 고려하여야 한다.[38]

또한 동법 제34조는 관리청이 점용허가를 함에 있어서 이미 하천점용의 허가를 받은 자 등 대통령령이 정하는 하천에 관한 권리를 가진 자가 당해 허가로 인하여 손실을 받게 됨이 명백한 경우에는 당해 하천점용에 관한 사업이 이해관계인의 당해 하천사용에 관한 사업에 비하여 공익성이 현저하게 큰 경우와, 손실을 방지하기 위한 시설을 설치하여 이해관계인의 당해 하천사용에 관한 사업의 시행에 지장이 없다고 인정되는 경우를 제외하고는 당해 신청인으로 하여금 이해관계인의 동의를 얻도록 하고 있다. 하천점용허가를 받고자 하는 자는 동법 시행령 제24조에 의하여 허가신청서에 국토해양부령이 정하는 서류를 첨부하여 관리청[39]에 제출하여야 하며 전자문서에 의한 제출도 가능하다.

또한 하천점용허가의 세부적인 허가기준에 대하여 국토교통부장관이 정하여 고시하고 있다.[40]

---

38) 하천법 제33조 제3항.
39) 관리청은 원칙적으로 국토해양부장관이지만 위임규정에 의하여 시·도지사나 시장·군수·구청장이 되는 경우가 있다. 하천법 제8조(관리청) ①국가하천은 국토해양부장관(2022년 1월 1일부터 환경부장관이 관리)이 이를 관리한다. ②지방하천은 당해 관할구역의 시·도지사가 관리한다. 제92조(권한의 위임·위탁) ①이 법에 따른 국토교통부장관 또는 환경부장관의 권한은 그 일부를 대통령령으로 정하는 바에 따라 시 · 도지사 또는 소속 기관의 장에게 위임할 수 있다. ②시 · 도지사는 제1항에 따라 위임받은 권한의 일부를 국토교통부장관의 승인을 얻어 시장 · 군수 · 구청장에게 재위임할 수 있다.
40) **하천점용허가 세부기준**[국토교통부고시 제2019−408호, 2019. 8. 6., 일부개정]에서 제3조(하천점용허가의 기본원칙), 제4조(하천점용허가의 유효기간), 제5조(하천점용허가의 조건 등), 제5조의2(임대·전대의 금지), 제2장 토지의 점용허가에 관한 세부기준, 제3장 하천시설

'하천점용허가의 기본원칙'[41]을 살펴보면 아래와 같다.

① 하천점용은 공공의 복리를 증진하고 하천의 유지·관리에 지장이 없다고 인정되는 경우에 필요한 최소한의 범위에서 허가할 수 있다.

② 공작물의 설치, 수목의 식재(植栽) 등을 수반하는 하천의 점용은 치수상 또는 이수상의 지장을 초래하지 않아야 한다. 이 경우 치수상 또는 이수상의 지장에 관한 판단은 다음의 각 호의 기준에 따르되, 하천의 형상 등의 특성을 고려하여야 한다.

1. 하천의 유수소통 능력에 지장을 미치지 않을 것
2. 수위 상승에 의한 영향이 하천관리상 문제가 없을 것
3. 제방부근에서 물의 흐름의 속도가 종전보다 현저하게 변화되지 않을 것
4. 공작물은 하천의 수충(水衝)부, 계획제방 부지, 하천시설, 다른 허가공작물 부근 또는 지반이 매우 약한 장소에 설치하지 않을 것
5. 공작물은 가능한 한 하천의 종단방향으로 설치하지 않고, 홍수시의 유출에 의해 하천을 훼손하지 않을 것

③ 하천점용은 가능한 한 하천 및 그 주변의 자연적·사회적 환경을 훼손하지 않고 조화되게 하여야 한다.

④ 다음 각 호의 어느 하나에 해당하는 경우는 복합적인 허가사항에 해당하므로 관련된 행위허가를 함께 받아야 한다.

1. 제방, 보 등 하천시설을 점용하는 행위
2. 차량통행 등을 위한 포장행위 또는 이와 유사한 시설을 설치하는 행위
3. 사무실, 창고 등 건축물의 설치 또는 이와 유사한 행위
4. 수목의 식재행위
5. 그 밖에 이와 유사한 시설의 설치

⑤ 「건축법」 등 다른 법률에 의한 인·허가 요건 충족을 위한 하천점용은 하

___
의 점용허가에 관한 세부기준, 제4장 공작물의 신축·개축·변경허가에 관한 세부기준, 제5장 토지의 형질변경 등 허가에 관한 세부기준, 제6장 토석·모래·자갈의 채취허가에 관한 세부기준, 제7장 수목의 식재·벌채허가 및 관리에 관한 세부기준을 상세히 규정하고 있다.
41) 하천점용허가 세부기준[국토교통부고시 제2019-408호, 2019. 8. 6., 일부개정.] 제3조.

천을 개인에게 전속되게 하여 하천의 공익적 이용에 지장을 초래하거나
사권(私權)을 행사할 우려가 없는 경우에 허가하여야 한다.

⑥ 하천점용은 다른 자가 하천을 이용할 수 있도록 하안(河岸)으로의 통로를
확보하여야 하며, 타인의 하천 이용을 현저하게 방해하지 않아야 한다.

⑦ 하천점용은 하천기본계획 등 하천의 정비·보전 또는 이용에 관한 계획이
정해져 있는 경우 해당 계획에 맞도록 하여야 한다.

⑧ 하천점용허가신청이 경합하는 경우에는 「하천법시행규칙」(이하 "규칙"이라
한다) 제18조제2항에서 정한 순위에 따라 허가하여야 한다.

⑨ 하천관리청은 공공성이 높은 사업이 확정되어 있는 지역에 대해 하천점용
허가를 하고자 할 때에는 그 사업의 시행에 지장이 없도록 하여야 한다.

Ⅳ. 하천점용허가의 우선순위[42]

국토교통부장관, 지방국토관리청장 또는 시·도지사는 같은 구역에 대하여
제17조 제1항에 따른 점용허가 신청이 여럿인 경우에는 다음 각 호의 순위에 따
라 허가하여야 하며, 같은 순위의 신청이 경합되는 경우에는 공익에 기여하는 정
도가 크다고 인정되는 순위에 따라 허가하여야 한다. 다만, 다음 각 호의 어느 하
나에 해당되지 아니하는 자의 허가신청이 경합되는 경우에는 허가신청서가 접수
된 순서에 따라 허가하여야 한다.

1. 제1순위 : 하천법 제30조에 따라 하천관리청의 허가를 받고 하천공사 또는
   하천의 유지·보수를 행하는 자
2. 제2순위 : 하천구역으로 편입된 토지의 종전 소유자[43]로서 신청대상구역의

---

42) 하천법 시행규칙 제18조(점용허가의 기준 등)
43) 당해 토지의 포락, 하천의 하상화로 종래의 토지소유자의 이용상태가 완전히 단절되어 상당
    한 기간이 경과된 뒤 당해 토지에 관하여 종래의 소유자와의 신청의 경합 없이 이미 타인에
    게 토지점용허가가 이루어져 새로운 토지의 이용상태가 형성되었다면 종전 토지소유자는
    하천법시행규칙상의 우월적 지위를 상실하였다 할 것이고, 기왕의 점용허가기간이 지나 기

인근에 거주하는 자

3. 제3순위 : 홍수관리구역 안의 토지소유자로서 신청대상구역의 인근에 거주하는 자

4. 제4순위 : 신청대상구역의 인근에 거주하는 자

V. 내륙공유수면 점 · 사용허가와의 관계

제4절의 '하천점용허가의 기본원칙'이 제3절에서 전술한 '내륙공유수면의 점 · 사용허가의 기본원칙'과 유사함을 알 수 있다. 이는 내륙공유수면이 그 소유가 국유임을 전제로 하는 특징 외에는 그 대부분의 성격이 하천, 구거 등과 유사하기 때문일 것으로 보인다. 여기에 대해서는 보다 세부적인 검토가 필요하다고 본다.

존의 점용허가권자가 새로 점용허가신청을 하는 경우 종전 토지소유자의 점용허가신청이 경합되어졌다 하더라도 종전 소유자보다는 기존의 점용허가권자의 지위를 우선적으로 보호하여 줄 필요가 있다고 보아야 할 것이다(대법원 1986. 12. 23. 선고 86누640 판결).

제 5 절 소하천점용허가

Ⅰ. 소하천점용허가의 의의

소하천점용허가란 소하천구역 안에서 공작물·물건 기타의 시설을 신설·개축·변경 또는 제거하거나 토지의 굴착·성토·절토 및 채취, 그 밖의 토지의 형질변경, 기타의 목적으로 토지 및 소하천시설을 점용하고자 하는 자에게 소하천관리청[44]이 하천구역 이용권이란 독점적 권리를 설정하여 주는 처분으로서 그 처분의 여부 및 내용의 결정은 원칙적으로 행정청의 재량에 속하는 행정처분이다.

Ⅱ. 소하천점용허가의 법적 성질

소하천의 점용은 소하천에 대하여 일반사용과는 별도로 소하천 또는 공유수면의 특정부분을 유형적·고정적으로 특정한 목적을 위하여 사용하는 이른바 특별사용을 의미한다. 자연공물인 소하천의 점용허가권은 특허에 의한 공물사용권의 일종으로서 소하천의 관리주체에 대하여 일정한 특별사용을 청구할 수 있는 채권이며 대세적 효력이 있는 물권이라고 할 수는 없다.

---

44) 특별자치시장·시장(「제주특별자치도 설치 및 국제자유도시 조성을 위한 특별법」 제11조 제1항에 따른 행정시의 시장을 포함한다. 이하 같다)·군수 또는 구청장(자치구의 구청장을 말한다. 이하 같다)[소하천정비법 제3조]

Ⅲ. 소하천점용허가의 기준[45]

소하천관리청이 소하천 점용허가를 할 때에는 『ⓐ 해당 공사가 종합계획·중기계획 및 시행계획에 지장을 주는지 여부, ⓑ 제14조에 따른 허가를 받은 자(이하 "권리자"라 한다)에게 손실이 발생하는 경우에는 권리자가 해당 공사의 시행에 동의하였는지 여부, ⓒ 공사비와 공사기간이 적정한지 여부, ⓓ 소하천에 설치하려는 인공구조물이 관계 설계기준에 적합한지 여부』를 검토하여야 한다.[46]

또한 소하천등의 점용 또는 사용 허가는 소하천의 유지·관리에 지장이 없다고 인정되는 경우에 한하여 할 수 있으며, 소하천시설 및 인공구조물의 설치 등을 수반하는 허가대상 소하천등의 점용 또는 사용 허가는 소하천의 치수·이수 및 친수에 지장이 없다고 인정되는 경우에 한하여 할 수 있다.

이상의 사항 외에 허가대상 소하천등의 점용 또는 사용허가 업무 처리에 필요한 사항은 행정안전부장관이 정하여 고시하도록 하고 있지만 아직 고시하지 않고 있다. 대체로 하천점용허가의 기준을 유추적용하면 족하다고 생각한다.

허가대상 소하천등의 점용 또는 사용허가의 유효기간은 별표에서 정한 기간 이내로 한다. 이 경우 해당 허가대상 소하천 등에 대한 국가 또는 지방자치단체의 공공사업 시행계획이 있거나 점용 또는 사용 목적상 부득이할 때에는 그 기간을 줄이거나 늘릴 수 있다.[47]

Ⅳ. 소하천점용허가의 우선순위

소하천정비법에는 하천법과는 달리 소하천점용허가의 우선순위에 대하여 별도로 규정하고 있지 않다. 개별 사안에 대하여 달리 적용할 법 규정이 없으면 법

---

45) 소하천정비법 시행규칙 제11조의2(점용 등의 허가 업무 처리의 세부기준 등)
46) 소하천정비법 제10조.
47) 소하천정비법 시행규칙 제11조(점용 허가의 유효기간 등)

령의 성격상 하천법의 규정을 유추적용하여야 될 것처럼 보인다.

만일 하천법에도 규정하지 않은 사안의 경우에는 어떻게 할 것인가 문제된다.

공유수면법과의 관계를 살펴보면, 「공유수면법」 제3조(적용배제 등)규정 때문에 '공유수면의 관리 및 점용·사용에 관한 공유수면법의 규정'을 소하천이란 공유수면을 점용하는 경우에는 공유수면법을 적용할 수 없다. 그러므로 하천법에도 달리 그 규정이 없다면, 소하천정비법의 일반법과 특별법의 관계에 있는 국유재산법이나 공유재산법을 적용하여야 할 것이다.

제6절 ⸱ 농업생산기반시설 목적 외 사용허가

Ⅰ. 농업생산기반시설 목적 외 사용허가의 의의

'농업생산기반시설의 사용허가'란 농업기반시설이나 용수를 본래 목적 외의 목적으로 공사가 사용하거나 타인에게 사용하게 하는 것을 말한다.

농어촌정비법 제23조에 "농업생산기반시설관리자[48]가 농업생산기반시설이나 용수를 본래 목적 외의 목적에 사용하려 하거나 타인(他人)에게 사용하게 할 때에는 시장·군수·구청장의 사용허가를 받아야 한다. 다만, 농업생산기반시설관리자가 한국농어촌공사인 경우와 농업생산기반시설의 유지·관리에 지장이 없는 범위에서 대통령령으로 정하는 경미한 사항인 경우에는 그러하지 아니하다."라고 규정하고 있다.

여기서 대통령령으로 정하는 경미한 사항이라 함은 ① 본래 목적 외의 목적으로 사용하려는[49] 농업생산기반시설의 면적이 300제곱미터 이하인 경우 ② 당초 사용허가된 사용 이유와 규모 등의 변경 없이 사용기간을 갱신하는 경우를 말한다(농어촌정비법 제31조 제3항).

Ⅱ. 농업생산기반시설 목적 외 사용허가의 법적 성질

농업생산기반시설의 목적외 사용은 농업생산기반시설에 대하여 일반사용과는

---

48) 농업생산기반시설관리자란 일반적으로 지방자치단체장인 시장·군수·구청장이 되지만, 별도로 농어촌공사가 관리자이거나 드물게는 서산간척지의 경우 H라는 사기업 소유의 농업생산기반시설 관리자인 경우가 있다.

49) 법령해석사례[안건번호19-0340. 회신일자 2019-10-25 ※ **법령정비 권고사항**]
「농어촌정비법」 제23조제1항 단서 및 같은 법 시행령 제31조제3항제1호에서 본래 목적 외의 목적으로 사용하려는 주체를 농업생산기반시설관리자로 한정할 정책적 필요가 있다면 이를 명확히 할 필요가 있다.

별도로 농업생산기반시설의 특정부분을 유형적·고정적으로 특정한 목적을 위하여 사용하는 이른바 특별사용을 의미한다. 인공공물인 농업생산기반시설의 목적 외 사용허가권은 특허에 의한 공물사용권의 일종으로서 농업생산기반시설의 관리주체에 대하여 일정한 특별사용을 청구할 수 있는 채권이며 대세적 효력이 있는 물권이라고 할 수는 없다.

Ⅲ. 농업생산기반시설 목적 외 사용허가의 기준

농업생산기반시설이나 용수의 목적 외 사용 기간은 다음 각 호의 구분에 따른 기간 이내로 한다. 다만, 「신에너지 및 재생에너지 개발·이용·보급 촉진법」 제2조제3호에 따른 신·재생에너지 설비(이하 "신·재생에너지 설비"라 한다)의 설치·운영을 목적으로 농업생산기반시설이나 용수를 사용하는 경우에 그 사용 기간은 10년 이내로 한다.

1. 토지를 사용하는 경우

가. 진·출입로, 수도관·배수관·도시가스관·송유관, 가로등·전주 및 철도·도로 등의 설치 등 장기간 사용이 필요한 경우: 10년

나. 영농 목적인 경우와 가목에 해당되지 아니하는 경우: 3년

2. 수면 및 이에 딸린 토지를 사용하는 경우: 5년

3. 용수를 사용하는 경우: 3년

한편, 「한국농어촌공사 정관」 제50조는 공사가 관리하는 농업생산기반시설이나 용수의 사용허가는 다년생식물을 식재하거나 양식어업 중 시설관리자가 수질 악화의 우려가 있다고 판단되는 경우 등 일정한 경우에 사용허가를 금지하고 있다.[50]

농업생산기반시설토지의 공동사용에 대하여 ① 시설관리자는 시설토지를 공

---

50) 한국농어촌공사, 농업생산기반시설 사용허가 지침. 제6조(사용허가 제한)

장이나 주택 등의 진입로 용도로 사용허가 할 경우 사용자가 사용료 납부, 대체시설 설치 및 비용의 투자 등을 이유로 타인의 통행 등을 방해할 수 없도록 하여야 한다. ② 시설관리자는 신규로 공동사용을 신청하는 경우 사용료와 대체시설 설치비를 공동 분담하게 하여야 한다.51)

농업생산기반시설의 목적외 사용에 대하여「농어촌정비법」과 한국농어촌공사 정관인「농업생산기반시설 사용허가 지침」에 상세히 규정하고 있다. 그러나 법규 명령에 규정한 내용과 공법인인 농어촌공사의 정관에 규정한 내용이 혼재되어 있어 체계적이지 않아 매우 혼란스러워 일반 국민의 예측가능성, 명확성과 법적안정성에 장애가 되고 있어서 문제이다.

Ⅳ. 농업생산기반시설 목적 외 사용허가의 적용법규 및 우선순위

농어촌정비법에서는 경쟁입찰과 관련된 규정(농어촌정비법 시행령 제31조) 외에는 별도로 규정한 바가 없으므로 국유재산이면「국유재산법」에 따르고, 지방자치단체의 소유이면「공유재산법」을 적용하여야 할 것이다. 한편, 한국농어촌공사의 소유이면 한국농어촌공사 정관인「농업생산기반시설 사용허가 지침」제9조에서 정하는 바에 따르게 될 것이다. 위의 법률과는 달리 상세히 규율하고 있는데, 그 내용은 다음과 같다.

「농업생산기반시설 사용허가 지침」

제9조(사용자 선정) ① 시설관리자는 수면사용(부속토지 포함한다) 또는 1개의 미사용 농업기반시설에 사용신청자가 다수일 경우「국가를 당사자로 하는 계약에 관한 법률」및「공기업·준정부기관 계약사무규칙」에 따른 일반경쟁입찰에 의하여 사용자를 선정하여야 한다. 다만, 시설토지 및 수면사용의 경우「국토의 계획 및 이용에 관한 법률」및「개발제한구역의 지정 및 관

---

51) 한국농어촌공사, 농업생산기반시설 사용허가 지침. .제12조(시설토지의 공동 사용)

리에 관한 특별조치법」 등 다른 법률의 규정에 시설물의 설치·운영을 제한
하고 있는 경우에는 제한경쟁입찰에 의해 사용자를 선정할 수 있다.

② 제1항에 따른 경쟁입찰을 하는 경우 입찰 또는 계약 후 사용자로부터의
문제제기가 없도록 입찰 전에 사용허가 대상사업의 인·허가 기관에 동 사
업시행의 제약조건 또는 인·허가 가능여부를 문의 또는 협의하여야 한다.

③ 시설관리자는 다음 각 호의 어느 하나에 해당하는 경우에는 수의계약으
로 사용자를 선정할 수 있다.

1. 수면사용 이외의 시설토지와 용수의 목적 외 사용의 경우

2. 「국토의 계획 및 이용에 관한 법률」 및 「개발제한구역의 지정 및 관리에
   관한 특별조치법」 등 다른 법률에 따라 시설물을 설치·운영할 수 있는 자
   가 1명 또는 1개 법인일 경우

3. 수면사용을 하고자 할 때 다음 각 목의 어느 하나에 해당하는 경우

  가. 공사가 시행하는 사업, 국가 등의 공공사업과 관련하여 피해대책 차원
      에서 수면사용을 허락한 경우

  나. 목적 외 사용을 하고자 하는 수면에 연접한 지역에 거주하는 자들이
      공동이익을 위하여 내수면어업계를 구성하여 관할 지자체장에게 통지
      한 후 수면사용을 신청하는 경우

    (1) 내수면어업계의 정관, 총회회의록, 어업계원명부 등을 제출받아 관
        할 지자체에 통지한 내용과의 동일 여부를 확인

    (2) 내수면어업계의 정관변경 및 대표자변경 등 중요사항의 변경이 있
        는 경우 시설관리자에게 통보하도록 조치

    (3) 시설관리자는 내수면어업계가 (1) 또는 (2)를 위반하거나 내수면어업
        계가 「내수면어업법 시행규칙」 제14조제3항에 해당하여 해산된 경우
        시설관리자는 계약을 해지할 수 있다.

  다. 「관광진흥법」 제52조에 따라 지정된 국민관광지내 지역주민과 수혜농
      업인 50명 이상이 공동체를 구성하여 수면사용을 신청하는 경우. 이 경
      우 지역주민과 수혜농업인은 농업기반시설물이 소재하는 해당 리·동에
      수면사용 신청일 현재 주민등록상 주소지에 계속하여 2년 이상 거주한

자로 한다.

라. 시설관리자가 다음 어느 하나에 해당하는 사항에 대하여 경쟁입찰을 할 경우 공사수익증대에 도움이 되지 않는다고 객관적인 자료에 따라 판단한 경우

(1) 현 계약서 내용 중 수면에 시설물설치 및 운영기간이 약정되어 있는 경우

(2) 수면사용 계약서에 계약종료 시 공사가 현 시설물을 매수하도록 약정되어 있는 경우

마. 수면사용 신청자가 수면사용에 필요한 시설을 설치할 부지(유지)나 진입로 등이 없어 수면을 사용하지 못하는 경우 수면사용신청자가 저수지 시설부지 밖의 토지에 대한 소유권 취득, 전세권·지상권 설정 등의 방법으로 수면사용 위한 토지를 확보하여 수면만을 사용할 경우

바. 당초 허가된 사용이유와 규모 변경 없이 제16조제1항에 따라 사용기간을 갱신하는 경우

사. 이 지침 이외의 다른 법령 및 규정 등에 따라 수의계약 사유에 해당하는 경우

④ 경쟁입찰의 경우 공사 홈페이지와 「국가를 당사자로 하는 계약에 관한 법률 시행령」 제33조에 따라 지정정보처리장치(www.onbid.co.kr)를 이용하여 공고를 하여야 하며, 필요한 경우 일간신문 등에 게재하는 방법을 병행할 수 있다.

제 5 장
주위토지통행권

제 1 절 ⟩ 주위토지통행권에 관한 민법규정과 해석론

건축이나 공작물 등의 설치를 위해서는 원칙적으로 관련 법규에서 정하고 있는 진입도로를 확보하여야 한다는 점은 앞서 본 바와 같다. 그런데 접도요건 충족을 위한 진입도로를 확보하고자 하나 그 진입도로에 해당하는 토지의 소유자와의 합의가 이루어지지 않는 때, 즉 진입도로로 이용하여야 할 토지의 소유자가 해당 토지를 매도할 의사도 없고, 일정한 조건 하에 그에 관한 사용승낙을 해줄 의사도 없는 경우가 문제가 된다.

이러한 경우 진입도로에 해당하는 부분의 토지를 매입하거나 사용승낙을 받을 수 없는 때 예외 없이 당해 토지를 효율적으로 이용할 수 있는 방법이 없는 것으로 보아야 한다면, 이것은 사회경제적으로는 손해가 될 수도 있는 것이다.

공도와 연결되는 진입도로를 확보할 수 없는 토지는 다른 토지에 포위되어 있는 것으로 볼 수 있을 것이므로, 민법상 인정되고 있는 주위토지통행권을 이용하여 이 문제를 해결할 수 있을지를 살펴볼 필요가 있다. 이러한 진입도로의 문제를 민법상 주위토지통행권을 통해서 해결할 수 있다면, 상당한 토지가 이용가능한 상태가 될 것이고 궁극적으로 토지시장에 공급량을 증대시킴으로써 토지시장과 국토이용의 효율화를 꾀하는 긍정적인 효과를 나타낼 수 있을 것으로 판단된다.

그러므로 이하에서는, 주위토지통행권을 통한 진입도로의 확보라는 점에 관하여 본격적으로 논의하기에 앞서, 우리 민법 제219조에 규정된 주위토지통행권에 관한 일반론을 정리하여 보기로 한다. 주위토지통행권의 의의와 법적 성질, 성립요건, 통행권자와 통행수인의무자의 범위, 그리고 그 효과에 대하여 순차적으로 고찰한다. 그리고 요건의 해석 등과 관련하여서는 대법원 판례의 입장을 함께 살피기로 한다.

Ⅰ. 주위토지통행권의 의의

민법 제219조는 「① 어느 토지와 공로[1] 사이에 그 토지의 용도에 필요한 통로가 없는 경우에 그 토지소유자는 주위의 토지를 통행 또는 통로로 하지 아니하면 공로에 출입할 수 없거나 과다한 비용을 요하는 때에는 그 주위의 토지를 통행할 수 있고 필요한 경우에는 통로를 개설할 수 있다. 그러나 이로 인한 손해가 가장 적은 장소와 방법을 선택하여야 한다. ② 전항의 통행권자는 통행지소유자의 손해를 보상하여야 한다.」라고 규정하고 있다. 그리고 민법 제220조는 「① 분할로 인하여 공로에 통하지 못하는 토지가 있는 때에는 그 토지소유자는 공로에 출입하기 위하여 다른 분할자의 토지를 통행할 수 있다. 이 경우에는 보상의 의무가 없다. ② 전항의 규정은 토지소유자가 그 토지의 일부를 양도한 경우에 준용한다」라고 규정하고 있다. 이러한 토지소유자의 권리를 주위토지통행권이라고 한다.

토지는 자연적이거나 인위적인 원인으로 인하여 공로에 출입할 수 있는 통로가 없는 경우가 있는데, 이러한 토지는 그 사용 가능한 범위가 극히 제한적일 수밖에 없고, 경우에 따라서는 무가치한 상태로 방치될 수도 있다. 민법은 이처럼 어떠한 토지가 통로가 없어 그 사용이 제한되거나 불가능하게 되는 경우를 없애기 위하여 주위토지통행권을 두고 있는 것이다.[2] 이러한 주위토지통행권은 민법의 상린관계에 의하여 인정되는 토지사용권으로, 주위토지 소유자의 토지에 대한 독점적인 사용권을 제한하는 권리로서 인접한 토지 소유자 사이의 이해를 조정하는 데 그 목적이 있다.[3]

주위토지통행권은 당사자 간의 약정에 의해서 발생할 수도 있고,[4] 법률에 의

---

1) '공로'라고 하는 것은 일반인이 통행하고 있는 도로를 말하며, 반드시 도로법 기타 법률상의 도로일 필요는 없는 것이다(김상용, 『물권법』, 법문사, 2006, 364면).
2) 이은영, 『물권법』, 박영사, 2006, 683면; 홍성재, 『물권법』, 대영출판사, 2010, 185면.
3) 대법원 1995. 2. 10. 선고 94다45869 판결.
4) 약정에 의한 통행권은 채권적 효력을 가진 약정통행권과 물권적 통행권효력을 가진 물권적 통행권으로 구분할 수 있는데, 약정통행권은 토지의 특정승계인에게는 주장할 수 없고 물권적 효력을 가진 물권적 통행권만 특정승계인에게 통행권을 주장할 수 있다고 한다(김상용, 앞의 책, 510면; 전장헌, "주위토지통행권의 성립요건과 통로 폭 인정범위에 대한 고찰",

하여 발생할 수도 있다.[5] 전자의 경우에는 주위토지통행권의 내용이 약정에 의하여 정해질 것이므로 크게 문제될 것이 없고, 논의의 실익이 있는 것은 후자의 경우이다.

II. 주위토지통행권의 법적성질

민법 제219조나 제220조의 규정에 의한 소유권의 상린관계로부터 발생하는 주위토지통행권은 주위토지 소유자의 동의를 요하지 않고 일정한 요건을 충족하면 당연히 성립하는 법정통행권이다. 이것은 주위토지 소유자의 입장에서 본다면 자신 소유의 토지를 타인의 이용에 제공하여야 하는 수인의무를 지게 되는 것이고, 반대로 포위된 토지 소유자의 입장에서는 주위토지 소유자의 수인의무 범위만큼 권능을 확대하는 것으로 볼 수도 있다.[6] 이러한 수인의무는 소극적인 인용의무이며, 이는 부작위의무(민법 제389조 제3항)의 성질을 가지는 것으로서 원칙적으로 간접강제의 대상이지만 그 의무위반으로 생긴 물적 상태의 제거의무는 대체집행의 대상도 된다.[7] 민법 제219조에 의하여 발생하는 주위토지통행권은 유상인 반면, 민법 제220조에 의한 주위토지통행권은 무상이라는 점에서 차이가 있다.

주위토지통행권은 소유권의 내용에 내재하는 제한 또는 확장을 의미한다는 점에서 피포위지의 소유권으로부터 독립된 별개의 물권은 아니므로 등기의 대상이 될 수 없으며, 따라서 피포위지의 소유권이 이전되면 이에 수반하여 주위토지통행권도 당연히 이전된다. 주위토지통행권을 방해하는 자에 대해서는 통행권이

『법학연구』 17(4)(통권 68호), 한국법학회, 2017, 246면).

5) 따라서 민법 제219조 및 제220조에 의한 주위토지통행권은 법정통행권이라 할 수 있을 것이다(전장헌, 앞의 논문, 244면).

6) 이상태, "주위토지통행권", 『민사판례연구Ⅹ』, 박영사, 1999, 561면; 박준서 편집대표, 『주석민법(물권Ⅰ)』, 한국사법행정학회, 2001, 63면; 전장헌, 앞의 논문, 246면.

7) 예를 들면 자기 소유의 땅이라 하여 …….차단시설 등 공작물을 설치하지 아니할 의무를 위반하여 공작물을 설치한 경우에는 그 공작물의 제거는 대체성이 있기 때문에 대체집행이 인정된다(이시윤, 『신민사집행법』, 박영사, 2016, 502면).

있음을 확인하는 소를 제기할 수 있고, 피포위지 소유권의 효력으로서 물권적 방해금지나 제거를 청구할 수 있는 법적 성질을 가지고 있다.[8]

Ⅲ. 주위토지통행권의 성립요건

1. 민법 제219조에 의한 주위토지통행권의 성립요건

민법 제219조에서 정한 주위토지통행권이 성립하기 위해서는 크게 보아 세 가지의 요건을 갖추어야 한다. 즉, 첫째 어느 토지와 공로사이에 그 토지의 용도에 필요한 통로가 없을 것, 둘째 그 토지 소유자가 주위의 토지를 통행 또는 통로로 하지 않으면 공로에 출입할 수 없을 것, 셋째 다른 방법으로는 과다한 비용을 요할 것의 세 가지의 성립요건이 필요하다.

(1) 어느 토지와 공로사이에 그 토지의 용도에 필요한 통로가 없을 것[9]

먼저 어느 토지가 다른 토지에 의하여 둘러싸여 있는 것이 필요하다. 다른 토지라 함은 형식적으로만 본다면 타인 명의의 토지를 말하는 것이지만, 예컨대 부부가 각각 어느 토지와 그 토지를 둘러싸고 있는 토지를 소유하고 있는 경우와 같이 두 토지가 실질상 일체적으로 사용되고 있는 경우에는 주위토지통행권이 성립하지 않는다고 할 것이다.[10]

여기서 말하는 공로라 함은 공도(公道)에 한정되지 않고, 공중이 자유롭게 통행할 수 있는 사도(私道)도 포함하는 것으로 해석하여야 할 것이다. 그러므로 공로

---

8) 박준서 편집대표, 앞의 책, 565면; 대법원 2005. 7. 14. 선고 2003다18661 판결 참조.
9) 우리 민법 제219조상의 이 요건에 해당하는 외국의 입법례를 보면, 독일민법 제917조에서는 "합리적인 이용(ordnungsmäßigen Benutzung)에 필요한 도로를 결한 때"라고 규정하고 있고, 프랑스민법 제682조는 "공로로 통하는 통로가 없거나 기존의 통로가 그 토지의 농업 또는 공업상의 개발에 불충분한 때"라고 정하고 있다. 그리고 일본민법 제210조 제1항은 "다른 토지에 둘러싸여 공도(公道)로 통하지 않는"이라고 규정하고 있다.
10) 三島武宜·三井 健 編輯, 『新版注釋民法(7)』, 有斐閣, 2007, 333頁.

는 상당한 정도의 폭을 가지고 있어서 자유롭고 안전하며 용이하게 통행할 수 있는 도로이면, 공도인지 사도인지를 묻지 아니한다.11)

해석상 가장 문제가 되는 것은, '그 토지의 용도에 필요한 통로가 없는 경우'가 어떠한 경우를 말하는 것인가 하는 점이다.12) 이 요건을 엄격하게 해석하는 쪽에서는 어느 토지에서 공로에 이르는 통로가 있는 이상 그 토지는 포위된 토지라고 할 수 없으므로 주위토지통행권은 발생하지 않는다고 하게 될 것이다.13) 그리고 주위토지통행권은 현재의 토지의 용법에 따른 이용의 범위에서 인정되는 것이지 장래의 이용상황까지 대비하여 통행로를 정하는 것은 공평에 반한다고 하면서, 용도의 판단시점을 현재에만 고정하여 엄격하게 해석하는 견해가 있다.14) 이에 반하여, 주위토지통행권은 통로가 없는 토지의 효용을 높이려는 공익적인 이유에서 인정되는 것인 만큼 기존의 통로가 피포위지의 새로운 용도에 부적합한 때에는 주위토지통행권을 인정하여야 한다든가,15) 비록 외형적으로 통로라 할 수 있는 길이 있다고 하여도 그 토지의 용법에 맞는 통로가 아니라면 주위토지통행권을 인정할 필요가 있다16)고 해석하는 입장이 있다. 이와 관련된 대법원 판례를 본다.

가. 대법원 1994. 6. 24. 선고 94다14193 판결

주위토지통행권은 어느 토지가 타인 소유의 토지에 둘러싸여 공로에 통할 수 없는 경우뿐만 아니라, 이미 기존의 통로가 있더라도 그것이 당해 토지의 이용에 부적합하여 실제로 통로로서의 충분한 기능을 하지 못하고 있는 경우에도 인정된다고 할 것이다.

원심이 인용한 제1심판결의 판시이유를 기록에 의하여 살펴본 바, 원고 소유

---

11) 김동원, "주위토지통행권자의 통행지소유자에 대한 보상의무의 범위에 관한 검토", 『법조』 724, 2017. 8, 300면.

12) 이 문제와 관련하여 기존의 학설과 판례를 절대적인 견해와 상대적인 견해로 구분하고, 우리 대법원 판례가 어떠한 형식의 통로라도 있으면 그 토지는 포위된 토지라고 볼 수 없으므로 주위토지통행권이 발생하지 않는다고 보는 절대적 견해를 취하고 있는 것으로 설명하는 의견이 있다(전장헌, 앞의 논문, 247 – 248면). 그러나 이와 같은 구분이 타당한지는 의문이다.

13) 대법원 1991. 4. 23. 선고 90다15167 판결.

14) 안창환, "주위토지통행권 – 통로 폭과 비용부담", 『판례연구』 9, 부산판례연구회, 2008. 2. 763면.

15) 곽윤직, 『민법주해 Ⅴ 물권(2)』, 박영사, 2011, 319면.

16) 구재군, "주위토지통행권에 관한 연구", 『토지공법연구』 37(1), 2007. 8, 529면.

의 이 사건 토지로부터 북쪽의 공로에 이르는 사실상 통행로가 존재하기는 하나, 원고가 이를 통행할 아무런 권원도 없거니와 그 통행로만으로는 위 토지의 이용에 매우 부적합한 상태임을 전제로 원고에게 피고 소유의 이 사건 구거부분에 대하여 주위토지통행권이 있다고 본 원심의 조치를 수긍할 수 있고, 거기에 무슨 법리오해나 사실오인의 위법이 있음을 찾아 볼 수 없다.

나. 대법원 2005. 12. 9. 선고 2004다63521 판결

주위토지통행권은 어느 토지가 타인 소유의 토지에 둘러싸여 공로에 통할 수 없는 경우뿐만 아니라, 어떤 통로가 이미 있다고 하더라도 그 통로가 당해 토지의 이용에 부적합하여 실제로 통로로서의 충분한 기능을 하지 못하고 있는 경우에도 인정될 수 있다(대법원 1994. 6. 24. 선고 94다14193 판결 등 참조).

원심은, 그 판시와 같은 사실을 인정한 다음, 피고가 이 사건 토지 아닌 별도의 통행로로서 주장하는 이른바 '중말도로'[17]는 여러 필지의 임야나 대지, 밭 등으로 구성되어 있고 그 부지 소유자들도 각기 다른데다가 그 위치와 경사도, 굴곡도, 주변 현황 등에 비추어 중말도로에 원고가 통로를 개설하는 데는 과다한 비용이 소요될 것으로 보이고 또한 원고가 경기 가평군 설악면 설곡리 산 226 임야에 통로를 개설하는 것도 과다한 비용이 들거나 설령 개설된다고 하더라도 원고 토지의 이용에 부적합하여 통로로서의 충분한 기능을 하지 못할 것이라고 판단하여, 원고에게 피고 소유의 이 사건 토지의 가장자리 부분에 대하여 주위토지통행권이 있다고 하였는바, 기록과 앞서 본 법리에 비추어 보면 원심의 인정과 판단은 정당하고, 거기에 상고이유의 주장과 같은 주위토지통행권에 관한 법리오해나 채증법칙 위배로 인한 사실오인 등의 위법이 없다.

위와 같은 대법원 판례들을 보면, 대법원 판례는 해석론상 후자의 입장을 취하고 있다고 할 수 있다. 즉, 대법원 판례는 "주위토지통행권은 어느 토지가 타인소유의 토지에 둘러싸여 공로에 통할 수 없는 경우뿐만 아니라, 어떤 통로가 이미 있다고 하더라도 그 통로가 당해 토지의 이용에 부적합하여 실제로 통로로서의 충분한 기능을 하지 못하고 있는 경우에도 인정될 수 있다"고 함으로써, 어떤 토

---

17) 해당 지역에서 사용하는 지명(地名)으로 보인다.

지에 대해서 외형적으로 통행로가 있다고 해도 그것이 통로로서의 기능을 다하지 못하는 경우에는 그 토지소유자에게 주위토지통행권을 인정하여야 함을 분명히 하고 있다.

생각건대, '토지의 용도에 필요한 통로가 없다'고 하는 것은 외형적으로 통로가 있다고 하더라도 그 통로가 당해 토지의 이용상황에 비추어 볼 때 사회통념상 충분하다고 할 수 없을 경우까지 포함하는 것으로 보아야 하고, 토지의 용도는 합리적인 범위 내에서 장래의 이용상황까지 고려하여 주위토지통행권을 인정하는 것이 옳다고 본다.[18]

(2) 그 토지 소유자가 주위의 토지를 통행 또는 통로로 하지 않으면 공로에 출입할 수 없을 것

주위토지통행권이 인정되기 위해서는, 주위토지에 포위되어 있는 토지의 소유자가 주위토지를 통행 또는 통로로 하지 않으면 공로에 출입을 할 수 없어야 한다. 즉, 주위토지에 포위되어 있는 토지에서부터 공로까지 통행할 수 있도록 하는 최후의 수단으로서 주위토지통행권이 인정되는 것이다. 그러므로 주위토지를 통행하지 않고도 공로에 출입할 수 있는 방법이 있는 경우, 예컨대 그 토지 주변의 구거 위에 다리를 설치하여 공로에 출입할 수 있는 경우에는 주위토지통행권을 인정할 필요가 없는 것이다.[19] 여기서 공로에 '출입'한다는 것은 단순하게 사람들만 오간다는 뜻이 아니라 그 토지의 용도에 맞게 사람이나 차량 등이 오갈 수 있는 상태를 말한다.[20][21]

---

18) 최봉경, "주위토지통행권 행사의 한계 - 대법원 2009. 6. 11. 선고 2008다75300 판결", 『민사판례연구』 33, 박영사, 2011. 2, 20면; 전장헌, 앞의 논문, 249면.
　　전장헌 교수는 "주위토지소유자의 입장에서도 피포위지의 이용상황을 어느 정도 알고 있기 때문에 장래의 이용에 필요한 통행권을 주장하여도 크게 재산권의 침해를 가져오지 않는다고 본다."고 한 다음, "민법 제219조의 토지용도는 장래의 변경될(원문에는 '변경된'으로 되어 있으나 오기로 보임) 용도도 기준이 될 수 있다고 넓게 해석하여 설사 공로에 출입할 수 있는 통로가 있더라도 토지의 용도, 주위토지의 현황, 관계행정법규 등 모든 사정을 고려한 결과 그 통로가 개개의 구체적인 토지에 상응하는 이용을 하기에 충분하지 않은 경우에는 포위된 토지로 판단하여 그 토지에 대하여 장래의 용도에 필요한 통행권을 인정하는 해석론이 필요하다고 본다"는 의견을 피력하고 있다.
19) 윤의섭, 앞의 논문, 84면.

주위통지통행권은 공로와 사이에 그 토지의 용도에 필요한 통로가 없는 경우에 피통행지 소유자의 손해를 무릅쓰고 특별히 인정하는 것이므로, 통행로의 폭이나 위치, 통행방법 등은 피통행지 소유자에게 손해가 가장 적게 되도록 하여야 하고, 이는 구체적 사안에서 쌍방 토지의 지형적·위치적 형상과 이용관계, 부근의 지리 상황, 인접 토지 이용자의 이해관계 기타 관련 사정을 두루 살펴 사회통념에 따라 판단하여야 한다.[22] 그리고 주위토지통행권이 인정된다고 하더라도 그 통로를 상시적으로 개방하여 제한 없이 이용할 수 있도록 하거나 피통행지 소유자의 관리권이 배제되어야만 하는 것은 아니므로, 쌍방 토지의 용도 및 이용상황, 통행로 이용의 목적 등에 비추어 그 토지의 용도에 적합한 범위에서 통행 시기나 횟수, 통행방법 등을 제한하여 인정할 수도 있다고 할 것이다.[23]

(3) 다른 방법으로는 과다한 비용을 요할 것

주위토지통행권은 해당 토지를 포위하고 있는 타인의 토지를 통로로 이용하지 않더라도 공로에 출입할 방법이 있기는 하지만, 그 방법으로 출입을 하기 위해서는 과다한 비용이 드는 경우에 인정된다. 여기서 과다한 비용이 드는 경우라 함은, 일반적으로 타인의 토지를 통행하지 않고 공로에 출입하는 데 드는 비용이 타인의 토지를 통행함으로 인하여 그 타인에게 생기는 손해보다 과도하게 많을 경우를 말한다.[24] 예를 들어 연못, 하천, 수로 또는 바다를 통과하지 않으면 공로에 이를 수 없거나 절벽이 있어서 토지와 공로 사이에 현저한 고저차가 있는 경우와 같이 공로와 그 토지를 연결하는 데 과다한 비용이 필요한 경우라야 주위토지통행권이 인정되는 것이다. 일본 민법 제210조 제2항은 "연못, 하천, 수로 혹은 바다를 통하지 아니하면 공로에 이를 수 없는 경우 또는 언덕이 있어서 토지와 공도에

---

20) 김동원, 앞의 논문, 301면; 윤의섭, 앞의 논문, 158면.
21) 대법원 판례도 같은 취지이다. 즉, 대법원 2003. 8. 19. 선고 2002다53469 판결은 "주위토지통행권은 어느 토지가 타인 소유의 토지에 둘러싸여 공로에 통할 수 없는 경우뿐 아니라, 이미 기존의 통로가 있더라도 그것이 당해 토지의 이용에 부적합하여 실제로 통로로서의 충분한 기능을 하지 못하고 있는 경우에도 인정된다고 할 것이다"고 판시하였다.
22) 대법원 2009. 6. 11. 선고 2008다75300 판결 참조.
23) 대법원 2017. 1. 12. 선고 2016다39422 판결 참조.
24) 김동원, 앞의 논문, 301−302면; 윤의섭, 앞의 논문, 158−159면; 강태성, 『물권법』, 대명출판사, 2015, 534면; 대법원 1998. 3. 10. 선고 97다47118 판결 참조.

현저한 고저차가 있는 때에도 전항과 같다"라고 규정함으로써, 이와 같은 경우 주
위토지통행권이 인정된다는 점을 명확히 하고 있다.[25)]

대법원 1970. 6. 30. 선고 70다639 판결에서는 "원고가 종래 계속하여 도로로
사용하여 왔으며 현재에는 원고가 공로로 출입할 수 있는 유일한 골목길이 피고
의 소유라는 이유로 그 통행이 방해당하고 있는 경우, 원고가 다른 통로를 이용하
려면 원고 소유 가옥의 부엌, 방 한 칸과 서편으로 담장을 헐고 새로이 대문을 내
는 등 근본적인 가옥개조를 하여야 하므로 과다한 비용을 요한다."고 하면서, 원
고에게 종래 통행로로 사용하고 있던 골목길에 대하여 주위토지통행권을 인정하
였다.

주위통지통행권은 공로와 사이에 그 토지의 용도에 필요한 통로가 없는 경우
에 피통행지 소유자의 손해를 무릅쓰고 특별히 인정하는 것이므로, 그 토지 소유
자가 다소의 비용만으로 공로와 자신의 토지를 통행 가능한 상태로 만들 수 있는
데도 불구하고 피통행지를 이용하는 것은 적절하지 못하다.

한편, 비용이 과다한지 여부에 대한 판단은 구체적인 상황에 따라 개별적 ·
객관적으로 판단하여 결정하여야 할 것이다.[26)]

2. 민법 제220조에 의한 주위토지통행권의 성립요건

민법 제220조 제1항 본문은 분할로 인하여 공로에 통하지 못하는 토지가 있
는 때에는 그 토지소유자는 공로에 출입하기 위하여 다른 분할자의 토지를 통행
할 수 있다고 규정한다. 예컨대 공유지를 분할한 결과 분할된 토지 중 어느 한 토
지가 공로로 통하지 못하게 되어 소위 맹지가 되게 되는 불합리한 결과를 해소하
기 위한 규정이라 할 수 있다.[27)]

그리고 이 규정은 토지소유자가 그 토지의 일부를 양도한 경우에도 준용한다

---

25) 일본 민법은 이와 같이 구체적인 경우를 예로 들면서 대신에 우리 민법과 같이 '과도한 비
   용을 요하는 경우'라는 요건을 정하고 있지 않다.
26) 고상룡, 『물권법』, 법문사, 2001, 268면.
27) 최봉경, "상린관계에 관한 연구 ─ 민법개정안을 중심으로 ─", 『법학연구(연세대학교 법학연
   구원)』27(4), 2017. 12, 31면.

(민법 제220조 제2항).

민법 제220조에 규정된 주위토지통행권에 기하여 공로에 통하는 통로를 개설하는 경우 그 비용은 무상이라는 점에서, 민법 제219조에 정한 주위토지통행권과 차이가 난다.

IV. 통행권자와 통행수인의무자

1. 주위토지통행권자

포위된 토지의 소유자에게 민법 제219조의 주위토지통행권이 있다는 것에 대해서는 다언을 요하지 않으며, 지상권자와 전세권자에게도 주위토지통행권이 인정된다는 것은 민법 규정상 분명하다(민법 제290조, 제319조 참조). 그런데, 토지의 임차권자가 주위토지통행권을 가지는지 여부에 대해서는 민법상 아무런 규정이 없기 때문에 문제가 된다. 예컨대 포위된 토지의 임차인이 공로로 통행하는 데 어려움이 있는 경우, 그 토지의 소유자가 아무런 조치를 취하지 않는 경우[28] 임차인이 직접 주위토지통행권을 주장하여 통로를 확보할 수 있는가.

이 문제와 관련하여 학설은 주위토지통행권에 관한 규정과 같은 상린관계 규정들은 부동산의 이용관계를 조절하기 위한 것이므로, 토지에 대한 점유·사용할 권리를 가지고 있는 임차권자에게도 적용되어야 한다는 데 일치를 보인다.[29] 그러나 학설의 내용에서는 다소 차이를 보인다. 다수설은 토지임차권이 물권화되고 있는 것은 사실이지만 여전히 그 법적 성질은 채권이고, 실제에서는 임차인이 그 소유자를 대위하여 주위토지통행권을 주장함으로써 목적을 달성할 수도 있는 것이므로, 임차권자라고 하여도 대항력을 갖춘 자에게만 주위토지통행권을 인정하여야 한다고 한다.[30] 이에 대하여, 임차한 토지가 공로에 이르는 통로를 갖추고 있지

---

[28] 이러한 경우 포위된 토지의 소유자가 주위토지통행권을 주장하여 승소하게 되면, 임차인은 그 반사적 이익에 의하여 통행을 할 수 있게 되므로 문제될 것이 없다.

[29] 윤의섭, 앞의 논문, 162면.

못한 경우에는 그 토지의 이용이 불가능하거나 많은 제약을 받게 되어 임대차 자체가 무의미해질 수 있으므로, 대항력 여부를 따질 것 없이 단순히 포위된 토지를 점유하고 있는 임차권자에게는 주위토지통행권을 주장할 수 있게 하여야 한다는 견해가 있다.31)

대법원 판례는 "주위토지통행권은 토지의 소유자, 지상권자, 전세권자 등 토지사용권을 가진 자에게 인정되는 권리"라고 하고 있다.32) 이러한 대법원 판례의 판시 내용에 관하여 판례가 임차권자에게 주위토지통행권을 인정하는 것인지 여부는 명확하지 않다는 견해가 있으나,33) 대법원 판례가 주위토지통행권의 주체를 토지의 소유자, 지상권자, 전세권자에 한정하지 않고 "토지의 소유자, 지상권자, 전세권자 등 토지사용권을 가진 자"라고 하고 있는 점을 볼 때 임차권자에게도 주위토지통행권을 인정하는 것이 대법원의 입장이 아닌가 한다.

다른 한편, 불법점유자에게도 주위토지통행권이 인정되는가 하는 점에 대하여 견해가 나뉜다. 불법점유자라 하더라도 토지를 사실상 지배하고 있는 때에는 점유권이 인정되기 때문에(민법 제192조 참조), 이 점이 문제가 되는 것이다. 긍정설의 입장에서는 불법점유자의 통행권을 부정함으로써 받는 주위토지 소유자의 이익이라고 하는 것은 본권자(本權者)가 포위된 토지를 이용하지 않기 때문에 받는 이익에 불과하기 때문에 특히 보호를 요하는 이익이라고 풀이할 수는 없다34)고 하거나 점유권을 물권으로 설정하여 점유를 보호하는 이상 주위토지통행권을 인정하는 것이 법률적으로나 현실적으로나 타당하다35)고 하면서, 불법점유자에게도 주위토지통행권을 인정하여야 한다고 한다. 부정설에서는 불법점유자에게는 주위

---

30) 윤철홍,『물권법강의』, 박영사, 1998, 196면; 변종춘, "주위토지통행권에 관한 소고",『사법논집』19, 법원행정처, 1988. 12, 92면 등; 반면에 임차권자 등 채권자는 등기여부를 떠나 독자적인 통행권을 갖지 않으며, 토지소유자의 통행권을 행사하는데 불과하다는 견해가 있다(송덕수,『물권법』, 박영사, 2014, 289면).
31) 고상룡, 앞의 책, 272면; 양창수/권영준,『권리의 변동과 구제(민법Ⅱ)』,박영사, 2015, 386면; 그 밖에도 포위된 토지에 있는 건물만을 임차한 자에게는 주위토지통행권이 인정되지 않는다는 견해도 있다(변종춘, 앞의 논문, 92면).
32) 대법원 1976. 10. 29. 선고 76다1694 판결; 대법원 1977. 9. 13. 선고 75다1958 판결 등 참조.
33) 윤의섭, 앞의 논문, 165면.
34) 고상룡, 앞의 책, 272-273면.
35) 이철수, "주위토지통행권 -사례를 중심으로-",『사법연구자료』17, 1990, 23면.

토지통행권을 인정할 수 없다[36]고 하나, 그 이유를 명확하게 제시하지는 않는다.

대법원 판례는 "토지의 불법점유자는 그 토지를 사용할 정당한 권원이 없는 자라 할 것이므로 토지소유자의 상린관계로서 주위토지통행권이나 통행지역권은 시효취득할 수 없다"[37]고 하여, 불법점유자에게는 주위토지통행권을 인정할 수 없다는 태도를 취한다.

생각건대, 주위토지통행권은 포위된 토지 소유자의 이익을 위하여 주위토지 소유자의 이익을 제한 내지 희생시키는 것인데, 포위된 토지를 점유·사용할 수 있는 정당한 권원이 불법점유자에 대해서까지 이러한 권리를 인정하는 것은 형평의 관념이나 일반적인 법 감정에 부합하지 않는다 할 것이므로, 불법점유자에게는 주위토지통행권을 인정할 수 없다고 본다.

2. 통행수인의무자

민법 제219조 제1항은 「어느 토지와 공로사이에 그 토지의 용도에 필요한 통로가 없는 경우에 그 토지소유자는 주위의 토지를 통행 또는 통로로 하지 아니하면 공로에 출입할 수 없거나 과다한 비용을 요하는 때에는 그 주위의 토지를 통행할 수 있고 필요한 경우에는 통로를 개설할 수 있다」고만 규정하고 있고, 그 상대방이 누구인지를 명시하지 않고 있다. 포위된 토지의 소유자 등 주위토지통행권을 행사할 수 있는 자가 주위토지통행권을 주장할 경우 이를 수인하여야 할 자는 1차적으로 주위토지의 소유자를 꼽을 수 있다. 그리고 원소유자가 사용수익권을 포기한 통행로 부분을 승계취득한 자도 수인의무를 부담한다.[38]

대법원 판례는 "토지의 원소유자가 토지를 분할·매각함에 있어서 토지의 일부를 분할된 다른 토지의 통행로로 제공하여 독점적·배타적인 사용수익권을 포기하고 그에 따라 다른 분할토지의 소유자들이 그 토지를 무상으로 통행하게 된 후에 그 통행로 부분에 그와 같은 사용수익의 제한이라는 부담이 있다는 사정을 알면서 그 토지의 소유권을 승계취득한 자는, 다른 특별한 사정이 없는 한 원칙적

---

36) 윤철홍, 『물권법강의』, 박영사, 1998, 196면; 강태성, 앞의 책, 535-536면.
37) 대법원 1976. 10. 29. 선고 76다1694 판결.
38) 김동원, 앞의 논문, 302면; 윤의섭, 앞의 논문, 166-167면.

으로 그 토지에 대한 독점적·배타적 사용수익을 주장할 만한 정당한 이익을 갖지 않는다 할 것이어서 원소유자와 마찬가지로 분할토지의 소유자들의 무상통행을 수인하여야 할 의무를 진다"고 판시한 바 있다.[39)]

주위토지의 지역권자, 전세권자 및 임차인은 수인의무를 부담하는가. 주위토지통행권은 포위된 토지에 대하여 법률이 부여하는 청구권으로서, 포위된 토지에서 공로로 통행하기 위하여 필요한 통로의 이용 및 개설을 방해하는 모든 사람에 대하여 행사할 수 있다고 보아야 한다.[40)] 따라서 주위토지의 소유자뿐만 아니라 그 지역권자, 전세권자 및 임차인 등도 주위토지통행권에 대한 수인의무를 부담한다고 보는 것이 상당하다고 생각한다.

V. 주위토지통행권의 효과

1. 주위토지에 대한 통행 및 통로의 개설

주위토지통행권은 주위토지소유자 등의 토지에 대한 사용권을 제한하고 인접한 토지소유자간의 이해를 조정하는 데 목적이 있는 만큼 통행에 지장을 주지 아니하는 범위내에서 주위토지소유자 등에게 손해가 가장 적은 장소와 방법을 선택하여 행사되어야 한다. 그리고 통로의 위치나 범위는 당해 토지의 목적과 그에 따

---

39) 대법원 1998. 3. 10. 선고 97다47118 판결. 이 판결에서는 주위토지통행권의 수인의무에 대하여 본문에서와 같이 원칙을 밝힌 다음, "그 (토지의) 승계인이 자신의 정당한 목적을 위하여 그 통행로와 함께 그 통행로를 필요로 하는 인근 주민들의 주택을 모두 매수하려 하였다가 그 중 1인의 주택만을 매수하지 못하였는데, 그 매수하지 못한 나머지 1인의 주택은 반대쪽의 공로에 접하여 있어서 승계인이 취득한 통행로에 대하여 주위토지통행권을 갖지 못하고, 따라서 그 통행로가 없더라도 그 나머지 1인의 주택이 갖추어야 할 건축법 제33조 제1항의 접도의무가 충족되는 사정이 인정된다면, 이러한 경우 그 통행로에 대하여 유일하게 이해관계를 갖는 피신청인이 그 통행로를 이용하지 못하게 될 경우 원심 인정과 같은 불이익을 입게 된다는 사정만으로는, 병원신축을 위하여 인근 주택들을 모두 매수하고 건축허가까지 받아 통행로의 새로운 소유자가 된 신청인의 그 통행로에 대한 독점적·배타적인 사용수익권은 제한되지 아니한다 할 것이다"고 하여 주위토지통행권을 인정하지 않았다.

40) 김동원, 앞의 논문, 302면.

른 이용의 필요성 등 구체적인 사정들을 감안하여 결정되어야 한다.[41] 즉, 주위토
지통행권의 범위는 결국 사회통념에 비추어 쌍방 토지의 지형적·위치적 형상 및
이용관계, 부근의 지리 상황, 상린지 이용자의 이해득실 기타 제반 사정을 참작한
뒤 구체적인 사례에 따라 판단하여야 하는 것이다.[42]

주위토지통행권의 행사에 따른 통행의 장소가 특정된 후 이를 변경할 필요가
있는 경우, 주위토지통행권자나 주위토지소유자 등은 상대방에 대하여 통행 장소
의 변경을 요구할 수 있는가. 생각건대, 주위토지통행권은 인접한 토지들 간의 이
용을 합리적으로 조정하는 데 그 목적이 있는 것이고,[43] 민법 제219조 제1항이 주
위토지를 위하여 손해가 가장 적은 장소와 방법을 선택하도록 규정하고 있으므로,
포위된 토지의 소유자나 주위토지소유자 등에게 통행의 장소를 변경하여야 할 이
유가 생긴 때에는 양자의 이해를 조정하는 차원에서 그 장소를 변경할 수 있다고
하여야 할 것이다.[44]

주위토지통행권을 가지는 자는 필요한 경우에 통로를 개설할 수 있다. 통로
를 개설하는 것에 대해서 주위토지소유자의 승인이 반드시 필요한 것은 아니지만,
통로를 개설하는 장소나 폭 등과 관련하여 다툼이 생기게 되는 때에는 결국 통행
권확인청구소송에서 이를 결정할 수밖에 없을 것이다.

---

41) 대법원 1995. 2. 10. 선고 94다45869, 45876 판결 참조.
42) 대법원 1971. 10. 22. 선고 71다1920 판결; 대법원 1988. 2. 9. 선고 87다카1156 판결; 대법원
    1992. 12. 22. 선고 92다30528 판결; 대법원 1996. 11. 29. 선고 96다33433, 33440 판결 등
    다수 참조.
43) 신영철, "주위토지통행권과 건축허가 요건 − 91다9961호 판결", 『사법행정』 32(8), 사법행
    정학회, 1991, 8, 73면.
44) 이미 공로로 통하는 기존의 통행로가 있어 대지소유자와 그 주위토지 소유자간에 별다른
    분쟁이 없이 이용되어 오고 있는 경우에는 이를 일응 전항의 요건을 갖춘 통행로라고 보아
    도 무방하나 주위토지통행권은 통행을 위한 지역권과는 달리 그 통행로가 항상 특정한 장
    소로 고정되어 있는 것은 아니고 주위토지 소유자가 그 용법에 따라 기존 통행로로 이용되
    던 토지 사용방법을 바꾸었을 때(예컨대, 그 지상에 건축물의 축조 등)에는 대지소유자는
    그 주위토지 소유자를 위하여 보다 손해가 적은 다른 장소로 옮겨 통행할 수 밖에 없는 경
    우도 있을 것이므로 주위토지통행권확인청구는 변론종결시에 있어서의 민법 제219조 소정
    의 요건에 해당하는 토지는 어느 토지인가를 확정하는 것이다(대법원 1989. 5. 23. 선고 88
    다카10739, 10746 판결).
    이와 같은 취지의 판결로는 대법원 1992. 12. 22. 선고 92다30528 판결 등이 있다.

2. 통로 폭의 결정

포위된 토지의 소유자는 주위토지통행권을 통하여 될 수 있으면 넓은 폭의 통로를 확보하고자 할 것이고, 주위토지소유자는 그 손해를 최소화하기 위하여 가능한 한 좁은 폭의 통로의 이용을 허용하려 할 것이 자명하다. 주위토지통행권과 관련하여 당사자들 간에 가장 문제가 될 수 있는 요소가 바로 통로의 폭에 관한 문제가 아닐까 한다.[45)]

판례는 "민법 제219조 제1항 소정의 주위토지통행권은 주위토지소유자에게 가장 손해가 적은 범위내에서 허용되는 것이지만 적어도 통행권자가 그 소유 토지 및 그 지상주택에서 일상생활을 영위하기 위하여 출입을 하고 물건을 운반하기에 필요한 범위는 허용되어야 하며, 어느 정도를 필요한 범위로 볼 것인가는 통행권자의 소유토지와 주위토지의 각 지리적 상황 및 이용관계 등 제반사정을 참작하여 정하여야 할 것이다"라는 기준을 제시하고 있다.[46)]

그런데 주위토지통행권을 행사하여 자동차 통행이 가능한 폭을 갖춘 통로의 개설을 주장할 수 있는 것인가. 이 점에 관하여 학설은 긍정설과 부정설이 대립한다.

긍정설의 입장에서는 경우에 따라서는 주위토지통행권을 행사하여 자동차 또는 대형트럭 등을 사용할 수 있는 통로를 개설할 수도 있다고 하거나,[47)] 토지의 용도에 따라서는 사람의 통행보다 자동차의 통행이 더 필요한 경우가 있다는 점을 논거로 드는 견해가 있다.[48)] 하지만 부정설에서는 도시의 경우 지가상승으로 말미암아 통로로 많은 토지를 사용할 수 없기 때문에 자동차 통행을 위한 통로의 개설을 허용하면 주위토지 소유자의 손해가 클 뿐만 아니라 자동차 통행 자체에 따른 위험도 상당하다는 이유를 들어 이에 반대한다.[49)]

이 점과 관련하여 생각건대, 오늘날 자동차의 이용이 일상생활의 가장 기본적인 부분을 구성하고 있다는 사실은 누구도 부정할 수 없을 것이다. 그런데 자동

---

45) 허양수, "주위토지통행권",『판례연구』, 부산판례연구회, 1992. 2, 71면; 전장헌, 앞의 논문, 250면.

46) 대법원 1991. 7. 23. 선고 90다12670 판결; 대법원 1989. 7. 25. 선고 88다카9364 판결 등.

47) 곽윤직,『물권법』, 박영사, 2003, 183면.

48) 대법원 1994. 10. 21. 선고 94다16076 판결; 대법원 2006. 6. 2. 선고 2005다70144 판결.

49) 허양수, 앞의 논문, 78면; 安藤一郎,『私道の法律問題』, 三省堂, 1984, 81頁.

차의 통행을 위한 통로의 경우 그 폭이 보행로보다 넓다고 해서 그것의 개설을 부정하는 것은 주위토지통행권의 실효성을 없애는 것이나 다름없는 결과가 될 수도 있으므로 받아들이기 어렵다고 본다. 다만, 주변의 여러 가지 상황(예컨대 가까운 거리에 공영주차장이 있다는 사정) 등을 고려하여 굳이 자동차의 통행을 위한 통로를 개설하지 아니하여 문제가 없다고 판단되는 경우에는 그러한 통로의 개설을 부인할 수는 있을 것이라고 생각한다.50)

또한, 통로의 폭을 결정하는 문제와 관련해서는, 포위된 토지의 소유자가 그 지상에 건축물을 건축하고자 하는 경우 건축법 제44조 제1항의 접도요건을 충족시키기 위하여 주위토지통행권을 행사하면서 폭 2m 이상의 통로를 요구하는 것이 가능한지가 문제된다. 이 점에 관해서는 별도의 장에서 상세하게 검토하기로 한다.

---

50) 이와 유사한 입장을 밝힌 대법원 1994. 10. 21. 선고 94다16076 판결을 소개한다.

　　원심판결 이유에 의하면, 원심은 거시증거에 의하여, 원고 소유의 경기 고양군 (주소 생략) 토지는 맹지여서 원고 가족은 피고의 집 마당을 거쳐 공로로 통행하여 왔고 피고도 그 동안 별다른 제지를 하지 않은 사실, 그런데 원고는 1987.5.19. 종전 가옥을 헐고 큰 가옥을 신축하면서 인근 임야로 돌아가는 길을 도로현황으로 표시하여 건축허가를 받고 실제 그 곳에 폭 3m의 길을 내어 레미콘 트럭 등 건축자재 운반용 차량이 통행하였는데, 건물이 완공되자 상당 부분 이를 되메우고 다시 피고의 집 마당을 통행하면서 자가용 승용차까지 운행하고 차길을 고른다며 피고의 집 울타리의 나무가지를 치고 배수로를 메워 버린 사실, 피고는 원고의 승용차가 마당 부분을 수시로 통과하면서 경적을 울리는 경우 일일이 마당에 보관중인 경운기, 트랙터 등의 농기구를 치워 주어야 하는 등 갖가지 생활상의 불편이 있자 이 사건 통로를 폐쇄하였다가 통행방해배제 가처분결정이 나자 기존 창고에 잇대어 벽을 쌓아 창고를 만들어 버림으로써 마당통로의 폭을 2m로 줄어들게 하여 사실상 자동차의 통과를 불가능하게 한 사실, 이에 원고는 건축공사시 내었던 곳에 다시 길을 내어 그 길로 통행하고 있는 사실을 인정한 다음, 주위토지통행권의 범위는 통행권을 가진 자에게 필요할 뿐 아니라 이로 인한 주위토지 소유자의 손해가 가장 적은 장소와 방법의 범위내에서 인정되는 것이므로 사람이 주택에 출입하여 다소의 물건을 공로로 운반하는 등의 일상생활을 영위하는데 필요한 범위의 노폭까지 인정되고, 토지의 이용방법에 따라서는 자동차 등이 통과할 수 있는 통로의 개설도 허용되지만 단지 생활상의 편의를 위해 다소 필요한 상태라고 여겨지는 정도에 그치는 경우까지 자동차의 통행을 허용할 것은 아닌바, 이 사건 통로 중 피고 창고 옆의 원심판결 별지 도면표시 ㉮부분 옆의 노폭은 2m로서 원고 가족이 별다른 방해나 지장을 받지 않고 통행하기에 충분한 범위이고, 원고 소유의 토지는 그 지상에 가옥 소유 이외에 다른 목적은 없어 자동차 통행이 피고에게 미치는 영향이 심대한 데 비추어 그것이 허용되지 않는 경우의 원고의 불편의 정도는 그리 크지 않으므로 피고가 원고 차량의 통행까지 용인할 의무는 없다고 판단하고 있다. <밑줄은 필자가 추가한 것임>.

제 2 절 ⟩ 진입도로 개설시 주위토지통행권의 활용가능성

Ⅰ. 진입도로 개설과 주위토지통행권의 역할

앞에서 본 바와 같이 우리나라 현행법상 각종 개발행위 등을 하고자 할 경우 그 개발행위 대상인 토지와 공용도로를 연결하는 진입도로는 개발행위 등을 하고자 하는 자가 자력으로 개설하는 것이 원칙이다. 진입도로로 사용되어야 할 토지가 개발행위자의 소유 토지라면 문제될 것이 없으나, 공용도로와 개발을 하고자 하는 토지 사이에 타인 소유의 토지가 있는 경우에는 사정이 다르다.

이와 같은 경우 진입도로로 사용할 토지의 소유자와의 사이에 매매계약이나 임대차계약 등이 원만하게 체결된다거나 사용승낙이 이루어진다면 다행이겠으나, 그렇지 않다면 진입도로를 확보할 수 없어 효용가치가 높은 토지를 방치하여야 하는 일이 생기게 된다. 그러한 예는 실제에서도 자주 접할 수 있다.

각종 법률들이 건축행위를 비롯한 개발행위를 위한 요건으로 진입도로를 확보하도록 규제를 하기만 할 뿐이고 진입도로를 확보할 수 없는 경우 적절한 해결책에 대해서는 아무런 규정을 두고 있지 않기 때문에, 이와 같은 문제는 계속적으로 일어날 수밖에 없을 것이다. 그리고 이것은 토지를 개발하고자 하는 사인(私人)의 입장에서는 재산상의 손실로 이어질 것이고, 사회경제적 차원에서는 국토의 효율적인 이용을 방해하는 요소가 될 수 있는 것이다.

그렇다고 해서 토지에 대한 개발의사를 가진 개인들이 각종 개발행위에 필요한 진입도로를 용이하게 확보할 수 있도록 각종 법률을 일괄적으로 개정하는 것 또한 결코 바람직하다고 할 수 없다. 그러한 입법은 개인의 사유재산권을 침해할 소지가 많기 때문이다. 즉, 대한민국헌법 제23조 제1항은 모든 국민의 재산권은 보장되고, 그 내용과 한계는 법률로 정한다고 규정한다. 그리고 제2항에서는 재산권의 행사는 공공복리에 적합하도록 하여야 한다는 취지를, 제3항에서는 공공필요에 의한 재산권의 수용·사용 또는 제한 및 그에 대한 보상은 법률로써 하되, 정당한 보상을 지급하여야 한다는 뜻을 정하고 있다. 그런데 일정한 토지를 개발하고자 하는 자의 개인적인 이익을 위하여 인근토지의 소유권을 제한하는 것은 대한민국헌법 제23조의 정신에 반하기 때문이다.

건축행위 등의 개발행위를 위한 진입도로의 개설 문제는 그것이 사회경제적 의미를 가지는 것이기는 하지만, 엄격한 의미에서는 어디까지나 사인간의 문제에 지나지 않는 것이다. 따라서 이 문제는 사인간의 이해(利害) 조정과 관련된 민법상의 상린관계 규정을 적용하여 해결하는 것이 적절하다고 할 수 있다. 진입도로 개설과 관련된 문제와 직접 연관성이 있는 상린관계에 관한 민법 규정은 주위토지통행권에 관한 민법 제219조이다. 민법 제219조는 「① 어느 토지와 공로사이에 그 토지의 용도에 필요한 통로가 없는 경우에 그 토지소유자는 주위의 토지를 통행 또는 통로로 하지 아니하면 공로에 출입할 수 없거나 과다한 비용을 요하는 때에는 그 주위의 토지를 통행할 수 있고 필요한 경우에는 통로를 개설할 수 있다. 그러나 이로 인한 손해가 가장 적은 장소와 방법을 선택하여야 한다. ② 전항의 통행권자는 통행지소유자의 손해를 보상하여야 한다.」고 규정하고 있다. 민법 제219조 제1항의 규정에 의하여 공도와 연결되지 않은 토지에 건축행위를 비롯한 개발행위에 필요한 진입도로를 개설할 수 있을지를 체계적으로 살펴볼 필요가 있다고 본다.

현재까지 국내에서 주위토지통행권과 건축법이나 다른 법규들이 정하고 있는 진입도로 요건을 연관시켜 연구한 예는 많지 않은 것으로 보인다. 따라서 기존의 연구 성과들과 판례들을 상세하게 분석함으로써 주위토지통행권을 통한 진입도로 개설이 가능한지를 살펴보고, 개선할 부분이 있는지를 검토하는 것도 의미 있는 일이라 생각한다.

진입도로 개설시 민법상의 주위토지통행권의 활용가능성에 대한 논의를 시작하기에 앞서, 주요 외국의 입법례를 비교법적 시각에서 고찰하는 것은 우리 법률을 해석하는 데에도 많은 도움이 될 것이다. 그러므로 이하에서는 독일, 일본, 프랑스, 스위스, 이탈리아, 미국민법의 민법상의 주위토지통행권에 관한 내용을 검토하고 각국의 입법 내용들을 비교·분석해 봄으로써 우리 법률의 해석이나 개선

방안을 모색하는 데 기초적인 참고자료로 삼고자 한다. 또한 주위토지통행권과 진
입도로 개설과 관련된 외국과 우리나라의 판례 및 학설을 반드시 검토해야 할 필
요가 있을 것이다.

Ⅱ. 주위토지통행권에 관한 외국 입법례

주위토지통행권은 로마법의 지역권이나 상린관계에 관한 규제에 그 연원을
두고 있다는 것으로 이해된다. 로마법에서는 12표법시대부터 토지의 사적 소유가
인정되었고, 오늘날과 유사한 상린관계에 관한 규제가 존재하였다. 로마 12표법에
나타나는 상린관계는 농촌형과 도시형으로 대별해 볼 수 있는데, 제7표를 중심으
로 규정되어 있다. 그러나 로마법에서는 소유권을 절대적이고 무제한적인 것으로
인정하였기 때문에, 오늘날과 같은 의미의 주위토지통행권은 인정되지 아니하였
다.51) 그리고 로마법에서는 프랑스민법에서 말하는 자연지역권과 유사한 권리가
존재하기는 하였으나, 법정지역권의 대표적인 예라 할 수 있는 주위토지통행권에
관한 규정은 찾아볼 수 없다.

그 후 중세 이탈리아에서 상린관계에 규율하는 도시조례나 관습법이 생겨났
고, 그 내용도 로마법보다 다양하고 복잡해졌다. 그리고 이러한 상린관계에 관한
법제의 발전을 배경으로 해서, 이탈리아 · 콤네 시대(12세기 이후)에 들어서면 도시
조례나 관습법에 주위토지통행권이 나타나고,52) 그에 따른 보상금지급의무에 관

---

51) 로마의 토지는 국가에 귀속되는 것이지만 이것이 시민에게 할당됨으로써 비로소 사유지가
형성되었는데, 이 사유지의 할당은 경계확정이라는 일종의 행정처분에 기초를 두고 행하여
졌다. 이는 먼저 남북으로 기준선을 그리고 이 주선과 직각으로 교차하여 동서로 달리는 선
을 그렸다. 그리고 이 양선에 각각 평형해서 복수의 선들을 그림으로써 획일적인 일련의 직
방형이 형성된다. 이것이 agri(農用地)이다. 그런데 이 남북으로 달리는 평형선은 단순한 선
이 아니라 일정한 폭을 가진 공간이고 농지의 경계를 구분하는 것과 동시에 농지 사이를
달리는 도로로서의 기능을 갖는다. 이것이 경계도 …….공도에 통할 수 없는 상태는 생기지
않는다(윤의섭, "주위토지통행권에 관한 연구",성균관대학교 박사학위논문,1998. 10－11
면).

한 조건을 명확하게 정한 도시조례나 관습법도 등장한다.[53]

그리고 19세기에 들어서면서 프랑스의 인문주의법학의 영향으로 법정지역권 혹은 자연지역권이 독자적인 제도로 발전하게 되는데, 이를 바탕으로 현행 프랑스민법에서 인정되고 있는 법정지역권으로서의 주위토지통행권에 관한 이론이 성립되었다.

한편, 독일에서 통행권이 인정되게 된 것은 게르만시대 이후 계속되어왔던 공동체적 토지소유의 해체와 밀접하게 관련이 있다고 한다. 보통법시대에 들어와서, 어떤 토지를 지역권 없이는 이용할 수 없을 경우, 법관이 그 토지소유자의 신청이 있으면 주위토지에 대하여 상당한 보상금을 지급하는 것을 조건으로 지역권을 부여할 수 있다는 원칙이 확립되었다. 그러나 이것은 극히 제한적으로 허용되었고, 주위토지를 이용하고자 하는 자는 먼저 주위토지의 소유자에게 그 통행을 간청하여야 하고, 이것이 거절당한 경우에만 재판에 의한 구제를 청구할 수 있었다. 이후에 성립된 프로이센 일반란트법과 작센 민법전에서도 보통법상의 주위토지통행권에 해당하는 권리관계에 대해 '소유권의 법률상의 제한'으로 규정하였고, 이러한 역사적 맥락을 이어받아 독일민법전에도 주위토지통행권에 관한 규정이 자리 잡게 된 것이다.

---

52) 예컨대 플로렌스의 도시조례는 "어떤 사람이 일정한 농지를 소유하지만 그 곳에 도달하는 통로가 없다고 주장하는 경우에는, 주위토지에 대하여 그 사람 자신 및 그 가족의 통행이 허용된다. 또 그 사람의 피용인에게도 주위토지를 지나는 도보통행 및 소나 그 밖의 동물의 유도가 자유롭고 아무런 방해 없이 이루어지도록 허용되어야만 한다. 다만 이웃 혹은 주위토지, 그에 대한 점유 및 그곳에 생육하는 농작물에 대해서는 최소의 손실이 생기는 부분을 지나서 통행하지 않으면 아니 된다"고 정하고 있고, 나폴리 관습법은 "어떤 사람이 이웃의 다른 토지에 의해 포위된 토지를 소유하고 있지만 통로가 없고,, 또한 그 토지 자체에 도로권, 도보통행권, 우마차통행권이 존재하는지 여부가 명확하지 않은 경우에는, 공도 혹은 차도에 근접하는 토지로서 통행이 가능한 주위토지나 공도까지 최단거리에 있는 주위토지에 대하여 칙법(勅法) 혹은 관습에 의해 도로권, 도보통행권, 우마차통행권이 분명하지 않은 토지 자체를 위해 관련된 통행권을 자기에게 제공할 것을 신청할 수 있다"고 정하고 있다 (원문은 윤의섭, "주위토지통행권에 관한 연구", 성균관대학교 박사학위논문, 1998, 13면 주 31)을 참조할 것).

53) 예를 들면, 베로나 도시조례는 포위된 토지의 소유자는 적당한 보상금을 지급함으로써 주위토지에 대하여 통행권을 취득할 수 있다고 하거나, 팔마나 볼로냐에서는 이웃이 통로의 제공을 거절했을 때 행정기관에 의하여 강제할 수 있으나, 그러한 통행의 허용으로 발생하는 이웃의 손해에 대해서는 보상하여야 한다고 하였다(윤의섭, 앞의 논문, 13면).

1. 독일 민법

독일 민법은 제906조에서 제924조까지 상린관계에 관한 규정을 두고 있다. 이 중 본고의 논의대상인 주위토지통행권에 관한 규정은 독일민법 제917조이다.

독일민법 제917조의 규정을 보면, 제1항에서는 "토지의 정상적인 이용에 필요한 공로에 이르는 통로가 없는 경우에, 소유자는 이웃 소유자에 대하여 그 하자가 제거될 때까지 필요한 통행을 위하여 그의 토지의 이용을 인용할 것을 청구할 수 있다. 주위토지통행로의 방향과 이용권의 범위는 필요한 경우에는 판결에 의하여 정한다."라고 규정하고 있다. 이어서 제2항은 "주위토지통행로가 통과하는 토지를 가지는 이웃 토지소유자에게는 금전정기금의 지급에 의한 손실보상이 행하여져야 한다. 제912조 제2항 제2문, 제913조, 제914조, 제916조는 이에 준용한다."라고 규정하고 있다.

이러한 독일민법의 규정은 이웃 토지소유자에게 법률에 의한 소유권제한(BGB §903)으로서 인용의무(Duldungspflicht)를 부담시키고 있다는 점에 그 특징이 있다.[54] 즉, 독일민법상의 주위토지통행권은 공로에 이르는 통로가 없다는 사정이 존재하는 순간 법률적으로 발생하는 것이고, 통로가 없는 토지의 소유자의 청구가 있으면 이웃 토지의 소유자는 이를 인용할 의무를 지게 되는 구조이다.[55] 물론 주위토지통행권의 내용, 예컨대 토지의 이용방법이나 기간 및 방식에 대한 구체적인 내용들은 따로 정하게 된다.

여기서 '토지와 공로 사이에 통로가 없다'는 것은 공로와 해당 토지 사이에 있는 토지가 공로로의 통행을 차단하는 경우를 말한다. 이 경우 해당 토지의 공로로의 통행이 차단되었는지 여부를 판단함에 있어서는 물리적인 면뿐만 아니라 경제적·기술적인 면도 고려하게 된다. 예컨대 타인의 토지를 이용하지 않고 해당 토지와 공로와의 연결을 위해서는 7km의 우회로가 필요하다든가, 기술적으로 보아 이용 가능한 통로가 있을 수 있으나 그것이 지나치게 많은 비용을 발생시킬 경우도 여기에 해당한다고 본다. 본조에서 말하는 '공로'는 국도가 기준이 되고, 사

---

54) Wolfgang Lüke, Sachenrecht, 2009, Rn. 485–489.
55) 전경운, "주위토지통행권의 법적 성질 등에 관한 일고찰", 『토지법학』 30(1). (사)한국토지법학회, 2014. 6, 75–77면.

도의 경우에는 그 사도가 실질적인 공로로 여겨지지 않으면 본조의 공로에 해당하지 않는다.[56]

주위토지통행권을 인정하는 것은 주위토지 소유자의 소유권에 대한 침해로 볼 수 있기 때문에 엄격한 요건 아래서만 인정되고, 따라서 통로의 결핍이 다른 방법으로 해결될 수 있는 경우에는 주위토지통행권은 인정되지 않는다. 그러므로 주위토지를 통행하는 것보다 번거롭고, 불편하고, 다소 비용이 더 들더라도 다른 통행방법을 강구할 수 있는 경우에는 주위토지통행권이 인정되지 않게 된다.[57]

다음으로 문제가 되는 것은 독일민법 제917조에서 말하는 '토지의 정상적인 이용'을 어떻게 해석할 것인가 하는 점이다. 원칙적으로는 이것은 토지의 크기, 위치, 이용방법 및 주위환경 등을 고려하여 결정된다고 한다. 그리고 지금까지의 이용방법은 전혀 문제가 되지 않고, 토지의 이용방법을 변경하고 그로 인하여 주위토지통행권을 요구할 상황이 생긴 경우에 이를 인정하여야 하는 것이다. 이 문제와 관련하여 눈여겨볼 점은 토지의 이용방법이 기술의 발전이나 시대의 변화에 따라 유동적으로 변한다는 사실이다.[58] 종전에 비하여 토지의 이용방법이 다양화되었고, 이에 따라 주위토지통행권의 확장이 나타나게 된다. 독일에서도 승용차의 통행이 토지의 합리적 이용에 해당하는지 여부를 놓고 견해가 나뉜다. 기본적으로 독일 판례는 주거지에 자동차의 출입로는 자동차가 일상생활에서 갖는 의미를 볼 때 합리적 토지이용의 한 형태로 보고 있다.[59] 그렇지만 자동차 출입로의 확보를 위하여 주위토지통행권을 인정하는 데는 엄격한 제한이 따른다고 한다.[60] 한편, 공법상 허용되지 않는 이용은 합리적 또는 정상적 토지의 이용으로 볼 수 없다.

독일민법상 주위토지통행권은 통로가 없는 토지 소유자의 청구가 있는 경우

---

56) 윤의섭, "주위토지통행권에 관한 연구", 성균관대학교 박사학위논문, 1998, 44-45면.
57) 윤의섭, 앞의 논문, 45면 등.
58) Müchener Komm/Säcker, 6. Aufl., 1997, §917, Rn 9.
59) BGHZ 75, 315.
60) 예컨대, 주위토지에 자동차출입로가 있고 이것이 주위토지와 해당 토지의 경계 가까이에 있다면 해당 토지에 자동차출입을 위하여 주위토지통행권을 인정하는 것이 큰 문제가 되지 않을 것이지만, 해당 토지에 대한 자동차출입로 확보하기 위해서 주위토지통행권을 인정하는 것이 주위토지의 경제적 가치나 이용을 지나치게 제한하는 것이 되면 주위토지통행권은 인정되지 않게 될 것이다.

에 발생하는 것인가, 다시 말하면 독일민법 제917조상의 '청구'는 주위토지통행권의 발생요건인가. 이 점에 관해서는 '청구'는 주위토지통행권의 발생요건으로 볼 수 없고, 이미 법률에 의하여 인정되고 있는 권리의 행사방법을 의미하는 데 지나지 않는다고 보는 것이 일반적인 견해이다.[61] 따라서 독일민법 제917조에 의한 주위토지통행권은 계약에 의한 확인이나 판결에 따른 확정 없이도 발생하는 것이고, 주위토지통행권자는 주위토지통행권의 조건이 존재하는 순간부터 이웃 토지를 이용할 수 있게 되는 것이다.[62] 소송의 결과로서 주위토지통행권을 인정하는 판결은 법률상의 권리를 선언하는 의미를 가질 뿐이다. 결국 주위토지통행권은 독일민법 제917조의 요건이 충족된 경우에 법률에 의하여 발생하는 권리이고, 따라서 등기를 요하지 않는 것이다.

이처럼 독일민법 제917조는 공로에 이르는 통로가 없는 토지의 소유자가 그 토지를 일정한 목적에 이용하기 위하여 통로가 필요한 경우 그 토지를 포위하고 있는 이웃 토지의 소유자에게 그 통로의 이용을 인용하도록 규정함으로써, 주위토지통행권이 주위토지의 소유자들에 대한 직접적인 법률에 의한 소유권제한으로 작용하도록 하고 있다.[63]

독일민법상 주위토지통행권의 행사로 인하여 통행로가 통과하는 토지의 소유자는 통행보상금을 청구할 수 있다(독일민법 제917조 제2항). 보상금의 지급의무자는 주위토지를 이용하는 포위된 토지의 소유자이다. 독일민법 제917조 제2항이 보상금지급의무가 어느 시점에 발생하는지에 대하여 정하고 있지 않지만, 주위토지소유자 인용의무를 부담함으로써 재산상의 손실을 입게 되는 시점을 기준으로 삼아야 할 것이라고 해석된다.[64] 이 보상금은 주위토지 소유자가 용인의무에 따라 입게 되는 주위토지의 사용·수익의 상실을 보상하는 것인데, 그 액수를 정함에 있어서는 주위토지통행로 개설로 인하여 전체 토지에 대해 발생하는 거래가치의 감

---

61) Müchener Komm/Säcker, a. a. O., §917 Rn. 20.; Staudingers Komm/Roth, 13. Aufl., 1996, §917 Rn. 3.

62) 전경운, "주위토지통행권의 법적 성질 등에 관한 일고찰", 『토지법학』30(1), (사)한국토지법학회, 2014. 6. 30, 76면 주 11).

63) Münchener Komm/Säcker, a. a. O., §917 Rn. 19.

64) Münchener Komm/Säcker, a. a. O., §917 Rn. 38-39

소를 감안하여야 한다. 그리고 보상금이 지급될 때까지 주위토지소유자는 통행에 대한 인용의무를 거절할 수 있다.[65]

예컨대 기존의 통행로가 있었는데 이것을 포위된 토지의 소유자가 없앤 경우와 같이, 통행의 어려움이 포위된 토지소유자의 임의적인 행동으로 인하여 생긴 경우에는 주위토지통행권이 성립하지 아니한다. 그러므로 이와 같은 경우에 주위토지의 소유자는 인용의무를 부담하지 아니한다.[66]

2. 일본 민법

브와소나드(Boissonade) 초안의 기초로 한 일본의 구민법은 시행되는 못하였지만 일본 민법상의 주위토지통행권은 물론 우리 민법의 주위토지통행권에도 미친 영향이 크기 때문에, 먼저 그 내용을 살펴본다. 일본 구민법은 주위토지통행권에 관하여 6개의 조문(제218~223조)을 두고 있는데, 여기서 특히 중요한 내용을 담고 있는 것이 제218, 219, 220조이다.

일본 구민법 제218조는 "① 어떤 토지가 다른 토지에 둘러싸여 포위된 토지가 되어 공로에 통할 수 없을 때에는, 주위토지는 공로에 이르는 통로를 이 포위된 토지에 제공할 것을 요한다. 다만, 아래에 기재한 것과 같이 두 가지 형태의 보상금을 지급하게 할 수 있다. ② 토지가 수로나 강, 바다를 경유하지 않으면 통행할 수 없거나 절벽이 있어서 공로와 현저한 고저차이가 있을 때에는 포위된 토지로 간주할 수 있다"라고 규정한다. 그리고 같은 법 제219조는 "① 포위된 토지의 이용 또는 그 주거인의 수요를 위하여 정기적으로나 부단하게 차량을 이용할 필요가 있는 때에는 통로의 폭은 그 이용에 상응할 것을 요한다. ② 통행의 필요 또는 그 방법 및 조건에 대해 당사자의 협의가 이루어지지 않는 때는 법원은 될 수 있는 한 포위된 토지의 수요 및 통행의 편리와 주위토지의 손해를 참작하여야 한다."라고 정하고 있다. 다음으로 일본 구민법 제220조는 "① 통로의 개설 및 유

---

65) Münchener Komm/Säcker, a. a. O., §917 Rn. 41.
66) 이 경우 포위된 토지소유자의 임의적 행동으로 인하여 통로가 없어졌다는 사실에 대한 입증책임은 주위토지의 소유자에게 있다고 한다(Staudinger—Beutler, 12. neubearbeitete Aufl., Berlin, 1982, §918 Rn3—7.).

지를 위한 공사는 포위된 토지의 부담에 속한다. ② 주위토지의 건물 또는 수목을 제거하거나 변경시킬 필요가 있을 때에는 1회 한도로 보상금을 그 소유자에게 지급한다. ③ 이밖에 주위토지의 사용 또는 경작을 감소시키거나 영구적으로 그 밖의 가치를 감소시키는 것에 대한 보상금은 매년 이를 변상한다"라고 정하고 있다.[67]

이상에 본 바와 같이, 일본 구민법은 주위토지통행권에 관하여 상당히 상세한 규정을 두고 있다.

일본 현행 민법은 위에서 본 일본 구민법을 수정하여 성립한 것이다.

일본 민법 제210조 제1항은 "다른 토지에 둘러싸여 공도로 통하지 못하는 토지의 소유자는 공도에 이르기 위하여 그 토지를 둘러싸고 있는 다른 토지를 통행할 수 있다", 그리고 제2항은 "연못, 하천, 수로 혹은 바다를 통하지 아니하면 공로에 이를 수 없는 경우 또는 언덕이 있어서 토지와 공도에 현저한 고저차가 있는 때에도 전항과 같다"라고 각 규정한다.

일본 민법 제210조는 일본 구민법 제219조에 해당하는 것인데, 가장 두드러지는 차이점은 구민법이 현행 민법과 달리 주위토지통행권의 주체를 포위된 토지의 소유자에만 한정하지 않고 있다는 점이다.[68] 따라서 구민법에 의하면 포위된 토지의 점유자도 주위토지통행권을 주장할 수 있었으나, 현행 민법에서는 포위된 토지의 소유자만 그것을 주장할 수 있게 되었다. 일본에서는 다른 토지에 둘러싸인 토지는 대지(袋地, 우리나라에서 일반적으로 사용하고 있는 맹지라는 용어에 해당)라고 하고 연못, 하천, 수로 혹은 바다에 의하여 포위된 토지를 준대지(準袋地)라고 하는데, 이러한 토지는 다른 토지를 통행하지 않고서는 충분한 토지이용을 도모하는 것이 불가능하거나 현저히 경제적으로 곤란하므로, 일본 민법은 유상을 원칙으로 하는 주위토지통행권을 인정하고 있다. 개정 전 일본 민법에서는 위요지(圍繞地)라는 용어를 사용하였으나, 2004년 개정을 통하여 "그 토지를 둘러싸고 있는 다른 토지"[69]라는 용어를 사용하게 되었다. 「다른 토지」라고 하는 것은,

---

67) 일본 구민법상의 주위토지통행권에 관한 자세한 내용은 윤의섭, 앞의 논문, 72-80면을 참조할 것.

68) 통행권자에 관한 자세한 논의는 윤의섭, 앞의 논문, 85-90면을 참조할 것.

69) 원어로는 "その土地を囲んでいる他の土地"이다.

형식적으로 말하면, 타인 명의의 토지라고 할 수 있겠지만, 부부가 각각 포위된 토지와 둘러싸고 있는 토지의 명의인으로 되어 있는 때 등과 같이 두 토지가 실질상 일체적으로 사용되고 있는 경우에는 포위된 토지(垈地)의 성립을 부정하여야 할 것이라고 한다.70)

다음으로 '공도(公道)'라는 용어와 관련하여 보면, 개정 전 일본 민법은 '공로 (公路)'라는 용어를 사용하였는데, 이 때 공로라고 하는 것은 공도에 한하지 않고 공중이 자유롭게 통행할 수 있는 사도를 포함하는 것으로 이해되었다.71) 여기서 말하는 공도는 공법상 공도로 되어 있는 것만으로는 족하지 않고, 상당 정도의 폭을 가지고 있으며 자유롭고 안전하고 용이하게 통행할 수 있는 도로일 것이 필요하다고 한다.72) 공도는 사도에 대응하는 개념이므로 자구대로 해석하면 사도는 포함되지 않지만, 특별히 종전의 해석을 변경할 이유는 없을 것이라고 한다.

주위토지통행권의 해석과 관련하여 가장 문제가 되는 것은 '공도에 통하지 않는'의 의미인데, 이는 독일 민법에서의 '합리적인 이용(ordnungsmäßigen Benutzung) 에 필요한 도로를 결하고 있는 때' 또는 프랑스 민법에서의 '공로로 통하는 통로가 없거나 기존의 통로가 그 토지의 농업 또는 공업상의 개발에 있어서 불충분한 때' 와 같은 의미로 볼 수 있다고 한다. 요컨대, 아무리 좁더라도 통로가 있기만 하면 공로로 통한다고 하는 획일적 · 형식적인 사고방식에 의하는 것이 아니라 포위된 토지의 용법 및 형상, 지역성, 규제법규 등의 제반 사정을 고려하여 통행권의 성부를 결정하여야 한다는 입장이다.73) 이 요건과 관련하여 일본 건축기준법이라든가 조례에 의한 건축제한을 이유로 해서 본조에 의한 통행권을 주장할 수 있는지 여부가 문제가 된다. 이 문제에 대해서는 뒤에서 별도로 논의한다.

한편, 해당 토지가 이른바 준대지에 해당하는지 여부는 일반적으로 토지의 위치, 형상, 공도에 이르기까지의 계단설치공사의 난이도, 비용, 이 공사에 의해 토지가 토지이용의 면에서 입게 되는 영향, 동일한 상황에 놓여있는 인근 토지의 이용 상황, 기타 제반의 사정들을 고려하여 판단되어야 할 것이다.74)

---

70) 川島武宜/川井　健 編集,『注釋民法(7)』物權(2), 有斐閣, 1968, 333頁.
71) 法典調査委員會,『民法議事』7卷.
72) 東京高裁 1973. 3. 6. 判例時報 弟702号, 63頁.
73) 川島武宜/川井　健 編集, 앞의 책, 334頁.

그리고 제211조 제1항에서는 "전조의 경우에는 통행의 장소 및 방법은 동조의 규정에 의한 통행권을 가지는 자를 위하여 필요하고, 또 다른 토지를 위하여 손해가 가장 적은 것을 선택하지 않으면 아니 된다"라고 규정하고 있다. 통행의 장소 및 방법은 사회통념에 비추어 부근의 지리상황, 상린지(相隣地) 이용자의 이해득실, 기타 제반의 사정을 참작한 다음 구체적인 사례에 따라 판단되어야 한다. 그러므로 건축기준법이나 그에 관련된 조례 등에 의한 규제내용을 고려하여 통행로의 폭을 결정하는 것도 고려의 대상이 된다 할 것이다.[75]

일본 민법 제212조는 "제210조의 규정에 의한 통행권을 가지는 자는 그 통행하는 토지의 손해에 대하여 상금(償金)을 지급하지 않으면 아니 된다. 다만, 통로의 개설 때문에 생긴 손해에 대한 것을 제외하고, 1년마다 그 상금을 지급할 수 있다"라고 규정하고 있는데, 이것은 우리 민법 제219조 제2항에 해당하는 것으로, 보상금의 지급방법에 대하여 우리 민법 규정보다 상세하게 정하고 있다. 이어서 일본 민법 제213조는 "① 분할에 의하여 공도로 통하지 않는 토지가 생긴 때는 그 토지의 소유자는 공도에 이르기 위해 다른 분할자의 소유지만을 통행할 수 있다. 이 경우에는 상금을 지급하는 것을 요하지 아니한다. ② 전항의 규정은 토지의 소유자가 그 토지의 일부를 양도한 경우에 관하여 준용한다."고 정하고 있다. 이 조항은 우리 민법 제220조와 동일하다.

3. 프랑스 민법

프랑스 민법은 제682조에서 주위토지통행권을 정하고 있는데, 어떤 토지가 다른 토지에 둘러싸여 공로와 연결되는 출구가 없거나 출구가 있다고 하더라도 통로라고 하기에 불충분한 경우에는 주위토지통행권을 인정한다.[76] 즉, 프랑스 민

---

74) 安藤一郎, 『相隣關係・地役權』, ぎょうせい, 1988, 30−31頁.

75) 일본에서는 학설상으로는 통로의 폭을 결정하는 데 있어서 건축관계법령을 고려하여야 한다는 쪽이 다수설이나, 일본 최고재판소 판례는 부정적 입장을 취하고 있다. 이에 관해서는 다음 장에서 자세하게 설명한다.

76) 프랑스 민법상의 주위토지통행권의 역사적 발전 과정에 대해서는 윤의섭, 앞의 논문, 41면 이하를, 그리고 프랑스 민법상의 상린관계에 관한 전반적인 설명은 정다영, "프랑스민법상 상린관계", 『민사법학』 63(2), 2013. 6, 169면 이하를 각 참조할 것.

법 제682조는 "다른 토지에 둘러싸인 토지의 소유자로서 공로로의 출구가 없거나, 출구가 있어도 그 토지의 농·공·상업상의 개발 또는 건축이나 구획공사의 시행을 위하여 불충분한 자는 그 상린자의 토지에 대하여 자기 토지의 완전연결을 보장하기에 충분한 통행권을 청구할 수 있고, 다만 이로 인하여 생기는 손해를 배상하여야 한다."라고 규정하고 있다. 이러한 프랑스 민법상의 주위토지통행권은 일종의 법정지역권(servitude légale)으로 이해되고 있다고 한다.[77]

프랑스의 경우 포위된 토지의 통로가 협소하다든가 경사가 너무 심해서 당해 토지를 일반적인 방법으로 이용하는 데 어려움이 있다면, 그 토지는 포위된 토지로서 주위토지통행권이 인정될 수 있다.[78] 또한 포위된 토지의 소유자가 통상적인 범위 내에서 당해 토지의 이용방법을 변경하는 것으로 인정되는 경우에는 주위토지통행권으로 통로의 폭을 확대하는 것이 인정된다.[79] 그렇다면, 어떤 토지에서 공로로 연결되는 통로가 있기는 하지만, 예컨대 그 토지상에 건축을 하고자 하는데 건축을 위한 장비 등이 들어오기에는 기존의 통로가 협소한 경우에도 주위토지통행권을 인정하여 통로의 폭을 넓힐 수 있게 할 것인가. 프랑스 민법 제682조는 이러한 경우에도 주위토지통행권을 인정하고 있다.[80] 그러나 기존 통로가 단순히 불편하다거나 통행에 지장이 생겼다 해도 용이하게 해소가 가능한 경우라면 포위된 토지로 인정되지 않아 주위토지통행권을 행사할 수 없다.[81]

프랑스 민법 제683조는 주위토지통행권을 행사하여 통로를 개설하는 경우, 그 통로의 위치는 해당 토지로부터 공로까지를 연결하는 최단거리이고 주위토지에 손해가 가장 적은 쪽으로 정하여야 한다.

주위토지통행권은 다른 토지에 의하여 포위된 토지의 유효한 이용을 위하여 인정되는 반면, 엄격한 의미에서 보면 그 다른 토지의 효용을 감소시키는 것이다. 따라서 주위토지통행권의 행사로 말미암아 이웃 토지에 야기된 손해는 적절하게 보상되어야 한다(프랑스 민법 제682조). 이 경우 보상이 필요한지 여부에 대한 판단

---

77) 전경운, 앞의 논문, 81면.
78) Civ. 3 déc. 1962, D. 1963. 54.
79) 윤의섭, 앞의 논문, 50면.
80) 정다영, 앞의 논문, 188면.
81) 윤의섭, 앞의 논문, 50면.

은 법관에게 맡겨져 있고, 그 보상은 총액으로 계산하여 지급될 수도 있고 정기적인 급부의 형태로 지급될 수도 있다.[82] 주위토지의 소유자는 통행으로 인하여 발생되는 손해에 비례하여 보상금을 청구할 수 있으므로, 통로의 개설로 포위된 토지에 생길 이익은 고려되지 않으며, 만일 손해가 없다면 보상금도 청구할 수 없다. 보상금의 지급청구권은 30년의 소멸시효에 걸린다.[83]

프랑스 민법 제684조에 따르면, 토지가 매매, 교환, 분할 또는 기타 계약에 의하여 분할됨으로 인하여 다른 토지에 둘러싸인 경우에는 통행권을 청구할 수 있다. 한편, 프랑스 민법에는 토지의 일부양도나 분할로 인한 주위토지통행권에 대해서는 언급하지 않고 있다. 하지만 프랑스 판례는 이 경우 토지분할행위가 매매라면 그 대가를 평가하는 데 통행권의 존재가 고려된 것이고, 공유물분할이라도 지분을 특정하는 과정에서 통행권을 참작한 것으로 보아, 무상으로 통행권을 인정하고 있다.[84] 다만 이와 같은 경우에 통행권이 인정되기 위해서는 토지분할의 직접적인 결과로 토지가 포위된 것이라야 한다.[85]

4. 스위스 민법

스위스 민법 제694조 제1항은 "토지소유자는 자신의 토지에서 공로로 연결되는 충분한 통로가 없을 경우, 이웃에게 완전한 보상을 하는 대가로 주위토지통행로의 설정을 청구할 수 있다"라고 규정하고, 제2항은 "주위토지통행로를 청구할 수 있는 상대방은 일차적으로 과거의 소유관계와 도로 상태를 감안할 때 통행로를 허락하여야 할 이유가 가장 많은 이웃이고, 그 다음으로는 통행로로 인해 피해를 가장 적게 받는 이웃이다"라고 규정한다. 그리고 같은 조 제3항에서는 "주위토지통행로를 정할 때는 양측의 이해관계를 고려하여야 한다."라고 규정하고 있다.

스위스 민법상 주위토지통행권은 다른 법률이나 조례로 통로 문제를 해결할

---

82) 주위토지통행권의 행사에 따른 보상은 주위토지(승역지)에 야기된 손해에 대한 보상이므로, 피포위지(요역지)가 통행으로 인하여 얻게 되는 수익과는 무관한 것이다(정다영, 앞의 논문, 189면 주) 65)).
83) 프랑스 민법 제685조 제2항 참조.
84) 윤의섭, 앞의 논문, 51면.
85) Civ. 24 avr. 1867, D. P. 1867. 1. 227.

방안이 없는 경우에만 원칙적으로 청구할 수 있는데, 공로로 연결되는 충분한 통로가 없어서 토지의 목적에 적합하게 이용하거나 합리적으로 관리할 수 없는 토지에 대해서는 통로의 개설이 보장되어야 한다는 입법적 목적을 기반으로 한다.[86]

앞에서 본 독일 민법은 주위토지통행권을 주위토지소유자의 인용의무로 정하고 있는 반면, 스위스 민법은 주위토지통행권을 일종의 법정지역권(Legalservitut)으로 정하고 있는 점에 차이가 있다.[87]

스위스 민법에 의하면, 주위토지통행권을 행사하기 위한 요건으로는 ⅰ) 당해 토지에서 공로로 연결되는 통로가 없거나 충분하지 않을 것, ⅱ) 당해 토지와 인접하는, 즉 직접적으로 서로 경계를 이루고 있는 주위토지가 존재할 것, ⅲ) 다른 법률이나 조례 등에 의해서 통로를 개설할 수 있는 방도가 없을 것, ⅳ) 통로 개설을 요구하는 이유가 토지의 이용상황 등에 비추어 합리적일 것 등이 거론된다. 예컨대 건축허가지역을 벗어난 농가에 영화 스튜디오나 사진 스튜디오를 설치할 목적으로 주위토지통행권을 행사한 때에는, 그와 같은 토지의 이용은 지역 상황을 고려한 경제적 목적에 부합하지 않으므로, 주위토지통행권을 인정할 수 없다고 한다. 이와 대조적으로 주거지역에 있는 토지의 소유자는 자동차의 통행이 가능한 통로에 관한 주위토지통행권을 인정받는다.[88]

주위토지통행권 청구의 상대방은 포위된 토지와 직접 경계를 한 토지의 소유자뿐만 아니라 통로가 필요한 포위된 토지와 공로 사이에 있는 모든 토지의 소유자들이다.[89] 그리고 주위토지통행권은 최소한도의 부담을 지우는 방식으로 행사되어야 한다.

위와 같은 주위토지통행권 행사요건이 충족되었을 경우, 포위된 토지와 인접해 있는 주위토지의 소유자는 포위된 토지소유자에 대하여 스위스 민법 제694조 제1항에 따라 통행지역권(Wegrechtsdienstbarket)을 허락해 줄 의무가 있고, 반대로

---

86) Handkommentar zum Schweizerischen Zivilgessetzbuch(ZGB)/Fischer, 2005, Art. 694 Rn. 1; Basler Komm/Rey, Zivilgessetzbuch Ⅱ, 3. Aufl., 2007, Art. 694 Rn. 2.

87) 전경운, 앞의 논문, 77면.

88) Hrsg. Heinrich Honsell/Nedim Peter Vogt/Thomas Geiser, Zivilgesetzbuch II, 3. Aufl, 2007, Art. 694 Rn 7.

89) Hrsg. Heinrich/Nedim Peter/Thomas, a. a. O., Art. 694 Rn 14.

통행로 요구권자는 완전한 보상을 할 의무가 있다.[90] 그리고 주위토지소유자의 이와 같은 의무는 스위스 민법 제694조 제1항의 규정에 의한 채권채무관계에 기한 법적인 물적 의무(Realobligation)라고 한다.

이러한 통행지역권이 발생하는 과정을 살펴보면, 당해 포위된 토지가 스위스 민법 제694조 제1항에서 정한 요건들을 충족하는 경우, 그 소유자가 주위토지통행청구권(Notweganspruch)을 행사하면 주위토지소유자가 지역권설정계약 체결의무를 이행하고, 이에 상응하는 등기신청을 하게 되면 그 등기에 의하여 통행지역권은 효력을 발생하게 된다. 그런데 이웃 토지소유자가 지역권설정계약의 체결을 거부하여 통행지역권 청구권자가 형성소송을 제기하면, 통행지역권은 등기를 하지 아니하여도 그 형성소송의 판결이 법적 효력을 발생하는 시점에서 발생하게 되므로, 이 경우 등기는 선언적인 의미를 가질 뿐이다.[91]

5. 이탈리아 민법[92]

이탈리아 민법은 프랑스 민법의 영향을 받은 것인데, 역사적으로는 1837년 사르디니아왕국 민법전과 1865년 민법전을 거쳐 성립된 것이다. 이탈리아 민법은 제1051조 내지 제1055조에서 주위토지통행권에 대하여 정하고 있다.

이탈리아 민법 제1051조 제1항은 "타인의 토지에 둘러싸여 있는 토지의 소유자로서 공로로의 통행로가 없고, 과도한 비용이나 불편 없이는 통행로를 얻을 수 없는 자는 경작 또는 그 토지의 편리한 이용을 위하여 인접한 토지를 통행할 권리를 얻을 수 있다"라고 규정함으로써, 주위토지통행권의 발생요건을 정하고 있다. 이어서 같은 조 제2항은 "제1항의 규정에 의한 통로는 공로와의 거리가 가장 짧고 통행이 허용되는 토지에 대한 손해가 가장 적은 장소에 이를 정하여야 한다. 이러한 통로는 요역지(要役地)에 대한 편익과 승역지(承役地)에 대한 손해를 참작하여 바람직한 경우에 지하통로로 이를 정할 수 있다"[93]고 하여, 승역지의 손해를 최소

---

90) Basler Komm/Rey, a. a. O., Art. 694 Rn. 3.
91) Basler Komm/Rey, a. a. O., Art. 694 Rn. 22.
92) 이탈리아 민법상의 주위토지통행권에 관한 규정 내용은 윤의섭, 앞의 논문, 37-38면을 주로 참조한 것이다.

로 하여야 함을 원칙으로 정한다. 그리고 제3항에서는 타인의 토지상에 통로를 가지고 있는 자가 제1항에서 말하는 목적을 위하여 자동차를 포함한 차량이 통행할 수 있도록 기존통로를 확장할 필요가 있는 경우에도 주위토지통행권을 이용하여 기존통로를 확장할 수 있다는 뜻을 규정하고 있다.

이탈리아 민법 제1052조 제1항에 의하면, 토지소유자가 공로로의 통행로를 가지고 있지만 그 통행로가 토지의 필요에 적합하지 아니하고 이를 확장할 수 없는 경우에도 제1051조 규정을 적용하여 통행로를 확보할 수 있다. 하지만 이 경우 법원은 제1항의 규정에 의한 통행요구가 농업 또는 공업의 요건에 상응한다고 인정하는 때에만 통행권을 부여할 수 있다(이탈리아 민법 제1052조 제2항).

이어서 이탈리아 민법 제1053조는 주위토지통행권에 의한 통행으로 인하여 생긴 손해에 대한 보상금지급의무에 관하여 정하고 있다. 즉, 이탈리아 민법 제1053조 제1항은 통행으로 인한 손해에 대해서는 보상금을 지급하여야 한다는 원칙을 정하고 있고, 같은 조 제2항은 통행로를 이용하기 위하여 영구적 시설을 점유하거나 승역지의 일부를 미경작상태로 남겨 둘 필요가 있는 때에는 통행을 요구한 소유자는 공사에 착수하거나 통로를 이용하기 전에 이탈리아 민법 제1038조 제1항의 규정에 의하여 정한 금액의 범위 안에서 그 부분에 대한 가액을 지급하여야 한다고 규정한다.

그리고 이탈리아 민법 제1054조는 토지의 일부양도나 분할에 의하여 토지의 일부가 완전히 폐쇄된 경우에는 폐쇄된 토지의 소유자는 계약의 상대방으로부터 무상으로 통행로를 취득할 권리가 있음을 정하고 있다.[94] 이어서 이탈리아 민법 제1055조는 통행로가 필요 없게 된 경우에는 요역지나 승역지 소유자의 청구에 따라 언제든지 이를 폐지할 수 있고, 이 경우 승역지 소유자는 지급받은 보상금을 반환하여야 함을 정하고 있다.

---

93) 지하통로의 이용에 관해서는 초안에는 없던 내용인데 이탈리아 민법전에 포함된 것으로, 다른 입법례에서는 볼 수 없는 특색 있는 부분이다.
94) 이러한 무상통행권이 포위된 토지 또는 주위토지의 특정승계인에게 승계되는가 하는 문제에 관해서는 이탈리아의 판례와 다수설은 무상통행권은 양도·분할당사자 사이에만 인정되므로, 특정승계인에게는 효력이 없다고 해석한다.

6. 미국 민법

미국의 민사법은 기본적으로 영국의 사법제도에 뿌리를 두고 있고 Common Law와 Equity가 미 대륙에 그대로 계승되었다. 미국의 재산법에 각주마다 그 나름의 특성을 지니고 있어 매우 다양한 모습을 갖추며, 주에 따른 재산법의 차이가 계약법이나 불법행위법 보다 한층 더 심하게 나타난다. 또한 미국의 재산법은 기본적으로 판례에 기초를 두고 있는 선례구속의 원칙(Doctrine of Stare Decisis)이 적용되지만 상당한 성문법이 제정되어 일차적인 법원으로서 제정법(Statutes)과 판례법(Case)등이다.

특이한 것은 용도지역지구제[95] 외에도 부동산 소유자가 자기 소유 토지의 사용에 관하여 어느 상대방에 대하여 약속을 한 경우, 그 상대방이나 그 승계인은 약속을 한 당사자 뿐만 아니라 그 승계인에 대하여도 약속의 이행을 구할 수 있는 권리가 발생하는데, 이를 Covenants라 하며, 이를 사용제한계약(Restrictive Covenant)이라 한다.

이것은 그 땅에 1가구 주택만 지을 수 있다는 기본제약도 있고, 혹은 집을 무슨 색으로 칠할지, 커튼의 색까지 통제하는 정교한 제한일 수 있다. 사용제한계약이란 아파트(콘도미니엄) 분양광고 또는 유사한 법적 문서의 서식에도 있을 수 있다. 수년 전에는 코카시안이 아닌 사람에게는 땅을 팔 수 없다는 제한을 설정한 적이 있었는데, 이 계약은 연방대법원에 의해 무효로 되었다.

또한 이 토지를 양수한 제3자가 이러한 사실을 알았든 몰랐든 간에 제3자에 대해서도 위 약속의 이행을 청구할 수 있다는 것이 Common Law의 태도이다.

이러한 법제하에서 캘리포니아 민법 제801조와 그 이하에서 지역권(Easement)에 관한 규정이 있다. 그 중에서 주위토지통행권(Easements by necessity)은 양 당사자 사이의 계약이 없다 할지라도 어느 토지가 합당한 목적으로 이웃 토지를 절대적으로 사용해야 할 필요가 있을 때에 성립할 수 있는 법정지역권이다.

지역권(Easement)은 묵시적으로도 성립할 수 있는데, 서부 개척이 진행됨에

---

95) 용도지역지구제가 single family를 어떻게 구성할지 까지를 제한 가능하다(이기우,"미국의 상린관계법", 『토지법학』 23(2), 2007, 9면 참조).

따라 도로나 토지의 경계선이 거주자의 편의를 무시하고 설치되었기 때문에, 도로에 나가기 위하여 꼭 타인의 토지를 통행해야 하는 사태가 많아서, 가시적·영구적 또는 계속적으로 토지를 이용할 경우 법원이 '묵시의 지역권'을 인정하게 되었다. 또한 시효에 의해 취득할 수도 있는데, 캘리포니아주에서는 5년간 계속 사용할 것을 요한다.96)

Ⅲ. 독일과 일본의 판례와 학설

1. 독일에서의 논의

독일에서도 각 州의 건축규제법 규정이 요구하는 형태에 맞게 토지가 차량통행 가능한 공적 교통용지와 접속되어 있지 않는 경우에는 당해 토지의 소유자는 거기에 건축물을 건축할 수 없게 된다.97) 그래서 건축을 하고자 하는 토지가 주변 토지에 포위되어 있고, 해당 주의 건축규제법이 요구하는 접도요건을 충족하지 못하는 경우, 그 건축행위를 민법상 "토지의 용법에 적합한 이용"98)으로 보아 주위토지통행권을 인정할 것인가, 바꾸어 말하면 포위된 토지를 건축에 이용하기 위하여 그 포위된 토지의 소유자가 주위토지통행로의 수인을 주위토지의 소유자에게 청구할 수 있는가 하는 점이 논의의 대상이 되어 왔다.

이 문제는 독일 민법상 주위토지통행권의 성립요건 중 "토지의 용법에 적합한 이용"이라는 요건을 설명할 때 논의된다. 판례·통설에 의하면 어떠한 이용이 당해 토지의 용법에 적합한 것인지 여부는 당해 토지의 특성에 비추어 객관적으로 판단되어 진다. 그때의 중요한 판단요소는 당해 토지의 규모나 상황, 이용하고

---

96) 이기우, 앞의 논문, 9-15면 참조.
97) 이 책 제1장 제3절 Ⅱ. 진입도로에 관한 입법례 부분을 참조할 것.
98) '토지의 용법에 적합한 이용'이란 독일민법 제917조 제1항 "토지의 정상적인 이용에 필요한 공로에 이르는 통로가 없는 경우에, 소유자는 이웃 소유자에 대하여 그 하자가 제거될 때까지 필요한 통행을 위하여 그의 토지의 이용을 인용할 것을 청구할 수 있다.……"에서의 밑줄 친 부분을 의미한다.

자 하는 용도 등의 제반 사정과 그 인근의 상황, 예컨대 인근 토지의 이용형태에
비추어 어떻게 이용하는 것이 통상적인가 하는 점이다.[99] 그렇다면, 포위된 토지
에 건축을 하는 것이 독일 민법에서 말하는 "토지의 용법에 적합한 이용"이라고
할 수 있는가.

이에 대한 독일의 판례와 학설을 살펴본다.

(1) 독일의 판례

독일의 경우에는 민사판결이 아니라 행정판결에서 이 문제에 대하여 먼저 언
급하였다. 후술하는 연방행정법원 1976년 3월 26일 판결은 행정재판에 관한 것이
지만, 주위토지통행권에 있어서의 용법적합성 요건과 포위된 토지 소유자의 건축
이용과의 관계에 관하여도 판단을 내리고 있다. 이 행정판결은 주위토지통행권과
관련된 민사소송 판결에서 꾸준히 인용되어 왔으므로, 간략하게 소개하기로 한다.

독일의 판례에서는 "지구시설정비"라고 하는 용어가 자주 등장하므로, 그 개
념에 대하여 관련 판례들을 이해하는 데 필요한 한도에서 설명한다.[100] 어떤 토지
상에 건축행위를 하기 위해서는 당해 토지에 대하여 지구시설정비가 이루어져 있
어야 한다는 것이 독일 건축 관련 법규상의 기본적인 원칙이다. 이러한 지구시설
정비는 다시 건축계획법에 바탕을 둔 지구시설정비와 州 건축규제법에 기초한 지
구시설정비로 나눌 수 있다. 여기서 전자는 일정 토지에까지 이르는 공적인 정비
에 관한 것이고, 후자는 어떤 토지 그 자체의 사적 정비에 관한 것이다.[101] 이하
에서 살펴 볼 판결에 등장하는 지구시설정비는 주로 후자이다.

주 건축규제법에 바탕을 둔 지구시설정비로서 종종 거론되는 것이 토지와 공
도와의 접속에 관한 지구시설정비이다. 주에 따라서 약간의 차이가 있지만, 각주
의 건축규제법은 대체로 "건축하고자 하는 건물의 이용을 개시할 시점까지 그 건
물의 토지가 차량통행 가능한 공적 교통용지에 적절한 폭으로 접속되거나 차량통
행 가능한 공적 교통용지에 이를 수 있는 차량통행이 가능한 공법상 보장된 통로

---

99) 이 책 제5장 제2절 Ⅱ.주위토지통행권에 관한 입법례 부분을 참조할 것.
100) 이하의 설명은 K. Gelzer/H−J. Birk, Bauplanungsrecht, 5 Aufl., 1991, Rn 561−564; U.
　　 Welner/W. Müller, Baurecht von A−Z, 7 Aufl., 2000, S. 375−377을 참조한 것이다.
101) 藤田宙靖, 『西ドイツの土地法と日本の都市法』, 創文社, 1988, 33−34頁.

를 가지고 있을 때 건축이 허용된다."는 취지의 규정을 두고 있다.102) 그러므로, 주 건축규제법상의 규정이 요구하는 형태로 토지가 차량통행이 가능한 공적 교통용지와 접속되어 있지 않는 경우에는 당해 토지의 소유자는 거기에 건축물을 건축할 수 없게 된다.

이하에서는 이러한 주 건축규제법이 규정하는 원칙을 염두에 두고 서술을 하기로 한다.103)

가. 연방행정법원 1976년 3월 26일 판결104)

이 판결은 1976년 3월 26일 독일 연방행정법원에서 내린 것으로, 주된 논점은 접도요건과 주위토지통행권 문제와는 직접적인 관련이 없는 것이므로, 여기서는 관련되는 부분만을 언급한다.

이 사건의 사실관계는 다음과 같이 요약된다.

원고 X 소유의 토지(X는 B로부터 이 토지를 매수하였다)는 A의 소유지와 연접하여 있고, A의 소유지는 공도와 접속되어 있지 않다. 그래서 X의 前 소유자 B는 A에게 당해 토지 중 폭 3m의 부지에 대하여 자동차 통행을 위한 통로로 이용할 권리를 주고 있었다. 그 후 A는 자신의 소유지에 주택 건축을 계획하고, 피고 Y행정부에 건축허가신청을 하였는데, Y는 A에 대하여 건축허가를 부여하였다.

이 건축허가에 대하여, X는 B가 A에게 위와 같은 권리를 주었던 것은 A 소유의 토지를 정원으로 관리할 수 있게 하기 위한 것일 뿐이었다고 주장하면서, 피고 Y행정부에 대하여 당해 허가의 취소를 구하였다.

고등행정법원이 원고 X의 청구를 기각하자, X가 상고한 것이다.

---

102) 독일 각주의 건축규제법 규정의 구체적 내용에 대해서는, 秋山靖浩, "圍繞地通行權と建築法規(1) － ドイツ法における論議を素材として", 『早稻田法學』第77卷 第4号, 2002, 26頁 註91) 참조할 것(이하에서는 秋山靖浩, 앞의 논문(1)로 인용함).

103) 물론 주 건축규제법에는 이 원칙에 대한 예외도 규정되어 있기 때문에 예외적으로 건축이 허용되는 경우도 있다. 그러나 본고의 검토대상으로 하는 포위된 토지의 소유자가 의도한 건축행위와 독일 민법 제917조에 기한 주위토지통행권의 성부와의 관계가 문제로 되는 것은 이러한 예외가 인정되지 않는 경우일 것이다. 예외가 인정되는 것이면 특단으로 주위토지통행권의 주장을 할 필요가 없기 때문이다.

104) BVerwGE 50, 282 ＝ NJW 1976, 1987.

연방행정법원은 고등행정법원의 판결을 파기환송하면서 독일 민법 제917조의 용법적합성 요건과 관련하여 다음과 같은 취지로 판결하였다.

독일 민법 제917조 소정의 용법적합성에 대한 일반적인 판단기준에 관하여, "토지를 건축에 이용하는 사례에서 단순히 그 건축이 공법상 적법하다는 이유만으로 독일 민법 제917조 제1항이 의미하는 용법에 적합한 이용으로 되는 것은 아니다. 오히려 중요한 것은, '토지의 현실의 이용에 있어서의 제 요청', 특히 '개별 사례에 있어서의 이용의 태양, 토지의 규모, 그 주변상황 기타 제 사정'이다"라는 취지로 판시하였다.[105]

한편 지구시설정비가 흠결되어 있거나 토지법상의 특별한 사정에 의해 건축이 허락되지 않아서 당해 건축이 공법상 적법하지 못한 것으로 판단되는 경우에는, 그 건축은 용법에 적합한 이용이라고 할 수 없고, 그러한 사정은 당해 건축을 허용하는 것이 현실의 제반 요청에 합치된다고 하여도 마찬가지이다. 왜냐하면 공법 규정상 적법하지 않은 것을 사법 질서가 '용법에 적합한 것'으로서 승인할 수는 없기 때문이다.

그러나 이상과 같은 판단은 당해 건축이 공법 규정에 위반하는 모든 경우에 타당한 것은 아니고, 오히려 주위토지통행권의 요건과 관련하여 중대한 위법성이 있는 경우에 관해서만 들어맞는다. 그렇지만 주위토지통행권의 요건과는 무관한 규정(예를 들면 건축물의 건축형태에 관한 규정 등)에 대한 위반이 있어도, 그 밖의 사항들에 대해서는 적법하다면, 당해 토지를 건축에 이용하는 것은 토지의 용법에 적합한 이용이라고 평가될 수 있다. 이렇게 해서, 공법인 건축 관련 법규에서 정한 요건을 충족하지 못하여 당해 토지를 건축에 이용하는 것이 부적법하다는 사실과 독일 민법 제917조 제1항에서 말하는 토지이용의 용법적합성의 결여가 연관되어진다.[106]

---

105) 秋山靖浩, 앞의 논문(1), 27－28頁 참조.
106) 秋山靖浩, 앞의 논문(1), 28頁 참조.

나. 연방통상법원 1978년 5월 26일 판결[107]

이 사건의 사실관계는 다음과 같다.

A는 자기 소유의 토지에 가설주택을 건축하여 거주하고 있다. A의 소유지는 그 서측부분에서 공도에 5m 접하고 있었지만, 심한 경사가 있는데다가 수목이나 관목이 무성하였다. 그 때문에 이웃 토지 소유자인 피고 Y는 A가 가설주택에 통행할 수 있도록 Y 소유의 토지에 존재하는 1m 폭의 보도를 이용하는 것을 A에게 허용하고 있었다. 그 후 원고 X가 A로부터 이 토지를 매수하여 주택을 건축할 계획을 세웠다. 당시 새로운 지구상세계획[108]에 의하여 그 토지는 건축지구(Baugebeit)에 지정되었다.

그래서 X는 Y에 대하여 공도와 자신 소유의 토지를 접속시키기 위하여 주위토지통행로(그 통로의 위치는 A에게 인정되고 있었던 통로로 하고, 그 폭은 차량통행에 적합한 것)의 개설을 수인할 것을 청구하였다. 이에 대하여 Y는 X의 소유지의 서측부분에 차량통행이 가능한 통로를 만드는 것이 가능하며, 이 점에 관하여는 행정청의 허가도 얻어졌다는 등을 들어 반론을 제기하였다.

1심과 항소심 모두 X의 청구를 인용하였다. 항소심법원은 이미 40년 이상에 걸쳐서 기존의 가설주택이 존재하고 있는 것을 고려하면, X의 토지에 있어서의 용법에 적합한 이용이라고 하는 것은 거기에 주택이 유지되는 것이라고 하였다.

그리고 피고 Y의 반론에 대해서는 이하와 같이 판시하였다. 토지를 주거목적으로 사용할 때에는 특히 급한 질병, 사고 등이 있을 때에 자가용 승용차가 사용할 수 있도록 하는 접속이 필요하다고 한 다음, 피고 Y가 주장하는 바와 같이 그러한 통로를 X의 소유지의 서측부분에 만드는 것은 기술적으로는 가능하지만 행정청의 허가를 받을 가능성이 없다고 하면서 Y의 주장을 받아들이지 않았다.

---

107) LM Nr. 14 §917 BGB = NJW 1979, 104. 교과서나 주석서에서 반드시 열거되는 중요한 판결이다.

108) 지구상세계획은 어떠한 건물이든지 공도와 확실하게 접속하여 건설될 수 있도록 배려하여 각종 지정행위를 하는 것인데, 건설법전(Baugesetzbuch-BauGB) 제9조 제1항은 지구상세계획에서 지정할 수 있는 항목을 상세하게 열거하고 있다. 그 항목으로서는 '교통용지 일반 및 …… 기타 용지와 교통용지와의 접속과 같은 특별한 용도를 위한 교통용지'를 열거하고 있다(독일 건설법전(Baugesetzbuch-BauGB) 제9조 제1항 제11호 참조).

이에 대하여 Y가 상고한 것이다.

Y의 상고에 대하여 연방통상법원은 독일 민법 제917조의 용도적합성에 관한 일반적인 설명을 한 후 다음과 같은 이유를 들어 원심을 파기하고 X의 청구를 기각하는 판결을 내렸다.

이 사건 가설주택은 분명히 A에 의하여 40년에 걸쳐 주택으로서 이용되어 왔다. 그러나 그것은 Y가 X의 前 권리자 A에게 개인적으로 자기의 토지를 통과하는 도보용 통로로 이용하는 것을 허용하였기 때문에 가능한 것이었다. 요컨대, "개인적인 허가에서 유래하는 잠정적인 조치가 취해져 있었던 것에 지나지 않았던 것이다." 그런데 X에게 있어 해당 토지에 관한 용법에 적합한 이용이라고 하는 것은 위 가설주택을 보존·유지하는 것이 아니다.

X의 소유지가 새로운 지구상세계획에 의하여 건축지구로 지정되고, X가 새로운 주택의 건축을 계획하였다고 하는 사정도 있다고 해서, 이상의 판단을 변화시킬 수 있는 것은 아니다. 왜냐하면, 노르트라인-베스트팔렌州 건축규제법(Bauordnung für das Land Nordrhein-Westfalen in der Fassung vom 7. März 1995 (GV. NRW. S. 218, ber 982)) 제4조 제2항 및 제4조 제4항에서 정하고 있는 요건에 의하면, "당해 토지가 차량 통행이 가능한 공적 교통용지에, 필요불가결한 폭을 확보한 상태에서, 자기소유의 통로 혹은 공법상 보장되는 타인 소유의 통로를 가지고 있는 경우"에만 그 토지상에 건물을 건축할 수 있기 때문이다. 독일 민법 제917조에 기하여 청구되는 주위토지통행권은 동법 제4조 제2항 제2호 및 제4조 제4항의 규정에 정해진 자기소유의 통로에도, 공법상 보장된 타인의 통로에도 해당하지 않는다.[109]

이와 같은 이유로 X의 Y에 대한 독일 민법 제917조에 근거한 통로의 승인청구는 성립하지 않는다.

다. 독일 판례에 대한 분석

독일의 판례는 포위된 토지의 소유자가 그 토지상에 건축을 계획하고, 건축허가 요건인 공도와의 차량 통행이 가능한 통로를 확보하기 위하여 이웃 토지 소

---

109) 秋山靖浩, 앞의 논문(1), 32-33頁 참조.

유자를 상대로 독일 민법 제917조에 따른 주위토지통행권의 수인을 청구한 경우, 그 포위된 토지의 소유자가 의도하였던 건축계획이 독일 민법 제917조 소정의 용법적합성 요건을 충족하는 것인지를 판단하는 방식으로 그 포위된 토지 소유자의 청구를 인용할 것인지 여부를 결정하여 왔다.

이러한 판단을 함에 있어, 독일 법원은 "포위된 토지의 소유자가 계획하였던 건축행위가 공법상 적법한 경우에도 그것만으로 당해 건축행위가 독일 민법 제 917조의 용법적합성 요건을 충족하는 것으로 평가되는 것은 아니고, 어디까지나 당해 토지에 있어서의 제반 사정에 근거하여 객관적으로 판단되어야 하는 것이고, 공법상 적법하다는 것은 그 한 가지 사정에 지나지 않는다."는 원칙을 견지하고 있다.110)

그런데 포위된 토지의 소유자가 계획하였던 건축이 공법상 부적합한 것으로 평가된 경우, 독일 법원은 두 가지의 판단구조를 보여준다.

그 한 가지는 연방행정법원 1976년 3월 26일 판결에서 나타나는 "당해 건축이 공법에서 부적법하다고 판단된 경우에는 민법상으로도 용법부적합으로 평가되어야 할 것"이라고 하는 논리이다. 요컨대 공법상 부적합한 것으로 판단된 건축행위가 민법상으로는 토지의 용법에 적합한 이용이고, 따라서 주위토지통행권을 인정할 수 있다는 결론을 허용하지 않는다는 사고방식이다. 즉, 연방행정법원 1976년 3월 26일 판결은 한 가지의 행위에 대한 공법상에서의 법적 평가와 민법상에서의 법적 평가가 모순될 수 없다고 하는 논리를 근거로 삼고 있는 것으로 보인다.111)

독일의 다수의 州 건축규제법에서 토지에 건물을 건축하는 것이 허가되기 위해서는 그 토지가 차량 통행이 가능한 공적 교통용지에 접하고 있거나 차량 통행이 가능한 공적 교통용지에 자기 소유의 통로나 "차량 통행이 가능하고 공법상 보장된 타인 소유의 통로"를 가지고 있어야 한다는 원칙을 정하고 있는데, 여기서 말하는 "차량 통행이 가능하고 공법상 보장된 타인 소유의 통로"를 독일 민법 제

---

110) 秋山靖浩, 앞의 논문(1), 39頁.
111) 즉 독일 법원은 사법과 공법이 서로 무관하게 병존하고 있는 것은 아니라는 인식에 기초하여, "공법에서 정당화의 근거가 존재하지 않는 상황을 민법에서 '용법에 적합한 것'으로 판정하는 것은 평가모순을 의미한다고 할 수 있다"라는 판단을 내리고 있는 것이다(秋山靖浩, 앞의 논문(1), 주 107) 참조).

917조의 주위토지통행권에 기하여 확보할 있는지 여부가 재판에서 문제가 되었다. 이 점과 관련하여 독일 법원은 포위된 토지와 공로를 접속시켜주는 통로가 "공법 상 보장된 것"이 아니라거나 단순히 이웃 사람의 개인적인 허가나 지역권에 기초 한 통행로일 때에는 各州 건축규제법이 정하고 있는 "통로"에 해당하지 않는다는 점을 확인하고 있다. 즉, 독일 법원은 "토지와 공도의 접속에 관하여는 州 건축규 제법의 규정이 요구하고 있는 기준을 존중하여야 한다."고 하는 사고방식을 기초 에 두고 있는 것으로 판단된다. 그리고 독일 민법 제917조의 주위토지통행권을 통 해서는 州 건축규제법에 정한 요건에 부합하는 공로와 접속시켜주는 통로를 확보 할 수가 없으므로, 결국 이러한 토지에는 건물의 건축이 허용되지 않는다는 결론 에 이르게 되고 만다.[112]

(2) 독일의 학설

독일에서는 포위된 토지소유자가 자기의 토지에 건축을 계획한 경우에 거기 에 기하여 주위토지통행권이 인정되는지 여부는, 판례와 마찬가지로, 학설에서도 독일민법 제917조의 용도적합성 요건의 문제로 다루고 있다. 그런데 학설들 중에 독일 판례의 논거나 결론에 이론(異論)을 나타내는 것은 눈에 띄지 않고, 독일 판 례의 기본적인 사고방법을 그대로 받아들이는 것으로 보인다.[113]

학설에서도 판례의 논리와 같이 당해 토지를 건축에 이용하는 것이 공법에서 부적법하다고 판단되는 경우에는 민법상으로도 용법부적합이라고 평가되어야 한 다고 설명한다.[114] 어떠한 토지이용 행위가 용법에 적합한 것이라고 평가되기 위 한 요건의 하나로서 '법질서를 준수할 것'이 요구된다는 것이다. 그리고 여기서 말 하는 법질서에는 공법은 물론이고 사법도 포함된다고 한다.[115]

---

112) 秋山靖浩, 앞의 논문(1), 39−41頁 참조.

113) 秋山靖浩, "圍繞地通行權と建築法規(2) − ドイツ法における論議を素材として", 『早稻 田法學』 第78卷 第2號, 2003, 78頁(이하에서는 秋山靖浩, 앞의 논문(2)로 인용함).

114) 이하의 독일 학설들에 대한 설명은 주로 H. Roth, in J. von Staudingers Kommentar zum Bürgerlichen Gesetzbuch, Buch 3 Sachenrecht, 13 Aufl. 1966, § 917, Rn 20을 참조하여 정 리한 것이다.

115) 따라서 예컨대 토지이용이 지역권에 위반한 경우라든가 자연보호법이나 도로법에 위반하는 경우에 모두 주위토지통행권의 성립이 방해를 받는다고 한다(秋山靖浩, 앞의 논문(2), 78頁).

공도와 접속되어 있지 않은 토지에 건물을 건축하고자 하는 경우에도 이러한 요건이 그대로 들어맞는다. 즉, 공도와의 접속이 주 건축규제법에서 요구되고 있음에도 불구하고 그 접속요건을 충족하지 못한 경우라면, 당해 건축은 건축법상 부적법한 것이므로 토지의 용법에 적합한 이용이라고 말할 수 없게 된다. 따라서 주위토지통행권를 주장하는 측으로서는 건축법에 위반하는 상태를 우선 제거하지 아니하면 자기의 주장을 인정받을 수 없는 것이다.116)

각 학설이 예외 없이 강조하고 있는 것은 각주의 건축규제법에서 토지를 건축에 이용할 경우 공공교통로와의 접속을 철저하게 요구하고 있다는 점이다. 그러므로 공도와 접속하지 못한 토지에는 사전에 지구시설정비가 이루어져 있어야만 한다. 건축이 되어 있지 않은 대지에 건물을 건축할 계획이 있더라도, 지구시설정비가 이루어지지 않으면 원칙적으로 주위토지통행권의 주장이 정당화되지 못한다. 이처럼 학설에서도 주 건축규제법의 규율내용이 상당히 중시되고 있는 것을 알 수 있다.117)

2. 일본에서의 논의

일본의 건축기준법 제43조 제1항의 규정도 우리나라 건축법 제44조 제1항과 거의 동일하게 건축허가요건으로서 접도요건을 정하고 있다. 그렇다 보니 이 접도요건을 충족시키기 위한 방안의 한 가지로 일본 민법상의 주위토지통행권을 이용하여 폭 2m의 통행로를 확보할 수 있는가 하는 문제가 종전부터 논의의 대상이 되고 있다고 한다.

그런데 1999년 7월 13일 일본 최고재판소가 일본 건축기준법 제43조 제1항과 일본 민법 제210조의 관계를 직접적으로 다루는 판결118)을 선고한 것을 계기로, 일본에서는 이 문제에 대한 논의가 활발하게 전개되었다.

---

116) W. Nehner, Nachbarrecht : Gesamtdarstellung des privaten und öffentlichen Nachbarrechts des Bundes und der Länder (mit Ausnahme des Landes Bayern), 7 Aufl., 1996, B §27, S. 8 Fn 20b.

117) 秋山靖浩, 앞의 논문(2), 79−80頁 참조.

118) 이 판결은 『裁判民集』 第193号, 1997. 7, 42頁;『判例時報』 第1687号, 1997. 7, 75頁;『判例タイムズ』 第1010号, 1997. 7, 235頁 등에 수록되어 있다.

여기서는 위 일본 최고재판소 판례를 중심으로 건축허가요건으로서의 접도요 건과 민법상 주위토지통행권의 관계에 관한 일본의 논의를 살펴봄으로써, 우리 법 해석의 참고자료로 삼고자 한다.

(1) 일본 최고재판소 판례의 입장과 분석

일본에서는 1999년 7월 13일 최고재판소가 주위토지통행권의 행사를 통하여 건축법규가 요구하는 폭의 진입도로를 확보하려는 청구에 대하여 명확한 입장을 표명하는 판결을 내놓았다. 이 판결은 일본 민법상의 주의토지통행권과 일본 건축 기준법 제43조 제1항의 접도요건의 관계에 관하여 일본 최고재판소의 입장을 정 리한 것으로 볼 수 있다. 이 판결은 나오자마자 일본에서도 많은 주목을 받았는 데, 여기서 간략하게 살펴본다.

가. 사실관계[119]

이 사건 甲 토지는 공도를 기준으로 할 때 乙 토지의 뒷면에 인접해 있고, 폭 1.45m의 통로(이 사건 동측통로)를 통하여 공도(公道)에 접속되어 있다. 그리고 甲 토지 위에는 그 소유자 X 소유의 長屋[120](이 건물은 현행 건축기준법 시행일인 1950년 11월 23일 이전에 건축된 것이다)이 건축되어 있다. 다른 한편, 乙 토지에는 乙 토지 소유자 Y가 소유하는 건물(1972년 건축)이 건축되어 있고, 현재 이 건물은 다른 사 람이 임차하여 음식점 용도로 이용하고 있다.

X는 자신의 長屋이 너무 노후화되었기 때문에 1990년에 이 가옥을 부수고 甲 토지를 공터 상태로 만들었다. 그 후 X는 甲 토지상에 건축물을 신축할 계획을 세 웠으나 건축허가에 필요한 접도요건을 충족시키지 못하게 되자, Y에 대하여 다음 과 같이 주장하며 소를 제기하였다.

즉, X는 "일본 건축기준법 제43조 제1항 본문은 접도요건을 정하고 있는 바, 甲 토지는 그것을 충족하지 못하여, 그 용법에 좇아 택지로 사용할 수 없기 때문

---

119) 사실관계는『裁判民集』第193号, 1997. 7, 42頁;『判例時報』第1687号, 1997. 7, 75頁;『判 例タイムス』第1010号, 1997. 7, 235頁 등의 판결 내용을 참고하여 정리한 것이다.

120) 長屋(ながや, 나가야)는 일본의 전통가옥을 일컫는 용어인데, 한 용마루 밑에 칸을 막아서 여러 가구가 독립하여 살 수 있도록 지은 기다란 집이다.

에 일본 민법 제210조의 규정이 정한 포위된 토지(일본 용어로는 袋地)에 해당한다. 그러므로 일본 건축기준법 제43조 제1항 소정의 접도요건을 충족할 수 있도록 이 사건 동측통로에 인접하는 乙 토지상의 폭 0.55m의 부분(이 사건 계쟁토지)에 관해 X는 주위토지통행권을 가진다. 또한 이 주위토지통행권에 기하여 이 사건 계쟁토지상에 존재하는 블록담장의 수거를 구할 수 있다"고 주장하였다.

나. 판결 요지

결론적으로 말하자면, 이 판결은 X의 청구를 인용한 원심의 판단을 파기하고, X의 청구를 기각하였다(예비적 청구에 관하여는 원심으로 파기환송하였다).[121]

먼저 이 판결의 앞 부분에서는 일본 민법 제210조와 일본 건축기준법 제43조 제1항[122] 본문의 취지나 목적의 차이를 강조한다.

즉, 판결은 일본 민법 제210조의 입법취지를 "서로 인접하는 토지의 이용의 조정을 목적으로 하여 특정한 토지가 그 이용에 관한 왕래통행에 관해 필요불가결한 공로에 이르는 통로를 갖추고 있지 못한 포위된 토지(袋地)에 해당하는 경우에, 그 토지를 포위하고 있는 토지(囲繞地)의 소유자에 대하여 포위된 토지 소유자가 주위토지를 통행할 것을 일정한 범위에서 수인하여야 할 의무를 과하고, 이것에 의하여 포위된 토지의 효용을 온전하게 하고자 하는 것이다"라고 정리하고 있다. 이에 대하여 일본 건축기준법 제43조 제1항 본문의 취지 내지는 목적은, "주로 피난 또는 통행의 안전을 기하고, 접도요건을 정하는 건축물의 부지에 관한 공법상의 규제를 과하고 있다"라고 설명한다.

그리고 이와 같이 취지·목적 등을 달리 하고 있기 때문에 "단지 특정한 토지가 접도요건을 충족시키지 못한다고 하는 한 가지 사정을 가지고 그 토지의 소유자를 위해 인접하는 다른 토지에 관해 접도요건을 충족시키는 내용의 주위토지통행권이 당연하게 인정된다고 해석할 수는 없다"고 판시하고 있다.

다음으로, 판결의 후반 부분에서는 건축기준법의 원칙을 염두에 둔 논의가

---

121) 岡本詔治, "法定通路の成否·幅員と建築規制(接道要件)", 『法律時報』 73卷 1号(900号), 2001. 1, 111頁 注1)에서 파기환송심을 다루고 있다.

122) 우리나라 건축법 제44조 제1항과 유사한 내용이다. 상세한 내용은 이 책 제1장 제3절 Ⅱ. 진입도로에 관한 입법례 부분을 참조할 것.

전개된다. 그 내용을 요약하면 아래와 같다.

일본 건축기준법에서는 특정한 토지는 "하나의 건축물 또는 용도상 불가분의 관계에 있는 둘 이상의 건축물에 관하여만" 그 부지가 될 수 있다고 규정하고 있다(일본에서는 이것을 일건물일부지(一建築物一敷地)의 원칙이라고 부른다. 일본 건축기준법시행령 제1조 제1호 참조).

그런데 이 건 계쟁토지는 이미 건축기준법상 적법하게 Y 소유 건물의 부지의 일부로 되어 있다. 그래서 가령 X가 주장하는 주위토지통행권을 인정하면, 이 건 계쟁토지가 이번에는 甲 토지에 있는 X 소유 건물의 부지의 일부로서 사용되게 된다. 이렇게 되면 이 건 계쟁토지가 Y 소유의 건물과 X 소유의 건물의 부지로서 2중 사용되는 것으로 되고, 그렇게 되면 일본 건축기준법의 원칙과 저촉되는 상태가 생긴다. 또한 그 결과로서 Y 소유 건물이 일본 건축기준법 소정의 건축물의 규모 등에 관한 기준에 적합하지 않은 것으로 될 우려도 있다. 이러한 사정도 고려한다면, X의 주장을 곧바로 채용할 수 없는 것은 명백하다. 따라서 X의 청구를 받아들인 원심의 판단은 포위된 토지 소유자의 필요를 배려한 나머지 법령 전체의 정합성에 관한 고려를 결하였다고 하지 않을 수 없다.[123]

다. 판결에 대한 분석

(가) 판결 요지의 전반부분

1999년 7월 13일 일본 최고재판소 판결의 전반부분은 일본 민법 제210조와 일본 건축기준법 제43조 제1항 본문의 취지 및 목적의 차이를 종래 판례보다 더 강조하고 있는 것으로 이해되고 있다.[124]

그런데 "단지 특정한 토지가 접도요건을 충족시키지 못한다고 하는 한 가지 사정을 가지고 그 토지의 소유자를 위해 인접하는 다른 토지에 관해 접도요건을 충족시키는 내용의 주위토지통행권이 당연하게 인정된다고 해석할 수는 없다"라

---

123) 이상의 판결요지는 吉田克己, "建築基準法上の接道要件と囲繞地通行権 (最三小判平11·7·13)" 『判例タイムズ』 51卷 11号(No. 1024), 判例タイムズ社, 2000. 5, 71–73頁; 岡本詔治, 앞의 논문, 110–112頁; 秋山靖浩, 앞의 논문(1), 3–4頁 등을 참조하여 정리한 것임,
124) 이처럼 법률의 해석에 있어 사법인 민법과 공법인 건축기준법의 입법취지나 목적의 차이를 고려하여 동일한 사실관계에 관해서도 사법영역과 공법영역에서의 해석이 달라질 수 있다는 입장을 公法私法相違論이라고 한다.

고 하는 판시로부터, 두 가지의 추론이 가능하다는 설명이 있다. 첫 번째는 공법 사법상위론을 전면에 내세워 일본 민법 제210조에서의 주위토지통행권의 성부(成否)나 그 통로의 폭을 결정하는 데 있어서는, 그 취지와 목적을 달리하는 일본 건축기준법 제43조 제1항 본문의 규제를 고려할 필요가 없다는 입장을 밝힌 것으로 풀이할 수 있다는 것이다.[125] 두 번째는 이 판결은 일본 건축기준법 제43조 제1항 본문의 규정에 따른 접도요건을 충족시키지 못한다고 해서 곧바로 일본 민법 제210조 소정의 주위토지통행권을 긍정하는 판단구조를 부정하고 있을 뿐인 것으로 이해할 수 있다 한다.[126]

이 판결과 비교되는 판례로 일본 최고재판소 1952년 판결이 있다. 일본 최고재판소 1952년 3월 15일 판결[127]은, 토지소유자가 증축을 계획하였지만 기존의 통로로는 증축에 대한 허가를 얻을 수 없게 되자, 주위토지통행권을 주장하면서 일본 건축기준법 제43조 및 이에 근거한 東京都 건축안전조례 제3조 소정의 통로로 기존 통로를 확장하는 것을 청구한 사안이다. 이 사안에 대하여, 일본 최고재판소는 일본 민법 제210조의 주위토지통행권은 "토지이용에 관한 왕래 및 통행에 필요하고 소홀히 할 수 없는 것"이어서 인정되는 것이고, 일본 건축법령 소정의 통로가 필요한 사정은 "말하자면 통행권 그 자체의 문제는 아니다"고 판시하고,

---

125) 이러한 견해는 단순히 사법과 공법의 입법취지나 목적의 차이를 강조하는 데서 더 나아가, 사법과 공법의 각 영역을 엄격하게 구분하고 두 영역간의 조화나 정합성 등을 고려할 필요가 없다는 정도로까지 사법과 공법의 구별 내지는 분리를 강조하는 입장이다. 일본에서는 이러한 입장을 공법사법상위론과 구별하여 公法私法峻別論이라고 한다(吉田克己, 앞의 논문, 71, 73頁).

126) 한편, "두 가지의 추론 중에서 어떤 이해 방식을 택한다고 하더라도, 두 가지의 추론이 공법사법상위론을 그 기초로 하고 있다는 점에 유의할 필요가 있다. 예컨대 가정하여 본 판결이 단지 "접도요건을 고려하는 것 자체는 부정되고 있지 않다"고 하는 것만을 말하지 않은 것이라면, 공법사법상위론을 전개할 필요는 없을 것이다. 왜냐하면 일본 민법과 건축기준법과의 상위를 강조하면 하는 만큼 "그렇게 다른 것이라면 차라리 접도요건의 고려를 부정해야 하지 않는가"라고 하는 가설이 나오기 때문이다. 후자의 이해에는 오히려 "접도요건을 충족하지 못한다 → 그것을 만족시키는 주위토지통행권을 곧바로 긍정한다"라고 하는 판단구조를 부정하는 데 공법사법상위론이 작용하고 있다고 보여진다. 서로 다른 것이라면, 접도요건과 주위토지통행권의 성부의 판단을 결부시킬 필연성이 없게 되기 때문이다."라는 견해도 있다(秋山靖浩, 앞의 논문(1), 5-6頁 참조).

127) 이 판결에 대해서는 星野英一, "建築法規上必要な幅員の通路と袋地通行權", 星野英一/平井宜雄編, 『民法判例百選Ⅰ總則·物權(第3版)』, 有斐閣, 1995, 163頁을 참조할 것.

원고의 주장을 받아들이지 않았다. 이 판결도 공법사법상위론을 기초로 하고 있다는 것은 명확하다.

1999년 7월 13일 일본 최고재판소 판결은 일본 민법 제210조와 건축기준법 제43조 제1항 본문의 목적·취지를 서술함으로써 두 법규의 상위성을 명확하게 표명하고 있다. 이에 반하여, 1952년 일본 최고재판소 판결에서는 일본 건축기준법 제43조 제1항 본문의 목적·취지를 언급하지 않았다. 이러한 차이에 초점을 맞추어 본다면, 1999년 7월 13일 일본 최고재판소 판결은 1952년 3월 15일 일본 최고재판소 판결보다 한층 공법사법상위론을 의식하고 있다고 평가할 수 있을 것이다.[128]

(나) 판결 요지의 후반부분

그런데 1999년 7월 13일 일본 최고재판소 판결 요지의 후반부분에서는 다시 건축법규의 규제·이념에 대하여 더 중요한 의미를 부여하고 있는 것으로 평가된다. 이러한 일본 최고재판소의 논리구성은 종전의 판례·학설에서도 볼 수 없었던 새로운 판단이다.[129]

1999년 7월 13일 일본 최고재판소 판결의 후반부분은 일본 건축기준법상의 "1건축물 1부지의 원칙"을 중요시하고 있다. 이 원칙과의 관계에서 1999년 7월 13일 일본 최고재판소 판결이 우려하고 있는 것은 X에게 주위토지통행권을 인정하면 이 사건 계쟁토지가 X 소유 건물과 Y 소유 건물의 부지로서 2중으로 사용되고 만다는 점이다. 이 점 때문에 1999년 7월 13일 일본 최고재판소 판결은 X에게 주위토지통행권을 인정할 수 없다고 한다.

그러나 일본에서는 건축허가를 신청할 때 그 부지가 기존 건축물의 부지로 이용되고 있는지 여부가 확인대상이 되는 사항이 아니기 때문에, 해당 건축허가를 승인하는 것이 1건축물 1부지의 원칙에 위배되는 것인지를 확인할 제도적 장치가 없다고 한다.[130] 그리고 토지는 변경이나 분할에 의하여 중복사용 상태에서 벗어

---

128) 秋山靖浩, 앞의 논문(1), 6頁.
129) 이 논리구성에 대해서는 吉田克己, 岡本詔治에 의한 이 사건 판결의 평석에서 상세한 분석이 이루어지고 있다.
130) 吉田克己, 앞의 논문, 75頁.

날 수 있는 것이다.[131] 그렇기 때문에 "일본 건축기준법상의 접도요건을 고려하여 X에게 주위토지통행권을 인정하게 되면 이 사건 계쟁토지의 중복사용이 초래된다"는 이유를 들어 주위토지통행권을 부인하는 것은 타당하지 못하다고 한다. 즉, 이와 같은 이유를 들어 민법상 주위토지통행권의 인정 여부를 판단함에 있어, 일본 건축기준법상의 접도요건의 고려에 관한 소극설을 끌어내는 것은 충분한 설득력을 가지지 못한다고 평가되는 것이다.[132]

　　(다) 판결의 문제점

　　위에서 분석해 본 결과, 이 판결은 전반 부분에서는 일본 민법과 건축기준법이 그 목적이나 취지를 달리한다는 점을 지적하고 있고, 이에 대하여 후반 부분에서는 일본 건축기준법상의 1건축물 1부지의 원칙을 강조하고 있다. 그러면서 원고 X가 일본 건축기준법 제43조 제1항 소정의 접도요건을 충족시키기 위하여 일본 민법 제210조의 주위토지통행권을 주장하는 것은 인용할 수 없다는 결론을 내리고 있다. 요약하자면, 이 판결은 주위토지통행권의 성부 및 그 통로의 폭에 대한 판단을 함에 있어, 판결의 전반 부분과 후반 부분 사이에 논리적인 일관성이 없는, 즉 논리적 모순을 드러내고 있다.[133]

　　판결의 전반 부분에서는 일본 민법과 건축기준법이 그 목적이나 취지를 달리한다는 점을 종래의 판례들보다 한층 강조하고 있다. 이러한 판결의 태도를 공법과 사법은 엄격하게 구별하여야 한다는 입장으로 이해하면, 주위토지통행권의 성부 및 그 통로의 폭을 정함에 있어서는 민법상 주위토지통행권의 목적·취지(왕래통행의 필요성)가 유일한 판단기준으로 될 것이다. 그리고 이 판결을 주위토지통행권의 성부 등에 대하여 판단함에 있어 건축법규를 고려하는 것 자체를 부정하지는 않는 것으로 새기더라도 결국 이익형량을 좌우하는 것이 공법사법상위론이라는 것에는 큰 차이가 없다.

　　그런데 판결의 후반 부분에서는 Y 소유의 기존 건축물에 관해 건축기준법상 위법의 평가가 내려질 우려가 있다는 점을 X가 주장하는 주위토지통행권의 성부

---

131) 島田信次/關哲夫, 『建築基準法大系』, 酒井書店, 1991, 379頁.
132) 吉田克己, 앞의 논문, 75頁.
133) 秋山靖浩, 앞의 논문(1), 10－12頁.

를 판단하는 데 고려하여야 한다고 한다. 이러한 논리구성은 민법상의 주위토지통행권의 성부를 판단함에 있어 건축기준법상의 원칙을 고려하여야 한다는 것으로, 공법과 사법을 구별하는 것이 아니라 오히려 공법과 사법을 연결시켜 법률적 평가를 하여야 한다는 것이 된다.

따라서 본 판결은 일본 민법과 건축법규가 교차하는 문제에 관한 법률적 판단을 내리는 과정에서 논리의 일관성을 잃고, 어느 부분에서는 사법과 공법의 상위를 강조하고 또 다른 부분에서는 양법(兩法)의 연결성을 부각시켜 교묘하게 결론을 도출하고 있다고 평가할 수 있다.[134]

생각건대, 이 판결이 중점적으로 논의하였어야 하는 것은 "법령 전체의 정합성"을 확보하기 위하여 주위토지통행권에 관한 판단을 할 때 어떻게 건축법규를 취급하여야 하는가, 건축법규의 어떤 규제 · 이념을 어느 위치에 둘 것인가 라고 하는 점이다. 그런데 정작 이 점에 대하여 모순되는 태도를 취하고 것이 본 판결의 가장 큰 문제점이라고 생각된다.

(2) 일본의 학설

일본에서는 일본 건축기준법상의 접도요건과 민법상의 주위토지통행권의 관계를 어떻게 정리할 것인가 하는 문제가 종래부터 학설의 논의 대상으로 되어왔다.

일본의 다수설은 일반적으로 주위토지통행권의 통로의 위치 · 폭이나 통행의 방법 등을 정함에 있어서 포위된 토지 이용자의 통행의 필요 정도, 주위토지 이용자의 피해의 정도, 부근의 지리적 상황 기타 제반의 사정을 고려하여 객관적으로 판단하여야 한다고 한다.[135] 그리고 이러한 판단을 함에 있어 건축 관련 법규에서 정하고 있는 규제의 내용도 통로의 폭을 결정할 때에 고려하여야 할 사정의 한 가지라고 이해해 왔다.[136] 이러한 다수설의 입장에서는 "주위토지통행권과 관련해서 통로의 폭을 결정함에 있어 일본 건축기준법 및 관련 법규상의 규제를 고려할 수 있다는 것을 인정한다면, 공로에 이르는 통로를 인정할 때 건축기준법 등을 어떠

---

134) 秋山靖浩, 앞의 논문(1), 11頁.
135) 安藤一郎, 앞의 책, 97-98頁; 澤井裕, 『叢書民法總合判例研究⑩隣地通行權』, 一粒社, 1987, 52頁.
136) 安藤一郎, 앞의 책, 102頁.

한 방식으로 고려하여 포위된 토지의 소유자와 그 토지를 포위하고 있는 주위토지소유자의 이익을 비교형량하여야 하는가"라는 점이 다음 단계의 문제로 남는다.[137] 이 점에 관하여 일본의 학설들 간에 상당한 차이를 보인다.

먼저 포위된 토지를 적절하게 이용할 수 있는 방안을 확보할 수 있게 해주는 것이 그 포위된 토지소유자의 사적 이익에 부합할 뿐만 아니라, 토지의 활용도를 높여 준다는 점에서는 사회경제적 관점에서도 바람직하다는 논거를 제시하는 견해가 있다.[138] 이 입장은 포위된 토지소유자와 주위토지소유자 쌍방의 이익, 또는 전체 토지의 효용성과 토지소유권의 보호라는 상반되는 요소들을 비교형량함에 있어, 포위된 토지소유자의 이익 내지는 전체 토지의 활용도 증대를 우선시하는 것이다.

그러나 이와 정반대의 시각도 존재한다. 즉, 토지의 이용 내지 활용도를 높여야 한다는 필요성은 포위된 토지에 대해서만이 아니라 그 주위토지에 관해서도 당연히 생기는 것이기 때문에, 주위토지통행권에 의한 통로의 개설로 인하여 그 주위토지에 생길 수 있는 손실을 도외시한 채 포위된 토지의 활용성만을 강조하는 태도에 반대하거나[139] 일본 건축기준법과 같은 행정규제적 성격을 가지는 법규를 적용한 결과에 따라 입게 되는 불이익(구체적으로는 건축허가 불승인)은 1차적으로는 그러한 법규의 적용을 직접 받는 포위된 토지의 소유자가 감수하여야 하는 부분이라는 등의 주장을 하면서,[140] 주위토지소유자의 불이익을 회피하는 것에 중점을 두는 견해가 있다. 이와 같은 시각 차이가 존재하는 것은 당연하다 할 수 있지만, 어떤 입장을 취하는가에 따라 이익형량의 결과에 많은 영향을 미치게 된다.

한편, 일본 건축기준법상의 접도요건을 충족시키기 위한 방편으로 주위토지통행권을 행사하는 것을 인정하는 것이 타당한지를 논함에 있어, 공법과 사법의 관계에 초점을 맞추어 논의를 전개하는 학설도 있다. 즉, 일본 건축기준법상의 접도요건은 통행, 소방, 피난, 통풍 등을 확보하기 위하여 규정된 것이고, 이 요건을

---

137) 澤井裕, 앞의 책, 2頁.
138) 澤井裕, 앞의 책, 8-9頁가 가장 대표적인 견해이다.
139) 千種秀夫, "借地が垈地の場合と隣地使用の法律關係", 中川善之助/金子一 監修, 『不動産法體系第3卷借地·借家』, 靑林書院, 1970, 130-131頁.
140) 山口和男, "隣地を通行し得る權利について", 『日本法學』 第32卷 第3号, 166頁.

충족하지 못하는 부지에는 건축을 불허하는 것이 일반적 공익에서 부합하는 것이라고 한다. 그런데 일본 건축기준법상 접도요건을 충족하지 못하였다는 이유로 건축허가가 나지 않은 부지에 대하여, 사법인 민법에서 정하고 있는 주위토지통행권의 행사를 통해 접도요건을 충족시킬 수 있는 통로를 개설하는 것을 허용하게 되면, 이것은 사법이 공법상의 결정을 뒤엎는 결과가 되어 부당하다는 지적도 있다.141)

3. 소 결

제2장과 제5장에서 본 바와 같이 독일과 일본은 건축 관련 법규상의 접도요건과 관련된 진입도로에 관한 규제와 민법상의 주위토지통행권에 관한 규정이 유사한 면을 많이 나타낸다. 그리고 이러한 독일과 일본의 규정은 우리나라의 현행 법규와도 많이 닮아 있다.

그런데 주위토지통행권을 주장하여 진입도로를 확보하려는 청구에 대한 해석론은 독일과 일본이 상당히 다르다는 점을 알 수 있었다. 즉, 독일의 경우에는 행정청에서 건축 관련 법규의 해석을 통하여 건축허가를 불승인한 경우는 민법상으로 당해 토지가 건축에 대해서는 용도부적합한 것으로 평가되므로, 건축허가요건을 충족하기 위한 주위토지통행권의 행사를 받아들일 수 없는 태도를 취한다.142) 이에 반하여 일본의 판례는 주위토지통행권을 인정하는 일본 민법의 목적이나 취지는 건축허가요건의 한 가지로 접도요건을 정한 일본 건축기준법의 목적이나 취지와 상이하므로, 단지 특정한 토지가 접도요건을 충족시키지 못한다고 하는 한 가지 사정만을 가지고 그 토지의 소유자를 위해 인접하는 다른 토지에 관해 접도요건을 충족시키는 내용의 주위토지통행권이 당연하게 인정된다고 해석할 수 없다는 입장을 내놓고 있다.143) 즉, 결론에서는 독일과 일본 모두 주위토지통행권을

---

141) 秋山靖浩, "圍繞地通行權と建築法規(3·完) ─ ドイツ法における論議を素材として", 『早稻田法學』第78卷 第4号, 2003, 29頁(이하에서는 秋山靖浩, 앞의 논문(3)으로 인용함) 참조.

142) 이러한 독일 판례의 근저에는 공법과 사법의 적용 결과를 일치시키려는, 다시 말하면 공법과 사법간의 정합성을 중시하는 기본적인 인식이 작용하고 있는 것이 아닌가 한다.

143) 이러한 일본의 해석방법은 우리나라 판례의 태도와 유사하다(대법원 1992. 4. 24. 선고 91다32251 판결; 대법원 1991. 6. 11. 선고 90다12007 판결; 대법원 1991. 5. 28. 선고 91다

행사하여 접도요건을 충족을 위한 진입도로를 확보하는 것을 원칙적으로 인정하지 않지만, 그와 같은 결론에 이르는 논리구성은 완전히 상이하다는 것을 알 수 있었다.

그리고 독일의 경우 학설들도 판례를 지지하는 쪽에 가까운 반면에, 일본에서는 찬반의 양론이 대립하고 있고 주위토지통행권 행사와 관련하여 통로의 폭을 결정함에 있어 건축 관련 법규에서 정하고 있는 규제내용을 고려할 수 있다는 견해가 다수설이라는 것을 확인하였다. 그렇게 보면, 일본의 경우 적어도 학설상으로 주위토지통행권을 행사하여 건축 법규에서 정한 접도요건을 충족시키는 데 긍정적하는 견해가 우세한 것이 사실이다.

우리나라와 유사한 법제를 가지고 있는 독일과 일본에서도 동일한 내용의 논의가 있어 왔다는 것은, 오늘날에 와서 토지의 사용에 있어 진입도로가 얼마나 중요한 의미를 가지는가 하는 점을 엿볼 수 있게 하는 대목이라 할 수 있을 것이다. 그렇지만 독일이나 일본 모두 주위토지통행권이 토지의 진입도로 문제의 해결 수단으로서의 역할을 하지 못하는 점에서는, 이 문제가 결국 입법적인 해결을 모색할 수밖에 없는 것이라는 생각을 갖게 하기도 한다.

Ⅳ. 우리나라의 판례와 학설

1. 서 언

건축법은 건물의 건축과 관련하여 인근 토지나 건물 등과의 관계를 조정하기 위하여 여러 종류의 제한 규정을 두고 있다. 그런 의미에서 건축법상의 제한 규정들은 일종의 상린관계에 관한 규정이라고도 할 수 있다.[144] 이처럼 공법적인 영역에 속한다고 할 수 있는 건축법에서 사법적인 문제라 할 수 있는 상린관계를 규율

9961, 9978 판결 등 참조).

144) 이기우, "상린관계의 현대적 조명", 『토지법학』 19, 한국토지법학회, 2003, 204면.

하는 이유는, 종전과 비교해 볼 때 토지의 가치가 더 증대하고 있고 토지의 이용이 고도화되고 있어서 토지소유자들 간에 발생하는 문제의 해결을 민법상의 상린관계에 관한 규정에만 맡겨두어서는 적절하고 신속하게 처리할 수 없다고 판단되기 때문이다.[145]

　기본적으로 건축법상의 상린관계에 관한 규정들은 사법상의 상린관계와 전혀 별개의 것이 아니라 사법상의 상린관계 규정을 기본으로 하면서 공익적인 측면을 고려하여 이를 보완·변경하고 있다고 할 수 있을 것이다. 다시 말하면, 건축법상의 상린관계 규정은 민법상의 상린관계 규정에 비하여 공익적 측면에서 구체적이고 합목적적으로 상린관계를 규율하는 데 비하여, 민법상의 상린관계 규정은 보다 일반적으로 토지소유자나 이용권자들 간의 관계를 보호·조절하는 기능을 한다고 볼 수 있다.[146]

　그런데 건축물의 대지가 도로에 접하고 있지 못하는 경우 건축허가를 받기 위해서는 도로에 접할 수 있는 폭 2m 이상의 통행로가 필요하게 되는데, 이 경우 민법상의 주위토지통행권을 주장하여 이러한 폭 2m 이상의 통행로를 확보하는 것이 가능한가라는 것이 우리나라에서도 문제가 된다. 이하에서는 이와 관련된 판례와 학설의 입장들을 살펴보기로 한다.

2. 건축법 제44조 제1항과 민법 제219조의 관계에 관한 판례

　건축법 제44조 제1항이 건축을 하기 위해서는 건축물의 대지가 폭 2m 이상이 도로에 접하여야 한다고 규정하고 있으며, 이 건축허가요건을 이른바 접도요건이라고 한다는 것은 앞에서 본 바와 같다. 건축법 제44조 제1항의 접도요건의 불비(不備)를 이웃 토지 소유자와의 합의를 통하여 해결할 수 없는 경우에 민법상의 주위토지통행권 행사를 통해서 이를 해결하는 것이 가능한지가 문제된다. 다시 말하면, 건축물의 대지에서부터 공도에 이르는 폭 2m의 통행로가 없고, 그 통행로 개설이 가능한 이웃 토지 소유자와 합의가 이루어지지 아니하여 건축법 제44조

---

145) 박윤흔, 『행정법강의(상)』, 국민서관, 1991, 145면 등 참조.
146) 전장헌, "민법의 상린관계와 건축법의 접점에 관한 연구", 『법학연구』 17(1) (통권 제65호), 한국법학회, 2017, 128－129면.

제1항 소정의 통로를 확보할 수 없는 경우, 주위토지통행권을 행사하여 건축하고자 하는 대지에서부터 공도에 이르는 폭 2m의 통행로의 개설할 수 있는가 하는 점이 논의된다.

이 문제를 직접적·본격적으로 다룬 판례는 많지 않지만 참조할 필요가 있는 것으로 여겨지는 판례들이 있다. 여기서는 먼저 이 문제에 대한 판례의 입장을 보여주는 것으로 평가할 수 있는 판례들을 살펴본다.

(1) 대법원 1992. 4. 24. 선고 91다32251 판결

이 판결은 건축법이 요구하는 접도요건을 충족하기 위하여 주위토지통행권을 행사하여 주위토지의 소유자에 대하여 그 소유 토지의 통행에 대한 인용을 구한 사안 중에서, 처음으로 건축법이 요구하는 폭 2m까지 통행로의 개설을 인정하는 것이 적절하다는 판단을 명확하게 밝힌 최초의 대법원 판례로 보인다.[147]

---

147) 이 판결의 사실관계는 다음과 같다.

원고는 서울 용산구 (주소 1: 한남동 623-3) 132제곱미터의 대지의 소유자이고, 이에 인접한 (주소 2: 한남동 622-2) 전 829제곱미터는 피고들의 공동소유로서, 현재 위 각 토지는 그 지상에 아무런 건축물도 없는 공지이다. 원고 소유의 위 토지의 북쪽편으로는 동서방향의, 서쪽편으로는 남북방향의 각 공로(공로)가 나 있으나, 위 각 공로와 원고 소유의 위 토지 사이에는 서쪽 및 북쪽 일부 방면으로 피고들 소유의 위 토지가, 나머지 북쪽 방면으로 (주소 3: 한남동621-3) 대지가 각 위치하고 있다. 위 (주소 3 생략) 대지상에는 3층 건물이 건립되어 있으며, 남쪽에는 주택가가, 동쪽에는 주차장이 각 들어서 있기 때문에 원고가 자기 소유 토지로부터 위 북쪽 공로나 서쪽 공로로 출입하기 위하여는 위 (주소 3 생략) 대지나 피고들 소유의 위 토지를 거치지 않을 수 없게 되어 있다.

이러한 사정 때문에, 원고가 1989.5. 초순 무렵 자기 소유의 위 토지상에 주택을 신축하기 위하여 건축허가를 받는 데 필요한 통로를 확보할 목적으로 피고 1과의 사이에 원고 소유의 위 토지 중 5평과 피고들 소유의 위 토지 중 북쪽 공로로 통하는 부분 5평을 서로 교환하는 문제를 적극 협의하기도 하였으나 위 피고측의 거절로 합의가 이루어지지 아니하여 현재까지 위 공사에 착수하지 못하고 있다. 한편, 피고들은 다른 사람들이 자기들 소유의 위 토지를 침범하여 통행하지 못하도록 하기 위하여 현재 그 토지 경계선상에 양철로 된 울타리를 설치하여 놓고 있다.

이에 원고로서는 건축허가를 받기 위해서는 위 주위토지들 중 현재 공지로 된 피고들 소유의 위 토지 일부를 그 통로로 이용하는 것이 가장 적절하다고 판단하여, 피고들을 상대로 폭 2m의 통로에 대한 통행의 인용을 구하는 소를 제기하였다.

이에 대하여 원심은, "원고는 자기 소유의 위 토지로부터 공로로의 출입을 위하여 서쪽 공로 방향보다는 상대적으로 피고들 소유의 위 토지를 적게 이용할 수 있는 북쪽 공로 방향으로서 사람이 충분히 통행할 수 있고 물건 등의 운반이 가능한 폭 1.5m의 통로인 피고들

판결 내용은 다음과 같다.

「민법 제219조에 규정된 주위토지통행권은 공로와의 사이에 그 용도에 필요한 통로가 없는 토지의 이용을 위하여 주위토지의 이용을 제한하는 것이므로 그 통행권의 범위는 통행권을 가진 자에게 필요할 뿐만 아니라 이로 인한 주위토지 소유자의 손해가 가장 적은 장소와 방법의 범위내에서 인정되어야 하며, 이와 같은 범위는 결국 사회통념에 비추어 쌍방토지의 지형적, 위치적 형상 및 이용관계, 부근의 지리상황, 상린지 이용자의 이해득실 기타 제반 사정을 참작한 뒤 구체적 사례에 응하여 판단하여야 할 것임은 물론이다(당원 1989. 5. 23. 선고 88다카10739, 10746 판결 등 참조).

그런데 위요(圍繞)된 토지의 소유자가 그 토지 위에 건축물을 건축하기 위하여 주위토지 소유자에 대하여 건축법규상의 규제에 적합한 통로의 개설 내지 확장을 요구하는 경우 주위토지통행권의 범위를 정함에 있어 이와 같은 법령상의 규제를 적극적으로 고려할 필요가 있는지의 여부가 문제된다.

건축법 제33조 제1항,[148] 제8조의 각 규정에 의하면 도시계획구역 내에서 건축을 하고자 하는 경우 방재 및 통행의 안전을 위하여 건축물의 주위에 넓은 공지가 있는 등 특별히 안전성에 지장이 없는 경우를 제외하고는 건축물의 대지는 폭 2m 이상을 도로에 접하여야 하며, 이에 적합하지 아니할 경우에는 건축허가를 받을 수 없도록 규제하고 있다. 물론 이러한 규정은 건물의 신축이나 증·개축 허가 시 그와 같은 범위의 도로가 필요하다는 행정법규에 불과한 것이고, 위 규정 자체만으로 당연히 포위된 토지 소유자에게 그 반사적 이익으로서 건축법에 정하는 도로의 폭이나 면적 등과 일치하는 주위토지통행권이 바로 생긴다고 단정할 수는 없을 것이다(당원 1991. 6. 11. 선고 90다12007 판결; 1991. 5. 28. 선고 91다9961, 9978 판결 등 참조).

소유의 위 토지 중 판시 (나)부분 13제곱미터에 한하여 이를 통행할 권리가 있다"고 판단하여, 원고가 건축법상 건축허가요건을 갖추기 위하여 폭 2m의 통로에 대한 통행의 인용을 구한 것을 받아들이지 아니하였다.

148) 2008. 3. 21. 건축법 전부 개정되기 전에는 건축법 제33조 제1항이 현행 건축법 제44조 제1항의 규정과 동일하였다.

그러나 위요된 토지가 특히 도시계획구역 내의 일반주거지역에 위치하고 현재 나대지인 상태로 되어 있어 이를 일정한 건축물의 건축부지로 이용하고자 하는 경우에 있어서는, 만일 위와 같은 건축법규상의 규제에 적합한 통로의 개설이 허용되지 않는다고 하면 이는 그 토지 소유자로 하여금 건축물의 신축행위를 할 수 없게 하여 당해 토지의 용도에 따른 이용상에 중대한 지장을 주게 되는 매우 불합리한 결과가 생기게 되는바, 따라서 이러한 경우 위와 같이 건축법규상의 규제사항의 존재의 점만으로 당연히 그 규제에 적합한 내용의 주위토지통행권을 인정할 것은 아니라고 하더라도, 공익상의 견지에서 토지의 이용관계를 합리적으로 조정하기 위하여는 마땅히 위와 같은 법령상의 규제내용도 그 참작요소로 삼아, 위요된 토지의 소유자의 건축물 건축을 위한 통행로의 필요도와 위요지 소유자가 입게 되는 손해의 정도를 비교형량하여 주위토지통행권의 적정한 범위를 결정하여야 옳다고 볼 것이다.

이 사건에 돌이켜 보건대, 기록에 의하면 원고 소유의 위 토지는 현재 나대지로서 일반 주거지역에 위치하고 있으며, 원고가 그 지상에 주택을 신축하려고 계획하고 있는데, 만일 피고들 소유의 위 토지상에 공로로 통하는 노폭 2m 이상의 통로를 확보하지 못하게 되는 경우 행정당국으로부터 건축허가를 받을 수 없게 되고, 그렇게 되면 원고는 위 토지를 택지의 용도로 이용하지 못하고 달리 적절한 이용방법을 도모할 수 없는 처지가 되어 그로 인하여 막대한 손해를 입게 되는 반면, 피고들은 그 소유 토지를 마찬가지로 공지상태인 채로 두고 현재 그 일부만을 임시로 폐품적치장치로 이용하고 있을 뿐이고, 원고가 이 사건 통로의 개설을 요구하고 있는 부분이 위 토지의 동북단 경계부분쪽으로 길이 약 8m 남짓되는 것임에 불과하여, 설사 피고들이 위 토지부분에 관하여 원고에 대하여 노폭 2m 정도의 범위내에서 통로의 개설에 따른 제한적인 사용을 수인한다 하더라도 위와 같은 통로의 위치나 면적, 현재의 토지이용상황 등 상린관계에 있어서의 제반 사정에 비추어 볼 때 그다지 큰 손해를 입게 될 형편은 아님을 넉넉히 알 수 있다.

그럼에도 불구하고 원심은 위와 같은 사정을 전혀 고려하지 아니하고 원고에 대하여 그 통로로 폭 1.5m만을 인정함이 상당하다고 판단하였으니, 이는 주위토지통행권의 범위에 관한 법리를 오해하여 판결에 영향을 미친 위법을 저질렀다고 아니할 수 없으므로, 이 점을 지적하는 논지는 이유 있다고 할 것이다.」

다음으로 대법원은 원고의 주위토지통행권은 사람이 출입하는 데 충분한 폭 1m 내지 50cm 정도의 통로로 족하다는 피고들의 상고 이유에 대하여 다음과 같이 판단하였다.

「소론은 이 사건에 있어 위요된 토지와 주위의 토지가 모두 그 실제현황이 공지로 되어 있는 상태이고, 원고가 자기 소유의 위 토지를 취득할 당시 공로에 출입할 통로가 없음을 익히 알고 있었으며, 그 토지 면적이 약 40평 정도에 불과하여 아주 협소한 것인데다가, 피고들 소유의 토지의 시가가 현저하게 고가인 사정 등을 고려하면, 원고의 주위토지통행권은 사람이 출입함에 충분한 폭 1m 내지 50cm 정도의 통로로 족하다고 보아야 할 것이라고 주장하나, 위와 같은 사정만으로 이 사건 주위토지통행권의 범위를 소론과 같이 제한하여 인정할 수는 없다 할 것이므로, 논지는 받아들일 수 없다.」

(2) 대법원 1993. 5. 25. 선고 91누3758 판결

건축법(1991. 5. 31. 법률 제4381호로 개정되기 전의 것) 제2조 제15호, 제5조 제1항, 제27조 제1항 및 같은 법 시행령(1992. 5. 30. 대통령령 제13655호로 개정되기 전의 것) 제64조 제1항의 각 규정에 의하면, 건축물의 대지는 2m 이상을 폭 4m 이상의 도로에 접하여야 하고 건축법상 "도로"라 함은 보행 및 자동차 통행이 가능한 폭 4m 이상의 도로로서 건축허가시 시장, 군수가 그 위치를 지정한 도로를 말하며, 시장, 군수가 도로를 지정하고자 할 때에는 당해 도로에 대하여 이해관계를 가진 자의 동의를 얻어야 한다고 할 것이고, 한편 도시계획구역 안에서 건축물 건축을 위한 건축허가를 받으려면 그 대지가 2m 이상 도로에 접하도록 당해 도로에 대하여 이해관계인의 동의를 얻어야 한다 할 것인바, 이 경우에 공로로 통하는 대지에 대하여 주위토지통행권이 있음을 확인하는 내용의 승소판결로써 위 동의에 갈음할 수 없다 할 것이다.

왜냐하면 시장, 군수가 도로를 지정하고자 할 때 당해 도로에 대하여 이해관계인의 동의를 구하는 취지는 도로로 지정될 토지소유자의 권리행사에 제한을 받게 되므로 토지소유자의 명백한 의사로서 도로로 지정되어도 무방하다는 뜻을 받아 두자는 것임에 반하여, 주위토지통행권은 통행권자가 통행지 소유자의 방해를 받지 않고, 그 통행지를 통행할 수 있고, 필요하면 통로를 개설할 수 있을 뿐이고 이에 의하여 통행지 소유자의 점유권이 배제되는 것은 아닐 뿐만 아니라 이는 또한 상린관계에 기하여 통행지 소유자의 손해를 무릅쓰고 포위된 토지소유자의 공로로의 통행을 위하여 특별히 인정하려는 것이므로, 그 통행로의 폭이나 위치 등을 정함에 있어서는 포위된 토지소유자가 건축법상 증, 개축을 하지 못하게 될 염려가 있다는 등의 사정보다는 오히려 피통행지 소유자에게 가장 손해가 적게 되는 방법이 더 고려되어 결정되는 점(당원 1991. 5. 28. 선고 91다9961, 9978 판결; 1991. 6. 11. 선고 90다2007 판결 각 참조) 등 그 규정취지, 성질 및 이용상황이 다르기 때문이다.

　　같은 취지에서 원고가 그 소유의 이 사건 대지 310㎡는 소외인 소유의 부산 동래구 (주소 생략) 대지 등에 둘려 싸여 있는 관계로 공로에 이르는 통로가 없어 위 소외인을 상대로 통행권확인의 소를 제기한 결과 1990. 2. 13. 원고는 원심판결 첨부 별지도면 표시 (나)부분 11㎡ (폭은 2m이고 길이는 약 5.5m이다)에 대하여 주위토지통행권이 있음을 확인한다는 내용의 판결이 선고, 확정되자 이 사건 대지 상에 지상 2층의 단독주택을 건축하기 위하여 건축허가신청을 하면서 위 건축법시행령 제64조 제1항 소정의 이해관계인의 동의에 갈음하여 위 확정판결을 첨부하였으나 피고는 위 판결로는 이해관계인인 위 소외인의 동의에 갈음할 수 없다고 하면서 건축허가를 반려한 데 대하여, 원심은 위 (나)부분에 대한 주위토지통행확인권은 원고가 그 부분을 통행할 수 있고 필요한 경우에는 통로를 개설할 수 있다는 것이지 이로써 위 (나)부분을 피고가 도로로 지정하는 데 대한 건축법시행령 제64조 제1항 소정의 이해관계인인 소외인의 동의에 갈음할 수 없다고 하면서 이 사건 건축허가신청을 반려한 이 사건 처분이 적법하다고 판단하였는바, 기록에 비추어 원심의 판단은 정당하고 거기에 소론과 같은 건축법 및 건축법시행령의 취지를 오해하여 잘못 해석하고 증거판단을 잘못한 위법이 있다할 수 없다. 논지는 이유없다.

(3) 대법원 1994. 2. 25. 선고 93누20498 판결

이 판결에서는 본고에서 다루는 문제와 관련이 없는 내용이 중요한 쟁점이기는 하나 여기서는 이 부분에 관해서는 다루지 않고,[149] 이 책과 관련 있는 내용만 다룬다.

… < 전략 > … 한편 민법상의 주위토지통행권은 주위토지소유자의 그 토지에 대한 독점적 사용권을 제한하는 권리로서 인접한 토지소유자간의 이해를 조정하는 데 목적이 있으므로, 사람이 출입하고, 다소의 물건을 공로로 운반할 정도의 폭만 확보할 수 있다면 주위토지소유자의 손해가 가장 적은 장소와 방법을 선택하여야 하는 것이고, 이에 더 나아가 위요지소유자에게 장래 그 토지에 건축을 할 것에 대비하여 건축허가에 필요한 폭의 통행로를 미리 보장하고 주위토지소유자로 하여금 이를 수인하도록 하는 것까지를 그 내용으로 하는 것이 아니다(당원 1991. 5. 28. 선고 91다9961, 9978 판결 참조). 또한 건축법에 건축과 관련하여 도로에 관한 폭 등의 제한규정이 있다 하더라도 이는 건물 신축이나 증, 개축 허가시 그와 같은 범위의 도로가 필요하다는 행정법규에 불과할 뿐 위 규정만으로 당연히 포위된 토지 소유자에게 그 반사적 이익으로서 건축법에서 정하는 도로의 폭이나 면적 등과 일치하는 주위토지통행권이 바로 생긴다고 할 수도 없다(당원 1991. 6. 11. 선고 90다12007 판결 참조).

(4) 판례에 대한 분석과 평가

현행 건축법 제44조 제1항의 접도요건을 충족하기 위하여 민법 제219조 상의 주위토지통행권을 행사하여 폭 2m 이상의 통행로 개설을 요구하는 것을 허용할 것인가 하는 점에 관하여, 대법원 판례는 원칙으로 반대의 입장을 취하고 있는 것으로 보인다.

---

149) 여기서 다루지 않는 주요 쟁점은 이른바 맹지가 택지초과소유부담금 부과대상에서 제외되는가 하는 점이다. 이 점에 대하여 대법원은 "주위가 모두 다른 사람 소유의 토지로 둘러싸여 도로에 접하는 부분이 전혀 없는 이른바 맹지는 건축법상의 건축허가를 할 수 없는 토지이므로 택지소유상한에관한법률 제20조 제1항 제3호 소정의 "건축법에 의하여 주택의 건축이 금지된 나대지"에 해당하는 택지초과소유부담금 부과대상에서 제외된다"고 판시하였다.

이 점은 대법원 1994. 2. 25. 선고 93누20498 판결에서 명확하게 확인된다.

이 판결에서 대법원은 민법상의 주위토지통행권은 주위토지소유자의 그 토지에 대한 독점적 사용권을 제한하는 권리로서 인접한 토지소유자간의 이해를 조정하는 데 목적이 있고, 위요지소유자에게 장래 그 토지에 건축을 할 것에 대비하여 건축허가에 필요한 폭의 통행로를 미리 보장하고 주위토지소유자로 하여금 이를 수인하도록 하는 것까지를 그 내용으로 하는 것이 아니라는 종전부터 유지되어온 대법원의 입장을 분명하게 밝히고 있다. 또한 대법원은 건축법에 건축과 관련하여 도로에 관한 폭 등의 제한규정이 있다 하더라도 이는 행정법규에 불과할 뿐이고, 위 규정만으로 당연히 포위된 토지 소유자에게 그 반사적 이익으로서 건축법에서 정하는 도로의 폭이나 면적 등과 일치하는 주위토지통행권이 바로 생긴다고 할 수도 없다고 판시한다.

대법원은 이러한 이론구성을 함에 있어 그 논거를 명확히 하지는 않고 있다. 건축허가에 필요한 폭의 도로를 주위토지통행권을 활용하여 확보하는 것을 보장하지는 않는다고 해석하는 이유를, 주위토지통행권은 사람이 출입하고, 다소의 물건을 공로로 운반할 정도의 폭만 확보할 수 있는 수준에서 인정되는 권리일 뿐이라고 설명하는 것으로 보인다. 그런데 오늘날 토지를 이용한다는 것은 거의 대부분의 경우 차량의 출입을 필요로 하는데, 대법원이 주위토지통행권의 내용을 계속해서 위와 같이 해석하는 것은 현실의 변화를 반영하지 못한 것이고 주위토지통행권의 실효성을 떨어뜨리는 것이 아닌가 하는 의문이 든다.

건축법에 건축과 관련하여 도로에 관한 폭 등의 제한규정이 있다 하더라도 이는 행정법규에 불과할 뿐이고, 위 규정만으로 당연히 포위된 토지 소유자에게 그 반사적 이익으로서 건축법에서 정하는 도로의 폭이나 면적 등과 일치하는 주위토지통행권이 바로 생긴다고 할 수도 없다는 판시부분은, 일본법의 해석에서 주로 논의되는 공사법상위론과 유사한 입장과 유사한 태도로 볼 수 있다고 생각된다.[150] 생각건대 공법과 사법이 그 목적을 달리한다는 것은 부정할 수 없으나, 양

---

150) 즉, 대법원은 건축법 제44조 제1항의 입법취지를 "건축물의 이용자로 하여금 교통상·피난상·방화상·위생상 안전한 상태를 유지·보존케 하기 위하여 건축물의 대지와 도로와의 관계를 특별히 규제하여 도로에 접하지 아니하는 토지에는 건축물을 건축하는 행위를 허용하지

자는 궁극적으로는 국민이나 사회의 이익을 위해 존재하는 것이다. 건축법상의 관련 규정들과 민법상 주위토지통행권에 관한 규정을 해석함에 있어서는, 공법과 사법의 차이를 고려하는 것이 먼저가 아니라, 양자를 조화롭게 해석하여 국민이나 사회의 이익에 부합하도록 할 방안을 찾는 것이 우선이 아닌가 한다.

대법원 1992. 4. 24. 선고 91다32251 판결이 건축법이 요구하는 접도요건을 충족하기 위하여 폭 2m까지의 통행로의 개설을 요구하는 주위토지통행권 행사를 인정한 것은, 그러한 내용의 주위토지통행권을 일반적으로 인정하는 취지가 아니라 관련 사안에 한해서는 구체적인 사정에 비추어 그와 같은 주위토지통행권을 인정하는 것이 타당하다는 취지라고 해야 할 것이다. 그러므로 여전히 우리 판례상에서는 주위토지통행권의 행사를 통한 건축법상 접도요건의 충족은 원칙적으로는 불가능하다고 봄이 상당하다.151)

다음으로 대법원 1993. 5. 25. 선고 91누3758 판결에서 "도시계획구역 안에서 건축물 건축을 위한 건축허가를 받으려면 그 대지가 2m 이상 도로에 접하도록 당해 도로에 대하여 이해관계인의 동의를 얻어야 한다 할 것인바, 이 경우에 공로로 통하는 대지에 대하여 주위토지통행권이 있음을 확인하는 내용의 승소판결로써 위 동의에 갈음할 수 없다 할 것이다"라고 판시한 부분에 관해서 본다. 이 판결에 따르면 포위된 토지의 소유자가 주위토지 소유자를 상대로 폭 2m 이상으로 건축법 제44조 제1항 소정의 접도의무에 부합하는 내용의 주위토지통행권의 확인을 구하는 민사소송에서 승소확정판결을 받는다고 하더라도 그 판결만으로는 건축허가를 받지 못한다는 불합리한 결과가 발생한다.

생각건대, 포위된 토지의 소유자가 주위토지 소유자를 상대로 건축법 제44

않으려는 데 있다"고 설명하고(대법원 2003. 12. 26. 선고 2003두6382 판결; 대법원 1999. 6. 25. 선고 98두18299 판결 등 참조), 민법상의 주위토지통행권의 입법취지에 대해서는 "주위토지소유자의 그 토지에 대한 독점적 사용권을 제한하는 권리로서 인접한 토지소유자 간의 이해를 조정하는 데 목적이 있다"고 설명한다. 그리고 "주위토지통행권이 위요지소유자에게 장래 그 토지에 건축을 할 것에 대비하여 건축허가에 필요한 폭의 통행로를 미리 보장하고 주위토지소유자로 하여금 이를 수인하도록 하는 것까지를 그 내용으로 하는 것이 아니다"고 함으로써(대법원 1994. 2. 25. 선고 93누20498 판결 등 참조), 공법과 사법을 구별하는 입장을 취하고 있다.

151) 즉, 대법원 1992. 4. 24. 선고 91다32251 판결은 예외적인 것이라 볼 수 있을 것이다.

조 제1항 소정의 접도의무에 부합하는 내용의 주위토지통행권의 확인을 구하는 민사소송에서 승소확정판결을 받는다면, 이것은 건축법 제44조 제1항 단서의 "당해 건축물의 출입에 지장이 없다고 인정되는 경우"에 해당하는 것으로 보아 건축허가를 받을 수 있다고 하여야 할 것이다.[152] 왜냐하면, 대법원 1993. 5. 25. 선고 91누3758 판결은 구 건축법(1991. 5. 31. 법률 제4381호로 전문 개정되기 전의 것) 제27조[153]를 근거로 하여 구 건축법 제27조 단서의 예외규정에 해당하지 않는 이상 도로지정처분이 있어야 한다는 것을 전제한 판단이었으나, 현행 건축법 제44조 제1항에서는 "당해 건축물의 출입에 지장이 없다고 인정되는 경우"에는 건축법상 도로지정처분이 없더라도 포위된 토지에 주위토지통행권만 인정되면 당해 건축물의 출입에 지장이 없다고 인정할 수 있을 것이기 때문이다.[154]

3. 건축법 제44조 제1항과 민법 제219조의 관계에 관한 학설

우리나라서 이 문제를 본격적으로 다루는 학설상의 논의는 많지 않으며, 주로 주위토지통행권과 관련된 판례를 해설·평석하면서 판례의 판시내용에 대한 찬반(贊反)을 표하는 과정에서 건축법 제44조 제1항과 민법 제219조의 관계에 관

---

152) 이상호, "주위토지통행권과 건축허가", 『재판실무연구』 제3권, 수원지방법원, 2006, 565면.
153) 구 건축법(1991. 5. 31. 법률 제4381호로 전문 개정되기 전의 것) 제27조 (대지와 도로와의 관계) ① 건축물의 대지는 2m이상을 도로(자동차만의 교통에 공하는 것을 제외한다)에 접하여야 한다. 다만, 건축물의 주위에 대통령령으로 정하는 공지가 있거나 기타 보안상 지장이 없을 때에는 그러하지 아니하다. <개정 1972·12·30>
　② 제7조의2에 규정된 건축물의 대지 또는 차고의 대지가 인접하는 도로의 폭, 그 대지가 도로에 접하는 부분의 길이 기타 그 대지와 도로와의 관계에 관하여 필요한 사항은 대통령령으로 정한다. <개정 1975·12·31>
154) 이상호 판사는 여기에 덧붙여 "아무리 사법과 공법이 준별된다고 하더라도 민사재판에서 건축허가를 위하여 건축법상 접도요건에 부합하도록 주위토지통행권이 인정되었음에도 행정재판에서 주위토지통행권이 인정된다는 이유만으로 주위토지 소유자의 동의가 없는 이상 도로지정처분을 할 수 없고, 그로 인한 건축허가불허가처분이 정당하다고 하는 것은 법원의 판결에 대한 대국민적 신뢰성 보장 및 법질서의 통일성 확보라는 측면에서 바람직하지 못하다"고 하면서, 포위된 토지의 소유자가 건축법상 접도요건을 갖춘 정도에 이를 정도의 주위토지통행권을 보유한다면 건축법 제44조 제1항 단서에서 규정하는 통행에 지장이 없는 경우에 해당하여 건축허가를 받을 수 있다고 하는 것이 상당하다고 하고 있다(이상호, 앞의 논문, 565면).

하여 언급하고 있다.

예컨대, "결론적으로 건축허가를 받기 위해서는 진입도로를 별도로 확보하여 야 하나 주위토지통행권의 행사를 통해 그에 합당한 통로를 확보하는 것은 불가 하다"거나,[155] "원래 주위토지를 통행할 권한이 없는 포위된 토지의 소유자로서는 주위토지를 통하여 공로로 통할 수 있게 되면 족한 것이고, 그 폭은 주택에 출입 하여 일상생활을 영위하는 데 필요한 정도라면 될 것이기 때문에, 건축법에 건축 과 관련하여 도로에 관한 폭 등의 제한규정만으로 당연히 포위된 토지 소유자에 게 그 반사적 이익으로서 건축법에서 정하는 도로의 폭이나 면적 등과 일치하는 주위토지통행권이 바로 생긴다고 할 수도 없다"고 한다.[156] 이러한 견해들은 대법 원 판례에 찬성하면서, 주위토지통행권의 행사를 통하여 건축법 제44조 제1항이 정하고 있는 접도요건을 충족할 수 시킬 수 있는 폭 2m 이상의 진입도로를 확보 하는 것은 원칙적으로 인정되지 않는다는 입장이다. 한편 이 문제를 단속규정에 위반하는 법률행위의 사법상의 효력에 관한 문제로 파악한 후, 결국 포위된 토지 의 이용목적, 이용상황, 현존하는 통로의 폭, 주위토지소유자가 입게 되는 손해 등 을 고려하여 가능한 한 포위된 토지와 주위토지이용의 조화를 시도하여야 할 것 이라는 다소 유보적인 태도를 취하는 견해도 있다.[157]

이상의 논의들을 보면, 우리나라에서는 이 문제를 건축법과 민법간의 법률해 석의 문제라고 보기보다는 주위토지통행권의 내용으로서 통로의 폭 결정에 관한 문제로 파악하고 있는 것으로 보인다.

건축법과 민법의 관계는 건축법상에 양자의 관계에 관한 규정이 없다고 해서 민법의 규정을 적용하여 건축허가요건의 기준으로 삼을 수 있다고 단정하는 것은

---

155) 신영철, "주위토지통행권과 건축허가요건", 『대법원판례해설』 1991상(통권 제15호), 1991, 332면.

156) 최춘근, "주위토지통행권의 범위 – 건축법상 도로에 관한 제한규정과 관련하여", 『대법원판 례해설』 1991상(통권 제15호), 1991, 354 – 355면.

157) 고상룡, 『민법학특강』, 법문사, 1997, 365면. 즉, 건축법 제44조 제1항의 요건을 충족하지 못하는 경우 건축행위를 하려는 것은 단속규정에 위반하는 법률행위라 할 수 있는데, 이러 한 건축행위를 위한 진입도로를 확보하고자 주위토지통행권을 행사하는 때에는 제반의 사 정을 고려하여 포위된 토지와 주위토지이용의 조화를 시도하여야 한다는 긍정도 부정도 아 닌 견해이다.

민법과 건축법, 즉 사법과 공법을 혼동하는 모순이 있다는 견해가 있다.[158] 이 견해는 일본에서 많이 논의되는 공법사법상위론과 같은 입장을 취하는 것으로 보이는데, 결국 이 견해에 따르게 되면 민법상의 주위토지통행권을 행사하여 건축법 제44조 제1항에서 정하고 있는 접도요건을 충족시키는 것은 원칙적으로는 인정되지 않을 것이다.

---

158) 전장헌, "민법의 상린관계와 건축법의 접점에 관한 연구", 『법학연구』 17(1) (통권 제65호), 한국법학회, 2017, 128면.

제 3 절 진입도로 개설시 주위토지통행권 활용의 한계

이상에서 살펴 본 바와 같이, 우리나라뿐만 아니라 일본이나 독일의 경우에도 토지에 건물을 건축하고자 하는 때에는 각국의 건축 관련 규제법이 정하고 요건에 맞추어 공도(公道)와 직접 일정한 폭 이상 접하거나 그렇지 못할 경우에는 일정한 폭 이상의 통로를 통해 공도와 연결되어야 한다. 이러한 규제는 건축물의 이용자로 하여금 교통상 · 피난상 · 방화상(防火上) · 위생상 안전한 상태를 유지하고 보존할 수 있도록 하기 위한 것이고, 이러한 요건을 충족하지 못하는 토지에는 건축물을 건축하는 행위를 허용하지 않으려는 것이다.

그런데 경제가 급속도로 발전하면서 위와 같은 접도요건을 구비한 토지들은 상당부분 개발되어 이용되고 있고, 그나마 접도요건을 충족하나 개발되지 않은 토지는 그 희소성으로 말미암아 가격이 너무 높아져 비용 대비 효율성이 극히 낮은 관계로 이용가치가 떨어지고 있는 형편이다. 이와 대조적으로 접도요건을 충족하지 못하는 토지는 다른 면에서 좋은 조건을 갖추고 있더라도 접도요건 미비라는 이유 하나 때문에 건축에 이용할 수 없게 된다. 물론 접도요건을 충족시키기 위해서 진입도로로 사용할 토지를 매입하거나 임차하는 등의 방안을 생각할 수 있으나, 이러한 방안들은 어디까지나 진입도로에 해당하는 토지 소유자와의 합의를 전제로 하는 것이므로, 이러한 합의가 이루어지지 않는 경우에는 아무런 소용이 없다. 사정이 이러하다 보니 결국 위 접도요건과 관련된 규정은 오히려 국토의 효율적 이용을 저해하고 토지가격의 상승을 부추기는 부정적 영향을 초래하고 있다는 비판을 받게 된 것이다.

그렇다면 진입도로에 해당하는 토지 소유자와의 매매나 임대차 등에 관한 합의 없이도 진입도로를 확보할 수 있는 방법은 없는가. 이 문제를 해결할 수 있는 방법으로 현행 법률상 고려해볼 수 있는 것이 바로 주위토지통행권이다.

하지만 우리나라는 물론이고 일본이나 독일의 경우에도, 건축법상의 접도요건 및 국토계획법상의 진입도로 요건과 민법상의 주위토지통행권을 통일적으로

해석하여 적용하는 데 있어서는 공법이 우선시되는 것으로 보인다. 이러한 해석만
으로 건축법상의 접도요건을 충족하지 못하는 토지의 이용을 활성화할 수 없다.

이 문제의 해결을 위해서는 결국 주위토지통행권에 관한 민법 규정을 좀 더
효율적으로 적용할 수 있도록 개정하는 방안을 모색할 필요가 있다고 본다.

제6장
진입도로 관련 법제의 개선방안

제1절 ╱ 서 언

I. 진입도로법제 개선의 당위성과 그 방향

현행법의 해석을 통해서는 건축이나 개발행위의 허가요건의 하나인 진입도로 확보 문제를 전반적으로 해결하기는 어렵다. 건축이나 개발행위의 허가요건 등을 규율하는 공법영역의 문제를 사인간의 이해관계의 조정을 위한 사법상의 주위토지통행권에 관한 해석을 통해서 해결하는 데 대하여, 공법과 사법의 목적의 차이 등을 고려할 때, 무조건적으로 긍정적 입장을 취하는 것은 적절하지 못한 면이 있어 보인다.

공법인 건축법 제44조 제1항의 요건을 충족하지 못하여 건축허가가 나지 않는 토지에 대하여, 사법인 민법상의 주위토지통행권을 통해 진입도로를 확보할 경우 당해 토지상에 건물을 건축하는 것을 허가하여야 하는 구조가 성립된다고 하면, 이것은 사법이 공법상의 결정을 뒤집는 것과 같은 결과를 허용하는 것이 된다. 예컨대 건축허가요건을 충족시키기 위하여 폭 2m 이상의 진입도로 개설을 목적으로 포위된 토지의 소유자가 주위토지통행권을 행사하면, 주위토지의 소유자가 이를 인용하여야만 하는 결과가 된다면, 엄밀하게 말해 건축법 제44조 제1항의 규정은 유명무실한 규정으로 전락하고 말 것이다. 이와 같은 결과는 공법과 사법을 구분해서 해석·운용해 온 우리 법제와는 부합하지 않으므로, 결국 현행 법제의 해석론만으로 이 문제를 해소할 수는 없다는 결론에 이르게 된다.

그렇다고 해서 이 문제를 그대로 방치하면 접도요건을 충족하는 토지의 가격은 계속적으로 상승할 것이고, 궁극에 이르러서는 전체 경제의 걸림돌이 될 수도 있을 것이다.

따라서 건축이나 개발행위의 허가요건으로서 진입도로에 관하여 정하고 있는 규정들과 민법상 상린관계에 관한 규정들, 특히 주위토지통행권에 관한 규정을 합리적으로 개선할 필요가 있다고 본다.

또한 건축 관련 법규들에 개별적으로 정해져 있는 진입도로 관련 규정들은 현행 규정상의 요건들에 대한 현실적인 개선 요구들이 존재한다. 건축법의 접도요건규정의 정비요구, 공유수면 등을 비롯한 국·공유지를 진입도로로 활용할 수 있게 할 필요가 있다는 요구, 국·공유지인 도로부지를 복원하여 진입도로로 사용하여야 할 필요성, 농로나 임도를 진입도로로 활용할 수 있게 하여야 한다는 요청 등이 그것이다. 이하에서는 이러한 요구들과 관련된 구체적인 사례들을 검토한 다음, 관련 법제의 전체적인 정합성과 조화 등을 고려하면서 그에 관한 개선방안을 제시한다.

민법 규정을 개정하는 일은 그 영향력이 지대하므로 신중을 기할 필요가 있다. 현실적으로 진입도로 확보를 용이하게 해 줄 필요가 있다고 해서 모든 토지에 대해서 진입도로를 확보할 수 있는 방도를 마련할 수도 없거니와, 그렇게 하는 것이 사회 전체적으로 보아 적절하다고 할 수도 없다. 그러므로 주위토지 소유자의 소유권을 과도하게 침해하지 않는 선에서 주위토지통행권을 진입도로 확보에 활용할 수 있도록 하는 입법적 대안을 찾아보고자 한다.

II. 진입도로제도 개선의 법적 근거와 그 한계

이상에서 살펴본 바와 같이 진입도로 제도개선의 당위성이 너무도 크다. 그 개선의 방법은 결국 개별 통행지(통행로) 토지소유권 행사의 제한문제로 귀결된다. 그렇다면 토지소유권 행사를 제한할 수 있는 근거는 무엇인가. 토지는 개인의 소유의 대상이며 동시에 사회구성원의 공통의 자원이므로, '토지공개념'[1]을 근거로

---

1) 우리 헌법은 사유재산제도와 경제활동에 대한 사적자치의 원칙을 기초로 하는 자본주의 시장경제질서를 기본으로 하고 있음을 선언하고 있는 것이다. 이는 국민 개개인에게 자유스러운 경제활동을 통하여 생활의 기본적 수요를 스스로 충족시킬 수 있도록 하고 사유재산과 그 처분 및 상속을 보장해주는 것이 인간의 자유와 창의를 보장하는 지름길이고 궁극에는 인간의 존엄과 가치를 증대시키는 최선의 방법이라는 이상을 배경으로 ……. 개인주의·

도 통행지의 소유권행사를 양보시켜 진입도로 문제를 해결할 수도 있지만, 현행 헌법이나 민법 등을 근거로도 진입도로 문제를 개선할 수 있을 것이다. 그렇다 하더라도 그 입법적 개선의 헌법적 한계는 반드시 지켜져야 할 것이다.

1. 진입도로제도 개선의 법적 근거

대한민국헌법은 "모든 국민의 재산권은 보장하되, 그 내용과 한계는 법률로 정한다"고 규정하고 있다(헌법 제23조 제1항). 그리고 재산권의 행사는 공공복리에 적합하도록 하여야 하고, 공공의 필요에 의한 재산권에 수용·사용 또는 제한 및 그에 대한 보상은 법률로써 하되 정당한 보상을 지급하도록 정하고 있다(헌법 제23조 제2항, 제3항). 또한 헌법은 "국가는 국민의 모든 생산 및 생활의 기반이 되는 국토의 효율적이고 균형 있는 이용 개발과 보전을 위하여 법률이 정하는 바에 의하여 그에 관한 필요한 제한과 의무를 과할 수 있다"라고 규정하고 있다(헌법 제122조). 이처럼 헌법은 재산권 행사를 법률로 제한할 수 있는 근거를 마련하고 있다. 우리 헌법에서 보장된 재산권은 다른 기본권과 달리 재산권의 내용과 한계를 법률로 정하도록 하고 있어 다른 방어적 기본권보다 상대적으로 사회의존성의 제약이 많은 기본권으로 보는데 이론이 없다.[2]

그리고 헌법 제120조 제2항은 "국토와 자원은 국가의 보호를 받으며 국가는 그 균형 있는 개발과 이용을 위하여 필요한 계획을 수립한다"고 규정함으로써, 그 밖에 헌법 제9장 경제편에서 국토종합개혁, 농지개혁, 도시계획, 주택수급계획 등

자유주의에 바탕을 둔 자본주의도 초창기의 기대, 즉, 모든 사람을 평등한 인격자로 보고 그 자유로운 계약활동과 소유권의 절대성만 보장해주면 개인적으로나 사회적으로 무궁한 발전을 기약할 수 있다는 이상(理想)이 노동을 상품으로 팔 수 밖에 없는 도시노동자나 소작민에게는 아무런 의미가 없고, 계약자유의 미명아래 "있는 자, 가진 자"로부터 착취당하여 결국에는 빈부의 격차가 현격해지고, 사회계층간의 분화와 대립갈등이 첨예화하는 사태에 이르게 됨에 따라 대폭 수정되기에 이르렀으니, 모든 사람들에게 인간으로서의 생존권을 보장해 주기 위하여서는 토지소유권은 이제 더 이상 절대적인 것일 수가 없었고 공공의 이익 내지 공공복리의 증진을 위하여 의무를 부담하거나 제약을 수반하는 것으로 변화되었으며, 토지소유권은 신성불가침의 것이 아니고 실정법상의 여러 의무와 제약을 감내하지 않으면 안되는 것으로 되었으니 이것이 이른바, "토지공개념(土地公槪念)"이론인 것이다(헌법재판소 1989.12.22. 88헌가13 합헌결정).

2) 정종섭, 『헌법학원론』, 박영사, 2006, 531면.

필요한 경우 특별법으로 소유권을 제한할 수 있는 법적 근거를 정하고 있다.[3]

뿐만 아니라 민법은 토지의 소유권은 정당한 이익이 있는 범위내에서 토지의 상하에 미친다고 하여 소유권이 미치는 범위를 정하고 있고(민법 제212조), 다만 소유권 행사는 신의성실의 원칙에 따라야 하고, 이에 반할 때에는 권리남용으로 그 행위가 금지된다는 뜻을 정하고 있다(민법 제2조).[4]

이와 같이 헌법과 민법은 법률이 정하는 범위 내에서 소유권의 행사를 합리적으로 제한할 수 있는 근거를 규정하고 있으므로, 이를 근거로 소유권자들의 이해가 충돌할 경우 그 소유권의 행사를 적절하게 제한할 수 있도록 제도를 개선할 수 있다. 구체적으로 민법, 국토계획법, 도로법, 건축법, 산지관리법, 농지법 등이 진입도로 제도개선의 근거 법률로 기능하고 있다.

2. 진입도로제도 개선의 한계

입법부라 할지라도 수권의 범위를 넘어 자의적인 입법을 할 수 있는 것은 아니며 사유재산권의 본질적인 내용을 침해하는 입법을 할 수 없음은 물론이다(헌법 제37조 제2항 후단). 따라서 사유재산제도의 전면적인 부정, 재산권의 무상몰수, 소급입법에 의한 재산권박탈 등과 같이 소유권에 대한 본질적인 침해는 허용될 수 없다. 그리고 헌법의 기본정신에 비추어 볼 때 기본권의 본질적인 내용의 침해가 설사 없다고 하더라도 과잉금지의 원칙에 위반되면 역시 위헌임을 면하지 못한다고 할 것이다. 과잉금지의 원칙은 국가작용의 한계를 명시하는 것인데 목적의 정당성, 방법의 적정성, 피해의 최소성, 법익의 균형성을 의미하는 것으로서 그 어느 하나에라도 저촉되면 위헌이 된다는 것이 헌법상의 원칙이다.[5]

결국 진입도로가 필요한 토지의 통행권을 위하여 통행지 소유자의 소유권행사를 헌법 및 민법을 근거로 제한할 수 있으며, 구체적으로 어떻게 제한할 수 있

---

3) 신종철/김인유, "토지소유권의 현대적 의의와 그 제한에 관한 연구", 『인문사회과학논총』, 1997, 100면; 헌법 제9장 경제편
4) 신종철/김인유, 앞의 논문, 100면.
5) 헌법재판소 1989. 12. 22. 선고 88헌가13 결정 참조; 정회철, 『헌법』, 한울아카데미, 2002. 219면; 성낙인, 『헌법학입문』,법문사, 2014, 342면.

는지는 이미 헌법 제37조 제2항[6]에서 그 구체적 기준을 제시하고 있다. 따라서 이러한 법률 체계에 내재하는 한계점을 충분히 인식·고려하여 주위토지통행권에 관한 민법 규정을 개선하여야 하는 것이다.

---

6) 국민의 모든 자유와 권리는 국가안전보장·질서유지 또는 공공복리를 위하여 필요한 경우에 한하여 법률로써 제한할 수 있으며, 제한하는 경우에도 자유와 권리의 본질적인 내용을 침해할 수 없다(헌법 제37조 제2항).

제 2 절 행정법규상 진입도로의 개선방안

I. 행정법규상 진입도로 개선의 필요성

진입도로 문제와 관련해서 가장 문제가 되는 부분은 건축과 관련된 문제이다. 건축허가를 받기 위해서는 건축법 제44조 제1항 규정에 따라 폭 2m의 진입도로를 확보하여야 하고, 건축공사를 할 때는 각종 건축자재를 운반하고 건축장비가 출입할 수 있는 통로가 필요하며, 건축 후 건축에 거주하거나 업무용으로 사용할 때도 지속적으로 이용 가능한 통행로가 필요하기 때문이다. 또한 지속적인 관리를 필요로 하는 공작물, 예컨대 태양광 발전 시설 등을 설치하는 경우에도 안정적인 진입도로의 설치가 필요하다. 근래 이러한 공작물의 설치·관리를 위한 진입도로를 둘러싸고 관련 당사자들 간에 분쟁이 발생하거나 행정청에 민원을 제기하는 일이 빈발하자, 2013년부터 일정한 조건에 해당하는 공작물을 설치하고자 하는 경우에도 진입도로 설치를 요구하고 있다.

그러나 건축이나 공작물의 설치에 필요한 진입도로를 확보하는 것은 여전히 해결하기 어려운 문제이다. 전통적으로 토지의 진입도로확보 문제는 소유권과 소유권의 충돌 문제로 나타나며 궁극적으로는 진입도로 소유자의 소유권행사의 제한문제로 나타난다. 그렇기 때문에 이 문제의 대한 근본적인 해결책은 진입도로를 둘러싼 토지 소유자들 간의 이해를 조절할 수 있는 방법을 찾는 것인데, 현행 법률체계 하에서는 토지소유제도에 관한 변경을 가하지 않는 한 완벽한 해결책은 없어 보인다. 결국 이 문제는 민법상 주위토지통행권을 어떻게 개선할 것인가 하는 문제와 맞물려 있으므로, 다음 절에서 살피기로 한다.

다른 한편, 오늘날에는 각종 법규상의 목적을 실현하기 위한 공법상의 규제로 인하여 해당 토지의 진입도로의 확보가 어려워지는 경우가 많다. 우선 건축법과 국토계획법상의 허가기준에서 개선하여야 할 부분이 무엇인지 살펴본다. 그리고 진입도로의 개설 등과 관련하여 실제로 문제가 되고 있는 개별 행정법규를 어떻게 개선시킬 것인지에 대하여 대표적인 사례별로 검토하고 개선방안을 찾아보기로 한다.

본절(제2절 행정법규상 진입도로의 개선방향)의 주제에서 얻게 되는 해결책으로 행정법규상의 문제점을 개선하여도 진입도로의 확보가 불가능한 경우는 얼마든지 있다. 그럴 경우에도 사용할 수 있는 마지막 방법이 '건축 등을 위한 전혀 새로운'[7] 주위토지통행권을 도입한다면 공도에 접속할 부족한 기회를 어느 정도 확보할 수 있을 것이다. 그러나 이때에도 주의해야할 점은 진입통로를 허용하지 않는 공법규정의 취지를 살펴서 그 금지의 공익이 주위토지통행을 허용하여 건축이 가능함으로 인한 사익을 초과한다면 공법상 금지규정의 취지는 존중되어야 하고, 반대의 경우에는 건축을 허용하여도 좋다는 것이다. 결국 공익과 사익 간의 치밀한 비교형량을 통하여 규제의 완화 여부를 결정하여야 할 것이다.

만일 이때 건축을 통해 얻어지는 사익의 크기가 매우 크다면 즉, 많은 토지들의 소유자들이 집을 짓기를 희망한다면 그 결정은 뒤집어질 수도 있다. 예컨대, 통행가능한 부지가 제방이라 주위토지통행권이 허용되지 않는 경우라도 그 제방부지를 통과해서 많은 토지들이 집을 곧 건축하겠다고 주위토지통행권을 행사한다면, 일종의 '집단민원'의 문제로 정부의 예산이 제방을 도로로 만드는데 우선해서 투입되어 진입도로를 개설할 수도 있을 것이다. 궁극적으로 이러한 논의는 법적 문제를 넘어서 '정치적인 문제'로 해결될 것이다.

II. 건축행정법상 허가요건의 개선방안

건축행정법(건축법과 국토계획법) 상의 건축 및 공작물 설치의 허가요건을 개선하여 그 불합리한 점을 개선하는 방안을 살펴 본다.[8]

---

7) 필자가 '건축 등을 위한 전혀 새로운' 주위토지통행권을 다음절(제4장 제3절)에서 민법 제219조의 개정안으로 제시한다.

첫째, 도시지역 및 지구단위계획구역과 비도시지역의 동·읍지역 안에서 건축법상의 도로지정·공고제도[9]를 도시지역 및 지구단위계획구역 외의 지역으로서 동이나 읍(동이나 읍에 속하는 섬의 경우에는 인구가 500명 이상인 경우만 해당된다)이 아닌 지역(이하 '비도시지역의 면지역'이라 한다)에서도 운영하는 방법을 생각해볼 수 있을 것이다. 그런데, 현행법은 비도시지역의 면지역에서는 건축법상의 지정도로를 지정·공고할 근거가 없고, 최근 건축행위자가 원하면 건축법상의 도로로 지정하여, 도로관리대장에 등재하고, 토지이용계획확인서에 공시하고 있다.[10] 그 개선안으로 법령에 근거를 두고 강제로 건축법상의 지정도로를 지정·공고할 근거를 마련하여 추후 다시 동의를 받아야 하든지, 갈등의 원인이 되지 않게 해야 할 것이다.

둘째, 건축법상 지정도로는 재차 동의를 받아야 하는 갈등을 넘어서, 해당 지정도로 부분을 막아버리는 조치 등을 해결할 방안이 거의 없다. 이에 대해 실효성 확보수단인 도로법 규정(건축제한, 법령위반처분, 공익처분, 도로파손, 방해 등 : 2년 이하의 징역 혹은 2천만원 이하의 벌금)을 건축법에 도입하는 방안을 검토할 수 있지만, 헌법상의 공용수용 및 제한의 법리상 정당한 손실보상 없이, 도로법 규정상의 실효성 확보수단을 도입하면 위헌의 소지가 있다. 그래서 건축법상 지정도로 방해시 '과태료 처분' 및 '건폐율 완화 등의 혜택'을 주는 식으로 합헌적인 건축법상의 지정도로 제도의 실효성을 확보하는 방안을 생각해 볼 수 있다.

셋째, 접도의무와 진입도로 개설의무를 건축법과 국토계획법에서 각각 다르게 규정을 적용하고 있으나, 궁극적으로 건축행위에 따른 진입도로를 개설함에 있어 규정을 달리 적용하여 일반 국민이나 관계 공무원들에게 혼선을 초래하는 측면이 강하므로 단순화시키고 일원화시킬 필요가 있어, 건축행위에 따른 도로기준을 건축법으로 일원화하고 개별법령이 추구하는 목적에 부합하도록 도로의 구조

---

8) 최명진 외 공저, "건축법상 대지와 도로와의 관계에 관한 제도 개선 연구", 『대한부동산학회지』 36(3), 2018, 77-80면 참조

9) 1962. 1. 20. 건축법 제정 시 도로지정제도를 도입하고, 1999. 5. 9. 공고제도 시행, 2009. 8. 13. 이후에 지정된 건축법상도로는 토지이용계획서에 기재함(토지이용규제기본법 시행규칙 제2조 제2항 제3호).

10) 서영창, 『건축과 도로』, 맑은샘, 2018, 197면.

기준을 개별법에 상세히 정할 필요가 있다.

　참고로 일본의 진입도로 관련 규정과 세부적으로 비교해보면, 우리 건축법은 접도규정을 적용하지 않는 지역이 도시지역 및 지구단위계획구역이 아닌 면(面)지역과 인구 500명 미만의 섬 지역에서는 「건축법」 제44조에 의한 대지와 도로 관계를 적용하지 않고 있으나, 일본은 도시계획구역 및 준도시계획구역 외의 지역은 해당 지방자치단체의 조례로 정할 수 있도록 규정하고 있다.

　넷째, 「건축법」 적용 이전에 사실상 존재한 길의 「건축법」에 의한 도로로 인정하는 문제와 관련하여 한국의 「건축법」에서는 본문에 별도로 규정을 하고 있지 않으나(다만, 1975. 12. 31. 건축법 개정시 부칙에서 1976. 2. 1. 전에 주민들의 통행로로 이용되고 있던 길 인정), 일본은 「건축기준법」 제3장의 규정 적용 전에 실제 존재하던 길은 도로로 인정하도록 규정하고 있다. 우리나라 건축법도 일본과 같이 「건축법」에 의한 도로 규정이 적용되기 이전부터 사실상 도로로 사용되고 있는 길에 대하여 「건축법」에 의한 도로로 인정하고, 각 지방자치단체별로 도로실태를 조사하여 도로여부를 명확히 고시하도록 건축법을 개정할 필요가 있다.

　다섯째, 「도로법」 등 관계법령에 따른 개설 예정인 도로의 인정은 한국의 경우 개설 예정도로를 「건축법」에 의한 도로로 인정하고 있으며, 일본은 2년 이내에 도로개설을 위한 사업집행이 예정된 경우에 한해 도로로 인정하고 있다. 장기 미집행시설이 일몰제에 따라 계획의 효력이 없어질 경우11) 예정도로를 이용하여 건축되어 사용중인 건축물은 해당 건축물의 통행뿐만 아니라 주변의 통행에 불편이 초래될 것은 누구도 예상할 수 있는 상황이며, 또한 도시계획 변경으로 예정도로가 축소(구간 단축, 폭의 축소)되는 경우 「건축법」에 의한 접도의무에 부적합하게 되거나, 해당 건축물로 인해 도시계획을 변경하지 못함에 따른 토지소유자의 재산권 피해가 발생할 수 있는 문제점이 있다. 이를 개선하기 위해서는 일본과 같이 건축허가를 기준으로 2년 이내에 도로개설을 위한 사업이 예정된 경우에 한해 예정도로를 「건축법」에 의한 도로로 인정하도록 개정하여야 한다.

　여섯째, 도로에 접하지 않아도 되는 경우에 대한 인정은 우리나라의 경우 해

---

11) 헌법재판소 1999. 10. 21. 97헌바26 헌법불합치; 유해웅, 『부동산공법론』, 탑북스, 2011. 562면

당 건축물의 출입에 지장이 없다고 인정되는 경우와 건축물 주변에 소정의 공지 (광장, 공원, 유원지, 그 밖에 관계 법령에 따라 건축이 금지되고 공중의 통행에 지장이 없는 공지로서 허가권자가 인정한 것)가 있는 경우, 「농지법」에 의한 농막을 건축하는 경우에는 접도의무 예외를 인정하고 있다. 반면에 일본은 부지 주위에 넓은 공지가 있는 경우와 기타 소정의 기준에 적합하여 교통·안전·방화·위생상 지장이 없다고 인정되는 경우로서 건축심사회의 동의를 받은 경우 접도의무 예외를 인정하고 있다. 개선의견을 살펴보면, 접도의무의 예외를 인정하는 것은 현재 허가권자의 권한이다. 하지만 허가권자(담당공무원)의 자의적 판단에 의하거나, 피난·방화 등 종합적인 검토가 부족한 상태에서 접도규정 예외를 인정할 수 있는 문제점이 있을 수 있고, 주변 현황에 따른 민원발생 우려나 공무원과 건축주간의 특혜 시비의 우려로 접도의무 예외를 소극적으로 적용하는 경우가 발생할 수 있다. 또한 접도의무 관련 판례에서도 알 수 있듯이 접도의무 예외는 다양한 판단이 가능하여 허가담당 공무원에게 부담이 되고 있다.

이를 개선하기 위해서는 일본과 같이 예외의 인정이 필요한 경우 전문가들이 참여하는 건축심의위원회의 심의를 거쳐 해당 건축물에 대한 통행과 피난·방화 등에 지장이 없다고 판단되는 경우에 한해 접도의무 예외를 인정하도록 절차를 개선하여야 할 것이다.

III. 공공용물법 등 적용상의 개선방안

1. 교차로 연결금지구간내 토지의 진입도로 개설

(1) 교차로 연결금지구간내의 토지의 진입도로 문제

그림 6-1 교차로 연결금지구간내 진입도로 활용

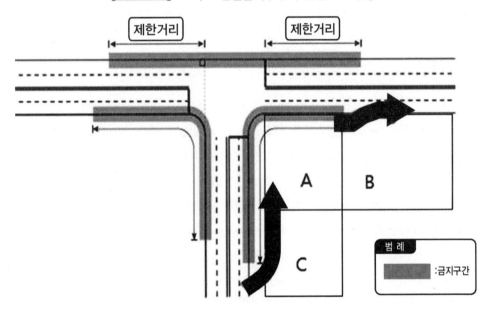

※ 출처 : <예시도 재구성> 변속차로가 설치되지 않았거나 설치계획이 없는 평면교차로의 연결
   금지구간, 도로와다른시설의연결에관한규칙 [별표 4] 교차로 연결금지구간 산정 기준(제6
   조제3호 관련)

    교차로 연결금지구간[12])에 접하는 A 토지의 경우 도로연결허가가 불가능하여
건축의 요건으로서의 진입도로가 개설될 수 없다.

---

12) 일반국도와 2차로이상의 도로 등을 연결하는 교차로에 대하여 별표 4에 따른 교차로 연결
   금지구간 산정 기준에서 정한 금지구간 이내의 구간(도로와 다른 시설의 연결에 관한 규칙
   제6조).

1999년 8월 9일 제정된 「도로와다른도로등과의연결에관한규칙」 제6조 제3호의 연결허가금지구간 제도는 미국의 Access Management 제도를 도입한 것이라고 한다.[13] 이 제도는 지자체의 동(洞)지역은 제외하고 국토교통부장관이 관리하는 일반국도와 지방도 및 도시계획도로를 제외한 4차로 이상의 도로를 그 대상으로 하지만, 그 범위가 기초 지방자치단체의 조례의 제정으로 점차 전국적인 범위로 확장되고 있다.[14] 이러한 제도의 근본적 취지는 도로의 이동성이 접근성 보다 중요한 고등급 도로의 경우, 해당 고등급 도로(주로 4차로 도로 등 속도 제한이 높아서 이동성이 강화된 도로)와 연결된 도로의 교차구간에 전체 공간에 고려되어지지 않은 사적(私的) 시설을 연결하지 말라는 취지이다.

(2) 개선방안

2차선도로 상의 도로 주변 토지이용 형태를 보면 교차로를 중심으로 근린시설에 대한 접근수요가 집중되고 있으므로 교통안전에 해를 끼치지 않는 범위에서 「도로와다른도로등과의연결에관한규칙」을 전향적이고 긍정적으로 조정할 필요성이 증대되고 있다.[15] 현행 규정이 개선되지 않는 한 그 개선안으로 A토지는 도로연결허가가 안되므로, C, B 토지에게 '건축 등을 위한 전혀 새로운' 주위토지통행권을 행사해서 진출입로를 연결해서 건축하는 방법이 있을 것이다(검정색 굵은 화살표 도로연결허가). 이 때 '교차로 연결금지구간' 규정의 입법취지를 고려해서 코너부분의 교통 흐름의 관찰을 방해하지 않도록 건축물의 입지를 최대한 도로로부터 내부로 이격하도록 하면 입법목적은 충족되리라 생각된다.

---

13) 콜로라도주와 뉴저지주 도로의 접근관리 조례의 내용과 경험을 토대로 국내 접근관리지침의 기본 골격은 크게 인허가 절차를 포함한 제도 행정부분, 기능별 접근 범주 및 기준, 관련 설계기준 등으로 구성되는 것이 바람직하다(한국건설기술연구원, "도로의 접근관리 방안 연구", 1995, 249면).; TRB, "Introduction and Concept", Access Management Manual, 2017; TRB, "Right-of-Way and Access Control", Access Management Manual, 2017; 김영진 박사(한국건설기술연구원)와의 전화면담(2018. 9. 12.).

14) 신치현 외 공저, "「도로와다른시설의연결에관한규칙」 개정내용", 『교통 기술과 정책』 (12)2, 2015, 63면; 도로법 제23조 제2항 제3호.

15) 신치현 외 공저, 앞의 논문, 68면.

2. 국·공유지인 도로부지 복원에 의한 진입도로 개설

(1) 국 · 공유지인 도로부지 복원하여 진입도로 활용하는 문제

│그림 6-2│ 국 · 공유지인 도로부지 복원하여 진입도로 활용

　　본 사례처럼 지목이 '도로'이고 그 소유권자도 국가나 지방자치단체인데, 특
정인이나 특정단체가 배타적으로 무단점유하고 있거나 방치되어 도로의 형태를
갖추지 못한 경우는 부지기수다. 국 · 공유지인 도로부지는 '용도폐지'가 되지 않는
한 사인이 장기 사용허가를 받거나 대부계약을 통해 배타적으로 사용할 수 없기
때문이다.

　　이러한 경우 해당 부지가 지방자치단체가 관리하는 주요도로가 아닌 한 해당
도로부지 주변 토지소유자들이나 이용자들 사이의 현실적 점용 · 사용의 다툼으로
남게 된다. 왜냐하면 해당 도로부지의 관리권이나 경찰권이 해당 국가나 지자체에
있지만 사실상, 행정재산의 운영상의 어려움 때문에 관리권의 범위를 벗어나 있기
때문이다. 그러나 2020. 12. 10. 「소규모 공공시설 안전관리 등에 관한 법률(약칭:
소규모공공시설법)」16)이 시행되어 보다 제대로 된 관리가 기대된다.

---

16) 이 법의 제정목적은 "소규모 공공시설에 대하여 안전점검 등 안전관리, 그 위험시설의 정비
　　계획 수립, 긴급안전조치 등을 규정"함으로써 주로 소규모 공공시설의 안전관리와 위험시
　　설의 정비계획에 중점을 두고 있다.

(2) 개선방안

만일 해당 토지가 도로법상의 도로이면, 도로법 제27조 ② 재해복구 또는 재
난수습에 필요한 응급조치를 위하여 하는 행위, 제31조(도로공사와 도로의 유지·관
리 등), 제35조(공사 원인자 등에 대한 공사시행 명령 등), 제36조(도로관리청이 아닌 자의
도로공사 등), 제75조(도로에 관한 금지행위), 제97조(공익을 위한 처분), 제100조(이행강
제금)의 규정이 적용되어 도로관리청의 조치가 가능해진다.

그러나 국·공유재산인 도로부지에 불과하다면 국유재산법 제74조에서 정한
'불법시설물의 철거' 절차[17] 등에 따라 처리할 수 있을 뿐이다.

가. 도로 복원의 사례별 방안

해당 국·공유재산인 도로부지를 복원하는 문제는 두 가지 경우로 나눠서 해
결한다.

첫 번째, 그 도로부지를 '특정인의 전용도로로 복원'하는 경우이다.

해당 도로가 복원되어도 그 사용자가 특정인으로 한정되는 경우 그 도로관리
청이 별도로 예산을 편성해서 복원 공사를 하기가 쉽지 않을 것이다. 이 경우 그
도로가 진입도로로 필요한 자는 국·공유재산사용허가[18]를 관리청으로 부터 득해
서 공사를 직접 해야 한다.

중앙관서의 장은 해당 도로 용도나 목적에 장애가 되지 아니하는 범위에서만
행정재산의 사용허가를 할 수 있다(「국유재산법」 제30조 참조). 사용허가의 방법도
공개경쟁입찰이 원칙이고, 제한경쟁입찰과 수의계약이 예외적으로 허용된다(「국유
재산법」 제31조). 그러나 특정인을 위한 전용도로로 이용하기 위한 것일 경우에는
대체적으로 수의계약방식으로 가능한 경우가 많을 것이다.

해당 도로가 지방자치단체 소유인 경우, 해당 지방자치단체 외의 자가 일정
기간 유상이나 무상으로 사용·수익할 수 있도록 허용하는 것으로 "공유재산 사

---

17) 국유재산법 제74조(불법시설물의 철거) 정당한 사유 없이 국유재산을 점유하거나 이에 시
    설물을 설치한 경우에는 중앙관서의 장 등은 「행정대집행법」을 준용하여 철거하거나 그 밖
    에 필요한 조치를 할 수 있다.
18) "사용허가"란 행정재산을 국가 외의 자가 일정 기간 유상이나 무상으로 사용·수익할 수
    있도록 허용하는 것을 말한다(국유재산법 제2조 제7호).

용·수익허가"[19]라고 하며, 그 도로의 소유권이 농림축산식품부, 농어촌공사이면 농업기반시설의 "목적 외 사용허가"[20]라는 형식으로 사용권을 취득하여 전용도로로 복원하면 된다.

두 번째, 도로를 공공용으로 복원하는 경우이다.

해당 도로를 복원하면 그 도로가 공공용으로 사용될 경우에도, 해당 도로관리청은 예산이 편성되어 있지 않다면 복원공사를 하기가 어렵다. 이럴 경우에는 필요에 의해 공사를 하고자 하는 자가 먼저 국유재산 일시사용허가를 득한 다음, 일시사용면적과 기간에 상응하는 사용료를 납부한 후 공사를 하고 준공검사를 마치고 나서 공공용으로 사용하면 될 것이다.

나. 도로 복원의 행정적 수단

국·공유재산인 도로부지에 대한 관리청이 무단점유자의 불법시설물을 철거하는 등 필요한 조치를 하지 않으면, 해당 도로부지가 도로로 복원되므로 인하여 이익을 얻는 자(도로가 직접 필요한 자)는 관리청을 대위하여 불법점유자를 피고로 하여 민사소송의 방식으로 '채권자대위권 행사(민법 제404조)'를 해서 국유재산법 제74조에 정한 '불법시설물의 철거 등'을 구할 수 있다고 보아야 한다.[21]

또한 도로부지를 사용허가 없이 국유재산을 사용·수익하거나 점유한 자(사용허가나 대부계약 기간이 끝난 후 다시 사용허가나 대부계약 없이 국유재산을 계속 사용·수

---

19) 공유재산 및 물품 관리법 제20조(사용·수익허가) 참조.
20) 농어촌정비법 제23조(농업생산기반시설의 사용허가) 참조.
21) 이 사건 토지는 잡종재산인 국유재산으로서, 국유재산법 제52조는 "정당한 사유 없이 국유재산을 점유하거나 이에 시설물을 설치한 때에는 행정대집행법을 준용하여 철거 기타 필요한 조치를 할 수 있다."고 규정하고 있으므로, 관리권자인 보령시장으로서는 행정대집행의 방법으로 이 사건 시설물을 철거할 수 있고, 이러한 행정대집행의 절차가 인정되는 경우에는 따로 민사소송의 방법으로 피고들에 대하여 이 사건 시설물의 철거를 구하는 것은 허용되지 않는다고 할 것이다(대법원 2000. 5. 12. 선고 99다18909 판결 참조). 다만, 관리권자인 보령시장이 행정대집행을 실시하지 아니하는 경우 국가에 대하여 이 사건 토지 사용청구권을 가지는 원고로서는 위 청구권을 보전하기 위하여 국가를 대위하여 피고들을 상대로 민사소송의 방법으로 이 사건 시설물의 철거를 구하는 이외에는 이를 실현할 수 있는 다른 절차와 방법이 없어 그 보전의 필요성이 인정되므로, 원고는 국가를 대위하여 피고들을 상대로 민사소송의 방법으로 이 사건 시설물의 철거를 구할 수 있다고 보아야 할 것이고,……(대법원 2009. 6. 11. 선고 2009다1122 판결 [가건물철거및토지인도]).

익하거나 점유한 자를 포함한다. 이하 "무단점유자"라 한다)에게 부과하는 변상금(국유재산법 제2조 9호)제도가 있다. 국유 또는 공유재산을 대부·사용허가 등 받지 아니하고, 점유·사용 또는 수익하는 자에게 징벌적 의미에서 부과되는 행정제재금인데, 위 사례에서는 변상금징수 민원을 제기하여 도로부지 무단점유자에 대한 경제적 제재를 통해 도로부지 복원을 가능하게 할 수도 있다고 본다.

3. 국·공유지(대부계약 중) 진입도로 개설

(1) 국·공유지(대부계약 중) 진입도로 활용하는 문제

│그림 6-3│ 국·공유지(대부계약 중) 진입도로 활용

　　OO면 OO리 453-12번지에 소재하는 'OO새우'라는 상호의 업소는 가설건축물에 양식업과 새우조리·판매업을 10년 이상 영위해 왔다. 그런데 경쟁사업자가 453-10번지(국유지: 용도폐지되어 일반재산으로 전환22))를 대부계약23)을 체결하여 새

---

22) 용도폐지란 행정재산이 ⅰ)행정목적으로 사용되지 아니하게 된 경우 ⅱ) 행정재산으로 사용하기로 결정한 날부터 5년이 지난 날까지 행정재산으로 사용되지 아니한 경우 ⅲ) 제57조에 따라 개발하기 위하여 필요한 경우에 해당하여 공용, 공공용, 기업용, 보존용재산의 용도를 폐지하여 행정재산외의 일반재산으로 변경하는 것(국유재산법 제6조, 제40조 참조).

23) "대부계약"이란 일반재산을 국가 외의 자가 일정 기간 유상이나 무상으로 사용·수익할 수 있도록 체결하는 계약을 말한다(국유재산법 제2조 제8호).

우양식업을 하고 있다. 'OO새우'가 경쟁사업자를 의식해서 정식으로 건축허가를 받아서 새우조리·판매업을 하려고 하니 OO리 산137번지 소유자의 동의 또는 OO리 453-10번지 소유자인 국가(관리청: 기획재정부)와 대부계약자의 동의가 있어야 건축허가의 요건인 '진입도로'를 확보할 수 있다.

그러나 OO리 산137번지는 진입도로가 되기 위해서는 형질변경이 수반되어야 하고, 종중의 소유라 형질변경에 대한 동의를 받기가 매우 어렵다. 그리고 OO리 453-10번지의 지목과 현황이 유지(溜池)이지만 동측 끝부분이 'OO새우'의 통행로로 이용되고 있는데, OO리 453-10번지를 대부받은 자는 국유재산법상 그 재산을 다른 사람에게 사용·수익하게 하여서는 아니 된다.[24]

또한 대부받은 재산(OO리 453-10번지)을 다른 사람에게 사용·수익하게 하거나, 해당 재산의 유지로서의 보존을 게을리 하거나 그 사용목적(새우양식)을 위배하면 중앙관서의 장(기획재정부장관)이 그 대부계약을 취소하거나 철회할 수 있다.[25]

그러므로 OO리 453-10번지를 대부를 받은 자는 중앙관서의 장의 승인이 있더라도 'OO새우'의 기존 현황도로를 사용하게 할 수 없다. 왜냐하면 국유재산 사용목적에도 위배되고(「국유재산법」 제47조 제1항: 제36조 제1항 제3호), 대부재산 전대금지 조항(「국유재산법」 제47조 제1항: 제30조 제2항)에 위배되기 때문이다.

(2) 개선방안

국·공유지의 필지 전체가 대부계약(혹은 사용허가)을 하게 되므로, 기존의 통행로로 이용되던 해당 부분만이 '통행지역권의 취득'이나 '배타적 사용수익권 포기의 법리'[26]에 의하지 아니하고는 통행로로서의 기득의 권리가 유지되기가 불가하다.

그런데 통행로로 이용되던 해당 부분이 진입도로로 인정될 수 있어도 건축허가 등의 요건으로서 '이해관계인의 동의'를 받아야 하는 경우가 매우 흔하다.

---

24) 국유재산법 제47조: 제30조 제2항 참조.
25) 국유재산법 제47조: 제36조 제1항 2호, 3호 참조.
26) 토지소유자가 물권적청구권을 행사하는 경우 '배타적 사용수익권 포기의 법리'로 항변할 수 없다는 획기적인 판례가 있었다(대법원 2009. 3. 26. 선고 2009다228, 235 판결; 대법원 2012. 6. 28. 선고 2010다81049 판결).

그래서 이러한 경우에도 '건축 등을 위한 전혀 새로운' 주위토지통행권을 도입하여 개별 공법의 취지를 존중하면서 이해관계를 조절하면 보다 효율적인 토지의 활용과 법적 안정성을 동시에 꾀할 수 있는 방법이 될 것이다.

4. 공유수면의 진입도로 활용방안

(1) 공유수면을 진입도로 활용하는 문제

그림 6-4 공유수면의 진입도로 활용

바다 풍광이 뛰어나 휴양형 주택을 건축하기에 적합한 OO면 OO리 215번지 토지는 인근 약 50km 해안선을 훑어봐도 10여 곳밖에 없는 별장부지이다. 이 토지는 OO리 846-1번지, 212번지에 연접한 진입로(6m 포장된 통로)가 공유수면[27]에 존재하며, 그 진입로가 마을어업(「수산업법」 제9조)면허[28]의 대상이다. 마을어업

---

27) 공유수면이란 바다, 바닷가, 하천·호소·구거, 그 밖에 공공용으로 사용되는 수면 또는 수류로서 국유인 것(공유수면 관리 및 매립에 관한 법률 제2조제1호)(해양수산부, 『공유수면 업무 길라잡이』, 2017. 3면); 단 공유수면은 사적 소유권의 대상이 되지 않는 공공용물로서 「국유재산법」 적용대상이 아님(해양수산부, 『내륙공유수면 업무처리요령』, 2014. 2, 3면).

28) 마을어업 면허를 받은 자(어촌계)는 어업권을 취득(수산업법 제16조)하고 어업권은 토지에 관한 규정을 준용(수산업법 제16조)하면 어촌계는 방해배제청구(민법 제214조)도 가능하고, 마을어업 면허받은 어업권자에 대하여는 어업에 필요한 범위에서 「공유수면 관리 및 매립에

의 면허권자인 어촌계가 공유수면의 점·사용권을 가지고 있어서 마을어업 면허
권자인 어촌계의 동의가 있어야 공유수면에 해당하는 진입로(6m 포장된 통로)를 통
행할 수 있고, 비로소 개발행위허가지침에 따른 '진입도로' 요건을 갖추어 개발
행위가 가능해진다.

(2) 개선방안

이상의 사례와 유사한 사례는 매우 많다. 공유수면, 제방, 구거, 하천이 통행
로로 사용되고 있는데 그 통행로가 진입도로로 인정받지 못하고 있는 경우이다.
해당 통행로를 진입도로로 개설하는 데 기술적 문제가 없지만, 법률적인 문제만
남은 경우이다. 이러한 경우 그 통행로가 건축법이나 국토계획법상의 진입도로 요
건을 갖추기 위해서는 진입도로로 통행하는 데는 관련법인 공유수면법, 농어촌정
비법, 하천법이 추구하는 가치와도 충돌되지 않아야 할 것이다. 이러한 경우에도
'건축 등을 위한 전혀 새로운' 주위토지통행권을 도입하여 개별 공법의 취지를 존
중하면서 이해관계를 조절하면 보다 효율적인 토지의 활용과 법적 안정성을 동시
에 꾀할 수 있는 방법이 될 것이다.

5. 농로의 진입도로 활용방안

(1) 농로를 진입도로 활용하는 문제

OO리 634-17번지는 해당 지방자치단체의 농업기반계에서 관리하고 있는
농업생산기반시설이다. 점선 부분 농로를 진입도로로 해서 OO공장의 진출입로로
사용하려고 하니, 목적 외 사용허가의 대상이라는 이유로 진입도로로 인정을 해주
지 않았다. 그래서 흰색 수도용지 부분을 국유재산사용허가 절차에 의해 진입도로
로 하여 공장허가를 득하게 된다.

관한 법률」에 따른 행위가 허용된다(수산업법 제18조): 동 어촌계는 공유수면의 점용·사용
허가(공유수면 관리 및 매립에 관한 법률 제8조)없이 공유수면 점·사용권을 가진다; 소재
선/임종선, "어업권의 특징과 법적성질에 관한 소고", 『토지공법연구』 54, 2012, 358면.

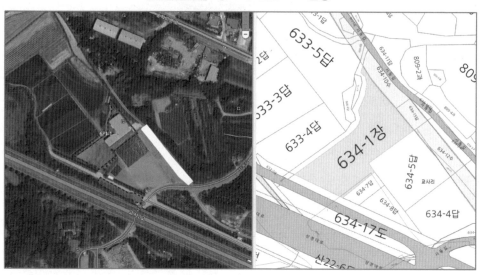

그림 6-5 농로의 진입도로 활용

이 농로는 폭이 4~6m이고, 진입도로로 국유재산 사용허가가 난 북측의 진입
도로는 지하에 광역상수도관이 매설되어 있어서 해당 진입도로 위에 포장은 불가
능하고 석분을 깔 수 있을 뿐이다. 매우 불합리한 결과가 일선 지방자치단체에서
이루어지고 있다.

(2) 개선방안

농로를 진입도로로 활용하는 사례의 경우 지방자치단체 담당 공무원의 재량
적 판단에 공장을 건축하고자 하는 부지의 운명을 맡겨버린다면 그 판단 권한의
남용 가능성이 너무도 크다. 농어촌정비법의 목적 외 사용허가 사유[29]를 규정한

---

29) 농어촌정비법 제23조(농업생산기반시설의 사용허가)에 절차·기간 및 범위, 사용료 징수
범위와 징수된 사용료의 사용 범위 등을 시행령에 규정하면서 '목적 외 사용허가 사유'는
별도로 규정하지 않고, 「농업생산기반시설 사용허가 지침」 제6조(사용허가 제한)에 사용허
가제한 사유를 규정하고 있다. 1. 다년생식물의 식재를 하고자 하는 경우. 2. 「내수면어업법」
제6조제1항 제1호에 따른 양식어업 중 시설관리자가 수질악화의 우려가 있다고 판단되는
경우. 3. 목적 외 사용을 하고 있지 않은 농업기반시설이 「환경정책기본법 시행령」 제2조에
따른 호소의 생활환경 기준 중 Ⅳ등급(이하 "허용수질기준"이라 한다)을 초과(연평균)하는
경우. 다만, 「환경영향평가법」 제2조제4호에서 정한 "환경영향평가등"을 받는 신재생에너
지 발전설비 설치는 그러하지 아니하다.

「농업생산기반시설 사용허가지침」을 농어촌공사 업무규칙의 형식만이 아니라 아닌 농어촌정비법의 법규명령형식으로 상세히 규정하여, 그 제한 사유도 불확정개념을 지양하고 구체화 시킬 필요가 있다. 왜냐하면 농어촌공사의 농업생산기반시설 관리자로서 관리대상 토지에 대한 사용허가 업무는 농어촌공사의 자산관리업무라는 성격과 동시에 원래 농업생산기반시설 관리라는 국가사무를 농어촌공사에 위탁한 사무로서, 그 사용허가의 효과가 일반 국민의 권리·의무에 지대한 영향을 미치게 되므로 법규명령의 형식으로 규율하여 국가나 지방자치단체의 농업생산기반시설 관리업무와 통일성을 꾀할 필요가 있기 때문이다. 그리고 농로도 지목상으로는 물론이고 기능면에서도 '도로'이므로, 설령 농로가 농업생산기본시설에 해당한다고 하더라도 그 본래의 목적을 해치지 않는 범위에서는 '도로'로서 기능할 수 있도록 할 필요가 있다.[30] 현재 농로 포장작업이 활발하게 이루어져 많은 주요지점들이 연결되고 있으므로, 농로로서의 기능을 해치지 않는 수준에서 이러한 농로

---

4. 「수질 및 수생태계 보전에 관한 법률 시행령」 제27조에 의해 낚시금지구역으로 지정된 시설에서 낚시업을 목적으로 수면사용을 신청하는 경우

5. 시설관리자 이외의 부서장이 사용허가 제한을 요청하거나, 시설관리자가 농업기반시설의 선량한 보호, 기능 유지 또는 시설관리 등에 지장을 초래한다고 판단하는 경우

6. 공사의 임직원이 농업기반시설을 영리적인 목적으로 사용하고자 할 경우. 다만, 주거 및 생활에 필요하여 부득이하게 사용할 경우 제외

7. 신청자의 목적 외 사용으로 타인의 권리나 재산권 침해, 분쟁 유발 또는 민원 발생 우려가 현저하여 사용허가가 곤란하다고 시설관리자가 판단하는 경우

8. 「건축법 시행령」 제3조의 5에 따른 공동주택(아파트, 연립주택, 다세대 주택에 한함), 오피스텔의 진입로, 지하매설물 등 설치 목적으로 용·배수로 시설부지 또는 농로 등을 사용하려는 경우. 다만, 사용자가 분양계약서에 사용허가 관련 권리·의무 사항을 입주자 분양 조건으로 명시하고, 향후 입주자 자치 의결기구 등의 관리규약에 규정하여 분양 또는 사용기간 만료 후에도 선량한 시설관리 및 계약관리에 지장이 없을 것으로 시설관리자가 판단하는 경우는 제외한다.

9. 사용허가 신청 전의 저수지 등 농업기반시설이 전년도 말 안전점검 결과 D등급(종합평가 등급) 이하로서 보수 등 안전조치가 필요하다고 시설관리자가 판단하는 경우(단, 수면사용에 한한다)

10. 공공용 사업에 필요하거나 자체사업 추진 등 공사가 직접 사용하기 위하여 관련 계획에 반영된 경우」

30) 지적에 관한 기본법인 「공간정보의 구축 및 관리 등에 관한 법률」 및 그 시행령이 '도로'라는 지목에 대해서 일반 공중의 공동사용을 전제로 하여 그 범위를 정하고 있음을 감안할 필요가 있다.

들을 진입도로로 활용할 수 있는 길을 열어주는 것이 법정도로가 부족한 현실적 문제를 해결하는 것은 물론 농로라는 토지자원의 활용도를 높이는 방안이라 할 것이다.

농업생산기반시설의 사용허가 제한사유가 포괄적이고 불확정적인 개념을 사용하게 되면 관리청의 재량권 남용의 여지가 크므로, 그 구체적 개선방안으로 예컨대 '수질악화의 우려' 등의 용어를 구체화할 필요가 있을 것이다. 또한 사용허가 가능한 경우를 「ⅰ) 차량통행이 가능한 2.5m 이상의 농로, ⅱ) 사용허가시 차량교행이 가능하도록 농로의 50m마다 대기차선[31]을 설치가능[32]」한 경우는 되도록 사용허가가 가능하도록 하면 기존의 농업의 종사자에게도 불편을 초래하지 않고, 그 농업생산기반시설의 관리비용 역시 그 시설의 이용자의 생산활동[33]에 기반하여 형성되므로 불합리한 결과를 초래하지 않는다 할 것이다.

6. 임도의 진입도로 활용방안

(1) 임도를 진입도로 활용하는 문제

아래 그림 우측지도의 점선 부분이 임도이고, 좌측 위성지도상의 건축물(종교시설)은 임도를 '차량진출입이 가능한 현황도로'로 해서 종교시설허가를 받은 사례이다. 현행 규정상 건축허가가 가능한 경우는 '자기소유의 기존임도'를 진입도로로 농림어업인 주택 건축하는 것은 가능하다(산지관리법 시행령 제20조 제6항 별표4 마. 15.). 여기서 '자기소유의 기존임도'란 기존 도로로부터 해당 농어업인 주택부지까지 '연결된 임도의 전부'가 자기 소유여야 한다. 그렇게 해석·적용해야 하는 한, 이 사안의 경우에도 단독주택이나 종교시설(제2종 근린생활시설)은 허용되지 않는다.

---

31) "대기차선"이라 함은 교행이 불가능한 차도에서 마주오는 차량이 안전하고 원활하게 통행할 수 있도록 어느 한 방향의 차량을 일시적으로 대기시키기 위하여 설치되는 차선을 말한다(농어촌도로의 구조·시설기준에 관한 규칙 제2조 9호.)
32) 1차선 도로에는 필요하다고 인정하는 경우에는 일정한 지점 또는 구간에 도로 폭 2.7m 이상 의 대기차선을 설치하여야 한다(농어촌도로의 구조·시설기준에 관한 규칙 [행정자치부령 제43호: 농어촌도로정비법 제4조제3항 관련] 제27조 참조).
33) 농로를 이용하여 주택 등을 사용하는 자의 생산활동에 기반하여 소득세, 농어촌특별세 등의 재원으로 그 관리비용이 충당된다는 의미이다.

그림 6-6 임도의 진입도로 활용

(2) 개선방안

임도를 진입도로로 활용하는 사례의 경우, '연결된 임도의 전부'가 자기소유가 아닌 경우에는 결국 '건축 등을 위한 전혀 새로운' 주위토지통행권으로 건축 등이 가능한 길을 터주어야 할 것이다.

그리고 일정한 조건하의 임도를 건축 및 공작물 설치 요건으로서의 진입도로로 인정해야 할 것이다. 왜냐하면 쓰임이 적고 활용가치가 낮은 임야[34]의 경우 그 면적이 국토의 대부분이고 그 관리의 필요성 때문에 산림의 경영 및 관리를 위하여 산림의 조성·육성 또는 관리를 위하여 임도설치 사업을 하고 있다.[35] 그런데, 그 재원은 일반 국민의 세금으로 하는 것이고, 산주의 동의가 산림의 경영 및 관리에 한정될 필요가 없고, 산림을 보호하려는 목적과 국토를 효율적으로 활용하려는 가치를 비교형량해서 일정한 조건과 기준의 임도는 도로의 구조와 기준을 갖추어 법정도로로 관리함이 타당하고 또한 요긴하기 때문이다. 이와 관련하여 손실보상이 문제인데 우리나라의 산림의 분포에 비하여 턱없이 부족한 임도를 생각하

---

34) 김면규, "수목장림 조성에 관한 법제와 그 개선방안", 『경희법학』 53(3), 2018, 417면.
35) 산림자원의 조성 및 관리에 관한 법률 제2조 제1호 라. 제3호, 제9조.

면, 나중에 일반도로화[36]할 가능성이 농후한 임도[37]는 그 개설의 권원을 산주의 동의가 아니라 '지역권' 설정으로 공용사용의 절차를 거쳐서 임도를 지정하는 방법도 좋은 대안이 될 것이다.

7. 보전산지의 진입도로 개설방안

(1) 보전산지를 진입도로 활용하는 문제

그림 6-7 보전산지의 진입도로 활용

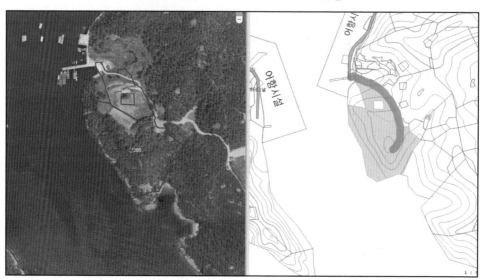

보전산지에 설치 가능한 "대통령령으로 정하는 규모 이하의 진입로"란 '절·성토사면을 제외한 유효너비가 4m 이하이고, 그 길이가 50m 이하인 진입로'를 말하고(산지관리법 제12조 제1항 제15호), 50m를 초과하는 길이의 진입로는 '사도법상

---

36) 임도가 농어촌도로나 시·군도로로 승격되기도 한다. 최초 임도사업부터 2010년11월 말까지의 기간 동안 임도가 농어촌도로로 전환된 경우는 147.41km, 임도가 시·군도로로 전환된 경우는 748.91km로 조사되었다(천영진 외 공저, "산림경영기반시설의 주요 환경영향-선형사업(임도) 중심으로", 한국환경정책·평가연구원, 2012. 62면).

37) 예컨대, 산림의 중간에 자연적으로 취락이 형성될 가능성 많은 기존 주택이 있는 지역을 연결하거나 주요거점 공간을 연결하는 임도이지만, 아직 법정도로로서의 필요성이 성숙되지 않은 경우 등을 들 수 있을 것이다.

사도' 허가를 받아야만 설치가 가능하다.

　　만일 위의 사례에서 해당 산지가 '수산자원보호구역' 內에 속한다면 수산자원
관리법이 적용되므로, 따로 산지관리법의 적용을 받지 않게 되어 그 길이가 50m
초과해서도 진입로를 설치할 수 있다.[38]

(2) 개선방안

　　보전산지의 경우 설치 가능한 진입로 길이를 50m 이하로 제한하고 있는데,
이와 같은 길이 기준이 특별한 이론적 근거에 따른 것이 아니라 단지 산림보호를
위해 제시된 것에 불과한 것으로 보인다. 그리고 보전산지에 50m를 초과하는 길
이의 진입로를 설치하기 위해서는 사도법상의 사도 요건을 충족시켜야 하는데, 그
요건이 지나치게 까다로운 관계로 그것을 충족시키기는 사실상 어려울 것이다. 그
러므로 산림보호라는 가치를 충분히 고려하되 산림에 존재하는 공간의 효율적 이
용이 가능하도록 하는 견지에서 합리적인 개정이 필요하다고 본다. 이와 유사한
취지의 외국 입법례도 참조할 필요가 있을 것이다.

　　생각건대, 산지에 설치 가능한 진입로의 길이를 50m 이하로 제한하는 것은
산지의 경우는 대체로 경사가 심하고 그 면적이 방대하다는 사실을 감안할 때 너
무 엄격한 기준이 아닌가 한다. 특히 산지의 경우 어느 정도의 고도가 있는 곳에
위치한 평평한 곳이 전망 등이 뛰어나 이용가치가 높은데, 이러한 지대는 거의 대
부분이 50m를 넘는 진입로를 필요로 한다는 점에서도, 이 기준은 개정이 필요하
다고 생각된다. 산지에 50m를 초과하는 진입로의 설치를 금지하고 있는 것은 국
토의 효율적 이용이라든가 산지의 효과적 활용에 반한다. 이를 무한히 허용해서도
안되겠지만 산지의 경우 대체로 지그재그 형태[39]의 진입로를 개설한다는 점을 고

---

38) 「산지관리법」 제12조 ③ 제2항에도 불구하고 공익용산지(산지전용 · 일시사용제한지역은
　　제외한다) 중 다음 각 호의 어느 하나에 해당하는 산지에서의 행위제한에 대하여는 해당 법
　　률을 각각 적용한다. 1. 제4조제1항 제1호나목4)부터 14)까지의 산지, 2.「국토의 계획 및
　　이용에 관한 법률」에 따라 지역 · 지구 및 구역 등으로 지정된 산지로서 대통령령으로 정하
　　는 산지.
39) 경사로의 종단경사도는 직선 부분에서는 17퍼센트를 초과하여서는 아니 되며, 곡선 부분에
　　서는 14퍼센트를 초과하여서는 아니 된다(주차장법 시행령 제6조(노외주차장의 구조 · 설
　　비기준) 제1항 제5호 라.)라는 규정을 노외주차장설치를 위해서는 준수해야 한다.

려해서, 시행규칙에서 최대 200m 정도를 기준으로 산지의 경사도와 면적 및 토질에 따라 진입로 설치가 가능한 길이의 한계치를 정하고, 그 시행규칙상의 한계치의 범위 내에서 지방자치단체가 각 지역의 사정을 고려하여 조례로 산지 진입로의 설치기준을 정하도록 하는 것이 합리적이라 생각한다.

8. 소유자 불명 통로부지의 진입도로 활용방안

(1) 소유자 불명 통로부지 진입도로 활용하는 문제

┃**그림 6-8**┃ 소유자 불명 통로부지 진입도로 활용

　　비도시지역인 OO면 OO리 324번지(대지)이며, OO리 321번지는 비포장의 진입로이고 「토지조사령」으로 사정받은 미등기 토지인데, 상속인이 50명이다.

　　OO면 OO리 324번지 상에 건축허가가 났으며, 이미 개발행위허가까지 득한 상황이다. 건축법 제44조 제1항은 도시지역에만 적용되므로 건축허가를 득하는데 문제가 없었으나, OO면 OO리 321번지에 대한 상속인들 중 1인이 진입로를 폐쇄하는 바람에 건축공사를 못하고 있는 사례이다.

(2) 개선방안

　　이러한 경우 진입로를 폐쇄한 상속인 1인에 대하여 진입로의 손괴, 업무방해, 일반교통방해죄가 성립하기는 어려울 것으로 판단된다. 왜냐하면 그 상속인 1인은 OO면 OO리 321번지의 공동소유자로서 당해 토지에 대한 보존행위[40]를 단독으로 할 수 있고, 건축주의 건축행위를 방해하는 행위가 계속적이고 반복적인 업무라고 보기는 어려우며[41], 건축주라고 하는 특정인들의 교통을 방해한 것은 일반교통방해[42]에 해당되지 않기 때문이다. 그러므로 민사상의 통행방해금지가처분도 용이하지 않을 것이다.

　　이런 경우 종전에 OO면 OO리 324번지(대지)의 진입로로 사용 중이던 OO면 OO리 321번지의 상속인 50명 중의 과반수(26명)가 동의를 하면 이를 진입로로 활용하는 데 사법상의 문제는 없어지지만 현실적으로 불가능한 경우가 대부분일 것이므로,[43] '건축 등을 위한 전혀 새로운' 주위토지통행권의 행사를 가능하게 함으로써　건축을 하고자 하는 자가 법정지역권을 취득하고 권원 있는 진입도로를 확보하여 건축행위를 할 수 있게 하여야 할 것이다.

---

40) 민법 제265조(공유물의 관리, 보존) 공유물의 관리에 관한 사항은 공유자의 지분의 과반수로써 결정한다. 그러나 보존행위는 각자가 할 수 있다.

41) 업무방해죄의 보호대상이 되는 "업무"라 함은 직업 또는 사회생활상의 지위에 기하여 계속적으로 종사하는 사무나 사업을 말하고 이러한 주된 업무와 밀접불가분의 관계에 있는 부수적인 업무도 이에 포함된다(대법원 1993. 2. 9. 선고 92도2929 판결).

42) 형법 제185조의 일반교통방해죄는 일반 공중의 교통안전을 그 보호법익으로 하는 범죄로서 육로 등을 손괴 또는 불통하게 하거나 기타의 방법으로 교통을 방해하여 통행을 불가능하게 하거나 현저하게 곤란하게 하는 일체의 행위를 처벌하는 것을 그 목적으로 하는 죄로서, 여기에서 '육로'라 함은 일반 공중의 왕래에 공용된 장소, 즉 특정인에 한하지 않고 불특정 다수인 또는 차마가 자유롭게 통행할 수 있는 공공성을 지닌 장소를 말한다(대법원 1999. 4. 27. 선고 99도401 판결 등 참조).

43) 진입도로부지가 공유지인 경우 도로사용승낙의 방법을 설명하는 참조 판례: 공유자 사이에 공유물을 사용·수익할 구체적인 방법을 정하는 것은 공유물의 관리에 관한 사항으로서 공유자의 지분의 과반수로써 결정하여야 할 것이고(민법 제265조), 과반수의 지분을 가진 공유자는 다른 공유자와 사이에 미리 공유물의 관리방법에 관한 협의가 없었다 하더라도 공유물의 관리에 관한 사항을 단독으로 결정할 수 있으므로, 과반수의 지분을 가진 공유자가 그 공유물의 특정 부분을 배타적으로 사용·수익하기로 정하는 것은 공유물의 관리방법으로서 적법하며(대법원 1991. 4. 12. 선고 90다20220 판결, 1991. 9. 24. 선고 88다카33855 판결 등 참조; 다만 그 사용·수익의 내용이 공유물의 기존의 모습에 본질적 변화를 일으켜 '관리' 아닌 '처분'이나 '변경'의 정도에 이르는 것이어서는 안 될 것이고, 예컨대 다수지분권자라 하여 나대지에 새로이 건물을 건축한다든지 하는 것은 '관리'의 범위를 넘는 것이 될 것이다).

9. 단지내 도로의 진입도로 활용방안

(1) 단지내 도로 활용 주택단지 등 개발 문제

현황도로를 활용하여 산지전용허가를 받은 부지를 여러 필지로 분할하는 변경허가 신청시, 도로의 적용 기준에 대해 「산지관리법 시행령」 제20조 제6항의 [별표 4] 산지전용허가기준의 적용범위와 사업별·규모별 세부기준 (제20조제6항 관련) 제1호 마목 10) 에서 상세히 규정하고 있다. 이를 적용하는 문제에 대해서 종전에는 이하에서 설명하는 파주시 등 지방자치단체의 의견대로 해결하여 왔다. 매우 용이하게 단지개발이 이루어져 개발사업자들은 매출 및 이익을 극대화시켜 왔다.

그러나 산림청의 의견(2019. 10. 28. 회신의견)대로 도로관계법에 의한 도로와 도로이용에 동의를 받은 도로가 연결되지 않고, 현황도로를 이용하여 연결될 경우에 산지전용변경허가가 불가능하게 되면 사업기간이 장시간 소요되는 등 사업성이 없어지는 결과가 초래된다.

그림 6-9 현황도로 활용 단지개발

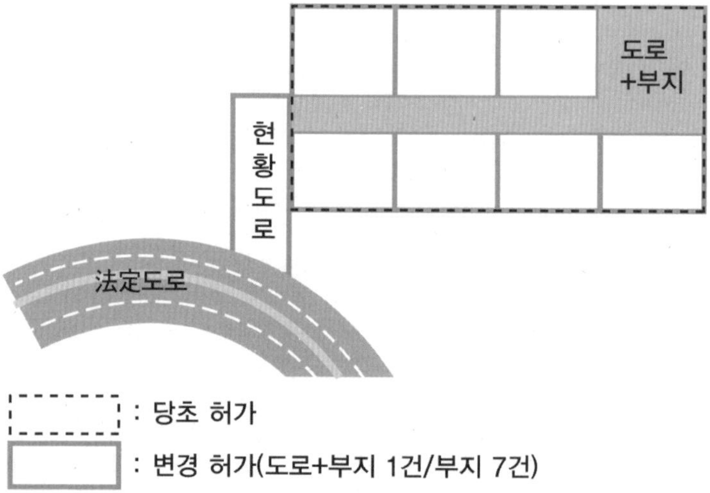

　　　：당초 허가

　　　：변경 허가(도로+부지 1건/부지 7건)

※ 출처 : 파주경기측량(https://blog.naver.com/96civil/222131212148)

가. 파주시 등 지자체 의견

당초 산지전용허가는 산지관리법 시행령 제20조제6항 관련 [별표4] 「산지전용허가 기준의 적용범위와 사업별·규모별 세부기준」의 제1호 마목 10) 단서조항에 따른 산림청고시 제2018-25호 「산지전용 시 기존도로를 이용할 필요가 없는 시설 및 기준」에 따라 산지전용 시 기존도로를 이용할 필요가 없는 경우로 인정하여 현황도로를 이용해 산지전용허가를 받은 사항이므로 산지전용변경허가(허가권 분할) 역시 당초 허가시와 같이 분할하려는 허가권의 도로조건을 산지관리법 시행령 제20조제6항 관련[별표4] 제1호 마목 10) 라)를 적용하지 않고 현황도로를 인정하여 산지전용변경허가(허가권 분할)가 가능하다.

나. 산림청 의견

산지전용허가시 준보전산지로서 기존도로를 이용할 필요가 없는 현황도로는 이용할 수 있으나, 산지관리법 시행령 제20조제6항 [별표4] 제1호 마목 10) 라)에서의 도로는 산지전용허가 또는 도로관계법 외의 다른 법률에 따른 허가 등을 받아 공사가 착공된 후 준공검사가 완료되지 않았으나 실제로 차량 통행이 가능한 도로로서 가)에 따른 도로와 연결된 도로이면서 산지전용허가를 받은 자 또는 도로관리자가 도로 이용에 동의를 받은 경우에 산지전용허가 가능한바, 산지관리법 시행령 제20조제6항 관련 [별표4] 제1호 마목 10) 라)의 조건을 충족하여야 하므로 도로관계법에 의한 도로와 도로이용에 동의를 받은 도로가 연결되지 않고, 현황도로를 이용하여 연결될 경우에는 산지전용변경허가가 불가능하다.

(2) 개선방안

이상의 의견들에 따르면 아래와 같이 요약된다.

i) 파주시 등 지방자치단체의 종전 의견: 1건의 다가구주택 허가(8동) → 도로 등 공사완성 → 8건 변경허가 → 토지분할 → (도로＋주택1)준공/분양(8건 변경허가: 분양 가능 ⇒ 토지분할하면 잔금수령 가능): **단시간 소요.**

ii) 산림청의 의견수정: 1건의 다가구주택 허가(8동) → 도로 등 공사완성 → (도로＋주택1)준공 → 7건 변경허가 → 토지분할/분양(7건 변경허가: 분양可 ⇒ 토지분할하면 잔금수령 가능): **장시간 소요.**

가. 문제점

파주시 등 지방자치단체의 의견에 따르면 현황도로를 활용하여 주택단지나 공장단지를 만들면서 단지내 도로의 공사만 완료 후, 산지전용변경허가[44]가 가능하게 되고, 단지 내 도로의 준공[45] 전에 허가를 득한 각 필지는 분양이 가능하게 된다. 그 후 분양을 받은 각 필지의 소유자는 허가받은 내용대로 사용하지만, 만일 단지 내 도로의 준공이 완료되지 않으면 분양받은 필지에 상·하수도 연결 등이 허용되지 않는 불편한 문제가 발생한다.[46] 또한 이러한 준공되지 않은 도로를 활용하여 더 깊은 공간(법정도로, 현황도로를 기준으로 도로에서 더 먼 공간)을 추가로 개발·분양하여 난개발을 초래할 수 있다.

따라서 처음에 현황도로를 활용하여 주택단지를 개발했다면, 적어도 단지내 도로를 준공한 이후에나 나머지 필지들에 대해 변경허가를 득하여 분양할 수 있게 되고, 분양 목적대로 활용하게 된다. 다만, 산업집적활성화 및 공장설립에 관한 법률」에 따른 공장설립 승인을 받으려는 경우에는, 도로 설치 계획이 포함된 산지전용허가를 받은 자가 계획상 도로의 이용에 동의하는 경우 해당 계획상 도로를 활용해서도 공장으로 변경허가가 가능하다(「산지관리법 시행령」 제20조제6항의 [별표 4] 제1호 마목 10) 바)).

나. '단지내 진입도로'[47]에 대한 개선안

산지관리법은 원칙적으로 현황도로와 연결하는 '단지내 개발'을 허용하지 않지만,[48] 예컨대 '개인묘지의 설치나 광고탑 설치 사업 등과 같이 그 성격상 산지관리법 시행령 [별표4] 제1호 마목 10) 가) 내지 바)까지의 규정에 따라 도로를

---

44) 허가신청자를 여러 명으로 하고 허가필지를 분할해서 득하는 변경허가를 말함: 당초 1개의 허가가 여러건의 허가로 변경된다.

45) 도로의 준공은 건축물 준공에 수반해서 준공검사를 받는데, 「개발행위준공검사신청서」상 '도로' 부분에 상세히 기재하여 준공 받는다.

46) 상·하수도 연결 등 개별 건건마다 도로관리자 등의 동의를 얻어야 하는 불편함이 있다는 의미이다.

47) '단지내 진입도로'는 주택 등 단지개발을 할 때, 도로관계법상의 도로에서 해당 단지까지의 도로를 말하며, 단지개발 시 단지 內에서 개설하는 도로인 '단지내 도로'와 대비된다.

48) 「산지관리법 시행령」 제20조 제6항의 [별표 4] 제1호 마목 10). 가)~바)

이용할 필요가 없는 경우로서 산림청장이 산지구분별로 조건과 기준을 정하여 고시[49]하는 경우'에는 예외를 인정하고 있다. 해당 산림청고시에 의해 농지, 초지의 설치와 준보전산지를 산지전용하는 경우에 현황도로를 활용할 수 있다.

이러한 원칙과 예외에 대한 산지관리법 시행령과 산림청고시의 규정을 입법취지에 맞게 조화롭게 해석해보면, 현실적으로 단지내 도로를 기준으로 전체 개발단지를 개발하고 정비하는 것이 합리적일 뿐만 아니라 용이하므로, 단지내 도로를 준공하는 것 자체를 당해 "사업계획 및 산지전용면적이 적정하고 산지전용방법이 자연경관 및 산림훼손을 최소화하고 산지전용 후의 복구에 지장을 줄 우려가 없을 경우"[50]에 해당하는 것으로 보아 산지전용을 허용할 수 있는 것으로 해석하여도 무방할 것이다.

주택 등 단지 전체가 현황도로에 연결되어 있는 경우 산림청의견을 고집하여 산지관리법 시행령 [별표4] 제1호 마목 10) 가) 내지 바)의 기준을 엄격하게 적용하게 되면, 건축하려는 공간이 기존의 법정도로에 연결되지 아니하여 주택 등 단지개발이 어렵게 된다. 그러나 예외 규정인 산림청고시를 적용하여, 준보전산지에 차량진출입이 가능한 현황도로를 활용하거나 지목이 '도로'로서 차량진출입이 가능한 도로를 이용하는 경우에는 주택 등 단지개발이 가능해진다. 그러한 경우에도 단지내 도로를 준공한 후에 산지전용변경허가가 가능하여 필지를 분할해서 분양이 비로소 가능해질 것이다.

다. '단지내 도로'[51]에 대한 개선안

그리고 산지관리법 외에는 주택 등을 단지내 개발방식으로 개발함에 있어 허가를 받은 사업자나 도로관리자가 도로이용에 동의해야 한다는 규정이 없어서 문제이다. 예컨대 산지가 아니라 농지 등 일단의 토지 전체를 한꺼번에 단지 형태로 개발해서 분할·분양할 때에는, 먼저 개발·분양하는 단지내 도로를 포장만 하고

---

49) 산지전용시 기존도로를 이용할 필요가 없는 시설 및 기준[산림청고시 제2018-25호]
50) 「산지관리법 시행령」 별표 4 제1호 마목 허가기준
51) 만일 '단지내도로'의 소유권이 지분형태로 되어있으면, 1인의 지분권자는 나머지 지분권자 전부의 동의를 얻어야 '단지내도로' 부분을 형질변경하여 '도로'지목으로 변경할 수 있다(민법 제264조[공유물의 처분·변경]). 반면에 이미 형질변경되어 지목이 '도로'로 변경되었다면 소수의 지분권자도 '단지내도로' 전체를 지분의 비율로 도로를 이용할 수 있다(민법 제263조[공유물의 사용·수익])

도로를 준공하지 않은 상태에서 당초 1건의 허가이던 것을 분양 예정 필지의 수 등에 맞게 여러 개로 변경허가를 받아 분할·분양하면 앞에서 설명한 동일한 문제가 발생한다.

또한 건축법상 건축허가 시 지정·공고되는 지정도로의 경우에는 준공 전이라도 그 지정도로가 법정의 도로가 되지만, 이 지정도로는 아직 준공 검사도 받지 않았고, 특별히 지방자치단체가 관리하거나 토지소유자가 관리하지도 않는 상태에 있게 된다. 그리고 해당 개발사업이 실패할 경우 개발허가 신청자 혹은 개발사업자가 도로관리를 책임지는 것도 아니다. 그러므로 앞에서 설명한 단지 내 개발·분양의 경우에는 산지뿐만 아니라 농지라도 도로에 대해서는 준공을 받을 것이 요구되어야 한다.

결론적으로, 단지개발의 경우에는 가장 중요한 인프라라 할 수 있는 단지내 도로가 준공되어야 해당 도로로부터 공동 상수도 및 하수도의 연결이 용이해지고, 지목이 도로로 바뀌어 각 필지의 분양받은 자가 다시 동의를 받는 등의 문제가 없으며, 해당 도로부지 소유자가 변경되어도 각 필지의 허가 받은 사용목적대로 이용하는 데 지장이 없게 된다는 것이다. 도로가 공공용물이라서 공중에게 제공되어야 하는 물적 제공이란 상황이 필요하므로, 당연히 도로 준공해야 할 책임이 단지개발 사업자에게 요구되어져야 한다고 생각한다.

주택법에 단지내 개발에 적합한 대지조성사업(주택법 제4조)이란 매우 훌륭한 제도가 있다. 그러나 대지조성사업자의 자격도 까다롭고, 도로, 상수도, 하수도, 전기 등 기반시설을 완벽히 갖추도록 요구하므로, 소규모 농지나 산지전용의 방법으로 채택하기 어려운 방법이다. 한편 상술한 개선안대로 하면 많은 시간과 비용이 소요되므로, 가장 중요한 기반시설인 '진입도로' 부분을 건축물과 독립적으로 미리 준공이 가능하게 하는 방법을 생각해 볼 수 있다.

10. 섬에서의 진입도로 개설방안

(1) 섬에서의 진입도로 개설 문제

이번 사례는 경남 남해안 도서 지역, ○○면 ○○리 1492-2번지는 자연환경

보전지역이고 동시에 수산자원보호구역이므로, 건축물이나 그 밖의 시설의 용도·
종류 및 규모 등의 제한에 관하여는 일반적인 행위제한 규정에도 불구하고 수산
자원관리법에서 정한 바에 따르게 하고 있다(국토계획법 제76조 제5항 5호).

│그림 6-10│ 섬에서의 건축과 진입도로 개설의무

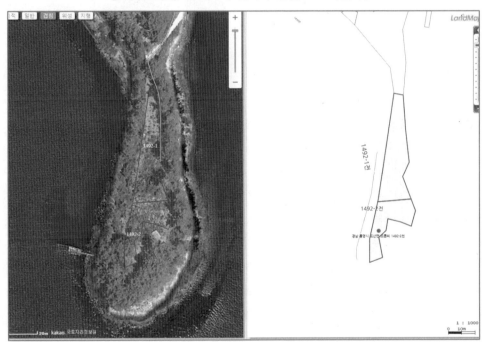

　　자연환경보전지역에서는 까다로운 조건52)의 농어입주택만 허용되고 단독주
택은 허용되지 않는다. 그러나 자연환경보전지역이면서 수산자원보호구역이 동시
에 지정된 공간에는 농가주택뿐만 아니라 단독주택도 허용하게 된다.

　　해당 부지는 바다 전경이 아주 우수하여 단독주택도 허용되는 공간이므로 사
용가치가 매우 뛰어나다. 그럼에도 불구하고 부두나 선착장으로부터 이어진 도로

---

52) ① 해당 세대의 농업·임업·축산업 또는 어업에 따른 수입액이 연간 총수입액의 2분의 1
　　을 초과하는 세대 ② 해당 세대원의 노동력의 2분의 1 이상으로 농업·임업·축산업 또는
　　어업을 영위하는 세대: ① 혹은 ② 중 하나의 요건에 해당해야, 해당 용도지역에서 '농어업
　　인 주택'의 건축이 허용된다(농지법 제34조 제1항 3호, 시행령 제29조 제4항 1호).

가 해당 부지 바로 앞의 부지에서 끝나버린다. 이런 땅을 소위 '맹지'라 한다. 그런데 해당 부지 바로 서측에 공유수면에 걸쳐서 부잔교가 이미 설치되어 있다. 그 부잔교를 통해서 선박이 드나들 수 있어서 해당 부지와 외부 공간을 연결할 수 있으므로, 교통상, 긴급피난상, 방화상 아무런 문제가 없다. 또한 정화조를 설치하여 하수(下水)를 정화해서 낮은 지대로 도랑을 파서, 바다로 흘려보낼 수 있으므로 위생상의 문제점도 없다. 그러므로 건축물의 접도의무를 규정한 건축법 제44조 제1항의 입법 취지에도 어긋나지 않는다 할 수 있다. 그런데 해당 부지에 단독주택 허가를 신청하면 건축법 제44조 제1항의 '대지와 도로의 관계'를 문언적으로만 해석하여 불가능하다고 난색을 표한다. 행정의 현실은 건축법 제44조 제1항의 입법 취지와는 별개로 해당 조문을 문리적으로만 해석하여 매우 문제가 있다고 본다.

(2) 개선방안

건축법 제44조 제1항에서 건축물 대지의 접도의무(接道義務)를 규정한 취지는, 건축물의 이용자로 하여금 교통상 · 피난상 · 방화상 · 위생상 안전한 상태를 유지 · 보존케 하기 위하여 건축물의 대지와 도로와의 관계를 특별히 규제하여 도로에 접하지 아니하는 토지에는 건축물을 건축하는 행위를 허용하지 않으려는 데에 있다고 한다(대법원 2003. 12. 26. 선고 2003두6382 판결).

또한 개발행위허가기준에서 기반시설 항목으로 ⅰ) 주변의 교통소통에 지장을 초래하지 아니할 것, ⅱ) 대지와 도로의 관계는 건축법에 적합할 것, ⅲ) 도시 · 군계획조례로 정하는 건축물의 용도 · 규모(대지의 규모를 포함한다) · 층수 또는 주택호수 등에 따른 도로의 너비 또는 교통소통에 관한 기준에 적합할 것을 허가기준으로 정하고 있다. 개발행위허가기준에서 정한 중요한 기준으로 '교통소통에 지장을 초래하지 아니할 것'을 특별히 요구하고 있다(국토계획법 시행령 별표 1의2). 개발행위의 경우 기반시설의 핵심인 진입도로 개설의무를 사업자에게 부과하고 있다고 보아야 한다. 이상의 두 가지 기준은 결국 자동차의 발달로 인한 최소한의 기준이 있어야 사람들이 이용하는 건축물의 안전한 상태가 유지된다는 것이다. 그러나 섬에서는 그러한 기준을 강요할 수 있을까 매우 의문이다. 최근에는 "무인도서를 해양관광거점으로서 잠재적인 가치가 크고, 해양영토 수호 측면에서도 중요한 역할을 담당하기 때문에, 해양수산부가 무인도서의 보존 중심 정책에서 이용자 중심 정책으로 무인도서 정책방향을 전환"하였다(해양수산부 2020. 7. 22. 보도자료). 또한 섬 발전 촉진법을 새로 개정(2020. 12. 22.)하기에 이르렀다.

　　이번 사례처럼 해당 부지가 진입도로가 없는 경우에는, 안정된 규격의 계류 시설53)이 진출입을 위한 통로라고 보는 것이 합당하다고 본다. 안정된 규격의 계류시설에는 안벽, 물양장, 소형선 부두, 잔교(棧橋), 부잔교(浮棧橋), 선착장·선양장(船揚場)이 있을 것이다. 그러므로 섬에서의 진입도로 개설에 관한 규정을 새롭게 정립하는 것이 필요하다.

---

53) 안벽, 소형선 부두, 잔교(棧橋), 부잔교(浮棧橋), 돌핀(계선말뚝을 말한다), 선착장, 램프(경사식 진출입로를 말한다) 등 계류시설[항만법 제2조 5.항만시설 가.기본시설 4)], 안벽(岸壁)·물양장(物揚場)·계선부표(繫船浮標)·계선말뚝·잔교(棧橋)·부잔교(浮棧橋)·선착장·선양장(船揚場) 등 계류시설[어촌·어항법 제2조 5.어항시설 가.기본시설 2)], 여기서 '계류'는 '선박을 다른 시설에 붙들어 매어 놓는 것'을 의미한다(선박의 입항 및 출항 등에 관한 법률 제2조 9호).

제 3 절　민법상 주위토지통행권 규정의 개정방안

I. 주위토지통행권에 관한 민법 규정의 개정 필요성

　　우리나라 민법은 독일이나 일본의 민법과 마찬가지로 주위토지통행권을 인접하는 토지 상호간의 이용조절을 위하여 인정되는 상린관계의 측면에서 파악하고 있으며, 당사자의 의사와 관계없이 포위된 토지 그 자체로부터 법률상 당연히 발생하는 법정통행권으로 인정하고 있다. 그리고 어느 토지의 소유자가 이 주위토지통행권을 행사하게 되면 그 토지를 포위하고 있는 주위토지의 소유자는 그 주위토지통행권의 행사를 인용하여야 할 소극적인 인용의무를 지게 된다. 즉, 어느 토지를 포위하고 있는 주위토지의 소유자는 그 소유권에 대한 내재적인 제한을 받게 된다.

　　하지만, 우리나라 현행 민법은 "어느 토지와 공로와의 사이에 그 토지의 용도에 필요한 통로가 없는 그 토지소유자는 …… 그 주위의 토지를 통행할 수 있고 필요한 경우에는 통로를 개설할 수 있다."라고만 규정하고 있다. 즉, 현행 민법은 주위 토지소유자에게 직접적으로 통행이나 통로개설에 대한 인용의무를 정하고 있지 않다. 이러한 입법태도는 외국의 입법례에 비하여 소극적인 것이라 할 수 있다. 예컨대, 독일 민법 제917조는 공로에 이르는 통로가 없는 피포위지가 있는 경우 주위 토지소유자의 주위토지통행로에 대한 인용의무를 직접적으로 규정함으로써 법률에 의한 직접적인 소유권제한으로 주위토지통행권(Notwegrecht)을 인정하고 있다. 한편, 프랑스 민법 제682조나 스위스 민법 제694조는 주위토지통행권을 일종의 법정지역권으로 정하고 있다.

　　현행 민법이 주위토지통행권에 대하여 이와 같이 소극적인 입법태도를 취하다 보니, 주위토지통행권이 소위 맹지가 안고 있는 문제를 해결하는 데 그다지 도움이 되지 못하는 것이 현실이다. 오늘날 통행로라고 하게 되면 차량의 통행이 가능한 통로를 의미하는 것으로 이해하는 것이 일반적이라 할 수 있을 것인데, 현행 민법 규정의 해석으로 이러한 규모의 통로를 개설할 수 있을지 의문이다. 그리고 맹지의 소유자가 그 토지상에 건물을 건축하고자 하는 경우 건축법 또는 관련 법규가 요구하는 접도요건을 충족시킬 수 있는 폭의 통로를 확보할 수 있는 방안으로 주위토지통행권을 활용하는 것도 어려워 보인다. 그렇다면 현행 민법상의 주위토지통행권은 현시점에서는 그다지 실효성 있는 규정이라고 할 수 없다.

그러므로 현행 민법상의 주위토지통행권에 관한 규정은 현실정에 맞추어 개정할 필요가 있다.

Ⅱ. 민법 제219조 및 제220조에 관한 개정시안

1. 개정시안의 제안 과정

1999년 2월 법무부는 13명의 민법개정특별분과위원회를 구성하고 3년간의 논의를 거쳐 2001년 11월 개정시안을 발표하였다. 그 후 공청회(2001년 12월)와 관계기관의견조회(2002년 12월) 및 민법개정안연구회 간담회(2003년 11월)를 거쳐 2004년 개정안을 발표하였다.

그 후 2011년 민법개정위원회 제2분과위원회에서는 민법상 상린관계에 관한 규정들에 대한 개정안을 마련하기로 하였다. 그리하여 민법 상린관계에 관한 규정들 중 특히 문제가 되고 있던 매연 등에 대한 인용의무(민법 제217조), 주위토지통행권(민법 제219조, 제220조)에 대한 개정시안을 제시하였고, 경계침범 건축에 대한 조문(민법 제242조의2)을 신설하는 시안도 제시하였다.

여기서 소개하는 개정안은 2011년 민법개정위원회 제2분과위원회에서 제시하였던 주위토지통행권에 관한 개정시안이다.

2. 2011년 주위토지통행권에 관한 민법 개정시안

위에서 언급한 바와 같이, 2011년 민법개정위원회 제2분과위원회가 마련한 민법의 상린관계에 관한 개정시안에는 주위토지통행권에 관한 민법 제219조에 대한 개정시안도 포함되어 있었다. 그 구체적인 내용은 아래의 표와 같다.

표 6-1 민법 제219조 현행법/개정시안 비교표

현 행	개정시안
제219조(주위토지통행권) ① 어느 토지와 공로와의 사이에 그 토지의 용도에 필요한 통로가 없는 그 토지소유자는 주위의 토지를 통행 또는 통로로 하지 아니하면 공로에 출입할 수 없거나 과다한 비용을 요하는 <u>때에는 그 주위의 토지를 통행할 수 있고 필요한 경우에는 통로를 개설할 수 있다.</u> 그러나 이로 인하여 손해가 가장 적은 장소와 방법을 선택하여야 한다.	**제219조**(주위토지통행) ① 어느 토지와 공로와의 사이에 그 토지의 용도에 필요한 통로가 없는 그 토지소유자가 주위의 토지를 통행 또는 통로로 하지 아니하면 공로에 출입할 수 없거나 과다한 비용을 요하는 <u>경우에 주위 토지소유자는 그 토지소유자의 통행 또는 필요한 통로개설을 인용하여야 한다.</u> 그러나 통행 또는 통로의 개설은 손해가 가장 적은 장소와 방법을 선택하여야 한다.
② <u>전항의 통행권자는 통행지소유자의 손해를 보상하여야 한다.</u>	② <u>제1항의 토지소유자는 이웃 토지소유자의 손해를 보상하여야 한다.</u>

※ 출처 : 전경운, "상린관계에 관한 민법개정논의", 『토지법학』 28(2), 2012. 185면.

민법 제219조에 대한 개정시안은, 독일민법 제917조 제1항 제1문의 "토지의 정상적인 이용에 필요한 공로에 이르는 통로가 없는 경우에, 소유자는 이웃 소유자에 대하여 그 하자가 제거될 때까지 필요한 통행을 위하여 그의 토지의 이용을 인용할 것을 청구할 수 있다"라는 규정과 유사하다. 참고로 2011년 제2분과위원회 논의과정에서는 "이웃 토지의 통행 또는 필요한 경우 통로개설의 인용을 청구할 수 있다"라는 문구의 개정시안을 논의하였으나, '청구할 수 있다'로 하면 피포위지

소유자의 청구가 있어야 주위토지통행권이 발생하는 것으로 오해할 가능성이 있어서 위와 같이 개정안을 변경하였다고 한다.

그러나 민법 제219조에 대한 개정시안도 '그 토지의 용도에 필요한 통로가 없는'이라는 법문을 그대로 유지하고 있다. 따라서 토지의 이용형태를 변경하면서 그에 필요한 통로를 확보하기 위하여 주위토지통행권을 행사할 경우, 그것이 '그 토지의 용도에 필요한 통로'인지 여부를 놓고 논란이 생길 가능성은 그대로 남게 된다. 그리고 이러한 논란은 통로의 폭을 어느 정도로 인정할 것인가라는 문제로 이어지게 될 것이다.

토지의 분할이나 일부양도로 인하여 공로에 통하지 못하는 토지가 있는 경우의 주위토지통행권을 정하고 있는 민법 제220조에 대한 개정시안에 관하여 본다.

▌표 6-2 ▌ 민법 제220조 현행법/개정시안 비교표

현　행	개정시안
제220조(분할, 일부양도와 <u>주위토지통행권</u>) ① 분할로 인하여 공로에 통하지 못하는 토지가 있는 때에는 그 토지소유자는 공로에 출입하기 위하여 다른 분할자의 토지를 통행할 수 <u>있다. 이 경우에는 보상의 의무가 없다.</u> ② <u>전항의</u> 규정은 토지소유자가 그 토지의 일부를 양도한 경우에 준용한다.	제220조(분할, 일부양도와 <u>주위토지통행</u>) ① 분할로 인하여 공로에 통하지 못하는 토지가 있는 때에는 그 토지소유자는 공로에 출입하기 위하여 다른 분할자의 토지를 통행할 수 <u>있고, 다른 분할자는 이를 인용하여야 한다. 이 경우 제219조 제2항을 준용한다.</u> ② <u>제1항의</u> 규정은 토지소유자가 그 토지의 일부를 양도한 경우에 준용한다.

※ 출처 : 전경운, "상린관계에 관한 민법개정논의", 『토지법학』 28(2), 2012. 188면.

민법 제220조에 대한 개정시안은 위에서 본 민법 제219조에 관한 개정시안에 따라 그 내용을 개정하고자 하는 것이다. 다만, 민법 제220조가 토지의 분할이나 일부양도로 인하여 공로에 통하지 못하는 토지가 있을 경우에는 무상으로 주위토지통행권을 인정하였으나, 그 개정시안에서는 이와 달리 이 경우에도 보상의무를

규정하고자 한 것이다. 민법 제220조가 무상통행권을 인정하고 있는 것은, 토지를 분할하거나 일부 양도할 때 당사자들 간에 분할이나 일부양도로 인하여 공로에 통하지 못하는 토지소유자의 주위토지통행권의 내용이나 보상문제 등이 미리 협의되는 것으로 보기 때문인 것으로 설명되어 왔다.[54] 그러나 이러한 입법은 일종의 의제에 해당하는 것이고, 현실적으로 보상협의가 있었는지 여부는 당사자들의 의사에 맡기는 것이 타당하므로, 개정이 필요하다고 본 것이다. 독일 민법 제918조 제2항이나 프랑스 민법 제684조 등도 분할이나 일부양도 등의 경우 일률적으로 무상통행권을 인정하지 않으며, 당연히 보상의무가 있는 것으로 해석된다.

이처럼 주위토지통행권에 관한 2011년 민법 개정시안은 독일 민법에 보다 가까워진 것으로 볼 수 있는데, 이러한 개정만으로는 현실적인 문제 해결에 그다지 도움을 주지 못할 것으로 판단된다.

Ⅲ. 주위토지통행권에 대한 개선안

1. 주위토지통행권에 관한 민법 규정 개선안의 취지

토지는 인간 공동체의 삶의 터전이자 자연환경의 중요한 부분이다. 따라서 토지소유자가 그 토지가 사유재산이라고 해서 무분별하게 개발하는 것을 방지하기 위해서 각종 허가제를 시행하거나 토지 이용이 공동체 전체의 이익과 조화를 이룰 수 있게 유도하기 위하여 용도지역·지구제를 통해 규제하는 것은, 오늘날 문명사회에서는 당연한 것으로 받아들여지고 있다.

그런데 용도지역·지구제를 시행하는 경우 법이 허용하는 범위내에서 개별토지의 이용상의 효율을 최대한으로 구현하는 것은 개별토지가 가지고 있는 조건, 특히 도로나 도로와 당해 토지의 연결 상태 때문에 매우 곤란한 경우들이 발생한다. 용도지역·지구제에 의한 규제는 국토를 효율적으로 이용하고 공동체 전체의

---

54) 이승길, "주위토지통행권", 『토지법학』18, 2002. 12, 35면.

이익을 위한다는 점에서 용인할 수밖에 없다고 하더라도, 당해 토지와 도로와의 연결 상태의 미비로 말미암아 당해 개별 토지를 용도지역·지구제가 허용하는 용도대로도 활용할 수 없게 되는 것은, 당해 개별 토지의 소유자 입장에서는 매우 불공평하고 부당하게 여겨지게 마련이다. 또한 토지의 부증성 등의 특성을 감안할 때 이는 국토의 효율적 활용을 저해할 뿐만 아니라, 무엇보다 토지시장에서 쓸모 있는 토지의 공급을 제한함으로써 토지자원의 효율적 배분과 토지가격의 안정에 심각한 장애요소로 작용한다.

그러므로 개별 토지에 대하여 이용형태에 맞는 진입도로를 확보할 수 있도록 제도적 장치를 정비하는 일이 공익적 차원에서 필요하다고 본다. 그리고 이러한 제도적 정비작업은 토지의 현재 용도뿐만 아니라 그 토지의 객관적 조건이나 구체적 상황을 고려한 최유효이용(最有效利用)이라는 요구에 응할 수 있는 용도를 기준으로 공로에 연결되는 진입도로가 필요하리라 본다.

이처럼 진입도로의 확보를 용이하게 하기 위해서는, 도로에 접해 있거나 도로와의 통로로 사용할 수 있는 토지에 대한 소유권이나 사용권을 일정한 요건 하에서 확보할 수 있는 방안을 모색하여야 한다. 현행 법체계 하에서 이것을 실현할 수 있는 방법은 민법상의 주위토지통행권에 관한 규정을 개정하는 것이라고 판단한다.

2. 주위토지통행권에 대한 개선안

(1) 주위토지통행권의 법적 성질의 변경

현행 법제상 사인(私人)이 자신의 필요에 따라 타인 소유의 토지에 관한 소유권을 강제적으로 확보할 수 있는 방법은 관련 법규에 의하여 수용에 준하는 절차를 허용하는 경우뿐이다. 따라서 이러한 방법은 현행 헌법의 체계상 허용할 수 없는 것이다. 그렇다면 타인 소유의 토지에 대한 사용권한을 확보하여 도로와 당해 토지를 접속시킬 수 있는 방법이 필요한데, 앞서 본 바와 같이 우리나라 민법 제219조의 해석을 통해서는 그와 같은 방법을 실현할 수 없다는 것을 확인하였다.

이러한 문제를 해소하려면, 우선 주위토지통행권을 포위된 토지소유권의 확장으로서 단순한 청구권 내지 주위토지소유자에게 통행이나 통로개설에 대한 인용의무를 지우는 소극적인 권리로 정하고 있는 현행법의 입장을 변경할 필요가 있다고 본다. 포위된 토지에 거액을 투입하여 건축물 등을 축조하려면 당해 토지에의 출입을 가능케 하는 통로가 안정적으로 확보되어야 하는데, 현행 민법상의 주위토지통행권은 소극적인 권리에 지나지 아니하므로 이를 통해 통로를 확보한다는 것은 유동적이며 불안정하다.[55] 통로가 안정되어야 그 통로를 이용하여 다른 다수의 통행권자가 나타날 가능성이 크고, 그렇게 하는 것이 또한 바람직한 일일 것이다.[56] 더군다나 현대는 과거에 비하여 토지의 사용방법이 훨씬 빠르게 변하고 있기 때문에, 이러한 변화에 대응하여 통로를 새로 개설하거나 변경할 필요성도 그만큼 커진다고 할 수 있다. 그러므로 이러한 현실적인 추세 내지는 변화에 맞추어 주위토지통행권을 소극적 권리가 아니라 적극적인 권리로 그 법적 성질을 변경할 필요가 있다고 본다.

　　소유권 이외의 토지를 사용할 수 있는 권리들 중에 소유권을 침해할 소지가 적고, 그 기간도 한정적으로 정할 수 있는 권리로는 임차권이나 지역권을 들 수 있다.[57] 이 중 임차권은 채권으로서의 성질을 가지기 때문에 물권인 지역권에 비하여 안정성이 떨어진다는 단점이 있다. 포위된 토지의 통행권한을 제대로 보장하기 위해서는 주위토지통행권이 포위된 토지의 소유권과 일체로서 양도·양수의 대상이 되고, 제3자에 대해서도 주장할 수 있어야 할 것이다. 또한 지역권은 배타적 사용권이 아니므로, 여러 명이 승역지에 대하여 중첩적으로 지역권 등기를 하여 통행할 수 있고, 지역권을 설정해 준 승역지의 소유자도 자신의 소유권에 대한 제한을 받지 않고 계속적으로 해당 승역지를 이용할 수 있다. 따라서 주위토지통

---

[55] 주위토지통행권은 소극적인 권리이므로 통행을 위한 지역권과는 달리 그 통행로가 항상 특정한 장소로 고정되어 있는 것은 아니고 주위토지의 사용방법이 변화된 경우, 예컨대 그 지상에 건축물의 축조가 있는 경우에는 이에 따라 이동될 수 있는 것이다(이기우, "상린관계의 법리에 관한 연구", 전주대학교 박사학위논문, 1992. 161면; 대법원 1989. 5. 23. 선고 88다카10739, 10746 판결).

[56] '제6장 제3절 Ⅲ. (3). <그림 6-12> 주위토지통행권에 관한 보상기준'의 그림을 참조.

[57] 프랑스의 경우 주위토지통행권의 존속기간을 30년으로 정하고 있는데(프랑스 민법 제685조), 요역지의 통행이 별도로 보장된 때는 그 기간과 관계없이 그 지역권의 소멸을 청구할 수 있다(동법 제685-1조).

행권에 대하여 지역권으로 법적 성격을 부여하면, 하나의 통로를 여러 명이 건축법 등에서 허가요건으로 정한 진입도로로 이용할 수 있을 것이고, 승역지에 대한 소유권의 제한도 최소화시킬 수 있다. 그러므로 주위토지통행권을 물권의 하나인 지역권으로 정하여 독자적인 등기까지 할 수 있도록 하는 것이 적절하다고 생각한다.

주위토지통행권을 지역권으로 그 법적 성질을 규정한다면, 이는 당사자의 합의에 이르지 못할 때에 성립되는 법정(法定)의 권리이므로, 당연히 프랑스나 스위스, 이탈리아에서와 같이 법정지역권[58]으로 이해하여야 한다. 또한 주위토지통행권 설정 청구권[59]은 법정지역권을 강제적으로 설정하려는 권리이므로, 권리 창설적 성질의 '형성권'으로 해석되게 된다. 이처럼 주위토지통행권을 형성권으로 보게 되면 오늘날과 같이 소극적 청구권으로 해석할 때보다 적극적인 효과가 나타나게 되어, 주위토지통행권설정청구권을 행사하게 되면 당사자들 간의 의사의 합치 여부와 상관없이 바로 지역권이 형성되므로, 주위토지통행권이 법정지역권이라는 개념적 징표에도 부합하게 될 것이다.

한편, 주위토지통행권 설정 청구의 행사요건을 충족할 경우 포위된 토지의 소유자가 주위토지통행권설정청구권을 행사하면 주위토지소유자는 통행지역권 설정협의에 응해주어야 할 과도기적 상태에 놓이게 된다. 즉, 행사요건을 구비한 포위된 토지의 소유자가 자신의 주위토지통행권을 실현하려는 의사를 표출하는 순간 주위토지통행권설정청구권의 효과가 발생하며, 그 협의를 거치지 않고 주위토지통행권설정을 구하는 소를 제기하면 법원은 소의 이익이 없음을 이유로 부적법 각하하게 된다. 결국 민법 제219조 개정안의 취지는 통행권 설정에 관한 협의와

---

58) 상린권이 법률의 규정에 의해 당연히 발생하므로 상린권을 법정지역권 Legalservitum이라고 하면서 약정지역권과 구별한다(이기우, 상린관계의 법리에 관한 연구, 전주대학교 박사학위 논문, 1992. 11면). 따라서 주위토지통행권도 법정지역권으로 이론구성이 가능하지만 물권 법정주의(민법 제185조) 때문에 통행지역권에 관한 근거규정을 입법하여야 하고, 물·경계에 관한 상린권, 인지사용청구권 등 다른 상린권과 달리 장기적·계속적이고 안정적인 사용이 필요하여 공시의 필요성 때문에 그 등기도 필요하리라 생각된다.

59) 스위스민법의 내용에서 차용한 용어이다(전경운, "주위토지통행권의 법적 성질 등에 관한 일고찰", 『토지법학』 30(1), (사)한국토지법학회, 2014. 6. 30, 78면).

소위 주위토지통행권설정청구의 소는 이원적으로 작동되는 관계가 아니라, 하나의
틀 속에서 같이 수반되는 개념이다. 즉 사실상 포위된 토지소유자가 주위토지소유
자들에게 협의를 구하는 것은, 일방적 의사표시를 표출한 것이고 그렇지 않으면
주위토지통행권설정 청구의 소를 통해 통행권을 확보하겠다는 일방적 의사표시인
것이다. 주위토지통행권 행사에 있어서 사실상 협의전치주의(協議前置主義)를 취하
는 이유는, 법률에 의한 강제적 해결보다 당사자들 간의 통행권에 관한 원만한 협
의를 통한 해결을 유도하기 위한 입법적 조치인 것이다.[60]

　　종합하여 설명하자면, 주위토지통행권을 일정한 조건하에 법적으로 당연히
성립하는 '법정지역권'으로 그리고 포위된 토지소유자가 주위토지소유자에게 법정
지역권의 설정을 청구할 수 있는 권리를 '형성권'으로 이론 구성하고, 아울러 그
권리의 행사방법은 당사간의 합의를 우선시하되 만일 합의가 성립하지 않을 때에
는 '형성의 소'를 제기할 수 있도록 하는 것이 개선취지에 부합할 것이다.

　　현행 민법이나 민사소송법 하에서 주위토지통행권 청구의 소는 법정통행권의
확인을 구하는 '확인의 소'에 해당한다.[61] 그리고 주위토지소유자의 통행의 인용
이나 통로개설의 인용의무는 부작위의무로서의 성질을 가지는 것이어서, 그 판결
결과를 강제하는 것은 직접강제가 아니라 간접강제의 형식을 취할 수밖에 없어서
강제집행이 신속하고 실효성 있게 이루어지기 어렵다.[62]

---

60) 주위토지통행권 행사에 관하여 사실상 협의전치주의를 도입하고자 하는 이유는 이웃토지의
　　소유자들 간에 통행권에 관하여 협의를 통해 해결할 수 있는 방안을 모색하게 하기 위한
　　입법적 조치이다(추신영, "공유물분할과 물권변동의 효력발생시기 – 대법원 2013. 11. 21.
　　선고 2011두1917 전원합의체 판결 –",『재산법연구』31(4), 2015, 183–187면 참조: 필자
　　가 공유물분할청구권의 제 학설에 대해 연구하여 주위토지통행권에 관한 개정안을 만들고
　　그 개정취지에 맞는 해석을 하고 있는 것이다. 최대한 대법원과 학설의 다수의견에 쫓아 정
　　리하였다.).
61) 이행의 소는 이행청구권에 기초하여 제기할 수 있고 형성의 소는 법적안정성을 흔들기 때
　　문에 명문의 규정으로 허용하는 경우에만 가능한데 반하여, 주위토지통행권의 청구는 상대
　　방의 인용의무를 부과하는데 불과하여 그 소송상 해결방안으로는 법정통행권의 확인을 구
　　할 수밖에 없으므로 현행법상 주위토지통행권 청구의 소는 확인의 소로써만 가능하다(이시
　　윤,『신민사소송법』, 박영사, 2018. 203–206면 참조).
62) 직접강제는 집행기관이 직접 나서서 채무자의 도움 없이 직접 실현하는 강제집행이다. 간접
　　강제는 채무의 성격이 직접강제에 의해 목적을 수행할 수 없거나, 대체집행에 의하여 실현
　　할 수 없는 채무에 대하여만 예외적으로 허용된다(이시윤,『신민사집행법』,박영사, 2016,

그런데 주위토지통행권설정청구권을 '형성권'으로 이론 구성하고, 주위토지통행권설정청구의 소를 '형성의 소'[63]으로 하게 되면, 이러한 문제는 해결할 수 있을 것이다.

결론적으로 말하자면, 이 책에서 제시하는 민법 제219조의 개선안은 주위토지통행권설정청구권의 요건이 충족되면 주위토지통행권설정청구의 일방적인 행사만으로 그 용도에 필요한 통로만큼의 통행권이 성립하게 하지만,[64] 그 통로의 위치, 폭, 길이 등과 같은 구체적인 사항들은 우선 당사자들 간의 협의에 의하도록 하고, 당사자들이 협의에 이르지 못할 경우 법원의 판단에 따라 형성판결의 효력으로서 통행지역권을 성립시킴으로써 그 권리의 실효성을 높이자는 취지이다.

(2) 주위토지통행권의 요건[65] 및 내용에 대한 개선안

주위토지통행권의 해석과 관련하여 가장 문제가 되는 것이 '통로의 폭'[66]에 관한 문제인데, 현행 민법의 해석에서는 민법 제219조에서 말하는 '그 토지의 용도에 필요한 통로'가 무엇인가 하는 문제와 맞물려 있다. 현행 민법 제219조의 '그 토지의 용도에 필요한 통로'라는 문언은 너무 추상적이어서 그 해석을 놓고 학설은 물론이고 판례도 통일된 입장을 내놓지 못하는 것이 아닌가 한다. 법률 규정에 모든 적용 상황을 구체적으로 명시할 수는 없을 것이지만, 포위된 토지의 이용을 둘러싸고 주위토지소유자와 가장 많은 문제가 야기될 수 있는 부분이 '건물의 건축'과 '차량의 통행'일 것임은 누구나 예상할 수 있을 것이므로, 이러한 사정을 반영하여 주위토지통행권의 요건을 정하는 것도 해석상의 다툼을 해소할 수 있는 방법으로 보인다.

15면).

63) 일방적으로 법률관계를 변동시킬 권한을 공중의 이익이나 법적 안정성 문제로 형성소권으로 구성하면, 개인이 이루려는 형성을 법원이 사전적으로 통제할 수 있는 장점이 있다(김영희, "형성권 논의의 의미", 『비교사법』 11(4), 2004. 10-11면).

64) 구체적인 통행권을 협의할 법률관계가 형성되지만, 구체적 위치·폭·길이는 결국 당사자의 협의나 법원이 정한다.

65) 주위토지통행권설정청구권의 행사요건과는 개념적으로 구별되지만, 결국 주위토지통행권의 (성립)요건에 귀결될 것이다.

66) ……자동차를 포함한 차량이 통행할 수 있도록 기존통로를 확장시킬 필요가 있는 경우에도 …… 통행할 권리를 가진다(이탈리아 민법 제1051조 제3항).

이와 관련하여 프랑스 민법 제682조는 "공로로의 출구가 없거나, 출구가 있
어도 그 토지의 농·공·상업상의 개발 또는 건축이나 구획공사의 시행을 위하여
불충분한 경우"라고 요건을 정하고 있는 것을 참고할 만하다고 생각한다. 다시 말
하면 우리나라 민법 제219조의 요건사실도 좀 더 구체적·예시적으로 정할 필요
가 있다고 본다.

주위토지통행권을 청구할 때 통로의 구체적인 위치나 폭[67] 및 길이 등에 대
하여 법률규정을 두는 것은 불가능하고 합당하지도 않다. 왜냐하면 통로의 위치,
폭, 길이 등은 그 통로의 용도 등에 따라서 결정되어야 하므로, 법률로서 이를 사
전에 정하는 것이 적절하지 않기 때문이다. 그러므로 통로의 위치, 폭, 길이 등에
대해서는 건축법 등 공법에서 하위법규에 위임하여 자세한 기준을 설정하고, 민법
에서 이를 준용하는 방식을 고려해 볼 수 있을 것이다.[68] 이러한 의미에서, 주위
토지통행권 설정청구의 소는 토지용도에 따른 통행권한을 확정하기 위해서는 법
적용작용이라기보다는 '합목적적 처분행위'의 성격이 강하므로 형식적 형성의 소
(形式的 形成의 訴)[69]로 취급하는 것이 타당하다고 본다. 이처럼 통로에 대한 구체
적 내용 등에 대해서는, 법원이 사안별로 제반의 사정을 살펴 정할 수 있도록 하
는 것이 감정절차 등[70] 전문가의 도움을 받아 보다 타당한 결정을 얻을 수 있는

---

67) 통로의 폭은 요역지 토지의 용도에 합당한 건축법상 요구하는 폭을 기준으로 하되, 승역지
   의 상황, 조건, 면적 등을 고려해서 법원이 가장 합당한 방법을 찾아야 할 것이다. 예컨대
   자연녹지(건폐율 20%)이며 면적이 3000㎡, 도로접면의 길이가 100m이면 6m폭의 통로를
   부담하는 경우도 있을 수 있고, 상업지역의 승역지 면적이 50㎡, 도로접면길이가 8m에 불
   과하다면 단 2m의 통로를 부담하는 것도 가혹하여 그 통행로의 개설이 불허되어 결국 주위
   토지통행권의 행사요건을 충족시키지 못하는 경우로 처리될 수도 있을 것이다.
68) 정다영, "프랑스민법상 상린관계", 『민사법학』 63(2), 2013. 201면.
69) 형식적 형성의 소는 형식은 소송사건이지만 실질은 비송사건성의 법률관계의 변동을 구하
   는 경우이므로 구체적으로 어떠한 내용의 권리관계를 형성할 것인가를 법관의 자유재량에
   일임하는 형성의 소이다. 법원은 청구취지의 기재의 범위·내용에 구속받지 않고 분쟁해결자
   의 지위에서 재량대로 판단할 수 있어 처분권주의가 배제되며, 항소심에서도 불이익변경금
   지의 원칙이 적용되지 않으며, 또 소송요건을 갖추었다면 어떠한 내용이라도 법률관계를
   형성해야 하므로 청구기각이 있을 수 없다(이시윤, 『신민사소송법』, 박영사, 2018. 208－209
   면); 정동윤 외 공저, 『민사소송법』, 법문사, 2019, 73－74면; 호문혁, 『민사소송법』, 법문사,
   2014. 82면.
70) 감정절차에 대해서는 민사소송법 제333조 내지 제342조를 참조.

방안이라 본다.

더 나아가 주위토지통행권의 구체적인 내용을 정함에 있어 그 토지의 최유효이용(Highest and Best Use)[71] [72]을 판정하여 그 통행권의 성립조건을 검토하는 것이 법원의 또 다른 몫이며 중요한 책무가 될 것이라 생각된다. 주위토지통행권을 인정하는 것은 요역지의 이용 필요에 따라 승역지의 용도를 제한하는 것인 반면 요역지의 가치를 상승시키는 것이고, 토지의 연속성 때문에 요역지의 가치 상승은 다른 주변토지의 가치를 상승시키는 결과를 가져올 수도 있는 만큼,[73] 최유효이용에 관한 판단은 주위토지통행권의 내용을 결정하는 데 있어 매우 중요한 기준이 될 수 있다. 그러므로 법원이 주위토지통행로의 위치, 폭, 길이 등을 판단하는 데는 토지의 최유효이용분석이 반드시 고려되어야 할 것이다. 특히 최유효이용분석의 결과 요역지의 개발행위가 주변 토지들의 가치를 심각하게 감가시킨다는 판정에 이르면 주위토지통행권은 허용되기 어려울 것이다. 이러한 최유효이용분석을 고려하여 민법 제219조 개정안(3. 결어 – 주위토지통행권에 관한 민법 개정안)에 "주위토지들의 이용상황 등을 고려하여"라는 문구를 삽입하였다.

구체적으로는 필자가 제안하는 민법 제219조 개선안에 근거하여 주위토지통

---

71) 최유효이용이란 '공지나 개량 부동산에 대해 합리적이며 합법적으로 이용이 가능한 대안 중에서 물리적으로 채택이 가능하고 경험적인 자료에 의해 적절히 지지될 수 있으며 경제적으로도 타당성이 있다고 판명된 것으로서 최고의 가치를 창출하는 이용'을 말하며(안정근, 『현대 부동산학』, 양현사, 2019, 444 – 448면), 최유효이용은 토지시장에 대한 기본적 가정을 반영한 개념이다. 즉, 매수자가 대상부동산에 기꺼이 지불하고자 하는 가격은 대상부동산의 이용 가능한 대안적 이용 중에서 가장 수익성이 높은 이용에 할당한 것이라는 가정에 근거하고 있다. 이는 합리적, 합법적, 물리적 채택 가능하고, 경험적 증거에 의해 제시 가능한 이용 중에서 판단하고(안정근, 『부동산평가이론』, 양현사, 2013. 115 – 137면) 특수한 이용, 일시적 이용, 비적법적 이용과 특수한 능력자의 이용은 제외한다.

72) 감정평가 실무기준[국토교통부고시 제2016 – 895호, 2016. 12. 14, 일부개정] 「2.정의 8. "최유효이용"이란 객관적으로 보아 양식과 통상의 이용능력을 가진 사람이 부동산을 합법적이고 합리적이며 최고·최선의 방법으로 이용하는 것을 말한다.」, 「2.2 현황기준의 원칙 ③ 1. 대상물건이 일시적인 이용 등 최유효이용에 미달되는 경우에는 최유효이용을 기준으로 감정평가하되, 최유효이용으로 전환하기 위해 수반되는 비용을 고려한다.」, 「1.5.2.4.1 지역요인의 비교」, 「1.5.2.4.2 개별요인의 비교」, 「1.7.11 규모가 과대하거나 과소한 토지」에서 '최유효이용'이란 개념을 중요한 기준으로 사용하고 있다.

73) 이것을 외부효과라고 한다.

행권의 성립요건으로서 ① 해당 토지와 공로와의 사이에 그 토지의 이용이나 개발 및 건축 등에 필요한 통로가 없거나 불충분할 것, ② 통로 개설의 목적이 주위토지의 이용상황 등에 비추어 합리적일 것, ③ 다른 법령 등에 의해서 통로를 개설할 수 없거나 과다한 비용이 소요될 것으로 정하는 것이 적절하다고 생각한다.

　　이러한 성립요건 중에 ②의 '통로 개설의 목적이 주위토지의 이용상황 등에 비추어 합리적일 것'이라는 요건은 민법 제219조 개선안의 제1항의 단서조항 후반부 '주위토지들의 이용상황 등을 고려하여'와 ③의 '다른 법령 등에 의해서 통로를 개설할 수 없거나 과다한 비용이 소요될 것'이라는 요건은 민법 제219조 개정안의 제1항의 단서조항 전반부 '다른 통행의 방법이 없을 경우에'의 법문의 해석을 통해서 각각 도출되는 요건사실이다. 그리고 이러한 요건사실 중에 ①의 '해당 토지와 공로와의 사이에 그 토지의 이용이나 개발 및 건축 등에 필요한 통로가 없거나 불충분할 것'이라고 하는 것은 포위된 토지소유자가 주장·입증하여야 하는 것으로 권리근거규범(rechtsbegründende Normen)에 해당하는 권리근거사실이며, ②, ③의 요건은 권리장애규범(rechtshindernde Normen)에 해당하는 권리장애사실로서 주위토지소유자가 주장·입증해야할 요건사실이 되는 것이다.

　　그리고 이러한 주위토지통행권 행사의 효과로서 개설하게 되는 '통로'는 건축 및 공작물을 설치할 수 있는 법적 요건을 충족시킬 수 있도록 "건축법 등 그 통로와 관련된 법률의 내용을 참작"하도록 개정하여야 할 것이다.

　　이러한 주위토지통행권의 행사요건에 관한 개선방안을 모색하는 것과 관련하여, 주위토지통행권을 행사함으로써 건축에 필요한 진입도로 요건을 충족하도록 하고 있는, 이른바 통행지역권의 선진지라고 할 수 있는 프랑스에서 논의되고 있는 주위토지통행권의 성립요건에 관한 구체적 예시를 소개함으로써, 주위토지통행권을 인정 여부를 둘러싸고 고려하여야 할 사정들에 대한 이해를 돕고 아울러 수용 가능한 개선방안을 모색하는 데 참고하고자 한다.

그림 6-11   주위토지통행권의 성립요건

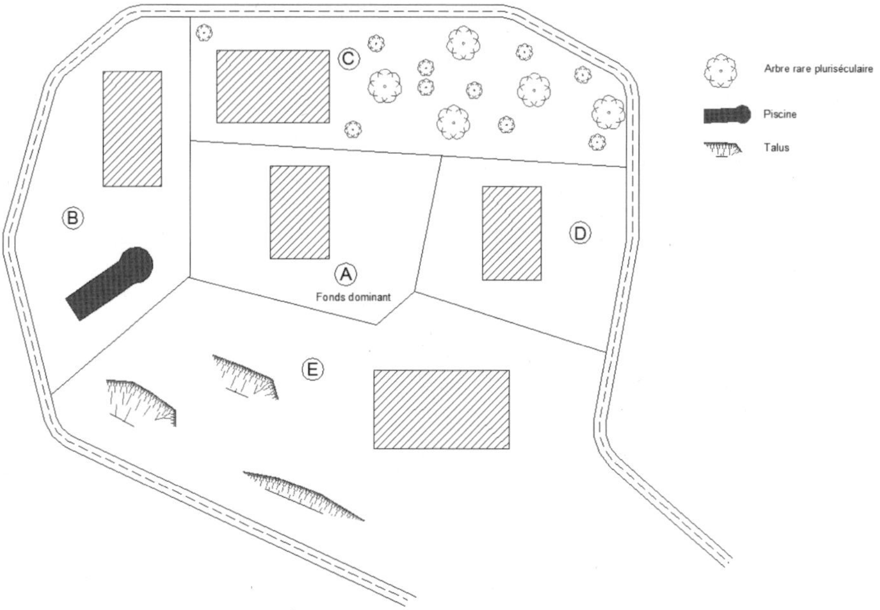

Arbre rare pluriséculaire
Piscine
Talus

Fonds dominant

※ 출처: Paul Méjean, "L'indemnisation des servitudes de passage dans leur éablissement et leur aggravation", Sciences de l'environnement. 2016, p.59.

• 용어설명 : Ⓐ Fonds dominant : 요역지, Ⓑ Piscine : 수영장(풀장),
Ⓒ Arbre rare pluriséculaire : 희귀한 나무, Ⓔ Talus : 제방
• 상황에 대한 설명
  Ⓐ 토지는 주변토지에 포위되어 있고, 그 소유자는 공도와의 통행을 위해서는 통행지역권을 필요로 한다.
  Ⓑ 구역으로 통로를 개설할 경우 건축물과 수영장 사이를 관통하게 된다.
  Ⓒ 토지상에는 오래된 희귀목들이 많아 이를 벌목하는 것이 적절하지 못하다.
  Ⓓ 토지는 면적이 협소하여 그곳으로 통로를 개설할 경우 다른 토지와의 경계 및 집의 벽을 침범할 소지가 있다.
  Ⓔ 토지상에는 제방 등이 설치되어 있고 경사가 심하여 개발이 어려운 지형이다.

위 그림은 프랑스의 논문74)에서 주위토지통행권(통행지역권)의 구체적인 내용을 결정하기 어려운 사례로 소개되는 것이다. 프랑스에서는 주위토지통행권의 대상이 될 수 있는 각 토지에 대하여 그 용도나 특성 등을 종합적으로 비교형량한

---

74) Paul Méjean, op. cit.

다음 가장 합리적인 토지를 선정하여 주위토지통행권의 대상지 및 그 내용을 판단하고 있다. 그런데 주위토지통행권의 성립 여부와 구체적인 내용은 결국 전문가의 감정을 받아 개별적·구체적·실질적으로 판단해야하므로, 그에 관한 모든 내용을 민법에 명시하는 것은 사실상 불가능하다고 할 수 있다. 그러므로 이 점에 대해서는 민법이 구체적인 내용을 정하기보다는 부동산 분야에서 널리 통용되는 '최유효이용 분석' 등의 다양한 기법을 활용할 수 있도록 유연성 있게 입법을 하는 편이 합리적이고 적절할 것으로 생각한다.

(3) 주위토지통행권에 관한 보상 기준의 마련

통행이나 통로 개설에 대한 보상과 관련해서는 보상금액은 포위된 토지(요역지)의 소유자가 얻는 이익이 아닌 주위토지(승역지) 소유자가 입게 되는 손실을 기준으로 해서 구체적이고 객관적인 방법에 따라 산정하게 하여야 할 것이다. 이렇게 하지 않고 보상금액을 당사자의 합의에 의하여 정하도록 하면, 주위토지소유자로서는 통행이나 통로의 개설에 따른 자신의 손실뿐만 아니라 포위된 토지소유자가 얻은 이익까지도 요구함으로써 보상금액의 산정이 객관적이지 않고 지나치게 과장될 가능성이 크기 때문이다. 또한 승역지 소유자의 완전보상청구권은 주위토지통행권의 전제조건이 아닌 것으로 하여야 주위토지통행권의 성립요건이 충족되기 용이할 것이다.[75]

또한 포위된 토지소유자의 통행이나 진입도로 개설을 위하여 양보하는 주위토지소유자 입장에서 보면, 포위된 토지소유자나 그 승계인이 어떠한 용도로 포위된 토지를 사용하는가에 따라 심각한 외부불경제(外部不經濟)[76]가 초래될 수 있다. 그렇기 때문에 용도지역·지구제로 공간과 지역사회에 객관적이고 합리적인 용도를 설정하고 관리하여 무분별한 개발이 이루어지지 않도록 제어하고, 주위토지소유자의 손실을 판단함에 있어서는 공용사용평가와는 다른 외부효과를 고려한 평

---

75) Hrsg. Heinrich Honsell/Nedim Peter Vogt/Thomas Geiser, Zivilgesetzbuch II, 3. Aufl, 2007, Art.694 Rn 24 참조.
76) 대상부동산의 가치가 외부적인 요인에 의해서 영향을 받는데, 대상부동산의 가치에 긍정적인 영향을 미치는 것을 외부경제, 부정적인 영향을 미치는 것을 외부불경제라고 한다(안정근, 『부동산평가이론』, 양현사, 2013. 109면).

가방법도 입법기술적으로 고려해 볼 필요가 있을 것이다.

생각건대, 포위된 토지의 진입도로 확보와 관련하여 가장 문제가 되는 것은 주위토지(승역지)가 강제적으로 진입도로에 해당하는 면적만큼 사용하지 못하거나 장래의 사용가능성 나아가 처분가능성을 잃어버린다는 손실보다는 요역지에 특히 외부불경제를 일으키는 용도의 건축물이 주위토지의 소유자 부담으로 건립 가능하다는 점이다. 이는 토지의 고정성, 용도의 다양성, 사회경제적 위치의 가변성 때문에 나타나는 부동산 특유의 현상이다. 이러한 새로운 건축 등 용도의 변경으로 통로의 폭이 넓혀지거나 통로의 위치가 변경되거나 혹은 통로가 소멸되거나 축소되는 현상이 발생할 수 있다.[77] 그러므로 보상액을 산정함에 있어서는 요역지의 개발에 따라 승역지가 얻게 되는 이익요소와 손해요소들도 합리적으로 고려할 필요가 있을 것이다.

다음으로 프랑스에서 주위토지통행권의 행사에 따른 보상기준과 관련하여 논의되고 있는 구체적 예를 살펴봄으로써, 승역지 소유자에 대한 보상액을 산정할 때 어떠한 요소들이 고려되어야 하는지에 대한 참고로 삼고자 한다.

| 그림 6-12 | 주위토지통행권에 관한 보상기준

※ 출처: Paul Méjean, op. cit., p.63.

---

77) Hrsg. Heinrich Honsell/Nedim Peter Vogt/Thomas Geiser, Zivilgesetzbuch II, 3. Aufl, 2007, Art.694 Rn 24 참조.

- **용어설명** : Ⓐ Nouveau fonds dominant: 새로운 요역지, Ⓑ Ⓒ Fonds dominant : 요역지, Ⓓ Fonds servant : 승역지
- **상황에 대한 설명**
  Ⓑ Ⓒ 요역지는 오랜 기간 동안 Ⓓ 승역지에 대하여 통행지역권을 사용해왔고, 그 대가로 수천 유로를 지급하였다.
  Ⓐ 요역지의 소유자가 Ⓑ Ⓒ 요역지가 사용하던 통행로를 사용할 수 있기를 희망한다.
- **보상과 관련하여 고려할 사항들**
  Ⓐ 요역지의 소유자는 Ⓓ 승역지 소유자에게 보상해야 할까?
  Ⓐ 요역지의 소유자는 또한 Ⓑ와 Ⓒ에 대해서도 보상해야 하는가?
  통로의 교통량 증가에 대해서 고려하여야 하는가?
  종전의 개발에 기여하였는가?

위의 도식은 앞서 소개한 프랑스 논문[78]에서 주위토지통행권(통행지역권)이 성립되는 경우 보상의 기준으로 고려해야 할 사항들을 설명할 때 대표적으로 소개되는 사례이다. 보상을 하여야 할 사안별로 감정평가 전문가들이 위와 같은 사항들을 고려하여 보상액을 산정하여야 하는데, 공익사업을 위한 토지 등의 취득 및 보상에 관한 법률(이하 '토지보상법'이라 한다)에 따른 일반적인 보상평가와 달리, 사례별로 다양한 보상기준이 적용될 것으로 생각된다. 그렇기 때문에 이러한 사정들을 모두 고려하여 민법에서 보상기준을 정하기는 어려울 것이므로, 토지보상법의 규정[79]이라든가 감정평가기준 등을 참고하면서 이 경우에 적용할 보상기준을 체계화하는 것이 적절한 방향이라 생각된다.

3. 결어 – 주위토지통행권에 관한 민법 개선안

주요 외국의 입법례, 독일과 일본에서의 주위토지통행권과 건축 관련 법규상의 접도요건의 관계에 판례와 학설의 입장, 우리나라의 관련 판례와 논의를 종합적으로 고찰하여 분석·검토한 결과, 현행 민법상의 주위토지통행권 관련 규정들의 해석을 통해서 건축이나 공작물 등의 설치를 위한 진입도로 문제를 해결할 수

---

78) Paul Méjean, op. cit.
79) 토지보상법 제71조(사용하는 토지의 보상 등) ① 협의 또는 재결에 의하여 사용하는 토지에 대하여는 그 토지와 인근 유사토지의 지료(地料), 임대료, 사용방법, 사용기간 및 그 토지의 가격 등을 고려하여 평가한 적정가격으로 보상하여야 한다: 이 규정이 토지사용보상에 관하여 유일하다.

없다는 결론에 도달하였다. 그리하여 주위토지통행권이 건축이나 공작물 등의 설치를 위한 진입도로 문제의 해결에 실질적인 도움이 될 수 있도록 현행 민법 제219조와 제220조를 개정하는 것이 타당하다는 의견을 제시하였다.

먼저 민법 제219조에 대한 개선안을 제시하면 다음과 같다.

▌표 6-3 ▌ 민법 제219조 현행법/개선안 비교표

현 행	개선안
제219조(주위토지통행권) ① 어느 토지와 공로와의 사이에 <u>그 토지의 용도에 필요한 통로가 없는 그 토지소유자는 주위의 토지를 통행 또는 통로로 하지 아니하면 공로에 출입할 수 없거나 과다한 비용을 요하는 때에는 그 주위의 토지를 통행할 수 있고 필요한 경우에는 통로를 개설할 수 있다.</u> 그러나 이로 인하여 손해가 가장 적은 장소와 방법을 선택하여야 한다.	**제219조**(주위토지통행권) ① 어느 토지와 공로와의 사이에 <u>그 토지의 이용이나 개발 및 건축 등에 필요한 통로가 없거나 불충분한 경우에는 그 토지소유자는 주위의 토지소유자에 대하여 필요한 통행권설정을 청구할 수 있다.</u> 다만, <u>그 통행권은 다른 통행의 방법이 없을 경우에 주위토지들의 이용상황 등을 고려하여 정한다.</u>
	<u>② 제1항의 통행권자는 통로에 관하여 협의가 성립되지 않을 때는 법원에 그 통행권의 설정을 청구할 수 있다. 다만 그 통로는 주위토지소유자의 손해가 가장 적은 위치와 방법으로 건축법 등 그 통로와 관련된 법률의 내용을 참작하여 정한다.</u>
	<u>③ 통로의 변경하여야 할 사정이 생긴 때에는 제1항에 의해 설정된 통행지역권의 변경 및 소멸을 청구할 수 있다.</u>
<u>② 전항의 통행권자는 통행지소유자의 손해를 보상하여야 한다.</u>	④ 제1항의 통행권자는 통행지소유자의 손해를 보상하여야 한다.

다음으로 토지를 분할하거나 일부를 양도한 결과 이른바 맹지가 생기는 경우에 관한 민법 제220조에 대한 개정안은 다음과 같다.

┃표 6-4┃ 제220조 현행법/개선안 비교표

현 행	개선안
제220조(분할, 일부양도와 주위토지통행권) ① 분할로 인하여 <u>공로에 통하지 못하는</u> 토지가 있는 때에는 그 토지소유자는 공로에 출입하기 위하여 다른 분할자의 토지를 통행할 수 <u>있다. 이 경우에는 보상의 의무가 없다.</u> ② <u>전항의</u> 규정은 토지소유자가 그 토지의 일부를 양도한 경우에 준용한다.	**제220조**(분할, 일부양도와 주위토지통행권) ① 분할로 인하여 <u>토지의 이용이나 개발 및 건축 등에 필요한 통로가 없거나 불충분한</u> 토지가 있는 때에는 그 토지소유자는 다른 분할자에 <u>대하여 필요한 통행권을 청구할 수 있다. 이 경우 제219조 제2항 내지 제4항을 준용한다.</u> ② <u>제1항의</u> 규정은 토지소유자가 그 토지의 일부를 양도한 경우에 준용한다.

위 개선안은 「2011년 개정시안」의 민법 제220조 보상규정과 프랑스, 스위스, 이탈리아 민법의 관련규정 및 공유물 분할에 관한 우리나라 민법 제268조, 제269조의 규정[80]을 참조하여 정리한 것이다.

무엇보다도 현행 민법 제219조 제1항의 '그 토지의 용도에 필요한 통로가 없는' 경우라고 하는 요건을 '그 토지의 이용이나 개발 및 건축 등에 필요한 통로가 없거나 불충분한' 경우로 변경함으로써, 토지상에 건축을 하거나 다른 용도로 개발하는 경우 필요한 진입도로를 확보할 수 있는 방편으로 주위토지통행권을 활용할 수 있게 하고자 하였다. 다음으로 통행이나 통로의 개설을 허용할 때에는 '주위토지들의 이용상황 등을 고려'하게 함으로써, 통로로 이용되는 주위토지는 물론이고 인근 토지들의 용도까지 전체적으로 고려하도록 하여 이른바 '최유효이용의 원리'가 반영되도록 하였다. 한편, 요역지나 승역지의 이용형태 등이 변경됨에 따라 그 통로의 위치나 형태 등을 변경할 필요가 있는 경우에 대비하여 민법 제219

---

80) 공유물분할 청구의 소가 형식적 형성의 소의 대표적인 예이기 때문에, 공유물분할에 관한 규정의 형식을 참고한 것이다.

조 제3항의 규정을 신설할 필요가 있다고 보았다.

　이 책에서 제시하는 개선안에 따르면 주위토지통행권설정청구권의 법적 성질
은 형성권이므로, 주위토지통행권설정청구권의 행사의 효과로서 주위토지소유자
는 통로의 개설 위치나 방법 등에 대하여 협의할 의무를 부담하게 되며, 그러한
협의가 성립되지 않을 때에는 주위토지통행권자가 소를 제기함으로써 통로를 개
설할 수 있게 된다. 이 경우 소송의 형태는 형식적 형성의 소이다.

　주위토지통행로를 지속적으로 사용하는 것이 아니라 간헐적으로 사용하기만
하면 충분할 때에는 주위토지통행권을 굳이 등기할 필요가 없을 것이다. 그러나
통상적으로 주위토지통행로는 다수의 사람들이 지속적으로 사용하는 경우가 많을
것이므로, 필요한 경우 주위토지통행권을 (통행)지역권[81])으로서 등기할 수 있게 하
는 것[82])은 통행권을 안정적으로 보호할 수 있을 뿐만 아니라 통행로를 둘러싼 권
리관계를 명확하게 한다는 점에서도 매우 의미 있는 입법이 될 것이다.[83])

　통행로의 개설에 따른 보상 문제에 관해서는 통로에 편입되지 아니한 잔여토
지의 이용 가능성뿐만 아니라 그것이 가지는 외부효과까지도 고려하여야 하는 것
이므로, 공용사용에 따른 보상기준이라든가 토지에 대한 감정평가기준 등을 참고
하여 보다 더 적절한 보상기준을 마련하여야 할 것이다.

---

81) 법정지역권이란 전혀 새로운 물권은 법률과 관습법에 의해서만 창설 가능(물권법정주의: 민
　　법 제185조)하므로 개정안 제219조 제3항에 '통행지역권'이란 문언을 사용하여야 '법정지역
　　권'이 인정되고, 비로소 그 통행권을 '지역권'으로 등기할 수 있게 된다.

82) 그 공시방법으로 토지대장과 임야대장에 공시하도록 제안하는 연구가 있다(남진호 외 공저,
　　"주위토지통행권이 인정된 필지의 지적공시에 관한 연구", 『한국지적학회지』 33(3), 2017.
　　142면)

83) 주위토지통행권은 공시기능이 갖추어지지 않아 거래의 안전을 해칠 수 있다는 문제도 지적
　　되고 있다. 즉, 주위토지통행권의 유무, 범위와 방법 등을 둘러싸고 관련 토지 소유자의 변
　　동이 있을 때마다 분쟁이 재연될 가능성이 있다는 것이다. 통행방해금지가처분이나 본안소
　　송의 승소판결을 받아도 이는 소송당사자 사이에만 효력이 있을 뿐, 제3자에게 효력이 미칠
　　수 없기 때문이다(서경환, "배타적 사용수익권 포기 법리의 문제점과 그 대안으로서의 통행
　　지역권", 『사법논집』 54, 2012. 476면).

제 7 장
진입도로의 유지 · 보존 문제

제 1 절 서 언

건축 등에 활용하고자 하는 토지가 공공용도로로부터 진입도로를 확보하여 건축허가를 득한 경우에도 건축물의 사용승인(준공)을 얻기 위해서는 상수도·하수도 등을 연결해야 한다. 이때 통행로에 해당하는 진입도로 부지의 소유권자가 소유권에 기하여 상수도·하수도 등 연결을 협조하지 않을 때나 건축행위에 협조하지 않을 경우, 건축주가 진입도로 부지의 소유자에게 대응할 수 있는 권리가 필요하다.

그리고 건축물 준공 후에도 진입도로 부지의 소유권을 주장하면서 통행을 방해할 때에 민사적 조치를 넘어 형사적 조치까지도 필요한 경우가 허다하다. 또한 이러한 경우를 예상하여 행정상의 강제 수단은 없는지도 검토가 필요하다.

이하에서는 해당 주제별로 검토한다. 구체적 사례에 적합한 법령을 살펴 그 행정적 강제수단을 살펴야 하는데, 아직까지 연구가 미진한 부분은 장래의 과제로 남기고 문제를 해결하는 체계를 만들어 보기로 한다.

제2절 ⟩ 수도 등 시설권

Ⅰ. 수도 등 시설권의 의의

1. 수도 등 시설권의 개념

타인의 토지를 통과하지 아니하면 필요한 수도, 소수관, 까스관, 전선 등을 시설할 수 없거나 과다한 비용을 요하는 경우에는 타인의 토지를 통과하여 이를 시설할 수 있는 권리를 말한다. 이는 소유권의 한계와 관련하여 민법 상린관계편에서 인정하는 권리이다(민법 제218조).

2. 수도 등 시설권의 문제점

건축허가를 득하였지만 건축공사나 주거를 위한 필수적인 시설인 수도 등이 연결되지 않는 경우도 빈번하다. 아래의 판례가 수도 등 시설권의 전형적인 문제이다.

이러한 수도 등 시설권도 주위토지통행권과 짝을 이루는 권리이다. 주위토지통행권의 일반적인 문제점은 수도 등 시설권에도 그대로 존재한다.

따라서 주위토지통행권의 개선안처럼 그 법적 성질 및 요건과 내용 등을 개정한다면, 건축행위와 관련된 진입도로 문제뿐만 아니라 상·하수도, 도시가스관 등 필수 생활편의시설의 공급문제도 보다 효과적으로 해결되리라 기대한다.

II. 근거 규정

민법 제218조(수도 등 시설권) ① 토지소유자는 타인의 토지를 통과하지 아니하면 필요한 수도, 소수관, 까스관, 전선 등을 시설할 수 없거나 과다한 비용을 요하는 경우에는 타인의 토지를 통과하여 이를 시설할 수 있다. 그러나 이로 인한 손해가 가장 적은 장소와 방법을 선택하여 이를 시설할 것이며 타토지의 소유자의 요청에 의하여 손해를 보상하여야 한다.

② 전항에 의한 시설을 한 후 사정의 변경이 있는 때에는 타토지의 소유자는 그 시설의 변경을 청구할 수 있다. 시설변경의 비용은 토지소유자가 부담한다.

III. 관련 판례

(1) 판시사항 [대법원 2016.12.15 선고 2015다247325 판결]

[1] 「민법」 제218조 제1항에서 정한 수도 등 시설권에 근거하여 시설공사를 시행하는 경우, 수도 등이 통과하는 토지 소유자의 동의나 승낙을 받아야 하는지 여부(소극) 및 위 동의나 승낙이 수도 등 시설권의 성립이나 효력 등에 영향을 미치는 법률행위나 준법률행위인지 여부(소극)

[2] '성남시 수도급수 조례'에서 급수공사 신청 시 필요하다고 판단될 경우 이해관계인의 동의서를 제출하게 할 수 있다고 정한 취지

[3] 갑이 자신의 토지 위에 신축한 건물의 급수공사를 위하여 관할 지방자치단체에 급수공사 시행을 신청하였는데, 지방자치단체가 수도급수 조례 등에 근거하여 급수공사 시 경유하여야 하는 을 소유 토지의 사용승낙서 제출을 요구하며 신청을 반려하자, 갑이 「민법」 제218조의 수도 등 시설권을 근거로 을을 상대로 '을 소유 토지 중 수도 등 시설공사에 필요한 토지 사용을 승낙한다'는 진술을 구하는 소를 제기한 사안에서, 위 소는 「민법」 제389조 제2항에서 정한 '채무가 법률행위를 목적으로 한 때에 채무자의 의사표시에 갈음할 재판을 청구하는 경우'에

해당한다고 볼 수 없으므로 권리보호의 이익이 없어 부적법하다고 한 사례

(2) 판결이유

1. 원심판결 이유와 기록에 의하면, 다음과 같은 사실을 알 수 있다.

가. 원고는 성남시 분당구 (주소 1 생략) 전 317㎡ 등의 소유자로서 그 지상에 신축한 건물의 급수공사(이하 '이 사건 급수공사'라고 한다)를 위하여 2014. 7. 30. 성남시에 급수공사 시행신청서를 제출하였는데, 성남시는 2014. 8. 5. "이 사건 급수공사를 시행하기 위해서는 피고 소유인 성남시 분당구 (주소 2 생략) 도로 411㎡(이하 '이 사건 도로'라고 한다)를 경유하여야 하며 타인의 토지에 수도관 등을 설치할 경우 「성남시 수도급수 조례」 제6조 제4항 및 「성남시 수도급수 조례 시행규칙」 제2조 제1항에 따라 토지소유자의 토지사용승낙서를 첨부해야 한다."라는 회신을 하였다.

나. 「성남시 수도급수 조례」 제6조 제4항은 '시장은 급수신청에 있어서 필요하다고 판단될 경우에는 이해관계인의 동의서를 제출하게 할 수 있다.'고 규정하고 있고, 「성남시 수도급수 조례 시행규칙」 제2조 제1항은 '성남시 수도급수 조례 제6조 제1항에 따라 급수공사를 신청하고자 하는 사람은 별지 제1호 서식의 급수공사 신청서를 성남시장에게 제출하여야 한다. 다만 타인의 토지 또는 건물에 설치하고자 하는 경우에는 토지 또는 건물소유자의 승낙서를 첨부하여야 한다.'고 규정하고 있으며, 위 회신을 통하여 성남시가 제출을 요구한 토지사용승낙서 서식에는 '이 사건 도로는 본인 소유 토지로서 성남시 분당구 (주소 1 생략)번지 상수도 공급을 위한 관로매설공사(계량기 포함)에 편입되어 (원고)에게 사용함을 승낙하며' 등의 문구가 기재되어 있다.

다. 원고는 성남시에 피고의 토지사용승낙서를 제출하지 못하였고, 성남시는 2014. 8. 12. 원고의 이 사건 급수공사 신청을 반려하였다.

라. 이에 원고는 피고를 상대로 「민법」 제218조의 수도 등 시설권에 근거하여 '피고는 원고가 이 사건 도로 지하에 시공하고자 하는 수도, 하수 및 오수, 통신, 가스관, 전선 시설공사를 위하여 이 사건 도로 중 원심 판시의 이 사건 사용부

분에 대하여 사용승낙의 의사표시를 하라.'는 이 사건 소를 제기하였다. 이에 대하여 원심은, 이 사건 소가 적법하다는 전제 아래, 원고는 「민법」 제218조 제1항에 따라 이 사건 도로 중 이 사건 사용부분에 관하여 위와 같은 시설공사를 시행할 시설권을 가지고 있고, 성남시가 원고에게 이 사건 급수공사 실시의 전제조건으로 이 사건 도로에 관한 토지사용승낙서의 제출을 요구하고 있는 사정을 감안해 보면 원고의 시설권 행사를 보장하기 위하여 피고에게는 이 사건 도로 중 이 사건 사용부분에 대한 사용승낙의 의사표시를 할 의무가 있다고 판단하여, 원고의 청구를 인용하였다.

2. 그러나 이 사건 소가 적법하다는 원심의 판단은 다음과 같은 이유에서 그대로 수긍하기 어렵다.

「민법」 제218조 제1항 본문은 "토지 소유자는 타인의 토지를 통과하지 아니하면 필요한 수도, 소수(소수)관, 까스관, 전선 등을 시설할 수 없거나 과다한 비용을 요하는 경우에는 타인의 토지를 통과하여 이를 시설할 수 있다."라고 규정하고 있는데, 이와 같은 수도 등 시설권은 법정의 요건을 갖추면 당연히 인정되는 것이고, 그 시설권에 근거하여 수도 등 시설공사를 시행하기 위해 따로 수도 등이 통과하는 토지 소유자의 동의나 승낙을 받아야 하는 것이 아니다. 따라서 이러한 토지 소유자의 동의나 승낙은 「민법」 제218조에 기초한 수도 등 시설권의 성립이나 효력 등에 어떠한 영향을 미치는 법률행위나 준법률행위라고 볼 수 없다.

한편 「성남시 수도급수 조례」에서 급수공사 신청 시 필요하다고 판단될 경우 이해관계인의 동의서를 제출하게 할 수 있다고 한 것은, 급수공사 신청인이 아닌 타인 소유 토지에 급수공사를 시행할 경우에 발생할 수 있는 분쟁을 사전에 예방하고 성남시가 신청인의 사용권한에 근거하여 타인 소유 토지에 급수공사를 원활하게 시행하고자 하는 목적에서 신청인에게 해당 토지에 대한 사용권한이 있는지를 확인하기 위하여 증명자료의 하나로서 그 토지 소유자의 급수공사에 대한 동의 내지 승낙의 뜻이 표시된 서류의 제출을 요구할 수 있다는 취지라고 보아야 하고, 급수공사 신청인이 다른 자료에 의하여 해당 토지의 사용권한이 있음을 증명하였음에도 급수공사를 승인하기 위해서는 예외 없이 토지사용승낙서의 제출이 필요한 것이라고 볼 수는 없다.

그렇다면 「민법」 제218조에 근거하여 수도 등 시설권이 있음을 주장하면서 해당 토지의 소유자를 상대로 '수도 등 시설공사에 필요한 토지 사용을 승낙한다.'는 진술을 구하는 이 사건 소는, 그 시설공사를 하는 데 필요한 증명자료를 소로써 구하는 것에 불과하고, 「민법」 제389조 제2항에서 규정하는 '채무가 법률행위를 목적으로 한 때에 채무자의 의사표시에 갈음할 재판을 청구하는 경우'에 해당한다고 볼 수 없으므로, 권리보호의 이익을 인정할 수 없어 부적법하다.

원고로서는, 피고가 토지사용승낙서의 작성을 거절하는 경우라도 위와 같은 진술을 소로써 구할 것이 아니라, 원고에게 이 사건 도로 중 이 사건 사용부분에 대하여 「민법」 제218조의 수도 등 시설권이 있다는 확인을 구하는 소 등을 제기하여 승소판결을 받은 다음, 이를 이 사건 사용부분에 대한 원고의 사용권한을 증명하는 자료로 제출하여 성남시에 이 사건 급수공사의 시행을 신청하면 될 것이다.

그런데도 원심은 이를 간과한 채 곧바로 본안에 나아가 판단하였으니, 이러한 원심판결에는 의사의 진술을 명하는 판결을 구하는 소의 소송요건에 관한 법리를 오해하여 판결에 영향을 미친 잘못이 있다.

제 3 절 ╭ 일반교통방해죄(형사적 해결)[1]

Ⅰ. 일반교통방해죄의 의의

일반교통방해죄는 육로, 수로 또는 교량을 손괴하거나 불통하게 하는 행위, 기타 방법으로 교통을 방해하는 행위를 함으로써 성립하는 범죄이다. 본죄의 성격을 살펴보면 교통로 또는 교통기관 등 교통설비를 손괴 또는 불통하게 하여 교통을 방해하는 것을 내용으로 하는 범죄이다. 교통의 안전은 사회생활을 유지·발전시키기 위한 불가결한 조건일 뿐만 아니라, 교통기관의 대형화와 고속화에 따라 공중교통의 안전에 대한 침해는 다수인의 생명·신체 또는 재산에 중대한 피해를 초래할 위험이 있으므로 공공위험죄로서의 성격을 가진다.

일반교통방해죄의 보호법익에 대하여는 공공 또는 공중의 교통안전이라고 해석하는 견해와 생명·신체 또는 재산의 위험도 본죄의 보호법익에 포함된다는 견해가 대립되고 있다. 판례는 일반교통방해죄의 보호법익이 일반공중의 교통안전이라고 해석하고 있다. 생각건대 본죄가 공중의 교통안전만을 보호하기 위한 범죄라고 할 때는 본죄는 도로교통법과 같은 성질을 가지는 데 그치게 된다. 공공위험죄가 공공의 생명·신체·재산에 대한 위험을 처벌하는 범죄라는 점에서 볼 때 본죄의 보호법익은 교통안전뿐만 아니라 이로 인한 생명·신체·재산의 위험도 보호하는 것이라고 해야 한다. 이러한 의미에서 본죄는 교통안전의 침해와 이로 인한 생명·신체·재산의 위험이라는 이중의 위험을 필요로 하는 범죄라고 할 수 있다. 본죄의 보호법익이 보호받는 정도는 추상적 위험범이다.

---

[1] 이재상, 『형법각론』,박영사, 1998. 461-465면 참조.

II. 일반교통방해죄의 구성요건

1. 일반교통방해죄의 객체는 '육로, 수로, 교량'일 것

육로란 공중의 왕래에 사용되는 육상의 도로를 말하는데, 반드시 도로법의 적용을 받는 도로일 필요는 없으며 사실상 공중이나 차량이 자유롭게 통행할 수 있는 공공성을 지닌 도로이면 충분하다. 공중의 왕래에 사용되는 도로인 이상 관리자·소유자, 공유·사유, 노면의 광협, 통행인의 다과는 불문한다. 터널도 일반교통방해죄의 육로에 포함되지만 철로는 제외된다.

2. 손괴 또는 불통하게 하거나 기타 방법으로 교통을 방해할 것

손괴란 교통시설물에 직접 유형력을 행사하여 물리적으로 훼손하거나 그 본래의 효용을 감소시키는 일체의 행위를 말한다.

불통이란 장애물을 사용하여 통행을 방해하는 일체의 행위를 말한다.

기타 방법이란 손괴·불통에 준하는 행위에 한정되지 않고 교통방해가 초래될 수 있는 일체의 방법을 의미한다.

교통방해란 교통을 불가능하게 하거나 현저히 곤란하게 하는 것이다. 일반교통방해죄는 추상적위험범이기 때문에 이러한 상태가 발생하기만 하면 기수가 되며, 현실적으로 교통방해의 결과까지 발생하여야만 기수가 되는 것은 아니다.

3. 주관적 구성요건요소로서 '고의'가 있어야 할 것

III. 일반교통방해죄에 대한 처벌

일반교통을 방해한 자는 10년 이하의 징역 또는 1천500만원 이하의 벌금에 처한다(형법 제185조). 추상적 위험범이며, 일반교통방해죄의 미수범도 처벌한다(형법

제190조). 최근에는 실형이 선고되는 경우도 있지만 대부분 벌금형으로 처벌한다.

Ⅳ. 일반교통방해죄에 관한 판례

1. 일반교통방해죄가 성립하는 판례

① 피고인의 가옥 앞 도로가 폐기물 운반 차량의 통행로로 이용되어 가옥 일부에 균열 등이 발생하자 피고인이 위 도로에 트랙터를 세워두거나 철책 펜스를 설치함으로써 위 차량의 통행을 불가능하게 하거나 위 차량들의 앞을 가로막고 앉아서 통행을 일시적으로 방해한 경우, 전자의 경우에만 일반교통방해죄를 구성한다고 한 사례(대법원 2009. 1. 30. 선고 2008도10560 판결).

② 서울 중구 소공동의 왕복 4차로의 도로 중 편도 3개 차로 쪽에 차량 2, 3대와 간이테이블 수십개를 이용하여 길가쪽 2개 차로를 차지하는 포장마차를 설치하고 영업행위를 한 것은, 비록 행위가 교통량이 상대적으로 적은 야간에 이루어졌다 하더라도 형법 제185조의 일반교통방해죄를 구성한다고 한 사례(대법원 2007. 12. 14. 선고 2006도4662 판결).

③ 피고인이 자신의 소유라 하여 높이 1.5m, 길이 약 70m의 담장을 둘러 친 구리시 토평동 소재 토지(이하 이 사건 토지라 한다)는 1968.경부터 골재운반용 트럭들이 지나다님으로서 사실상 도로화되었고, 1980년대에 아스팔트 포장까지 되어 인도와 차도의 구분이 없는 왕복 2차로의 일부로 된 사실, 구리시는 1995. 9. 21. 이 사건 토지를 포함한 위 구도로 옆으로 폭 20m의 신도로를 개통함으로써 이 사건 토지는 신도로가에 있는 남아 있는 토지의 형태로 된 사실, 그러나 신도로가 개통된 후에도, 위 구도로는 종전에 구도로를 건축선으로 하여 건축된 건물들과 신도로 사이에 위치하여 여전히 편도 2차로의 아스팔트 포장도로의 형태를 유지하고 있고, 신도로와는 높이가 달라 종전에 이 사건 토지 부분을 통행하던 차량들은 여전히 이 사건 토지를 거쳐서 신도로와 구도로의 높이가 동일한 곳에 설

치된 신도로와 구도로의 연결 부분을 통하여 신도로로 진입할 수 있도록 되어 있으므로 이 사건 토지는 여전히 사실상 도로로서의 필요성이 있으며 신도로에 의하여 대체될 수 없는 상태로 되어 있어 여전히 일반인 및 차량이 통행하고 있는 사실을 알 수 있는바, 이와 같은 점에 비추어 보면 이 사건 토지는 신도로가 개통되었다고 하여 더이상 공공성을 가진 도로가 아니게 되었다고 보기는 어렵다. 따라서 이 사건 토지 부분은 위 신도로가 생긴 후에도 사실상 일반공중의 왕래에 공용되는 육상의 통로에 해당한다고 보아야 할 것이고, 같은 취지에서 피고인의 담장설치행위가 일반교통방해죄에 해당한다고 본 원심의 인정과 판단은 정당하고, 거기에 형법 제185조의 '육로'에 관한 법리오해 또는 채증법칙 위배에 의한 사실오인의 위법이 없다(대법원 1999. 7. 27. 선고 99도1651 판결).

④ 형법 제185조 소정의 육로라 함은 사실상 일반공중의 왕래에 공용되는 육상의 통로를 널리 일컫는 것으로서 그 부지의 소유관계나 통행권리관계 또는 통행인의 많고 적음 등은 가리지 않는 것이다. 주민들에 의하여 공로로 통하는 유일한 통행로로 오랫동안 이용되어 온 폭 2m의 골목길을 자신의 소유라는 이유로 폭 50 내지 75cm 가량만 남겨두고 담장을 설치하여 주민들의 통행을 현저히 곤란하게 하였다면 일반교통방해죄를 구성한다고 한 사례(대법원 1994. 11. 4. 선고 94도2112 판결).

⑤ 형법 제185조의 일반교통방해죄는 일반 공중의 교통안전을 그 보호법익으로 하는 범죄로서 육로 등을 손괴 또는 불통케 하거나 기타의 방법으로 교통을 방해하여 통행을 불가능하게 하거나 현저하게 곤란하게 하는 일체의 행위를 처벌하는 것을 그 목적으로 하고 있다. 도로가 농가의 영농을 위한 경운기나 리어카 등의 통행을 위한 농로로 개설되었다 하더라도 그 도로가 사실상 일반 공중의 왕래에 공용되는 도로로 된 이상 경운기나 리어카 등만 통행할 수 있는 것이 아니고 다른 차량도 통행할 수 있는 것이므로 이러한 차량의 통행을 방해한다면 이는 일반교통방해죄에 해당한다(대법원 1995. 9. 15. 선고 95도1457 판결).

⑥ 일반교통방해죄는 이른바 추상적 위험범으로서 교통이 불가능하거나 또는 현저히 곤란한 상태가 발생하면 바로 기수가 되고 교통방해의 결과가 현실적으로 발생하여야 하는 것은 아니다. 원심이, 그 설시의 증거를 종합하여 피고인이 쇄파

이프구조물을 설치하거나 화물차로 도로를 가로막는 방법으로 교통을 방해한 사실을 인정하여 피고인을 일반교통방해죄로 처단한 것은 기록과 앞서 본 법리에 비추어 정당한 것으로 수긍되고, 거기에 상고이유의 주장과 같은 일반교통방해죄에 관한 법리오해, 채증법칙 위배나 사실오인 등의 위법이 없다. 피고인의 처인 공소외인과 고소인 사이의 민사소송에서 고소인 및 그 가족들이 공소외인 소유인 이 사건 도로부분을 통행하지 아니하기로 하는 내용의 조정이 성립되었다고 하더라도 그 조정조항을 강제로 실현하기 위하여는 위 사건의 당사자인 공소외인이 간접강제신청 등 법이 정한 절차를 밟아야 하는 것이고, 피고인이 이 사건 공소사실과 같이 위 도로부분에 쇠파이프구조물을 설치하거나 화물차로 도로를 가로막아 차량의 통행을 제한할 수 있는 것은 아니다(대법원 2005. 10. 28. 선고 2004도7545 판결).

⑦ 사실상 2가구 외에는 달리 이용하는 사람들이 없는 통행로라 하더라도 이는 일반교통방해죄에서 정하고 있는 육로에 해당한다고 본 사례(대법원 2007. 2. 22. 선고 2006도8750 판결),

'육로'라 함은 일반공중의 왕래에 공용된 장소, 즉 특정인에 한하지 않고 불특정 다수인 또는 차마가 자유롭게 통행할 수 있는 공공성을 지닌 장소를 말하고, 육로로 인정되는 이상 그 부지의 소유관계나 통행권리관계 또는 통행인의 많고 적음 등을 가리지 않는 것이다(대법원 1999. 4. 27. 선고 99도401 판결, 2002. 4. 26. 선고 2001도6903 판결 등 참조).

2. 일반교통방해죄가 불성립하는 판례

① 목장 소유자가 목장운영을 위해 목장용지 내에 임도를 개설하고 차량 출입을 통제하면서 인근 주민들의 일부 통행을 부수적으로 묵인한 경우, 위 임도는 공공성을 지닌 장소가 아니어서 일반교통방해죄의 '육로'에 해당하지 않는다고 한 사례(대법원 2007. 10. 11. 선고 2005도7573 판결).

② 이 사건 토지일대는 농작물을 경작하던 농토이었는데 1977.7.12자 지적고시에 의한 도시계획이 수립된 다음부터 이 사건 토지를 통하여 부근일대의 큰 도로로 통행하려하는 주민들이 늘어나자, 소유자인 피고인이 이를 막고 농작물을 재

배할려고 그동안 수차에 걸쳐 철조망 등을 설치하였는데 그때마다 주민들이 이를 부수고 통행을 하여온 사정이 엿보이는바, 이와 같이 이 사건 토지상에 정당한 도로개설이 되기 전까지 소유자가 농작물경작지로서 이용하려고 하였고, 부근 주민들은 큰 도로로 나아가는 간편한 통로로 이용하려고 하여 분쟁이 계속되었다면 이는 주민들이 자유롭게 통행할수 있는 공공성이 있는 곳이라고 보기 어렵다고 할 것인즉 원심이 이러한 점을 소상히 밝혀 보지 아니하고 이곳이 육로에 해당된다고 하여 제1심판결을 그대로 유지한 것은 심리미진이 아니면 육로에 관한 법리오해의 위법이 있다고 할 것이다(대법원 1988. 5. 10. 선고 88도262 판결).

③ 토지의 소유자가 자신의 토지의 한쪽 부분을 일시 공터로 두었을 때 인근 주민들이 위 토지의 동서쪽에 있는 도로에 이르는 지름길로 일시 이용한 적이 있다 하여도 이를 일반공중의 내왕에 공용되는 도로하고 할 수 없으므로 형법 제185조 소정의 육로로 볼 수 없다(대법원 1984. 11. 13. 선고 84도2192 판결).

④ 이 사건 농로를 사용한 사람이 공소외 1, 공소외 2(공소외 2는 피고의 사용승낙을 받아 이용하였다)뿐이어서 이 사건 농로를 불특정 다수인 또는 차마가 자유롭게 통행할 수 있는 공공성을 지닌 장소, 즉 육로로 보기 어렵다(춘천지법 2016.07.21 선고 2015노527 판결).

V. 업무방해죄가 경합하는 경우

우리나라 형법은 "허위의 사실을 유포하거나 기타 위계(형법 제313조의 방법) 또는 위력으로써 사람의 업무를 방해한 자에게 5년 이하의 징역 또는 1천500만원 이하의 벌금을 처하도록 하고" 있다(형법 제314조 제1항).

따라서 사용하려는 토지에 기업체나 상점 등 업무관련시설이 있다면 업무방해죄도 동시에 성립되는 경우가 있다.[2]

---

2) 대법원 2002. 4. 26. 선고 2001도6903 판결.

제 4 절 손해배상청구 문제(민사적 해결)

민사상 손해배상소송을 하게 되는 원인은 매우 다양하다. 크게 보면 채무불이행으로 인한 경우와 불법행위로 인한 것으로 나눌 수 있다. 여기에서 도로나 진입도로의 통행을 방해하는 경우인 '통행권 침해'의 경우에는, 주로 채무불이행의 경우가 아니라 권리침해에 기한 불법행위에 기한 손해배상청구가 성립하는 경우가 많을 것이다.

Ⅰ. 일반 불법행위의 성립요건

일반불법행위의 성립요건은, ① 가해자의 고의 또는 과실에 의한 행위가 있을 것, ② 가해자에게 책임능력이 있을 것, ③ 가해행위가 위법할 것, ④ 가해행위에 의하여 손해의 발생이란 4가지 요소로 정리할 수 있다(민법 제750조, 제753조, 제754조).

Ⅱ. 불법행위의 효과

불법행위의 피해자는 가해자에 대하여 손해배상 청구권을 갖는데, 채무불이행의 경우와 마찬가지로, 다른 의사표시가 없으면 손해는 금전으로 배상한다(민법 제763조, 제394조). 불법행위로 인한 손해배상도 통상의 손해를 그 한도로 하고(민법 제763조, 제393조 제1항), 특별한 사정으로 인한 손해는 채무자가 그 사정을 알았거나 알 수 있었을 때에 한하여 배상의 책임이 있다(민법 제763조, 제393조 제2항).

Ⅲ. 배타적 사용·수익권 포기의 법리 판단기준과 위법성

1. 배타적인 사용·수익권 포기의 법리에 관한 판례[3]

(1) 사건의 개요와 쟁점

원고는 용인시 처인구 (주소 생략) 전 1,587㎡(이하 '이 사건 토지'라 한다)의 소유자로서 이 사건 토지에 매설된 우수관(이하 '이 사건 우수관'이라 한다)의 관리 주체인 피고를 상대로 이 사건 우수관 철거와 함께 그 부분 토지 사용에 따른 차임 상당의 부당이득반환을 구하고 있다. 이에 대하여 피고는, 이 사건 토지 중 우수관이 매설된 부분(이하 '이 사건 계쟁토지 부분'이라 한다)을 소유하던 소외 1(원고의 부, 이하 '망인'이라 한다)이 우수관 매설 당시 이 사건 계쟁토지 부분에 대한 독점적이고 배타적인 사용·수익권을 포기하였다고 주장하였다.

(2) 판단기준과 효과

토지 소유자가 그 소유의 토지를 도로, 수도시설의 매설 부지 등 일반 공중을 위한 용도로 제공한 경우에, 소유자가 토지를 소유하게 된 경위와 보유기간, 소유자가 토지를 공공의 사용에 제공한 경위와 그 규모, 토지의 제공에 따른 소유자의 이익 또는 편익의 유무, 해당 토지 부분의 위치나 형태, 인근의 다른 토지들과의 관계, 주위 환경 등 여러 사정을 종합적으로 고찰하고, 토지 소유자의 소유권 보장과 공공의 이익 사이의 비교형량을 한 결과, 소유자가 그 토지에 대한 독점적·배타적인 사용·수익권을 포기한 것으로 볼 수 있다면, 타인(私人뿐만 아니라 국가, 지방자치단체도 이에 해당할 수 있다, 이하 같다)이 그 토지를 점유·사용하고 있다 하더라도 특별한 사정이 없는 한 그로 인해 토지 소유자에게 어떤 손해가 생긴다고 볼 수 없으므로, 토지 소유자는 그 타인을 상대로 부당이득반환을 청구할 수 없고 (대법원 1989. 7. 11. 선고 88다카16997 판결, 대법원 2013. 9. 12. 선고 2013다33454 판결 등 참조), 토지의 인도 등을 구할 수도 없다(대법원 2011. 5. 26. 선고 2010다84703 판결, 대

---

3) 대법원 2019. 1. 24. 선고 2016다264556 전원합의체 판결.

법원 2013. 11. 14. 선고 2011다63055 판결 등 참조). 다만 소유권의 핵심적 권능에 속하는 사용·수익 권능의 대세적·영구적인 포기는 물권법정주의에 반하여 허용할 수 없으므로(대법원 2009. 3. 26. 선고 2009다228, 235 판결, 대법원 2017. 10. 26. 선고 2017두50843 판결 등 참조), 토지 소유자의 독점적·배타적인 사용·수익권의 행사가 제한되는 것으로 보는 경우에도, 일반 공중의 무상 이용이라는 토지이용현황과 양립 또는 병존하기 어려운 토지 소유자의 독점적이고 배타적인 사용·수익만이 제한될 뿐이고, 토지 소유자는 일반 공중의 통행 등 이용을 방해하지 않는 범위 내에서는 그 토지를 처분하거나 사용·수익할 권능을 상실하지 않는다(대법원 2001. 4. 13. 선고 2001다8493 판결, 대법원 2004. 9. 24. 선고 2004다26874 판결 참조).

(3) 적용범위

가. 물적 범위

위와 같은 법리는 토지 소유자가 그 소유의 토지를 도로 이외의 다른 용도로 제공한 경우에도 적용된다(대법원 2017. 3. 9. 선고 2015다238185 판결 등 참조).

또한, 토지 소유자의 독점적·배타적인 사용·수익권의 행사가 제한되는 것으로 해석되는 경우 특별한 사정이 없는 한 그 지하 부분에 대한 독점적이고 배타적인 사용·수익권의 행사 역시 제한되는 것으로 해석함이 타당하다(대법원 2009. 7. 23. 선고 2009다25890 판결 참조).

나. 인적 범위

(가) 상속인의 경우

상속인은 피상속인의 일신에 전속한 것이 아닌 한 상속이 개시된 때로부터 피상속인의 재산에 관한 포괄적 권리·의무를 승계하므로(민법 제1005조), 피상속인이 사망 전에 그 소유 토지를 일반 공중의 이용에 제공하여 독점적·배타적인 사용·수익권을 포기한 것으로 볼 수 있고 그 토지가 상속재산에 해당하는 경우에는, 피상속인의 사망 후 그 토지에 대한 상속인의 독점적·배타적 사용·수익권의 행사 역시 제한된다고 보아야 한다.

(나) 특정승계인의 경우

원소유자의 독점적·배타적인 사용·수익권의 행사가 제한되는 토지의 소유권을 경매, 매매, 대물변제 등에 의하여 특정승계한 자는, 특별한 사정이 없는 한 그와 같은 사용·수익의 제한이라는 부담이 있다는 사정을 용인하거나 적어도 그러한 사정이 있음을 알고서 그 토지의 소유권을 취득하였다고 봄이 타당하므로, 그러한 특정승계인은 그 토지 부분에 대하여 독점적이고 배타적인 사용·수익권을 행사할 수 없다(대법원 1994. 9. 30. 선고 94다20013 판결, 대법원 2013. 11. 14. 선고 2011다63055 판결 등 참조).

이때 특정승계인의 독점적·배타적인 사용·수익권의 행사를 허용할 특별한 사정이 있는지 여부는 특정승계인이 토지를 취득한 경위, 목적과 함께, 그 토지가 일반 공중의 이용에 제공되어 사용·수익에 제한이 있다는 사정이 이용현황과 지목 등을 통하여 외관에 어느 정도로 표시되어 있었는지, 해당 토지의 취득가액에 사용·수익권 행사의 제한으로 인한 재산적 가치 하락이 반영되어 있었는지, 원소유자가 그 토지를 일반 공중의 이용에 무상 제공한 것이 해당 토지를 이용하는 사람들과의 특별한 인적 관계 또는 그 토지 사용 등을 위한 관련 법령상의 허가·등록 등과 관계가 있었다고 한다면, 그와 같은 관련성이 특정승계인에게 어떠한 영향을 미치는지 등의 여러 사정을 종합적으로 고려하여 판단하여야 한다.

다. 사정변경의 원칙

토지 소유자의 독점적·배타적인 사용·수익권 행사의 제한은 해당 토지가 일반 공중의 이용에 제공됨으로 인한 공공의 이익을 전제로 하는 것이므로, 토지 소유자가 공공의 목적을 위해 그 토지를 제공할 당시의 객관적인 토지이용현황이 유지되는 한도 내에서만 존속한다고 보아야 한다. 따라서 토지 소유자가 그 소유 토지를 일반 공중의 이용에 제공함으로써 자신의 의사에 부합하는 토지이용상태가 형성되어 그에 대한 독점적·배타적인 사용·수익권의 행사가 제한된다고 하더라도, 그 후 토지이용상태에 중대한 변화가 생기는 등으로 독점적·배타적인 사용·수익권의 행사를 제한하는 기초가 된 객관적인 사정이 현저히 변경되고, 소유자가 일반 공중의 사용을 위하여 그 토지를 제공할 당시 이러한 변화를 예견할 수 없었으며, 사용·수익권 행사가 계속하여 제한된다고 보는 것이 당사자의 이해에 중대한 불균형을 초래하는 경우에는, 토지 소유자는 그와 같은 사정변경이 있은 때부터는 다시 사용·수익 권능을 포함한 완전한 소유권에 기한 권리를 주장할 수 있다고 보아야 한다. 이때 그러한 사정변경이 있는지 여부는 해당 토지의 위치와 물리적 형태, 토지 소유자가 그 토지를 일반 공중의 이용에 제공하게 된 동기와 경위, 해당 토지와 인근 다른 토지들과의 관계, 토지이용상태가 바뀐 경위와 종전 이용상태와의 동일성 여부 및 소유자의 권리행사를 허용함으로써 일반 공중의 신뢰가 침해될 가능성 등 전후 여러 사정을 종합적으로 고려하여 판단하여야 한다(대법원 2013. 8. 22. 선고 2012다54133 판결 참조).

2. 배타적인 사용·수익권 포기의 법리에 대한 비판[4]

① 사용·수익권의 포기를 '소유권을 이루는 권능의 일부포기'로 볼 경우 소유권의 본질에 어긋날 뿐만 아니라, 사실상 영구 제한물권의 설정과 마찬가지의 결과를 가져오며 공시의 원칙이나 물권법정주의와도 부합하지 않는다. 또한 사용·수익권의 포기를 '채권적 의미의 포기 또는 사용승낙'으로 보는 것이라면, 왜 채권계약의 당사자가 아닌 제3자에게 그 효력이 미치는지 설명하기 어렵다.

② 사용·수익권의 포기를 '권리 불행사의 상태'로 보는 경우에도, 소멸시효가 완성되었거나, 장기간 권리를 행사하지 않던 토지 소유자의 새삼스러운 권리행사가 신의성실의 원칙(이하 '신의칙'이라고만 한다) 또는 이른바 실효의 원칙에 위반되는 경우(대법원 2015. 2. 12. 선고 2013다93081 판결 등 참조)가 아닌 한, 권리가 소멸하거나 그 행사가 불가능하게 되었다고 볼 수 없다는 점에서 부당하다.

또한 사용·수익권의 포기를 '신의칙상 권리행사 제한'으로 보더라도, 적법하게 소유권을 취득한 자의 권리행사를 신의칙이라는 명목하에 쉽사리 배척하는 것이 되어 받아들일 수 없다.

③ 일반 공중의 통행 등으로 인하여 소유자가 토지를 사용·수익할 수 없는 상태에 이르렀다면 이는 금전적 전보가 필요한 이른바 '특별한 희생'에 해당한다

---

4) 대법원 2019. 1. 24. 선고 2016다264556 전원합의체 판결. ①~⑥은 대법관 조희대의 반대의 견이고, ⑦은 대법관 김재형의 반대의견임.

고 볼 수 있다. 그런데도 토지 소유자의 사용·수익권의 포기를 긍정함으로써 국가 또는 지방자치단체에 대한 부당이득반환청구를 배척하게 되면, 이는 실질적으로 보상 없는 수용을 인정하는 것과 마찬가지가 되어, 공공필요에 의한 재산권의 수용·사용 또는 제한에 대하여 정당한 보상을 지급하여야 한다는 헌법 제23조 제3항의 취지에 어긋난다.

④ 독점적·배타적인 사용·수익권의 포기에 관한 법리는 대법원 판례에 의하여 확립된 다른 법리와 근본적으로 조화를 이루기 어렵다. 또한 사용·수익권 포기에 물권적 효력이 있다고 보지 않는 이상, 특정승계인의 위와 같은 주관적인 사정만으로 포기의 효력이 승계된다고 볼 아무런 근거가 없다.

⑤ 대법원 판례가 지방자치단체 등이 사유지를 점유하고 있는 경우 관련 법령이 정하는 적법한 보상 절차를 거치지 않는 이상 토지 소유자와의 관계에서 '법률상 원인'이 없다고 보고, 지방자치단체의 사실상 지배주체로서의 '점유'를 폭넓게 인정하는 흐름을 보여 온 것은, 지방자치단체 등이 공공의 이익을 앞세워 사인의 권리행사를 함부로 제한하지 못하도록 막기 위한 것이라고 볼 수 있다. 그러나 독점적·배타적인 사용·수익권의 포기에 관한 판례가 실무에서 광범위하게 적용되고 있어, 위와 같이 개인의 권리 구제를 확대하여 온 대법원 판례의 흐름과 조화를 이루지 못하고 있다. 그리고 독점적·배타적인 사용·수익권의 포기에 관한 법리를 적용하여 토지 소유자의 물권적 청구권 행사를 배척하는 것을 허용하게 되면, 비슷한 사안에서 권리남용의 법리를 함부로 적용하지 않아 토지 소유자의 권리행사를 보장해 온 판례의 태도와 형평에 어긋나는 결과를 초래할 수 있다. 또한 토지 소유자의 물권적 청구권 행사가 권리남용에 해당한다고 본 사례(대법원 1991. 10. 25. 선고 91다27273 판결, 대법원 2012. 6. 14. 선고 2012다20819 판결 등 참조)도 있으나, 이는 법률에 근거(민법 제2조 제2항)를 둔 권리행사 제한으로서, 법률상의 근거를 찾기 어려운 독점적·배타적인 사용·수익권의 포기 법리에 따라 토지 소유자의 권리행사를 제한하는 것과는 차원이 다르다.

⑥ 토지가 인근 주민이나 일반 공중을 위한 용도로 사용되고 있다 하더라도, 주위토지통행권이나 지상권과 같은 물권 또는 임대차, 사용대차와 같은 채권적 토지이용계약이 성립하였거나, 토지 소유자의 권리행사가 신의칙에 어긋나거나 권리

남용에 해당하는 경우와 같이, 민법 등 법률의 명문 규정과 그에 기초한 법리가 적용될 수 있는 경우에만 토지 소유자의 사용·수익권을 포함한 소유권 행사가 제한될 수 있다. 그 이외에 토지 소유자의 권리행사를 불허 또는 제한할 수 있는 독자적인 사유로서 법률에 명문으로 규정되어 있지도 않은 '독점적·배타적인 사용·수익권의 포기'를 인정하는 것은 허용될 수 없다.

⑦ 배타적 사용·수익권 포기 법리는 공공의 이익을 위하여 토지 소유자의 기본권인 재산권 행사를 제한하기 위한 도구로 작용하고 있다. 그러나 그러한 재산권 행사의 제한은 법률에 근거가 없다. 그래서 배타적 사용·수익권 포기 법리는 소유자의 권리행사 제한에 관한 현행 법체계와 조화를 이루기 어렵다. 특히 이 사건과 같이 피고가 지방자치단체이거나, 국가 등 공공단체인 경우에는 법치행정의 관점에서 문제를 드러낸다.

3. 민사적 위법성의 판단기준

이상의 대법원 전원합의체의 다수 의견을 살펴보면, 보상 없이 공공용도로로 제공되어진 토지 소유자의 독점적·배타적인 사용·수익권 행사의 제한은 해당 토지가 일반 공중의 이용에 제공됨으로 인한 공공의 이익을 전제로 하는 것이므로, 토지 소유자가 공공의 목적을 위해 그 토지를 제공할 당시의 객관적인 토지이용현황이 유지되는 한도 내에서만 존속한다고 보아야 한다. 따라서 도로로 그 토지를 제공할 당시의 객관적인 토지이용현황을 해당 토지소유자가 침범하여 울타리를 치거나 길을 막는다면 민법 제750조의 불법행위책임을 지게 된다고 보아야 한다.

일반교통방해죄라고 하는 형사적 범죄행위(불법성)를 판단하는 기준으로는, 일반적으로 2.5m라는 차량 통행의 폭이 제시된다. 따라서 예전에 배타적 사용수익권을 포기한 도로부지이더라도, 차량통행이 가능한 폭 정도만 남겨두고 도로부지의 일부를 막아도 일반교통방해죄라는 형사적 처벌은 면할 수 있게 된다. 결과적으로 민사적 위법성과 형사적 위법성의 판단 기준이 다르다고 생각한다.

제 5 절 ◦ 행정적 확보수단(행정적 해결)

행정법규상 행정권에 기한 행정상의 행정강제 수단에는 여러 가지가 있다. 이러한 진입도로의 활용과 관련한 행정법규는 매우 많으므로 일일이 열거하기 어렵다. 따라서 구체적인 행정상 강제수단에 대해서는 이 책에서 이미 다룬 개별 법률들에 대한 서술로 대체한다. 이 절에서는 여러 법령에 산재해 있는 개별적인 규정들을 해석 · 적용을 위해 필요한 행정법상의 강제수단의 일반론을 검토해 보기로 한다.

Ⅰ. 행정강제

행정목적의 실현을 확보하기 위하여 사람의 신체나 재산에 실력을 가하여 행정상 필요한 상태를 실현하는 사실상의 행정작용이다. 이는 행정상 강제집행과 즉시강제로 나뉜다.

1. 강제집행

행정상의 강제집행이란 행정법상의 의무의 불이행이 있는 경우에 행정주체가 의무자의 신체 또는 재산에 실력을 가하여 그 의무를 이행시키거나 혹은 이행이 있었던 것과 같은 상태를 실현하는 행정작용을 말한다.

(1) 대집행

행정대집행은 대체적 작위의무에 대한 강제수단이다. 의무자가 대체적 작위의무를 이행하지 않은 경우에 행정청이 의무자가 할 일을 스스로 행하거나 제3자로 하여금 이를 행하게 함으로써 의무의 이행이 있었던 것과 같은 상태를 실현시

킨 후 그 비용을 의무자로부터 징수하는 행정작용을 말한다. 제정법으로 「행정대집행법」이 있으며, 특별히 건축법 등에도 행정대집행 관련 규정이 존재한다.

이는 도로부지 확보에 활용되는 대표적인 행정적 수단이다. 국·공유재산인 도로부지를 무단점유자가 경작하거나 건축물의 부지로 사용할 때에는, 도로관리청이 법령 위반자에 대한 처분(도로법 제96조)을 명하고 이의 불이행을 기다려서 대집행이 가능하다. 또한 도로로 사용되지 않고 있으나 그 도로가 필요한 자는 불법시설물을 철거 등(국유재산법 제74조)을 도로관리청에 구할 수 있다. 이 때 도로관리청은 행정대집행법을 준용하여 철거하여야 한다.

(2) 이행강제금(집행벌)

이행강제금이란 부작위의무나 비대체적 작위의무를 강제하기 위하여 일정 기한까지 이행하지 않으면 금전상의 불이익을 과한다는 뜻을 미리 계고하여 의무자에게 심리적 압박을 가함으로써 의무이행을 간접적으로 강제하는 수단을 말한다(건축법 제80조).

이행강제금은 과거의 사실에 대한 제재인 과징금과 달리 장래의 의무이행을 확보하기 위한 수단이다. 또한 행정상의 의무는 점차 대체성을 상실하는 경향이 있기 때문에 대집행이 부적절한 경우에 행사할 수 있는 효과적인 제도이다.

그리고 계속적인 의무불이행이 있는 경우 반복하여 부과할 수 있기 때문에 이기적인 의무자에게도 적합한 제도이다.

도로부지를 점용하고 있는 불법건축물이나, 매각하지도 않거나 도로부지로 임대차도 하지 않으면서 농업경영에 이용하지도 않는 경우에 이행강제금을 부과하면, 불법건축물을 철거하거나 농지를 매각하게 하여 도로의 기능을 회복 혹은 확보할 수 있다.

(3) 직접강제

직접강제란 행정상의 의무의 불이행이 있는 경우 직접 의무자의 신체나 재산 또는 이 양자에 실력을 가하여 의무의 이행이 있었던 것과 같은 상태를 실현하는 행정작용을 말한다.

도로부지상의 불법건축물에 허가 없이 영업을 한 자에 대하여 식품위생법상 영업소 폐쇄명령(식품위생법 제79조), 영업소 외의 장소에서 이용 또는 미용 업무자에 대한 폐쇄 등(공중위생관리법 제11조)이 규정되어 있다.

(4) 행정상 강제징수

행정상 강제징수란 행정법상의 금전급부의무의 불이행이 있는 경우 의무자의 재산에 실력을 가하여 의무의 이행이 있었던 것과 같은 상태를 실현하는 작용을 말한다. 독촉과 체납처분(압류, 압류재산의 매각, 청산)등의 절차로 이루어지며 일반법으로 국세징수법이 있다.

2. 행정상 즉시강제

즉시강제란 목전의 급박한 위험 또는 장해를 제거하기 위하여 그 성질상 의무를 명하는 것에 의해서는 목적을 달성할 수 없는 경우에, 직접 개인의 신체 또는 재산에 실력을 가함으로써 행정상 필요한 상태를 실현하는 행정작용을 말한다.

대인적 강제, 대물적 강제와 대가택강제로 나누어지며 그에 대한 일반법으로 「경찰관직무집행법」이 있다.

II. 행정벌

행정벌이란 행정법상의 의무 위반행위에 대하여 일반 통치권에 의거하여 의무 위반자에 대한 사후적 제재로서 과하는 처벌로서 행정법상의 간접적인 의무이행확보수단이다. 이에는 행정형벌과 행정질서벌이 있다.

1. 행정형벌

행정법상의 의무 위반자에 대해 과하여지는 형벌을 말한다. 형법 제41조에서 규정하고 있는 형벌로는 사형, 징역, 금고, 자격상실, 자격정지, 벌금, 구류, 과료, 몰수가 있는데 행정형벌은 형벌이므로 죄형법정주의 원칙이 적용되고 형사소송법의 절차에 따라 법원이 선고하는 것이 원칙이다. 그런데 오늘날은 행정형벌의 행정질서벌화 정책에 의해 행정형벌을 과하여야 할 행위를 행정질서벌을 과하는 경우가 증가하고 있다. 이는 비교적 경미한 행정법규 위반에 대해 행정형벌을 과함으로써 전과자를 양상한다는 비판 때문에 생겨난 경향이다.

2. 행정질서벌

행정법상의 의무 위반자에 대하여 과태료가 과하여지는 행정벌을 말하는데 행정질서벌인 과태료는 형벌이 아니므로 행정질서벌에는 형법총칙이 적용되지 않고 그 부과 절차에 있어서 형사소송법이 적용되지 않는다. 통상 행정질서벌은 행정목적을 간접적으로 침해하는 행위에 대해 과하여지는데 형사소송절차에 의하지 아니하는 관계로 행정질서벌을 부과받은 사인의 권리구제 수단이나 행정질서벌의 공정성을 판단할 기관의 객관성이 문제될 수 있다.

III. 새로운 행정의 실효성확보 수단

급변하는 현대행정에서 전통적인 의무이행 확보수단이 오늘날 행정의 현실에 적절하게 적용되지 못하자, 이러한 한계를 보완하고자 과징금 · 명단공표 · 공급거부 등의 새로운 의무이행 확보수단이 등장하게 되었다. 새로운 의무이행 확보수단은 경제적 제재와 비경제적 제재로 나뉜다.

1. 경제적 제재

경제적 제재는 행정법규의 위반자에게 금전급부의무라는 불이익을 과함으로써 간접적으로 행정상의 의무를 이행하게 하는 방법이다.

(1) 가산세

가산세는 조세법상의 의무의 성실한 이행을 확보하기 위하여 당해 세법에 의해 산출한 금액에 가산하여 징수하는 금액이다(국세기본법 제2조 4호).

원천징수납부불성실가산세, 신고불성실 가산세 등이 있다.

(2) 과징금

일정한 행정법상 의무위반 혹은 의무불이행에 대한 제재로서 행정청이 부과하는 금전적인 부담을 의미한다. 처음 도입시에는 의무위반행위로 인해 발생한 부당한 이익을 박탈하기 위하여 그 이익액에 따라 과해지는 제재로서의 성격을 지녔으나 많은 법률이 도입되면서 성격이 변화하였다. 다수 국민이 이용하는 사업이나 국가 및 사회에 중대한 영향을 미치는 사업을 시행하는 자가 행정법규를 위반한 경우, 그 위반자에 대하여 영업정지 등 처분을 하게 한다면 국민에게 생활상 불편을 주는 경우, 제재적 처분에 갈음하여 과하는 금전상의 제재로서 활용되고 있다.

(3) 변상금

변상금은 사용허가나 대부계약 없이 국유재산을 사용 · 수익하거나 점유한 자(사용허가나 대부계약 기간이 끝난 후 다시 사용허가나 대부계약 없이 국유재산을 계속 사용 · 수익하거나 점유한 자를 포함한다. 이하 "무단점유자"라 한다)에게 부과하는 금액(국유재산법 제2조 9호)으로서, 국유 또는 공유재산을 대부 · 사용허가 등 받지 아니하고, 점유 · 사용 또는 수익하는 자에게 징벌적 의미에서 부과되는 행정제재금을 말한다. 이러한 변상금은 국 · 공유재산을 무단점유하는 자에 대한 경제적 제재의 기능을 한다. 동일한 취지로 공유재산 및 물품 관리법 제81조에 '변상금의 징수' 조항을 두고 있다.

또한 개별법에서도 변상금에 관한 규정을 두고 있다. 즉, 도로부지를 무단점용한자에 대하여 변상금을 징수 규정(도로법 제72조)을 두고 있으며, 그 밖에도 농어촌도로정비법 제20조, 공유수면 관리 및 매립에 관한 법률 제15조, 어촌 · 어항법 제

43조, 하천법 제37조 제4항, 소하천정비법 제22조에 변상금 징수 규정을 두고 있다. 한편 농어촌정비법에서는 변상금이란 용어를 사용하지 않고 '무단점용료'라는 용어를 사용하고 있다(농어촌정비법 제127조). 변상금과 동일한 취지로 해석된다.

이러한 변상금 부과처분은 행정처분에 해당하는 도로부지 확보에 있어 유용한 수단으로 기능할 것으로 보인다.[5]

2. 비경제적 제재

(1) 공급거부

공급거부란 행정법상의 의무를 위반·불이행한 자에 대하여 일정한 재화(수도, 전기, 전화, 가스 등)의 공급을 거부하는 행정조치를 말한다. 공급거부는 침익적(侵益的) 행위이므로 법률상의 근거를 필요로 하며, 처분성을 인정한다. 대법원은 단수처분을 행정처분으로 보고 있으므로 위법한 단수처분에 대해 행정소송을 제기하여 그 취소 등을 구할 수 있다고 본다.

(2) 관허사업의 제한

행정법을 위반한 자에게 행정기관이 사업의 허가·인가·면허·등록 및 갱신을 하지 아니하거나 기존 사업을 취소 또는 정지하는 것을 의미한다. 법적 근거는 과태료체납의 경우 「질서위반행위규제법」 제52조 제1항이고, 지방세 체납의 경우 「지방세징수법」 제7조, 건축법 위반의 경우 「건축법」 제79조 제2항이다.

---

5) 대법원은 "구 국유재산법(2004.12.31. 법률 제2950호로 개정되고, 2009. 1.30. 법률 제9401호로 전부개정 되기 전의 것) 제51조 제1항은 국유재산의 무단점유자에 대하여는 대부 또는 사용, 수익허가 등을 받은 경우에 납부하여야 할 대부료 또는 사용료 상당액 외에도 징벌적 의미에서 국가 측이 일방적으로 그 2할 상당액을 추가하여 변상금을 징수토록 하고 있으며 동조 제2항은 변상금의 체납 시 국세징에 의하여 강제징수토록 하고 있는 점 등에 비추어 보면 국유재산의 관리청이 그 무단점유자에 대하여 하는 변상금부과처분은 순전히 사경제 주체로서 행하는 사법상의 법률행위라 할 수 없고 이는 관리청이 공권력을 가진 우월적 지위에서 행한 것으로서 행정소송의 대상이 되는 행정처분이라고 보아야 한다."(대법원 2000.11.24. 선고 2000다28568 판결)라고 판시하였다.

(3) 법 위반사실의 공표

행정법상의 의무위반, 의무불이행이 있는 경우 성명, 위반사실 등을 일반에게 공개하여 명예 또는 신용의 침해를 위협함으로써 행정법상의 의무이행을 간접적으로 강제하는 것을 말한다. 근거규정으로 국세기본법 제85조의 5(불성실기부금수령단체 등의 명단 공개)등이 있다.

제8장
마무리

제1절 결 론

　현행 건축법이나 국토계획법 등의 각종 건축이나 토지개발 관련 법규들이 건축이나 기타 개발행위를 하기 위한 허가요건으로 일정한 폭 이상의 진입도로를 확보하여 공도와의 접속 상태를 유지하도록 정하고 있다. 그렇기 때문에 이러한 진입도로 요건을 충족하지 못하는 경우에는 토지가 아무리 좋은 조건을 갖추고 있다고 하더라도 적절한 용도로 이용할 수 없게 된다. 그리고 이로 말미암아 해당 토지의 가치가 하락하는 것은 물론이고, 나아가서는 국토의 효율적인 이용마저 저해하게 되는 부정적 결과를 낳는다.

　토지는 그 특성상 공급량을 용이하게 늘릴 수 없기 때문에, 현존하는 토지를 용도에 맞게 활용할 수 있는 방안을 마련할 필요가 있고, 그러한 방안의 한 가지로 각종 건축 관련 법규에서 정하고 있는 진입도로요건을 충족할 수 있는 합법적인 방안을 모색할 필요가 있는 것이다. 현행 법률 체계에서 진입도로를 개설하여야 할 토지의 소유자가 해당 토지를 매도하거나 임대할 의사가 없는 경우에는 기본적으로는 진입도로를 개설할 방법이 없는 것이고, 그 결과 건축이나 공작물의 설치 등은 불가능해진다.

　그런데 이처럼 진입도로를 당사자들 간의 합의에 의하여 확보할 수 없는 경우, 민법상의 주위토지통행권을 이용하여 진입도로를 개설할 수 있는가 하는 것이 논의의 대상이 된다. 우리나라 현행 법률 규정이나 판례를 살펴보면, 건축 등에 필요한 진입도로를 민법상의 주위토지통행권의 행사를 통해 안정적으로 확보할 수 있는 길은 없다. 몇몇 판례에서 이를 허용한 적이 있지만 그것은 어디까지나 예외일 뿐이고, 민법 제219조에서 말하는 '통로'에 건축법을 비롯한 건축 규제법에서 요구하는 진입도로가 포함된다고 해석할 수 있는 여지는 없어 보인다. 그리고 이러한 사정은 우리나라와 비슷한 법제를 취하고 있는 독일이나 일본의 경우에도 마찬가지임을 알 수 있었다.

그러나 이 문제를 해결하기 위해서 자신의 토지에 건축이나 기타 개발행위를 하고자 하는 사인(私人)에게 타인 소유의 주위토지를 그 소유자의 의사와 무관하게 강제적으로 매수하여 진입도로를 개설할 수 있게 허용하는 일은, 헌법은 말할 것도 없고 일반적인 법감정에도 부합하지 않는다. 결국 민법상의 주위토지통행권의 행사를 통하여 진입도로를 확보할 수 있는 길을 열어 주는 것 이외에는 법률적으로 실행 가능한 개선방안은 없는 것이다.

이러한 문제의식과 결론을 바탕으로, 필자는 현행 민법상의 주위토지통행권에 관한 개선안을 제시하였다. 즉, 프랑스나 스위스, 이탈리아와 같이 주위토지통행권의 법적 성질을 법정지역권으로 변경하고, 이를 형성권으로 인정할 필요가 있다고 보았다. 다만 주위토지통행권을 행사할 수 있는 요건을 현행 민법 규정보다 상세하고 구체적으로 정하고, 소를 제기하기에 앞서 반드시 당사자들 간의 협의를 거치도록 함으로써, 주위토지통행권이 지나치게 주위토지 소유자의 소유권을 제한하는 쪽으로 작용하지 않도록 하였다. 그리하여 개선안이 정한 요건사실을 모두 갖춘 경우 주위토지통행권을 행사하면, 주위토지 소유자는 진입도로 개설협의에 응하여야 할 의무를 부담하게 되고, 만일 협의가 이루어지지 않을 경우에는 법원의 판단(形式的 形成의 訴)에 따라 주위토지통행권을 통한 진입도로의 개설 가능 여부를 정하도록 하였다. 당사자들 간의 협의나 법원의 판결에 의하여 진입도로 개설이 허용되면, 이 권리는 등기를 할 수 있도록 하여 안정적으로 진입도로를 확보할 수 있게 하였다.

토지는 그것이 가지는 고유하고 독특한 성질로 인하여 극히 제한된 자원이 될 수밖에 없다. 따라서 이 토지를 효율적으로 활용하기 위해서는 어느 정도의 양보 내지는 희생이 필요한 것이고, 법률이 이러한 양보 내지 희생을 합리적인 수준에서 이끌어낼 수 있도록 제도적 장치를 마련하여야 한다. 그런 차원에서 주위토지통행권에 관한 개선을 통해 진입도로를 확보할 수 있는 길을 열어주는 것은, 토지시장의 활성화는 물론이고 국토의 효율적인 이용에도 상당한 도움이 될 것이라 확신한다.

제 2 절 부 록

부록 차례

A. 건축법(韓/日); 건축조례(고성군/세종시/울릉군)

B. 국토계획법/계획조례

C. 우리나라 건축관련 도로에 관한 근대법령

D. 건축 관련법의 변천사⇒도로지정여부 확인

E. 산지전용시 기존도로를 이용할 필요가 없는 시설 및 기준

F. 녹지를 가로지르는 진입도로의 설치기준

G. 하천법 점용허가 관련규정, 하천점용허가세부기준

H. 내륙공유수면 점용·사용 업무처리 "민원사례"

I. 주위토지통행권에 관한 프랑스·스위스·이탈리아·독일·일본의 민법규정

J. 프랑스 통행지역권의 설정과 악화에 대한 보상

K. 주위토지통행권으로 건축허가 긍정한 판례

L. 일반교통방해죄에 관한 판례

M. 소규모 공공시설 안전관리 등에 관한 법률

A.   건축법(韓/日); 건축조례(고성군/세종시/울릉군)

1. 대한민국 건축법

제3조(적용제외) ② 「국토의 계획 및 이용에 관한 법률」에 따른 도시지역 및 같은 법 제51조제3항에 따른 지구단위계획구역(이하 "지구단위계획구역"이라 한다) 외의 지역으로서 동이나 읍(동이나 읍에 속하는 섬의 경우에는 인구가 500명 이상인 경우만 해당된다)이 아닌 지역은 제44조부터 제47조까지, 제51조 및 제57조를 적용하지 아니한다.

제2조 ① 11. "도로"란 보행과 자동차 통행이 가능한 너비 4미터 이상의 도로(지형적으로 자동차 통행이 불가능한 경우와 막다른 도로의 경우에는 대통령령으로 정하는 구조와 너비의 도로)로서 다음 각 목의 어느 하나에 해당하는 도로나 그 예정도로를 말한다.
　가. 「국토의 계획 및 이용에 관한 법률」, 「도로법」, 「사도법」, 그 밖의 관계 법령에 따라 신설 또는 변경에 관한 고시가 된 도로
　나. 건축허가 또는 신고 시에 특별시장·광역시장·특별자치시장·도지사·특별자치도지사(이하 "시·도지사"라 한다) 또는 시장·군수·구청장(자치구의 구청장을 말한다. 이하 같다)이 위치를 지정하여 공고한 도로

시행령 제6조(적용의 완화)
　7의2. 「국토의 계획 및 이용에 관한 법률」에 따른 도시지역 및 지구단위계획구역 외의 지역 중 동이나 읍에 해당하는 지역에 건축하는 건축물로서 건축조례로 정하는 건축물인 경우: 법 제2조제1항제11호 및 제44조에 따른 기준

제44조(대지와 도로의 관계) ① 건축물의 대지는 2미터 이상이 도로(자동차만의 통행에 사용되는 도로는 제외한다)에 접하여야 한다. 다만, 다음 각 호의 어느 하나에 해당하면 그러하지 아니하다.   <개정 2016. 1. 19.>
　1. 해당 건축물의 출입에 지장이 없다고 인정되는 경우
　2. 건축물의 주변에 대통령령으로 정하는 공지가 있는 경우

3. 「농지법」 제2조제1호나목에 따른 농막을 건축하는 경우

② 건축물의 대지가 접하는 도로의 너비, 대지가 도로에 접하는 부분의 길이, 그 밖에 대지와 도로의 관계에 관하여 필요한 사항은 대통령령으로 정하는 바에 따른다.

시행령 제28조(대지와 도로의 관계)

① 법 제44조제1항제2호에서 "대통령령으로 정하는 공지"란 광장, 공원, 유원지, 그 밖에 관계 법령에 따라 건축이 금지되고 공중의 통행에 지장이 없는 공지로서 허가권자가 인정한 것을 말한다.

② 법 제44조제2항에 따라 연면적의 합계가 2천 제곱미터(공장인 경우에는 3천 제곱미터) 이상인 건축물(축사, 작물 재배사, 그 밖에 이와 비슷한 건축물로서 건축조례로 정하는 규모의 건축물은 제외한다)의 대지는 너비 6미터 이상의 도로에 4미터 이상 접하여야 한다.

제45조(도로의 지정·폐지 또는 변경) ① 허가권자는 제2조제1항제11호나목에 따라 도로의 위치를 지정·공고하려면 국토교통부령으로 정하는 바에 따라 그 도로에 대한 이해관계인의 동의를 받아야 한다. 다만, 다음 각 호의 어느 하나에 해당하면 이해관계인의 동의를 받지 아니하고 건축위원회의 심의를 거쳐 도로를 지정할 수 있다. <개정 2013. 3. 23.>

1. 허가권자가 이해관계인이 해외에 거주하는 등의 사유로 이해관계인의 동의를 받기가 곤란하다고 인정하는 경우

2. 주민이 오랫 동안 통행로로 이용하고 있는 사실상의 통로로서 해당 지방자치단체의 조례로 정하는 것인 경우 [조례도로]

③ 허가권자는 제1항과 제2항에 따라 도로를 지정하거나 변경하면 국토교통부령으로 정하는 바에 따라 도로관리대장에 이를 적어서 관리하여야 한다.[지자체장의 도로지정·관리의무]

[전문개정 99·2·8 공고제도 도입/지정제도:1962.1.20.건축법 제정시 도입] ~건축허가,신고시 사용승낙서를 받으면 타인토지라도 도로관리대장에 기재. 단, 구거,하천등은 도로관리 대장에 기재 안됨, 목적외 사용허가항목으로 별도로 관리함.

제46조(건축선의 지정) ① 도로와 접한 부분에 건축물을 건축할 수 있는 선[이하 "건축선(建築線)"이라 한다]은 대지와 도로의 경계선으로 한다. 다만, 제2조제1항제11호에 따른 소요 너비에 못 미치는 너비의 도로인 경우에는 그 중심선으로부터

그 소요 너비의 2분의 1의 수평거리만큼 물러난 선을 건축선으로 하되, 그 도로의 반대쪽에 경사지, 하천, 철도, 선로부지, 그 밖에 이와 유사한 것이 있는 경우에는 그 경사지 등이 있는 쪽의 도로경계선에서 소요 너비에 해당하는 수평거리의 선을 건축선으로 하며, 도로의 모퉁이에서는 대통령령으로 정하는 선을 건축선으로 한다.
② 특별자치시장·특별자치도지사 또는 시장·군수·구청장은 시가지 안에서 건축물의 위치나 환경을 정비하기 위하여 필요하다고 인정하면 제1항에도 불구하고 대통령령으로 정하는 범위에서 건축선을 따로 지정할 수 있다. <개정 2014. 1. 14.>

제83조(옹벽 등의 공작물에의 준용) ① 대지를 조성하기 위한 옹벽, 굴뚝, 광고탑, 고가수조(高架水槽), 지하 대피호, 그 밖에 이와 유사한 것으로서 대통령령으로 정하는 공작물을 축조하려는 자는 대통령령으로 정하는 바에 따라 특별자치시장·특별자치도지사 또는 시장·군수·구청장에게 신고하여야 한다.
③ 제14조, 제21조제5항, 제29조, 제35조제1항, 제40조제4항, 제41조, 제47조, 제48조, 제55조, 제58조, 제60조, 제61조, 제79조, 제81조, 제84조, 제85조, 제87조와 「국토의 계획 및 이용에 관한 법률」 제76조는 대통령령으로 정하는 바에 따라 제1항의 경우에 준용한다.

건축법상 공작물 축조의 경우: 건축법 제2조11호, 제44조,제45조 적용 ×.
개발행위허가운영지침에서 언급하는 광고탑,철탑,태양광발전시설의 설치에만 4m 이하라도 현황도로를 요구할 뿐 다른 공작물의 경우 완성되고 나면 관리하러 다닐 이유가 없는 경우 도로를 요구하지 않는다.

2. 일본 건축기준법

제33조 ① 건축물의 부지는 도로(다음에 정하는 것을 제외한다. 다음 조 제1항을 제외하고 이하 같다)에 2미터 이상 접하여야 한다. 다만, 그 부지의 주위에 넓은 공터가 있는 건축물 그 밖의 국토교통성령으로 정한 기준에 적합한 건축물로서 특정행정청이 교통상, 안전상, 방화상 및 위생상 지장이 없다고 인정하여 건축심사회의 동의를 얻어 허가한 것에 관하여는 그러하지 아니하다.
1. 자동차만의 교통용으로 제공하는 도로
2. 고가도로 그 밖의 도로로 자동차가 도로주변으로 출입을 할 수 없는 구조의 것

으로서 정령으로 정한 기준에 해당하는 것(다음 조 제1항에서 "특정고가도로 등"이라 한다)으로 지구계획의 구역(지구정비계획이 정하여져 있는 구역 중 도 시계획법 제12조의11의 규정에 따라 건축물 그 밖의 공작물의 대지와 합하여 이용하여야 할 구역으로서 정하여져 있는 구역에 한한다. 다음 조 제1항에서 같다) 내의 것

② 지방공공단체는 특수건축물, 층수가 3층 이상인 건축물, 정령으로 정한 창 그 밖의 개구부가 없는 거실이 있는 건축물 또는 연면적(동일부지 내에 2 이상의 건 축물이 있는 경우에는 그 연면적의 합계. 제4절, 제7절 및 별표 제3에서 같다)이 1,000평방미터를 초과하는 건축물의 부지가 접하여야 하는 도로의 폭, 그 부지가 도로에 접한 부분의 길이 그 밖에 그 부지 또는 건축물과 도로와의 관계에 관하여 이러한 건축물의 용도나 규모의 특수성에 의하여 제1항의 규정에 의하여는 피난 또는 통행의 안전의 목적을 충분히 달성하기 어렵다고 인정하는 경우에는 조례로 필요한 제한을 부가할 수 있다.

3. 고성군 건축조례

제14조(도로의 지정) ① 법 제45조제1항제2호에 따라 주민이 오랫동안 통행로로 이 용하고 있는 사실상의 통로로서 이해관계인의 동의를 얻지 아니하고, 건축위원회 의 심의를 거쳐 도로로 지정할 수 있는 경우는 다음 각 호와 같다. 다만, 사유지인 경우에는 포장되어 사용 중인 경우에 한한다. <개정 2010.4.21 조1981>

1. 국가 또는 지방자치단체에서 직접 시행하거나 지원에 따라 주민공동사업 등으 로 포장되어 사용하고 있는 경우 <개정 2010.4.21 조1981>

2. 주민이 통행로로 사용하고 있는 복개된 하천·제방·구거 그 밖에 이와 유사 한 국·공유지<개정 2010.4.21 조1981>

3. ~~사인이 포장한 도로라도 주민이 장거간 통행로로 이용하고 있는 사실상의 통로 로서 편입 토지소유자들이 서면동의하고 포장하여 불특정 다수의 주민들이 사 용 중인 통로~~ <신설 2010.4.21. 조1981.2014.10.13.조2155삭제>

4. 세종특별자치시 건축조례

제33조(도로의 지정) 법 제45조제1항제2호에 따라 주민이 오랫 동안 통행로로 이용하고 있는 사실상의 통로로서 다음 각 호의 어느 하나에 해당하는 경우 해당 도로에 대한 이해관계인의 동의를 받지 아니하고 위원회의 심의를 거쳐 도로로 지정할 수 있다. 다만, 사유지인 경우에는 포장(아스팔트나 콘크리트 등으로 포장된 것을 말한다)되어 사용 중인 경우로 한정한다.

1. 공공사업으로 개설되어 주민들이 장기간 이용하고 있는 사실상의 도로인 경우
2. 5호(가구) 이상의 주민들이 수년간 통행로로 사용하고 있는 경우로서 그 통로가 유일한 통로인 경우
3. 도로사용을 목적으로 주민이 통로로 사용하고 있는 복개된 하천·제방·구거·농로·공원 안 도로나 그 밖에 이와 비슷한 국유지·공유지인 경우
4. 현재 주민이 사용하고 있는 통로를 이용하여 건축허가 또는 건축신고가 된 사실이 있는 건축물의 진입로로 사용하는 도로인 경우

5. 울릉군 건축조례

제29조(도로의 지정) 법 제45조제1항제2호에 따라 도로로 지정할 수 있는 경우는 다음 각 호와 같다. <개정 2017. 5. 8.>

1. 국가 또는 지방자치단체에서 시행한 공공사업으로 포장이 완료되어 주민이 통행로로 이용하고 있는 것으로서 이해관계인과의 재산권 분쟁(도로 지정 거부, 보상요구 등)이 없는 도로
2. 국가 또는 지방자치단체 등 공공기관소유의 복개된 하천 또는 구거
3. 사실상 주민이 사용하고 있는 통로로서 같은 통로를 이용하여 건축허가(신고)된 사실이 있거나 건축물이 건축된 경우
4. 3가구 이상이 사용하고 있는 통로로 그 통행로가 유일한 것인 경우
5. 그 밖에 위원회의 심의를 거쳐 인정한 통행로

B. 국토계획법/계획조례

1. 개발행위허가기준(국토계획법 시행령 [별표 1의2])

(1) 분야별 검토사항

마. 기반기설	① 주변의 교통소통에 지장을 초래하지 아니할 것 ② 대지와 도로의 관계는 「건축법」에 적합할 것 ③ 도시·군계획조례로 정하는 건축물의 용도·규모(대지의 규모를 포함한다)· 층수 또는 주택호수 등에 따른 도로의 너비 또는 교통소통에 관한 기준에 적합할 것

(2) 개발행위별 검토사항

가. 건축물의 건축 또는 공작물의 설치	① 「건축법」의 적용을 받는 건축물의 건축 또는 공작물의 설치에 해당하는 경우 그 건축 또는 설치의 기준에 관하여는 「건축법」의 규정과 법 및 이 영이 정하는 바에 의하고, ……이 경우 건축물의 건축 또는 공작물의 설치를 목적으로 하는 토지의 형질변경, 토지분할 또는 토석의 채취에 관한 개발행위허 가는 「건축법」에 의한 건축 또는 설치의 절차와 동시에 할 수 있다. ② 도로·수도 및 하수도가 설치되지 아니한 지역에 대하여는 건축물의 건축(건 축을 목적으로 하는 토지의 형질변경을 포함한다)을 허가하지 아니할 것. 다만, 무질서한 개발을 초래하지 아니하는 범위안에서 도시·군계획조 례가 정하는 경우에는 그러하지 아니하다

2. 개발행위허가운영지침[09.7.7.제정: 국토교통부훈령 제1375호, 2021.3.31.]

제3장 개발행위허가기준

제2절 분야별 검토사항 (영 별표 1의 2)

3-2-5 기반기설

(1) 대지와 도로의 관계는 「건축법」에 적합할 것.

(2) 「도로법」과 「건축법」상의 도로가 아닌 진입도로는 국토교통부장관이 정한 기준
    에 적합하게 확보(지자체 조례로서 별도의 조례를 정한 경우 조례에 따라 확보)하

되, 해당 시설의 이용 및 주변의 교통소통에 지장을 초래하지 아니할 것

(3) 도시·군계획조례로 정하는 건축물의 용도·규모(대지의 규모를 포함한다)·층 수 또는 주택호수 등에 따른 도로의 너비 또는 교통소통에 관한 기준에 적합할 것

제3절 건축물[1]의 건축 및 공작물의 설치

3-3-2-1 도로 [2013.12.23.도입]

(1) 건축물을 건축하거나 공작물을 설치하는 부지는 도시·군계획도로 또는 시·군도, 농어촌도로에 접속하는 것을 원칙으로 하며, 위 도로에 접속되지 아니한 경우 (2) 및 (3)의 기준에 따라 진입도로를 개설해야 한다. 이 경우 진입도로의 폭은 실제 차량 통행에 이용될 수 있는 부분으로 산정한다.

(2) (1)에 따라 개설(도로확장 포함)하고자 하는 진입도로의 폭은 개발규모(개설 또 는 확장하는 도로면적은 제외한다)가 5천㎡ 미만은 4m 이상, 5천㎡ 이상 3만㎡ 미만은 6m 이상, 3만㎡ 이상은 8m 이상으로서 개발행위규모에 따른 교통량을 고 려하여 적정 폭을 확보하여야 한다.

(3) 다음 각 호의 어느 하나에 해당하는 경우에는 (2)의 도로확보기준을 적용하지 아니할 수 있다. [4m미만이라도 차량통행 가능한 진입도로 있어야: 농어임업용 시 설, 제1종 근생·단독주택/4m미만이라도: 기타]

　① 차량진출입이 가능한 기존 마을안길, 농로 등에 접속하거나 차량통행이 가 능한 도로를 개설하는 경우로서 농업·어업·임업용 시설(가공, 유통, 판매 및 이 와 유사한 시설은 제외하되,「농업농촌 및 식품산업 기본법」제3조에 의한 농업인 및 농업 경영체,「수산업·어촌 발전 기본법」에 따른 어업인,「임업 및 산촌 진흥 촉진에 관한 법률」에 의한 임업인, 기타 관련 법령에 따른 농업인·임업인·어업 인이 설치하는 부지면적 2천㎡ 이하의 농수산물 가공, 유통, 판매 및 이와 유사한 시설은 포함), 부지면적 1천㎡ 미만으로서 제1종 근린생활시설 및 단독주택(건축 법 시행령 별표1 제1호 가목에 의한 단독주택)의 건축인 경우

　② 건축물 증축 등을 위해 기존 대지 면적을 10%이하로 확장하는 경우

　③ 부지확장 없이 기존 대지에서 건축물 증축·개축·재축(신축 제외)하는 경우

　④ 광고탑, 철탑, 태양광발전시설 등 교통유발 효과가 없거나 미미한 공작물을 설치하는 경우

　※ 산지에서 도로 없이 설치 가능: 광고탑 등(사설묘지, 기념탑, 국방시설)

---

1) 건축물: 토지에 정착한 공작물 중 지붕과 기둥 또는 벽이 있는 것 등.

(4) (1)~(2)까지의 기준을 적용함에 있어 지역여건이나 사업특성을 고려하여 법령의 범위내에서 도시계획위원회 심의를 거쳐 이를 완화하여 적용할 수 있다.

(5) (2)와 (3)을 적용함에 있어 산지에 대해서는 산지관리법령의 규정에도 적합하여야 한다. 다만, 보전산지에서는 산지관리법령에서 정한 기준을 따른다.

제5절 토석채취

3-5-1 입지기준 (삭제)

3-5-2 도로 및 하수처리 [2013.12.23.도입]

(1) 진입도로는 도시·군계획도로 혹은 시·군도, 농어촌 도로와 접속하는 것을 원칙으로 하며, 진입도로가 위 도로와 접속되지 않을 경우 다음 각호의 기준에 따라 진입도로를 개설하여야 한다. 다만, 당해 지역의 여건 등을 고려하여 허가권자가 강화 또는 완화할 수 있다.

① 사업부지 면적이 5만㎡ 미만인 경우 진입도로의 폭은 4m이상

② 사업부지 면적이 5만㎡ 이상일 때에는 6m 이상을 확보한다.

(2) 대상지에서 발생하는 하수는 하천 등으로 배수되도록 배수시설을 설치하여야 하며 하수로 인한 하천과 주변지역의 수질이 오염되지 않도록 조치를 취하여야 한다.

3. 고성군계획조례

제21조(도로 등이 미설치된 지역에서의 건축물의 건축) 군수는 다음 각 호의 하나에 해당하는 경우에는 영 별표 1의2 제2호가목(2)에 따라 도로·상수도 및 하수도가 설치되지 않은 지역에 대하여도 무질서한 개발을 초래하지 않는 범위에서 건축물의 건축 및 건축을 목적으로 하는 토지의 형질변경을 허가할 수 있다. <개정 2013.01.01. 조 2095> <개정 2017. 12. 21. 조2384>

1. 신청지역에 신청인이 인접의 기존시설과 연계되는 도로·상수도 및 하수도를 설치할 것을 조건으로 하는 경우(상수도에 갈음하여 「먹는물관리법」에 따른 먹는 물 수질기준에 적합한 지하수 개발, 이용시설을 설치하도록 하거나, 하수도에 갈음하여 「하수도법」에 따른 오수정화시설을 설치하는 경우를 포함한다) <개정 2013.01.01. 조 2095> <개정 2017. 12. 21. 조2384>

2. 창고 등의 건축물로서 상수도·하수도의 설치를 필요로 하지 않는 건축물을 건축하고자 하는 경우로서 도로가 설치되어 있거나 도로의 설치를 조건으로 하는 경우 <개정 2013.01.01. 조 2095>

3. 생산녹지지역 · 자연녹지지역 · 생산관리지역 · 계획관리지역 또는 농림지역에서 농업 · 임업 · 어업 또는 광업에 종사하는 자의 자가주거용 건축물 및 그 부대시설의 건축을 목적으로 1천제곱미터미만의 토지의 형질을 변경하고자 하는 경우 <개정 2013.01.01. 조 2095> (도로설치 조건 ×, 단 정화조등의 하수는 하천 등으로 배수되도록 배수시설을 설치해야)

4. 도시지역 및 지구단위계획구역외의 지역에 건축하는 연면적 200제곱미터 미만의 주거용 건축물에 대하여는 기존도로(「건축법」제2조제1항제11호에 따른 도로가 아닌 사실상의 도로로 사용되고 있는 관습도로, 마을 안길 등)를 이용하여 통행에 지장이 없는 경우로서 인 · 허가권자가 판단한 경우 <신설 2013.01.01. 조 2095>

5. 동일한 기존도로를 이용하여 2호 이상의 주택지를 개발하는 경우 기존 부지의 호수 또는 면적을 포함하여 단독주택 30호를 초과하거나 개발면적 1만제곱미터를 초과하여 개발할 수 없다. 다만, 기존도로의 폭이 6미터 이상인 경우는 제외한다.

C. 우리나라 건축관련 도로에 관한 근대법령

1. 거류지가옥건축가규칙[居留地家屋建築假規則 (1880.7.19.)][2]

(제1조) 허가를 얻어 가옥을 신축 또는 개축코자 하는 자는 미리 계획된 도로에 따라 그 방향을 바르게 할 것.

(제2조) 가옥이 도로에 면하는 것은 도로의 구획에 준할 것이나, 만일 도로에 면하지 않든가 또는 택지 내에 여지가 있는 것은 모두 둘레에 담장을 두고 도로에 향하여 문을 낼 것.

(제3조) 가옥은 모두 와가나 아연판 지붕을 사용하고 짚이나 송판 등의 연질물(燃質物)로써 지붕을 잇지 못함.

(제4조) 변소의 구조는 가장 청결을 요하는 것이므로 류호(溜壺) 등은 가급적 견치(堅緻)한 것을 쓰며 분즙이 스며 흐르지 않게 할 것.

(제5조) 택지 내의 하수통도 변소와 같이 튼튼한 것을 써서 오수가 고여 있거나 스며나지 않도록 주의할 것.

(제6조) 구가옥인 것은 이 규칙 발행 후 6개월 이내에 모두 제2조, 제4조, 제5조의 규칙을 따르고 12개월 이내에 제3조의 규칙에 따를 것.

(제7조) 위의 규칙에 위반하는 자는 그때의 형편에 따라 택지의 반납이 요구될 수 있음.

2. 시가지건축취체규칙[1913. 2. 25. 총독부령 제11호][3]

조선총독부는 1913년 2월 25일 총독부령 제11호로 「시가지건축취체규칙」을 발포하여 시가지에 지어지는 '주거, 공장, 창고 기타 각종 건축물과 우물, 공공도로에 沿한 문호, 담벽 등 공작물'의 건축행위와 관련된 규칙을 정한 후 경찰이 관할 단속하도록 규정하였다. 총 9개 조문으로 구성된 내용 중 '시가지의 住家'와 관련된

2) 이규철, "근대이행기 건축법의 도입과정 연구", 『대한건축학계논문집 – 계획계』 29(5)(통권 제295호), 2013, 176면 참조.
3) 김명선, "한말(1876~1910) 근대적 주거의식의 형성", 서울대 박사학위논문, 2004. 172–173면; "시가지건축취체규칙[1913. 2. 25. 총독부령 제11호]", 조선총독부관보, 1912. 2. 25. 참조).

제3조만 살펴보면 다음과 같다.

第三條 第一條의 건물 又는 공작물의 구조, 설비는 左 각호의 제한에 從홈이 可홈

一, 건물의 면적은 其址 면적의 十分之八을 초과홈이 不可홀 事

二, 건물의 기초는 공공도로의 경계선으로부터 一尺五寸以上의 거리를 保ᄒ야 축조홀 事

三, 건물 及 門戶, 牆壁의 軒端, 蠖羽[지붕 옆선], 庇[차양], 持送[차양 및 돌출창 지지대] 등을 공공도로 上에 돌출치 말게 홀 事

四, 공공도로에 沿치 아니흔 基址에 건설ᄒ는 가옥은 도로로 통ᄒ기 위ᄒ야 少ᄒ여도 幅員 四尺 이상의 통로를 設ᄒ게 홀 事

五, 住家의 床板은 其高를 지반부터 一尺 五寸 이상으로 ᄒ게 홀 事. 단, 사용상 필요 업슴으로 因흔 경우 又는 床板을 용이히 치우게 구조흔 경우를 除홈

六. 공공도로에 沿흔 건물의 其址는 地端 도로면 이상의 高로 홀 事

七, 其址 내에 적당흔 배수설비를 홀 事

八, 음료수용의 井戶는 厠, 下水溜 又는 大하수구부터 三間 이상의 거리를 保ᄒ며 此 惡水의 滲入치 아니홀 장치를 ᄒ고 井側의 高를 二尺五寸 이상으로 홀 事

九, 厠은 各住家에 此를 設홀 事. 단, 행랑가옥으로 戶數에 應ᄒ야 적당흔 공동厠을 設흔 것을 除홈

十, 屎尿溜 又 其부속장치는 石(인조석을 含홈), 연와, 도자기, 瓦, 『コンクリー ト(곤구리이도)』 『モルタール(모루다알)』, 『アスファルト(아수활도)』(其下에 회칠을 施홀 事), 石綿盤, 기타 방수재료 又는 목재로써 汚液이 滲漏치 안케 축조홀 事

十一, 시가지 내에서 석탄, 骸炭, 기타 연료를 다량히 燃用ᄒ는 화로, 아궁이, 난로類 에는 근린거주자 又는 건물에 대ᄒ야 해를 及치 아니홀 정도의 煙突을 設홀 事

十二, 煙突은 옥상 三尺 이상에 돌출케 ᄒ되 연와조 煙突은 煙道와 木部의 간격을 연와 장변 一매 이상으로 ᄒ며 금속제 煙突로 목재, 기타 可燃質 물체와 五寸 이내에 접근ᄒ는 째는 其부분을 石, 연와, 도자기, 瓦, 厚三寸 이상의 『コンクリート(곤구리이도)』 厚二寸 이상의『モルタール(모루다알)』, 又는 石綿盤, 기타 불연질 재료(금속을 除홈)로써 구조 若은 피복홀 事

건폐율, 건축선, 부지와 도로의 관계, 건축물의 재료, 설비 등에 대한 규정들이다. 설비면에서는 배수, 변소, 우물, 굴뚝에 관한 규정을 포함하는데, 제7항 부지 내에 "적당한 배수설비"를 하라는 규정과 제9항 변소는 각 주거마다 설치하라는 규정, 그리고 제10항 분뇨통을 방수재료로 축조하라는 규정은 한말에도 이미 있었던 규정으로, 여전히 변소설비는 각자 알아서 해결해야 할 부담으로 남겨 놓았음을 알 수 있다.

3. 조선시가지계획령[조선총독부제령 제18호, 1934.6.20., 제정. 1934.6.28.시행][4]

제37조 ① 이 장에서 도로라 함은 폭원 4미터 이상의 도로 및 폭원 4미터 미만의 도로로서 토지의 상황에 따라 행정관청이 인정한 것을 말한다.
② 도로의 신설 또는 변경의 계획이 있는 경우에 행정청이 계획을 고시한 때에는 그 계획의 도로는 도로로 본다.

---

4) 국가법령정보센터 – 근대법령 – 조선시가지계획령 순으로 검색.

D.   건축 관련법의 변천사 ⇒ 도로지정여부 확인

(※ 주로 도시지역/지구단위계획구역에만 유용, 건축관련법의 변천으로부터 지정도로 추정 가능)

(1) 1934.6.28. 조선시가지계획령[건축법＋도시계획법] 제37조 제1항 이 장에서 도로라 함은 폭원 4미터 이상의 도로 및 폭원 4미터 미만의 도로로서 토지의 상황에 따라 행정관청이 인정한 것을 말한다.

(2) 1962.1.20. 건축법제정시부터 건축법상 도로지정제도가 있어서 사실상 허가 받은 건축물의 부지까지는 건축법상의 도로로 보아야한다(건축법 제2조 15. 도로라 함은 폭 4m이상의 도로를 말한다. 시장, 군수가 도로의 신설 또는 변경에 관한 계획의 고시를 하였거나 위치의 지정을 한 도로도 또한 같다.).

(3) 1973.1.1. 前에 농업인이면 건축허가(신고) 없이 읍·면·동장의 확인으로 농지에 주택을 건축(농지분할→건축→건축물대장작성/지목변경): 이 경우 진입로가 현행 건축법 기준에 미달한 곳이 많다[농지의보전및이용에 관한법률(73.1.1.시행)→농지법(96.1.1.시행)].

※ 읍·면·동장의 확인으로 농지에 주택을 건축: 확인으로 농지 분할해서 건축 후 건축물대장 작성(지목변경: 농지전용)함.
※ 1973. 1. 1. 법제정 이후: 도시계획구역 밖의 농지를 전용하고자 하는 자는 관할 서울특별시장·부산시장 또는 도지사 등의 허가를 받도록 함(2정보 미만의 농지전용 관할 시·군·구청장의 허가 요함).

(4) 1976.1.31.까지의 4m이상의 사실상의 도로는 도로지정이 없더라도 모두 건축법상의 도로로 본다(건축법[시행 1976. 2. 1.] [법률 제2852호, 1975. 12. 31., 일부개정] 개정법률 부칙 제2조).

(5) 1981.10.8. 시행: 「도로대장작성의무」(령§140① 이해관계인의 동의).

⑹ 1992.6.1. 前의 신고대상 건축물(주택:60㎡, 축사 · 창고:100㎡이하): 건축법상 도로지정이 없었다(개정전 1991.9.9. 건축법 제2조 15. "도로" 나. 건축허가시 시장 · 군수가 그 위치를 지정한 도로). 건축신고 ×

⑺ 1994. 7. 21.시행.「도로대장 서식」.

⑻ 1999. 5. 9.시행. 건축법[99. 2. 8.개정] : 도로지정·공고 제도/도로관리대장 제도 시행.

⑼ 2003. 1. 1. 국토계획법 시행전: 토지전용(지목변경) 후에 건축허가 得 복합민원 × 도로전용부서와 건축허가부서의 업무협조가 안되어, 건축허가는 득했는데 도로로 지목변경이 안되어 도로지정의 흔적이 없는 경우가 빈번하였다

⑽ 2006. 5. 9. 前의 비도시지역의 사후신고건축물(농지전용만 있으면/건축신고 없이∽ 200㎡이하/3층이하 건축가능)의 경우는 건축물이 있어도 도로지정사실은 없다: (건축법[시행 2006. 5. 9.] [법률 제7696호] 부칙 제3조)

⑾ 2009.8.13. 이후에 지정된 건축법상 도로는 토지이용계획확인서에 표시(토지이용규제기본법 칙§2 ② 3호): 최근 비도시지역에도 허가신청자가 원하면 도로관리대장에 등재＋토지이용계획확인서에 공시함.

E. 산지전용시 기존도로를 이용할 필요가 없는 시설 및 기준

[최초시행 2015. 4. 10.] [산림청고시 제2018－25호, 2018. 2. 28., 일부개정.]

제1조(목적) 이 고시는「산지관리법 시행령」제20조제6항의 [별표4] 제1호 마목 10)에 따른 산지전용시 기존도로를 이용할 필요가 없는 경우의 조건과 기준을 규정함을 목적으로 한다.

□ 산지별 세부기준 및 조건

대상산지	세부기준 및 조건
1. 보전 산지 · 준보전산지	가. 도로 없이 설치할 수 있는 시설 : 사설묘지(개인, 가족, 종중, 문중), 사설자연장지(개인, 가족, 종중. 문중), 광고탑, 기념탑, 전망대(국가나 지방자치단체가 시행하는 시설에 한함), 농지(전용하려는 산지전체가 농지로 둘러싸여 있는 1만제곱미터 이하의 산지를 개간하는 경우에 한함), 헬기장, 국방·군사시설 등 그 밖에 이와 유사한 시설 나. 현황도로를 이용하여 설치할 수 있는 시설 : 농지, 초지 다. 「공간정보의구축및관리등에관한법률」§ 67에 따른 지목이 "도로"로서 차량 진출입이 가능한 도로를 이용하는 경우 라. 하천점용허가·공유수면의 점용·사용허가 등을 받아 차량진출입이 가능한 시설물을 설치하여 진입도로로 이용하는 경우 마. 문화재·전통사찰의 증·개축·보수 및 복원을 위해 차량 진출입이 가능한 토지를 이용하는 경우
2.공익용산지	「산지관리법」제12조 제3항에 따라 해당 법률의 행위제한을 적용하는 경우로서 해당 법률에서 도로로 인정하는 경우
3.준보전산지	차량진출입이 가능한 기존 마을안길, 농로 등 현황도로를 이용하여 시설하는 경우에는 기존도로를 이용하지 아니할 수 있다.

※ 비고

1. "현황도로"란 다음 각 목의 어느 하나에 해당하는 도로를 말한다. 다만, 임도를 제외한다.
   가. 현황도로로 이미 다른 인허가가 난 경우
   나. 이미 2개 이상의 주택의 진출입로로 사용하고 있는 도로
   다. 지자체에서 공공목적으로 포장한 도로
   라. 차량진출입이 가능한 기존 마을안길, 농로

2. 「도로법」에 의한 도로 등 법률상 도로가 없는 도서지역의 산지는 제3호의 세부기준 및 조건을 준용한다.

제2조(재검토 기한) 산림청장은 이 고시에 대하여 「훈령 · 예규 등의 발령 및 관리에 관한 규정」에 따라 2018년 7월 1일 기준으로 매 3년이 되는 시점(매 3년째의 6월 30일까지를 말한다)마다 그 타당성을 검토하여 개정 등의 조치를 하여야 한다.

부칙 ＜제2018－25호, 2018. 2. 28.＞
이 고시는 고시한 날부터 시행한다.

※ 「산지관리법 시행령」 제20조제6항의 [별표 4] 제1호. 마목 10),15)

『[별표4]산지전용허가기준의 적용범위와 사업별·규모별 세부기준(제20조제6항 관련)
1. 산지전용 시 공통으로 적용되는 허가기준
마. 사업계획 및 산지전용면적이 적정하고 산지전용방법이 자연경관 및 산림훼손을 최소화하고 산지전용 후의 복구에 지장을 줄 우려가 없을 것
  10) 다음의 어느 하나에 해당하는 도로를 이용하여 산지전용을 할 것. 다만, 개인 묘지의 설치나 광고탑 설치 사업 등 그 성격상 가)부터 바)까지의 규정에 따른 도로를 이용할 필요가 없는 경우로서 산림청장이 산지구분별로 조건과 기준을 정하여 고시5)하는 경우는 제외한다.
    가) 「도로법」, 「사도법」, 「농어촌도로 정비법」 또는 「국토의 계획 및 이용에 관한 법률」(이하 "도로관계법"이라 한다)에 따라 고시 · 공고된 후 준공검사가 완료되었거나 사용개시가 이루어진 도로
    나) 도로관계법에 따라 고시 · 공고된 후 공사가 착공된 도로로서 준공검사가 완료되지 않았으나 도로관리청 또는 도로관리자가 이용에 동의하는 도로6)

---

5) 산지전용시 기존도로를 이용할 필요가 없는 시설 및 기준.
6) 법제처, "도로관리대장에 등록된 도로를 이용하여 산지전용허가를 받고자 하는 경우, 토지소유자 외에 도로관리자에게도 도로이용에 관한 동의를 받아야 하는지?(「산지관리법 시행령」 별표 4제1호마목 세부기준란 10)나) 등 관련)", 법령해석사례[안건번호14－0198 회신일자 2014.5.22.]:… 실제 도로를 개설하면서 비용을 부담하고 차후 도로에 대한 준공검사를 받아야 할 의무를 지는 자는 도로를 개설한 도로관리자이지 토지소유자가 아니라는 점, 산지전용허가 관련 「산지관리법시행령」 별표4제1호마목에서는 자연경관 및 산림훼손을 최소

다) 이 법에 따른 산지전용허가 또는 도로관계법 외의 다른 법률에 따른 허가 등을 받아 준공검사가 완료되었거나 사용개시가 이루어진 도로로서 가)에 따른 도로와 연결된 도로

라) 이 법에 따른 산지전용허가 또는 도로관계법 외의 다른 법률에 따른 허가 등을 받아 공사가 착공된 후 준공검사가 완료되지 않았으나 실제로 차량 통행이 가능한 도로로서 다음의 요건을 모두 갖춘 도로

(1) 가)에 따른 도로와 연결된 도로일 것

(2) 산지전용허가를 받은 자 또는 도로관리자가 도로 이용에 동의할 것

마) 지방자치단체의 장이 공공의 목적으로 사용하기 위하여 토지 소유자의 동의를 얻어 설치한 도로

바) 도로 설치 계획이 포함된 산지전용허가를 받은 자가 계획상 도로의 이용에 동의하는 경우 해당 계획상 도로(「산업집적활성화 및 공장설립에 관한 법률」에 따른 공장설립 승인을 받으려는 경우에만 해당한다)』

15) 농림어업인이 자기 소유의 산지에서 직접 농림어업을 경영하면서 실제로 거주하기 위하여 건축하는 주택 및 부대시설을 설치하는 경우에는 자기 소유의 기존 임도를 활용하여 시설할 수 있다.』

※ 「산지관리법」 제12조 ③ 제2항에도 불구하고 공익용산지(산지전용·일시사용제한지역은 제외한다) 중 다음 각 호의 어느 하나에 해당하는 산지에서의 행위제한에 대하여는 해당 법률을 각각 적용한다.

1. 제4조제1항제1호나목4)부터 14)까지의 산지

『4) 「야생생물 보호 및 관리에 관한 법률」 제27조에 따른 야생생물 특별보호구역 및 같은 법 제33조에 따른 야생생물 보호구역의 산지

5) 「자연공원법」에 따른 공원구역의 산지

6) 「문화재보호법」에 따른 문화재보호구역의 산지

7) 「수도법」에 따른 상수원보호구역의 산지

화하고 산지전용 후의 복구에 지장을 줄 우려가 없을 때에만 산지전용허가를 할 수 있도록 규정하고 있어 산지의 보호라는 목적을 위해서 도로관리자의 동의를 얻도록 하려는 입법의도가 있다고 보이는 점 등을 고려하여 도로관리자의 동의를 얻어야…. (수차례 개정되어, 현재는 시행령 나)가 아니라 라)에 해당하는 사례임).

8) 「개발제한구역의 지정 및 관리에 관한 특별조치법」에 따른 개발제한구역의 산지

9) 「국토계획법」에 따른 녹지지역 중 대통령령으로 정하는 녹지지역의 산지

10) 「자연환경보전법」에 따른 생태·경관보전지역의 산지

11) 「습지보전법」에 따른 습지보호지역의 산지

12) 「독도 등 도서지역의 생태계보전에 관한 특별법」에 따른 특정도서의 산지

13) 「백두대간 보호에 관한 법률」에 따른 백두대간보호지역의 산지

14) 「산림보호법」에 따른 산림보호구역의 산지』

2. 「국토계획법」에 따라 지역·지구 및 구역 등으로 지정된 산지로서 대통령령으로 정하는 산지

『1. 「국토계획법」 제36조제1항제4호의 자연환경보전지역으로 지정된 산지

2. 「국토계획법」 제37조제1항제5호의 방재지구로 지정된 산지

3. 「국토계획법」 제38조의2제1항에 따른 도시자연공원구역으로 지정된 산지

4. 「국토계획법」 제40조에 따른 수산자원보호구역으로 지정된 산지

5. 「국토계획법 시행령」 제31조제2항제1호가목, 같은 항 제5호가목 및 다목에 따른 자연경관지구, 역사문화환경보호지구 및 생태계보호지구로 지정된 산지』

F. 녹지를 가로지르는 진입도로의 설치기준

(도시공원및녹지등에관한法律 §38③, 令§44[녹지점용허가의기준]
제3호의3 관련: 시행령 [별표 3의2] <신설 2018. 1. 9.>)

1. 「건축법」 제2조제1항제11호에 따른 도로로 사용하기 위하여 녹지를 점용하려는 경우에는 이를 허가할 수 없다. 다만, 제2호 및 제3호에 해당하는 경우에는 그러하지 아니하다.
2. 이면도로가 이미 「국토의 계획 및 이용에 관한 법률」에 따른 도시·군관리계획으로 결정된 경우에는 진입도로의 점용기간은 도로개설 전까지의 기간에 한정한다.
3. 녹지의 결정으로 인하여 「공간정보의 구축 및 관리 등에 관한 법률」에 따른 지목이 대(垈)인 토지가 맹지가 된 경우에는 토지의 현지여건을 고려하여 이면도로를 계획한 후 점용을 허가하거나, 「국토의 계획 및 이용에 관한 법률」 제2조제13호에 따른 도로 또는 「사도법」 제2조에 따른 사도로 점용을 허가한다.
4. 녹지의 결정으로 인하여 해당 토지가 맹지가 된 경우로서 녹지 결정 이전의 도로를 그대로 이용하는 경우에는 녹지의 점용허가 없이도 도로의 이용이 가능하다.
5. 진입도로의 규모는 원칙적으로 8미터 이하로 하되, 8미터 이상의 도로가 필요한 경우에는 「국토의 계획 및 이용에 관한 법률」 제2조제13호에 따른 도로로 점용을 허가한다.
6. 도로변의 녹지를 가로지르는 진입도로 간의 최소거리는 250미터 이상으로 한다. 다만, 현지여건상 불가피하거나 교통의 원활한 소통을 위하여 시설물의 특성상 진입구·출입구의 분리가 필요한 경우에는 그러하지 아니하다.
7. 자동차전용도로변 또는 우회도로변의 녹지에는 진입도로를 허가할 수 없다. 다만, 진입도로의 개설이 녹지의 기능을 저해하지 아니하면서 주변의 교통체증을 현격히 감소시키는 등 그 필요성이 인정되는 경우로서 도로관리청과 협의한 때에는 그러하지 아니하다.
8. 제7호 단서에 따라 설치되는 도로를 영구적으로 사용하여야 하는 경우에는 「국토의 계획 및 이용에 관한 법률」 제2조제13호에 따른 도로의 점용을 허가하여야 한다.
9. 철도변 녹지에 진입도로의 점용을 허가하려는 경우에는 「철도안전법」 제45조제1항에 따른 철도보호지구의 관리자와 사전에 협의하여야 한다.

10. 「산업입지 및 개발에 관한 법률」 제2조제8호에 따른 산업단지 주위의 녹지의 경
    우에는 같은 조 제9호에 따른 산업단지개발사업에 따라 「국토의 계획 및 이용에
    관한 법률」에 따른 도시·군계획시설로 정한 도로를 설치하도록 하고 개별공장별
    로 진입도로의 점용을 허가할 수 없다.

G.   하천법 점용허가 관련규정, 하천점용허가세부기준

《 하천법 》

제33조(하천의 점용허가 등) ① 하천구역 안에서 다음 각 호의 어느 하나에 해당하는 행위를 하려는 자는 대통령령으로 정하는 바에 따라 하천관리청의 허가를 받아야 한다. 허가받은 사항 중 대통령령으로 정하는 중요한 사항을 변경하려는 경우에도 또한 같다.

1. 토지의 점용
2. 하천시설의 점용
3. 공작물의 신축·개축·변경
4. 토지의 굴착·성토·절토, 그 밖의 토지의 형질변경
5. 토석·모래·자갈의 채취
6. 그 밖에 하천의 보전·관리에 장애가 될 수 있는 행위로서 대통령령으로 정하는 행위

② 제1항에 따른 허가(이하 "하천점용허가"라 한다)에는 하천의 오염으로 인한 공해, 그 밖의 보건위생상 위해를 방지함에 필요한 부관을 붙일 수 있다.

③ 하천관리청이 하천점용허가를 하고자 할 경우에는 다음 각 호의 사항을 고려하여야 한다.<개정 2017. 1. 17.>

1. 제13조에 따른 하천의 구조·시설 기준에의 적합 여부
2. 하천기본계획에의 적합 여부
3. 공작물의 설치로 인근 지대에 침수가 발생하지 아니하도록 하는 배수시설의 설치 여부
4. 하천수 사용 및 공작물 설치 등으로 하천시설에 미치는 영향

④ 하천관리청은 하천점용허가를 함에 있어서 다음 각 호의 어느 하나에 해당하는 행위를 하기 위한 경우에는 이를 허가하여서는 아니 된다.

1. 대통령령으로 정하는 농약 또는 비료를 사용하여 농작물을 경작하는 행위
2. 대통령령으로 정하는 골재채취 등 하천 및 하천시설을 훼손하거나 훼손할 우려가 있는 행위
3. 가축을 방목하거나 사육하는 행위

4. 콘크리트 등의 재료를 사용하여 고정구조물을 설치하는 행위. 다만, 하천의 관리에 지장을 주지 아니하는 경우로서 대통령령으로 정하는 행위(구조물의 구조 강도를 유지하기 위하여 불가피한 고정구조물을 설치)는 그러하지 아니하다.

5. 그 밖에 하천의 보전 및 관리에 지장을 주는 행위로서 대통령령으로 정하는 행위(ex.온실설치)

⑤ 하천점용허가를 받은 자는 해당 허가를 받아 점용하고 있는 토지 또는 시설을 다른 사람에게 임대하거나 전대(轉貸)해서는 아니 된다. 다만, 국토교통부령으로 정하는 사유에 해당하는 경우에는 하천관리청의 승인을 받아 임대하거나 전대할 수 있다. <신설 2018. 2. 21.>

제92조(권한의 위임·위탁 등) ① 이 법에 따른 국토교통부장관 또는 환경부장관의 권한은 그 일부를 대통령령으로 정하는 바에 따라 시·도지사 또는 소속 기관의 장에게 위임할 수 있다.

② 시·도지사는 제1항에 따라 위임받은 권한의 일부를 국토교통부장관의 승인을 얻어 시장·군수·구청장에게 재위임할 수 있다. <개정 2009. 4. 1., 2013. 3. 23.>

③ 이 법에 따른 국토교통부장관의 업무 중 다음 각 호의 업무는 대통령령으로 정하는 바에 따라 하천과 관련된 기관 또는 단체에 위탁할 수 있다. <개정 2009. 4. 1., 2012. 1. 17., 2013. 3. 23., 2017. 1. 17., 2018. 8. 14.>

제105조(권한의 위임) ① 법 제92조제1항에 따라 국토교통부장관의 권한 중 다음의 권한을 시·도지사에게 위임한다. <개정 2009. 12. 30., 2010. 12. 20., 2013. 3. 23., 2016. 6. 28.>

1. 국가하천(제2호에 해당하는 국가하천은 제외한다)에 관한 다음 각 목의 권한
  나. 법 제33조제1항제1호(토지의 점용)·제5호 및 제6호에 따른 하천점용허가 및 그 점용허가의 고시

2. 안성천·삽교천·만경강·동진강·탐진강·태화강 및 형산강 수계에 속하는 국가하천에 관한 다음 각 목의 권한. 다만, 국토교통부장관이 유역관리 또는 긴급재해 복구 등을 위하여 필요하다고 인정하여 고시한 하천공사에 대한 나목부터 바목까지, 너목 및 더목의 권한은 제외한다.
  사. 법 제33조제1항제1호·제5호 및 제6호에 따른 하천점용허가 및 그 점용허가의 고시

② 법 제92조제1항에 따라 국토교통부장관의 권한 중 다음 각 호의 권한을 지방

국토관리청장(같은 수계를 2개 이상의 지방국토관리청이 관할하는 경우 제1호자목·카목 및 제3호의 권한에 관하여는 가장 긴 구간을 관할하는 지방국토관리청장을 말하고, 제2호의 권한에 관하여는 해당 지방하천이 2개 이상의 지방국토관리청의 경계에 위치하는 경우에는 국토교통부장관이 지정하는 지방국토관리청장을 말한다)에게 위임한다. <개정 2009. 12. 30., 2010. 12. 20., 2012. 4. 10., 2013. 3. 23., 2016. 6. 28., 2016. 7. 19., 2017. 7. 17.>

1. 국가하천에 관한 다음 각 목의 권한
   처. 법 제33조제1항제2호(다목적댐은 제외한다)·제3호(다목적댐 및 하구둑은 제외한다) 및 제4호에 따른 하천점용의 허가, 같은 조 제5항·제6항·제8항에 따른 권한

하천법시행규칙 제18조(점용허가의 기준 등) ① 법 제33조제1항에 따라 경작을 목적으로 하천의 점용허가를 받으려는 자는 다음 각 호의 요건을 모두 갖추어야 한다. 다만, 허가신청인이 국가·지방자치단체·공공기관 또는 공공단체인 경우에는 그러하지 아니하다.

1. 허가신청인이 직접 경작하는 경우로서 관할 시장·군수·구청장의 확인을 받을 것
2. 1가구당 신청 면적이 3만 제곱미터 이내일 것
3. 신청지가 국유재산 또는 공유재산이 아닐 것(법 제34조에 따른 기득하천사용자는 제외한다)

《 하천점용허가 세부기준 》

[시행 2019. 8. 6.]

[국토교통부고시 제2019-408호, 2019. 8. 6., 일부개정.]

제1장 총 칙

제1조(목적) 이 기준은 「하천법」 제33조제8항 및 같은 법 시행규칙 제18조제3항에 따라 하천점용행위에 관한 세부적인 허가기준을 정함을 목적으로 한다.

제2조(적용범위) ① 이 기준은 하천구역 및 홍수관리구역 안에서 행하여지는 「하천

법」(이하 "법"이라 한다) 제33조제1항 각 호와 제38조제1항 각 호의 행위(이하 "하천점용행위"라 한다)에 대한 허가(이하 "하천점용허가"라 한다)에 대하여 적용한다.

② 이 기준에 규정되지 않은 하천점용행위에 대하여는 이 기준의 내용을 참고하여 치수·이수와 그 밖에 하천관리상 발생할 수 있는 문제에 대하여 검토한 후 허가 여부를 결정할 수 있다.

제3조(하천점용허가의 기본원칙) ① 하천점용은 공공의 복리를 증진하고 하천의 유지·관리에 지장이 없다고 인정되는 경우에 필요한 최소한의 범위에서 허가할 수 있다.

② 공작물의 설치, 수목의 식재(植栽) 등을 수반하는 하천의 점용은 치수상 또는 이수상의 지장을 초래하지 않아야 한다. 이 경우 치수상 또는 이수상의 지장에 관한 판단은 다음의 각 호의 기준에 따르되, 하천의 형상 등의 특성을 고려하여야 한다.

1. 하천의 유수소통 능력에 지장을 미치지 않을 것
2. 수위 상승에 의한 영향이 하천관리상 문제가 없을 것
3. 제방부근에서 물의 흐름의 속도가 종전보다 현저하게 변화되지 않을 것
4. 공작물은 하천의 수충(水衝)부, 계획제방 부지, 하천시설, 다른 허가공작물 부근 또는 지반이 매우 약한 장소에 설치하지 않을 것
5. 공작물은 가능한 한 하천의 종단방향으로 설치하지 않고, 홍수시의 유출에 의해 하천을 훼손하지 않을 것

③ 하천점용은 가능한 한 하천 및 그 주변의 자연적·사회적 환경을 훼손하지 않고 조화되게 하여야 한다.

④ 다음 각 호의 어느 하나에 해당하는 경우는 복합적인 허가사항에 해당하므로 관련된 행위허가를 함께 받아야 한다.

1. 제방, 보 등 하천시설을 점용하는 행위
2. 차량통행 등을 위한 포장행위 또는 이와 유사한 시설을 설치하는 행위
3. 사무실, 창고 등 건축물의 설치 또는 이와 유사한 행위
4. 수목의 식재행위
5. 그 밖에 이와 유사한 시설의 설치
6. 삭제

⑤ 「건축법」 등 다른 법률에 의한 인·허가 요건 충족을 위한 하천점용은 하천을 개인에게 전속되게 하여 하천의 공익적 이용에 지장을 초래하거나 사권(私權)을

행사할 우려가 없는 경우에 허가하여야 한다.

⑥ 하천점용은 다른 자가 하천을 이용할 수 있도록 하안(河岸)으로의 통로를 확보하여야 하며, 타인의 하천 이용을 현저하게 방해하지 않아야 한다.

⑦ 하천점용은 하천기본계획 등 하천의 정비·보전 또는 이용에 관한 계획이 정해져 있는 경우 해당 계획에 맞도록 하여야 한다.

⑧ 하천점용허가신청이 경합하는 경우에는 「하천법시행규칙」(이하 "규칙"이라 한다) 제18조제2항에서 정한 순위에 따라 허가하여야 한다.

⑨ 하천관리청은 공공성이 높은 사업이 확정되어 있는 지역에 대해 하천점용허가를 하고자 할 때에는 그 사업의 시행에 지장이 없도록 하여야 한다.

제4조(하천점용허가의 유효기간) ① 하천점용허가의 유효기간은 규칙 제19조제1항에 따른 점용유형별 점용기간을 따라야 한다. 다만, 국가 또는 지방자치단체가 공공사업을 시행할 계획이 있거나 그 하천점용의 목적상 특히 필요한 경우에는 점용허가의 유효기간을 단축하거나 연장할 수 있다.

② 하천관리청은 하천점용허가의 유효기간 연장신청이 있는 경우에는 이 기준에 따라 다시 심사를 하여야 하며, 다음 각 호의 사항에 해당하는 경우 하천점용허가의 유효기간을 연장하지 않거나, 신청된 유효기간 보다 짧은 기간으로 연장할 수 있다.

1. 하천법 제33조 제2항에 따른 허가조건을 이행하지 않은 경우
2. 하천법 제37조 하천 점용료등을 납부하지 않은 경우
3. 하천법 제69 및 제70조에 따른 하천관리청의 조치 및 처분을 이행하지 않은 경우
4. 계속해서 하천점용허가를 하는 것이 하천관리 또는 하천환경의 보전에 적합하지 않다고 인정되는 경우

③ 하천관리청은 하천점용허가의 유효기간이 만료되기 2개월 전에 별지 제1호서식의 하천점용허가의 유효기간만료일이 도래되었음을 알리는 안내서를 하천점용허가를 받은 자에게 통지하여야 한다.

④ 하천점용허가를 받은 자가 하천점용허가의 유효기간을 연장하고자 하는 때에는 유효기간이 만료되기 전까지 하천관리청에 연장신청을 하여야 하며, 하천점용허가를 받은 자가 연장신청을 하지 않아 허가기간이 만료된 경우 하천관리청은 하천점용허가의 효력이 상실되었음을 통지할 수 있다.

⑤ 영 제32조에 따라 여러 행위에 대한 복합허가를 하는 경우 점용허가의 유효기간은 규칙 별표 5의 유효기간 중 주된 허가사항에 대한 유효기간으로 한다.

제5조(하천점용허가의 조건 등) ① 하천점용허가를 할 때에는 다음 각 호의 사항

중 필요한 사항을 조건으로 붙일 수 있다.

1. 허가내용의 변경이나 하천점용허가의 취소에 관한 다음 각 목의 사항

   가. 공공 및 공익사업의 시행에 따른 허가내용의 변경이나 하천점용허가의 취소에 관한 사항

   나. 하천점용으로 인해 제3자에게 입힌 피해의 배상에 관한 사항

   다. 하천점용을 중지하거나 하천점용허가가 취소된 때의 원상회복에 관한 사항

   라. 법령을 위반하거나 허가조건을 위반한 경우 하천점용허가의 취소에 관한 사항

2. 하천점용공사의 시행에 관한 다음 각 목의 내용

   가. 수해방지대책에 관한 사항

   나. 하천시설이나 공공시설을 훼손한 경우 원상회복에 관한 사항

   다. 하천에 있는 지하매설물의 조사 및 대책에 관한 사항

   라. 설치한 공작물의 유지관리에 관한 사항

   마. 공사시행 시의 안전수칙에 관한 사항

   바. 하천점용공사로 인해 제3자에게 입힌 피해의 배상에 관한 사항

   사. 임시시설의 철거 및 원상회복에 관한 사항

   아. 재해정보전달 체제의 정비 및 공작물의 철거 등 긴급 시 적절한 대응을 위해 필요한 사항

   자. 「재난 및 안전관리 기본법」 제66조 및 「재난구호 및 재난복구비용 부담기준 등에 관한 규정」 제6조에 따른 재난복구비용의 국고지원 배제에 관한 사항

3. 하천의 오염 및 보건위생의 위해를 방지하기 위한 다음 각 목의 내용

   가. 하천점용공사 시 발생되는 잔토처리에 관한 사항

   나. 물의 혼탁으로 인한 피해를 최소화할 수 있도록 오탁방지막 등의 설치에 관한 사항

4. 점용물 제거 등에 관한 다음 각 목의 내용

   가. 점용허가기간 만료 후 원상회복을 이행하지 않을 경우 행정대집행, 점용물 처리 등에 관한 사항

   나. 원상회복면제의 신청 없이 방치되는 점용물의 처리에 관한 사항

5. 점용물의 이용 · 관리 등에 관한 다음 각 목의 내용

   가. 점용물의 임대 또는 관리위탁 등에 관한 사항

   나. 이용객에게 부과하는 사용료에 관한 사항

   다. 기부채납에 관한 사항

6. 그 밖에 하천관리를 위해 필요한 내용

② 하천관리청은 하천점용허가를 받은 자로부터 보고를 받는 등의 방법으로 하천 점용의 상황과 허가조건의 이행상황을 확인할 수 있다.

제5조의2(임대·전대의 금지) ① 하천점용허가를 받은 자는 해당 허가를 받아 점용하고 있는 토지 또는 시설을 다른 사람에게 임대하거나 전대하는 것을 금지한다. 다만 규칙 제18조의2에 따라 하천관리청의 승인을 받아 예외적으로 임대를 할 수 있다.

② 규칙 제18조2의 제3호에 따른 시설의 임대는 이용객 편의시설 또는 수상레저 사업에 필요한 부대시설과 같이 하천점용허가를 받은 목적에 지장이 없는 범위에서 승인하여야 한다.

③ 임대승인 신청은 하천점용(변경, 연장)허가 신청 시 신청하여야 하며, 목적, 규모, 안전대책 등 임대관련 계획이 포함된 사업계획서를 제출하여야 한다.

④ 하천관리청은 하천점용허가 기간 안에서 임대승인 하여야 하며, 피허가자는 점용허가 기간 내 임대계약이 종료되어 새로이 계약을 체결하고자 하는 경우 변경허가를 통하여 다시 점용허가 및 임대승인을 받아야 한다.

⑤ 임대승인을 받은 경우 피허가자는 임대계약서 또는 임대사실을 증명할 수 있는 서류를 하천관리청이 요구하는 기한 내에 제출하여야 하며, 하천관리청은 임대승인내역과 실제 임대 체결내역(사실관계)을 확인하여 임대 승인기준을 벗어난 시설물 임대의 경우 하천점용허가의 취소, 유효기간 연장의 불허, 공작물 또는 물건의 개축·변경·이전·제거의 조치 등을 명하거나 그 밖에 필요한 처분을 할 수 있다.

⑥ 임대승인을 받은 점용시설물의 점용료 납부, 허가취소에 따른 원상회복 등 점용허가로 인해 발생하는 모든 의무와 책임은 피허가자에게 있음을 허가조건에 명시하여야 한다.

제2장 토지의 점용허가에 관한 세부기준

제7조(토지점용의 범위) 법 제33조제1항제1호에서 토지의 점용이란 굴착·성토 또는 포장행위 등 토지의 형질 변경 또는 공작물의 설치 등이 없이 하천구역을 점용하고자 하는 경우에 해당한다.

제7조의2(대규모 점용의 협의) ① 시·도지사 또는 시장·군수·구청장은 국가하천 내 3만㎡ 이상의 토지를 점용하는 행위에 대하여 허가를 하려는 경우에는 지방국토관리청과 미리 협의하여야 한다.

② 제1항에 의한 점용면적을 산정함에 있어서 다음 각 호의 어느 하나에 해당하는 경우에는 전체 점용면적을 합산한다.

1. 하천을 이미 점용하고 있는 자가 점용면적을 증가시키는 경우
2. 동일하천 안에서 동일한 자가 동일한 목적으로 하천을 점용하는 경우

제8조(경작목적의 토지점용) ① 경작목적의 토지점용허가는 단순한 경작행위만을 허가한 것으로 다음 각 호의 경우 복합적인 허가를 받아야 한다.

1. 경작을 위한 농기구, 비료 등을 보관하는 창고 등의 공작물을 설치하는 행위
2. 경작목적의 점용허가를 받은 하천부지에 진입하기 위한 포장도로 등을 설치하는 행위
3. 그 외 단순 토지이용 이상의 행위(토지의 형질변경, 공작물 설치 등)를 하는 경우

② 경작목적의 토지점용허가는 다음 각 호의 기준에 따라 허가한다.

1. 허가신청인이 국가, 지방자치단체, 공공기관 또는 공공단체인 경우를 제외하고는 국공유지를 경작목적으로 점용할 수 없음
2. 허가신청인이 직접 경작하는 경우로서 관할 시장·군수·구청장의 확인을 받을 것
3. 1가구당 3만 제곱미터 이내일 것
4. 기득하천사용자의 경우 제1호의 규정에도 불구하고 연장허가신청을 할 수 있다. 이 경우 허가관청은 제2호부터 제3호의 기준에 따라 검토하여 허가여부를 결정할 것
5. 영 제36조에 따라 경작목적의 하천점용 시 온실, 비닐하우스 또는 이와 유사한 시설은 설치할 수 없음
6. 허가관청은 규칙 제18조제1항의 기준에 따라 하천구역에 경작을 목적으로 점용허가를 하는 경우 「친환경농업육성법」 제2조제1호에 따른 친환경농업을 유도하기 위해 필요한 조치를 취할 것

제3장 하천시설의 점용허가에 관한 세부기준

제9조(하천시설 점용의 범위) 법 제33조제1항제2호에서 하천시설의 점용이란 제방, 보 등 하천시설을 도로, 교량 등의 목적으로 사용하기 위한 점용이나 이와 유사한 점용에 해당한다.

제4장 공작물의 신축 · 개축 · 변경허가에 관한 세부기준

제11조(공작물 설치 점용의 범위) 법 제33조제1항제3호에서 공작물의 신축 · 개축 · 변경(이하 "공작물 설치"라 한다)의 점용이란 하천구역에 수문, 제방 등의 하천시설이나 기타 구조물을 설치하는 점용에 해당한다.

제12조(공작물의 설치 등의 일반적 기준) 공작물의 설치 등에 있어서의 일반적 기준은 다음 각 호와 같다.

1. 공작물의 설치 등에 있어서는 하천기본계획에의 적합여부를 검토하여 위치를 선정하도록 할 것
1의2. 하천수위에 영향을 미치는 제13조부터 제17조, 제20조 및 제21조에 해당하는 시설과 하수도 등 방류시설은 그 설치계획을 하천기본계획에 미리 반영할 것
1의3. 하천에 방류하는 시설은 방류에 따른 하천수위에 미치는 영향을 검토하여 관할 홍수통제소와 협의하여 운영계획을 수립하도록 할 것
2. 공작물의 설치 등에 있어서는 기초지반이 연약하지 않은 장소를 선정하도록 할 것
3. 수문 및 통문, 교대(橋臺) 등 그 기능상 불가피하게 계획제방 부지 안에 설치가 필요한 공작물 등의 설치는 수충(水衝)부 등이 아닌 장소를 선정하도록 할 것
4. 교량, 하구둑 등 하도 안에 설치하는 공작물 및 계획제방 부지 안에 설치하는 수문 · 통문 등의 설치는 기존 시설에 통합 설치하는 것으로 검토할 것
5. 하천의 종단방향으로 그 상공 또는 지하에 설치하는 공작물 등은 불가피한 경우를 제외하고는 치수에 지장이 없는 경우에 한하여 설치하는 것으로 할 것
6. 설치가 부적당한 장소에 불가피하게 공작물 등을 설치하는 경우에는 수리모형실험 · 수치해석 등에 의해 국소 세굴, 하도의 안정, 설치로 인하여 하천에 미치는 영향에 대해 검토를 실시하고 적절한 대책을 강구하도록 할 것
7. 「지진 · 화산재해대책법」 제14조제1항에 해당하는 시설물의 경우 내진설계를 하도록 할 것
8. 공작물(공사 시행을 위해 임시로 설치되는 공작물을 포함한다) 등의 설치는 부근의 토지에 대한 경관과의 조화, 하천 생태계의 보전 등 하천환경이 보전되도록 할 것
9. 공작물 등의 용도를 폐지한 경우는 그 공작물이 치수 · 이수에 지장을 주지 않도록 제거할 것

10. 공작물 설치구간에 지하매설물을 상세히 조사하여 관계기관과 협의한 후 이설 또는 보강계획을 수립하고, 필요한 경우 안전진단을 실시하도록 할 것

11. 법 제6조에 따른 사업을 하기 위한 실시설계 등을 하는 경우 하천관리청과 미리 협의하여 실시설계완료 후 계획의 변경 또는 보완 등이 최소화되도록 할 것

제21조(교량) ① 하천을 횡단하기 위해 하천구역안에 교각이나 교대를 세워서 설치하는 공작물(이하 "교량"이라 한다)은 다음 각 호의 어느 하나에 해당하지 않는 곳에 설치하는 것을 원칙으로 한다.

1. 협착(狹窄)부(산간 협착부는 제외한다), 수충(水衝)부, 합류되거나 갈라지는 하천의 합·분류부

2. 하상의 변동이 큰 곳

② 교량을 설치할 때에는 다음 각 호의 기준에 적합하도록 하여야 한다.

1. 교각은 원칙적으로 제체(堤體)안에 설치하지 않도록 하며 부득이한 경우에는 교각의 폭만큼 제방을 제내지 측으로 보강하는 등 대책을 강구할 것

2. 교량의 설치로 인해 난류의 발생이 두드러지지 않게 하거나 제방에 대한 악영향이 발생하지 않도록 필요한 대책을 강구할 것

3. 교량 보호공은 하천환경의 보전에 적합한 구조로 할 것

4. 교각에 의한 국소세굴로 인해 근접한 다른 공작물에 지장을 초래하지 않도록 하상의 세굴방지 대책을 강구할 것

5. 취수탑, 보 등의 다른 공작물에 근접해서 설치할 때에는 이와 상호작용으로 인해 난류의 발생이 두드러지지 않도록 필요한 대책을 강구할 것

6. 교대·교각을 제방 정규단면에 설치하면 제체 접속부에서의 누수 발생으로 인하여 제방의 안정성을 저해시킬 수 있을 뿐만 아니라 통수능력의 감소로 치수에 지장을 초래할 수 있으므로 교대·교각의 위치는 제방의 제외지 측 비탈끝으로부터 10m 이상 떨어지도록 할 것. 단, 계획홍수량이 $500\text{m}^3/\text{sec}$ 미만인 하천에서는 5m이상 이격하도록 할 것

③ 교량을 설치하는 때에는 다음 각 호의 기술적 사항을 검토하여야 한다.

1. 교량설치에 따른 상·하류 500m 지점별 수위변동 상황, 계획홍수위에 대한 기준여유고 확보 여부, 경간장의 적정여부, 교량의 길이가 하천기본계획상 계획하폭과의 적정여부

2. 교각 및 교대형식에 따른 유수방향 및 유수소통 지장 여부

3. 교각 단면 형식의 적정성 여부 및 유수방향과의 저촉여부 등

4. 기초구조물의 적정 여부(기초형식, 세굴심도 및 세굴방지사석의 입경, 세굴방지

공법 등의 적정 여부)

5. 제체안전성 확보 및 임시시설에 대한 원상복구계획의 적정성 여부(제방 절개공
법의 적정성, 토류벽 및 가도 등 가시설물 설치 여부, 원상복구계획의 적정성
여부 등)

6. 유수단면 감소에 대한 저감대책 및 저류대책 포함 여부

7. 기존 교량에서 가까운 위치에 새로운 교량을 가설할 경우 유수방향 및 유수소
통 지장 여부

8. 교량가설 후 상·하류 둑마루와의 통행이 가능하도록 제내측에 통로암거 또는
우회로 설치 계획의 필요여부

제22조(제방겸용도로) ① 제방의 역할을 겸하는 도로(이하 "제방겸용도로"라 한다)
를 설치하는 때에는 다음 각 호의 기준을 원칙으로 한다.

1. 제방의 앞비탈면 소단에는 설치하지 않도록 할 것

2. 하천관리용으로의 기능을 우선적으로 확보하도록 할 것

② 제방겸용도로를 설치할 때에는 다음의 각 호에 유의하여야 한다.

1. 방호책, 표지, 신호기 등 도로교통을 위해 설치하는 도로부속물은 최소한으로
할 것

2. 도로부속물은 원칙적으로 계획제방 부지 안에 설치하지 않도록 할 것

3. 제방으로부터 하천 측의 교량 밑으로 지나는 도로를 설치하지 않도록 할 것

4. 하천으로의 접근이 가능한 횡단보도 등을 설치할 것

5. 보도 등은 고령자·장애인 등 약자의 이용을 고려한 구조를 갖추도록 할 것

6. 제체(堤體)내 옹벽은 하천으로의 접근성을 차단하여 친수기능을 저해하므로 불
가피한 경우에 최소한도로 설치할 것

제24조(부체도로) ① 제방의 마루와 제방으로부터 하천 측의 토지 또는 그 반대 측
에 있는 공공도로와의 연결을 위하여 제방의 비탈면에 설치하는 도로형태의 성토
구조물(이하 "부체도로"라 한다)은 원칙적으로 다음 각 호의 기준에 적합하도록
설치하여야 한다.

1. 협착(狹窄)부, 수충(水衝)부(제방의 앞비탈면에 설치하는 경우)에는 설치하지
않을 것

2. 제방의 앞비탈면에 설치할 때에는 상류를 향해서 내려가는 형태로 설치하지 않
을 것. 다만, 치수에 문제가 발생하지 않도록 필요한 대책을 수립한 때는 그러
하지 아니하다.

3. 삭제

② 부체도로를 하천생태공원 등의 부속시설로 설치하는 경우에는 고령자 · 장애인 등 약자의 접근이 용이한 구조로 하여야 한다.

제28조의3(레저 · 문화시설) ① 야영장, 자동차야영장, 수상레저 안전법에 따른 수상레저사업 부대시설, 공항시설법에 따른 경량항공기 이착륙장, 항공안전법에 따른 초경량비행장치 중 무인비행장치의 비행이 가능한 공간 · 시설 등 레저시설과 공연장, 관람장, 전시시설 등 문화시설을 설치할 때는 다음 각 호의 사항을 원칙으로 한다.

1. 홍수, 안전사고 등에 대비한 이용객 안전대책을 마련할 것
2. 홍수시 이동가능한 구조물 설치를 우선 고려하고, 고정 구조물을 설치할 경우에는 침수로 인한 유실우려가 없도록 설치할 것
3. 수질오염과 환경훼손 등에 대한 방지대책을 마련할 것
4. 주변의 거주자와 하천이용객들에게 지장을 주지 않을 것
5. 레저시설 이용객에게 부과하는 사용료는 시설 투자비용과 운영경비 등을 고려하여 해당 지방자치단체의 조례로 정할 것

② 야영장, 자동차야영장 등 취사 · 야영행위를 수반하는 시설을 설치 · 운영하는 경우에는 다음 각 호의 사항을 유의하여야 한다.

1. 용수 공급시설, 화장실, 오폐수처리시설 등 적정기반시설을 갖추고 오염물질이 하천으로 직접 유입되지 않도록 철저한 방지대책을 마련할 것
2. 갑작스런 수위상승 또는 잦은 침수 우려가 있는 곳은 피하여 설치할 것
3. 홍수시 비상대피 안내방송, 긴급대피 계획수립 등 이용객 안전대책을 마련할 것
4. 법 제46조 제6호에 따라 시도지사가 야영행위 또는 취사행위 금지구역으로 지정한 곳 이외의 장소에 설치할 것

③ 수상레저 안전법에 따른 수상레저사업을 위해 유선장, 계류장 등 부대시설을 설치 · 운영하는 경우에는 제28조를 따르되, 다음 각호의 사항을 유의하여야 한다.

1. 선착장, 계류장 등은 부유식 등 홍수시 유실피해를 방지할 수 있는 구조로 설치할 것
2. 구명환 등 구난장비를 구비하고, 적정 인원의 안전요원을 배치할 것
3. 동력기구를 활용한 수상레저사업의 경우 충돌사고 등에 대한 안전대책과 기름유출 등 환경사고 에 대한 방지대책을 마련할 것
4. 오폐수, 쓰레기 등을 발생시키는 시설의 경우는 오염물질이 하천으로 직접 유입되지 않도록 철저한 방지대책을 마련할 것

④ 공항시설법에 따른 경량항공기 이착륙장, 항공안전법에 따른 초경량비행장치

중 무인비행장치의 비행이 가능한 공간·시설을 설치하고자 하는 경우에는 다음 각 호의 사항을 유의하여야 한다.

1. 인근 주거지와 농가 등에 미치는 소음영향 등을 고려하여 설치 할 것
2. 활주로 등 필수시설을 제외한 고정구조물은 가급적 하천구역 외부에 설치할 것
3. 활주로 등은 친환경공법으로 시공할 것
4. 이착륙시 충돌 위험이 있는 구조물과 적정거리 이상 이격하여 설치할 것
5. 안전휀스 설치, 안전요원 배치 등 철저한 안전대책을 마련할 것
6. 공항시설법에 따른 경량항공기 이착륙장을 설치하고자 하는 경우에는 '이착륙장의 설치 및 관리기준(국토교통부 고시 제2017-754호)을 따를 것
7. 항공안전법에 따른 초경량비행장치 중 무인비행장치의 비행이 가능한 공간·시설을 설치하고자 하는 경우에는 항공안전법 시행규칙 별표23에 따른 '비행금지 구역' 및 '관제권'이 아닌 지역일 것. 다만, 관할 기관과 협의된 경우에는 그러하지 아니한다.

⑤ 문화시설을 설치·운영할 때에는 다음 각 호의 사항을 원칙으로 한다.

1. 홍수시 비상대피 안내방송, 긴급대피 계획 수립 등 이용객 안전대책을 마련할 것
2. 갑작스런 수위상승 또는 잦은 침수가 있는 곳은 피하여 설치할 것
3. 시설 운영으로 인해 오염물질이 하천으로 직접 유입되지 않도록 철저한 방지대책을 마련할 것
4. 이용 수요, 역사·문화·관광 등 지역 특성을 고려하여 설치할 것
5. 보전지구 등 생태·환경적 가치가 높은 곳은 피하여 설치할 것
6. 도시·군계획 등 하천 연접지역의 공간계획과 조화를 이루도록 설치할 것
7. 대중교통수단, 자전거 도로, 접근로 등을 고려하여 이용이 편리한 장소에 설치할 것

H. 내륙공유수면 점용·사용 업무처리 "민원사례"

※ 출처 : 해양수산부, 내륙 공유수면 점용·사용 업무처리 요령 2014. 2.

1. 하천·구거의 일부 구간에 배수관·흄관을 사용하여 배수로를 확보하고 그 위에 콘크리트 포장을 하여 진출입의 목적으로 공유수면을 점용·사용하는 것이 가능한지에 대한 여부 (경기 ○○시)
   - 교량 등 인공구조물의 설치는 「공유수면법」 제8조제1항제1호에 따라 점용·사용 허가대상에 해당함.
   - 같은 법 제12조(점용·사용허가 등의 기준)에 따라 공유수면관리청은 공유수면 점용·사용허가로 인해 피해가 예상되는 권리자가 있으면 그 허가를 하지 않도록 규정
   - 점용·사용허가여부는 당해 허가로 인하여 권리자의 예상되는 피해 발생 여부, 구거의 기능에 지장을 초래할 가능성, 원상회복의 용이성, 그 밖에 공유수면의 효율적 이용·관리에 지장여부 등을 종합적으로 고려하여 공유수면관리청에서 판단.

2. 하천의 일부구간을 주차장으로 사용하고자 할 경우, 「공유수면법」에 의한 점용·사용허가를 받아야 하는지, 「국유재산법」에 따른 사용수익허가를 받아야 하는지에 대한 여부 (경남 ○○시)
   - 「공유수면법」 제3조제1호에 따라 「하천법」이 적용되거나 준용되는 공유수면(「하천법」 제10조(하천구역의 결정 등)에 따라 하천구역으로 결정된 지역)이 아닌 경우는 「공유수면법」의 적용을 받아야 함.
   - 공유수면은 사적 소유권의 대상이 되지 않는 공공용물로서 「국유재산법」 적용대상이 아님

3. 「하천법」의 적용을 받지 않는 하천구역 밖에 위치한 지목이 하천인 구역이 「공유수면법」에 적용을 받는지에 대한 여부 (경기 ○○○시)
   - '하천, 호소, 구거 그 밖에 공공용으로 사용되는 수면 또는 수류로서 국유인 것'은 공유수면에 해당되며, 현재 물이 흐르지 않고 사실상 그 기능이 상실된 경우라 할지라도 용도폐지 후 지목이 변경되기 이전까지는 같은 법의 적용대상임.

4. 공유수면을 복개하여 공공시설인 도로로 사용하고 있는 경우 「공유수면법」에 적용을 받는지에 대한 여부 (경기 ○○○시)
   - 공유수면의 범위는 해당 공유수면의 지하, 수중, 수면 및 수면 위 공간을 모두 포함하므로 공유수면의 복개되어 도로로 사용되고 있더라도 공유수면의 점용·사용허가대상이 됨.

5. 「도시공원 및 녹지에 관한 법률」의 적용을 받는 공원구역(미조성 공원)에 위치한 공유수면(구거)에 대하여 「공유수면법」의 적용을 받는지에 대한 여부 (경기 ○○시)
   - 질의상의 공유수면(구거)이 「도시공원 및 녹지에 관한 법률」의 적용을 받는 공원구역에 포함된다 하더라도 같은 법 제3조에 의한 적용배제 대상에 해당되지 않는다면, 당해 공유수면은 같은 법 제8조제1항 각 호에서 규정하고 있는 행위를 하고자 하는 경우 이 법에 의한 허가를 받아야 함.
   - 참고로 해당 공유수면(구거)이 「도시공원 및 녹지에 관한 법률」의 적용을 받는 공원구역에 위치하여 별도로 이 법(§24 도시공원의 점용허가)에 의한 점용허가 대상이 되는지 여부는 확인 필요

6. 현재 물이 흐르지 않고 대지와 도로 사이에 위치한 국가 소유의 구거를 진입로 목적으로 공유수면 점용·사용 허가를 받아 사용하는 것이 가능한지에 대한 여부 (경기도 ○○군, ○○○시, 전라북도 ○○군, 강원도 ○○시 등)
   - 진·출입로의 목적으로 구거 부지를 사용하는 것은 공유수면 점용·사용허가대상에 해당하며, 다만 같은 법 제12조(점용·허가 등의 기준)에 따라 그 허가가 피해가 예상되는 권리를 가진 자가 있거나 구거의 기능에 지장을 초래하는 경우에는 허가를 하지 아니할 수 있음.

7. 공유수면(하천·구거 등)을 건축허가를 위한 진입로 목적으로 공유수면 점용·사용하는 것이 가능한지에 대한 여부 (경기도 ○○○시)
   - 별도의 시설물 설치 없이 진입로로 사용코자 하는 것이라도 공유수면 점용·사용허가 대상이 됨. 다만 공유수면의 점용·사용허가여부는 해당 공유수면의 점용·사용에 따른 수로기능의 상실여부, 허가로 인한 피해가 예상되는 권리자의 유무, 기타 주변여건 등을 종합적으로 고려하여 공유수면관리청에서 판단할 사항임.

8. 구거를 횡단하는 구름다리 형태의 구조물 설치에 대한 공유수면 점용 · 사용 허가 대상여부 (경기도 ○○시)

  - 공유수면의 범위는 수저, 수중, 수면 및 수면 위의 공간을 모두 포함하므로, 구름다리 형태의 구조물 설치 위치가 공유수면에 해당되므로 허가를 받아야 함.

8. 공유수면(구거)에 무허가 건물을 지어 사용하던 자에게 공유수면 점용 · 사용허가를 할 수 있는지에 대한 여부 (광주광역시 ○구)

  - 공유수면법 시행령 제6조에서는 공유수면에서의 건축물 설치를 엄격히 제한
  - 질의상의 '무허가건물'이 건축법 제2조제1항제2호의 규정에 의한 '건축물'에 해당하는 경우라면 공유수면 점용 · 사용이 불가하며, 공유수면 점용 · 사용허가건에 대해서는 공유수면법제21조(원상회복 등) 제1조에 따라 원상회복을 해야 함.
  - 건축물에 해당되지 않는 경우로서 무단 점용 · 사용을 하는 것이라면, 우선적으로 공유수면법 제21조에 따라 공유수면관리청은 원상회복을 명할 수 있으며, 원상회복이 불가능하거나 그 밖에 대통령령으로 정하는 사유가 있으면 원상회복 의무자의 신청에 의하여 또는 직권으로 원상회복 의무를 면제할 수 있을 것임.

※공유수면에 토지를 조성하지 아니하고 설치한 건축물 중 다음에 해당하는 것에 한하여 허가가 가능하다. (공유수면법 제8조 ②, 시행령 제6조 ①)
① 관광진흥법 제3조제1항제2호에 따른 관광숙박업에 필요한 건축물
② 신에너지 및 재생에너지 개발·이용·보급 촉진법 제2조제2호에 따른 신 · 재생에너지 설비 및 풍력설비
③ 전기사업법 제2조제16조에 따른 전기설비 중 송전선로 및 그 부대시설

9. 공장 개발행위허가를 위한 공장 진·출입로 사용목적으로 구거에 배수관 매설, 흄관 및 잡석채움 한 후에 콘크리트 포장을 할 경우 공유수면 점용·사용허가가 가능한 지에 대한 여부(경기도 ○○시)

  - 공장 개발행위 허가를 위한 공장 진·출입로 사용목적으로 구거에 이중벽관 및 흄관 설치(매설) 및 잡석채움, 콘크리트 포장 등 하는 행위는 '그 밖에 인공구조물을 신축하는 행위'에 해당되며
  - 이중벽관 및 흄관을 설치하여 원활히 배수되고, 향후 콘크리트 포장, 이중벽

관·흄관 등을 철거하여 원상회복이 가능한바 공장 개발행위허가를 위한 공장 진·출입로 사용목적으로 공유수면 점용·사용이 가능

10. 공유수면(구거)에 정자를 지어서 휴식공간으로 이용하는 경우, 공유수면 점용·사용허가가 가능한지에 대한 여부 (강원도 ○○시)
   − 「공유수면법」 시행령 제6조(건축물의 범위)에서는 공유수면에서의 건축물 설치를 엄격히 제한하고 있음.
   − 질의상의 '정자'가 건축법 제2조제1항제2호의 규정에 의한 '건축물'에 해당하는 경우라면 공유수면 점용·사용이 불가하며, '건축물'에 해당되지 않는 경우라면 공유수면 점용·사용허가 대상임.

I. 주위토지통행권에 관한 프랑스·스위스·이탈리아·독일·일본의 민법

1. 프랑스 민법규정

제4편 지역권

제639조 지역권은 장소의 자연적 위치, 법률에 의하여 부과된 의무 또는 소유자 사이의 약정으로부터 생긴다.

  제1장 장소의 위치에 의한 지역권: (물, 경계 설치, 울타리 관련 조항.)
  제2장 법정지역권: (공유의 경계벽 및 구거, 특정건축물에 대하여 필요한 거리 및 중간공작물, 인접지에 대한 전망, 지붕의 빗물받이 홈통, 통행권)

제651조 소유자는 약정의 유무에 불구하고 서로 각종의 의무를 부담한다.

제5절 통행권

제682조(1967년12월30일 법률 제67-1253) 다른 토지에 둘러싸인 토지의 소유자로서 공로로의 출구가 없거나, 출구가 있어도 그 토지의 농공상업상의 개발 또는 건축이나 구획공사의 시행을 위하여 불충분한자는 그 상린자의 토지에 대하여 자기 토지의 완전연락을 보장하기에 충분한 통행권을 청구할 수 있다. 다만, 이로 인하여 생긴 손해를 배상하여야 한다.

제683조(1881년8월20일 법률) ① 통로의 위치는 그 해당토지에서 공로까지의 거리가 가장 짧은 측면으로 선정하여야 한다.
② 통로의 위치는 통행지에 대하여 손해가 가장 적은 곳으로 정하여야 한다.
제684조(1881년8월20일 법률) ① 토지가 매매, 교환, 분할 또는 기타계약에 따른 토지분할로 인하여 다른 토지에 둘러싸이게 된 때에는 이러한 행위의 목적이 된 토지에 대하여만 통행권을 청구할 수 있다.
② 분할된 토지상에 설정된 통행권이 불충분한 경우에는 제682조의 규정을 적용할 수 있다.

제685조(1881년8월20일 법률) ① 타인의 토지에 둘러싸인 것을 이유로 설정된 통행지역권의 존속기간은 30년으로 한다.

② 제682조의규정에 의한 경우에 손해배상청구소권은 시효에 의하여 소멸한다. 손해배상청구소권의 소멸여부를 불문하고, 통행권은 계속 존속할 수 있다

제685-1조(1971년6월25일 법률 제71-494호)

① 요역지의 통행이 제682조의 규정이 정하는 바에 따라 보장된 때에는 승역지의 소유자는 통행지역권의 기간에 관계없이 언제든지 지역권의 소멸을 청구할 수 있다.

② 당사자간의 타협이 성립되지 아니한 때에는 전항의 지역권 소멸은 법원의 결정에 의한다.

제692조 家父의 용법에 의한 지역권은 계속되고 표현된 것에 한하여 이를 인정한다.

제693조 현재 분할되어 있는 두 토지가 분할전에는 동일소유자에게 속하였고 이 소유자가 그 토지를 지역권이 발생할 수 있는 상태하에 놓아두었던 경우에 한하여 家父의 용법이 있는 것으로 한다.

2. 스위스 민법규정

제4편 물 권

제19장 토지소유권
제2절 토지소유권의 내용 및 제한

제694조 ① 토지소유자가 자기 토지로부터 공로에 이르는 충분한 통로를 가지지 아니한 경우에는 인접지 소유자에게 완전한 보상과 상한으로 필요적 통로를 개설할 것을 청구할 수 있다.

② 전항의 청구는 일차적으로 이전의 소유상태와 통로상태에 비추어 필요적 통로의 효용이 우선적으로 예측되는 인접지 소유자에 대하여 하며, 그 밖에 필요적 통로에 의하여 손해가 가장 적은 인접지 소유자에 대하여 한다.

③ 필요적 통로의 확정에 있어서는 양쪽의 이익을 참작하여야 한다.

제696조 ① 법에 의하여 직접 창설되는 통행권은 등기 없이 존속한다.

② 장기간 존속되는 통행권은 등기하여야 한다.

3. 이탈리아 민법규정

제6편 지역권

제1장 총 칙

제1027조(권리의 내용) 지역권은 다른 소유자에게 속한 다른 토지의 편익을 위하여 토지의 부과된 부담으로 구성된다.

제1028조(편익의 개념) 편익은 요역지의 더 큰 편익만으로 할 수 있으며, 토지의 산업적 용도에만 관계될 수 있다.

제1029조(장래의 편익을 위한 지역권) ① 지역권은 토지에 대한 장래의 편익을 위하여 설정할 수 있다.

② 건물을 건축하거나 토지를 취득하기 위한 또는 이를 금지하기 위한 지역권도 설정할 수 있다 그러나, 이러한 경우에는 그 설정행위는 건물을 건축하거나 토지를 취득한 날로부터 효력이 생긴다.

제1030조(부대서비스) 승역지의 소유자는 법률 또는 문서에 달리 규정된 경우를 제외하고, 지역권자로 하여금 그 권리를 행사할 수 있게 하는 행위를 할 의무는 없다.

제1031조(지역권의 설정) 지역권은 강제적 또는 임의적으로 설정할 수 있다. 지역권은 시효취득 또는 가장의 용도지정에 의하여도 설정할 수 있다.

제1032조(설정방법) ① 토지소유자가 법률의 규정에 의하여 다른 토지의 소유자로부터 지역권을 설정받을 수 있는 권리를 가지고 있는 경우에, 계약이 없는 때에는 지역권은 법원의 판결에 의하여 설정된다. 지역권은 법률에 특별히 규정된 경우에는 행정관청에 행위에 의하여서도 이를 설정할 수 있다.

② 지역권의 조건 및 이에 대하여 지급할 보상금도 판결로 정한다.

③ 승역지 소유자는 보상금의 지급이 있기 전에는 지역권의 행사를 방해할 수 있다.

제7장 지역권의 보호를 위한 소권

제1079조 지역권을 가진 자는 그 행사를 다투는 자에 대하여 재판상 그 행사를 확인받을 수 있으며, 예상되는 방해 및 장애의 중지를 요구할 수 있다. 지역권자는

손해배상 이외에, 物의 원상회복도 청구할 수 있다.

4. 독일 민법규정

제917조 ① 토지의 정상적인 이용에 필요한 공로에 이르는 통로가 없는 경우에, 소유자는 이웃 소유자에 대하여 그 하자가 제거될 때까지 필요한 통행을 위하여 그의 토지의 이용을 인용할 것을 청구할 수 있다. 주위토지통행로의 방향과 이용권의 범위는 필요한 경우에는 판결에 의하여 정한다.
② 주위토지통행로가 통과하는 토지를 가지는 이웃 토지소유자에게는 금전정기금의 지급에 의한 손실보상이 행하여져야 한다.

5. 일본 민법규정

구민법 제218조 ① 어떤 토지가 다른 토지에 둘러싸여 포위된 토지가 되어 공로에 통할 수 없을 때에는, 주위토지는 공로에 이르는 통로를 이 포위된 토지에 제공할 것을 요한다. 다만, 아래에 기재한 것과 같이 두 가지 형태의 보상금을 지급하게 할 수 있다. ② 토지가 수로나 강, 바다를 경유하지 않으면 통행할 수 없거나 절벽이 있어서 공로와 현저한 고저차이가 있을 때에는 포위된 토지로 간주할 수 있다.
제219조 ① 포위된 토지의 이용 또는 그 주거인의 수요를 위하여 정기적으로나 부단하게 차량을 이용할 필요가 있는 때에는 통로의 폭은 그 이용에 상응할 것을 요한다. ② 통행의 필요 또는 그 방법 및 조건에 대해 당사자의 협의가 이루어지지 않는 때는 법원은 될 수 있는 한 포위된 토지의 수요 및 통행의 편리와 주위토지의 손해를 참작하여야 한다.
제220조 ① 통로의 개설 및 유지를 위한 공사는 포위된 토지의 부담에 속한다. ② 주위토지의 건물 또는 수목을 제거하거나 변경시킬 필요가 있을 때에는 1회 한도로 보상금을 그 소유자에게 지급한다. ③ 이밖에 주위토지의 사용 또는 경작을 감소시키거나 영구적으로 그 밖의 가치를 감소시키는 것에 대한 보상금은 매년 이를 변상한다.

일본 민법 제210조 ① 다른 토지에 둘러싸여 공도로 통하지 못하는 토지의 소유자는 공도에 이르기 위하여 그 토지를 둘러싸고 있는 다른 토지를 통행할 수 있다,

② 연못, 하천, 수로 혹은 바다를 통하지 아니하면 공로에 이를 수 없는 경우 또는 언덕이 있어서 토지와 공도에 현저한 고저차가 있는 때에도 전항과 같다.

제211조 ① 전조의 경우에는 통행의 장소 및 방법은 동조의 규정에 의한 통행권을 가지는 자를 위하여 필요하고, 또 다른 토지를 위하여 손해가 가장 적은 것을 선택하지 않으면 아니 된다.

제212조 제210조의 규정에 의한 통행권을 가지는 자는 그 통행하는 토지의 손해에 대하여 상금(償金)을 지급하지 않으면 아니 된다. 다만, 통로의 개설 때문에 생긴 손해에 대한 것을 제외하고, 1년마다 그 상금을 지급할 수 있다.

J. 프랑스 통행지역권의 설정과 악화에 대한 보상7)

[p7] Figure1: Exemple de servitude conventionnelle

[그림 1] 전형적 통행지역권의 예

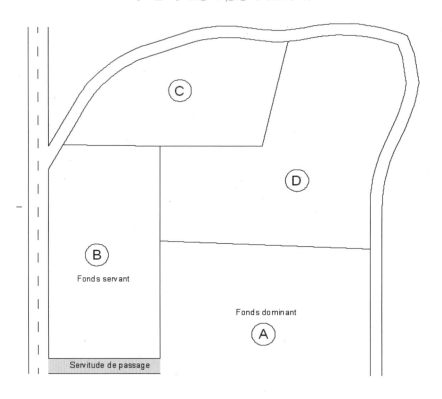

용어설명: Servitude de passage : 통행지역권

ⓐ Fonds dominant : 요역지, ⓑ Fonds servant : 승역지,

ⓒ ⓓ : 좁은 도로에 접한 이웃 토지

상황설명: ⓐ가 좁은 도로를 거쳐 우회해서 공도에 접속하므로 고립된 상황으로 본다.

---

7) Paul Méjean, "L'indemnisation des servitudes de passage dans leur éablissement et leur aggravation", Sciences de l'environnement. 2016. 참조.

[p9] Figure2 : Exemple de servitude léale de passage

[그림 2] 합법적인 통행지역권의 예

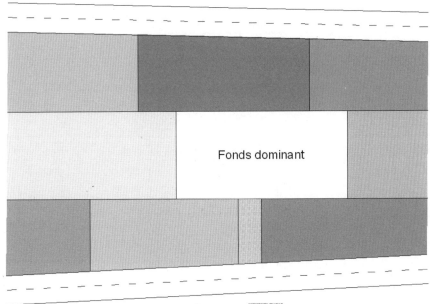

Fonds dominant

▨ Servitude de passage

용어설명: Fonds dominant : 요역지, Servitude de passage : 통행지역권

상황설명: [프랑스민법 제683조(1881년8월20일 법률) ①통로의 위치는 그 해당토지에서 공로까지의 거리가 가장 짧은 측면으로 선정하여야 한다. ②통로의 위치는 통행지에 대하여 손해가 가장 적은 곳으로 정하여야 한다.]:

그림의 '통행지역권'이 "공로까지의 거리가 가장 짧은 측면", "손해가 가장 적은 곳"에 해당하는 것으로 보인다.

[p12] Figure 3 : Servitude de passage par destination du pèe de famille

(家父의 用法에 의한 통행지역권: 민법 제693조)

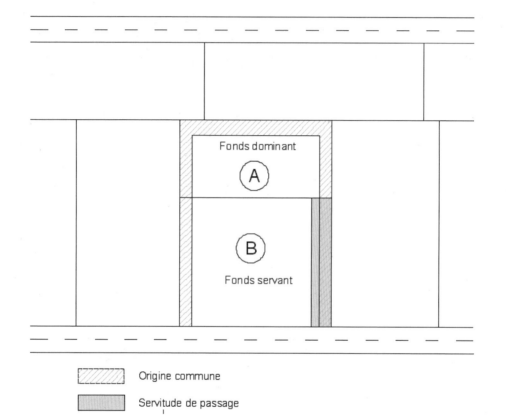

	Origine commune
	Servitude de passage

용어설명: Servitude de passage : 통행지역권, Origine Commune : 공동의 공간
Ⓐ Fonds dominant : 요역지, Ⓑ Fonds servant : 승역지

상황설명: 여기서 Ⓐ 요역지는 고립된 상황에 있지만, 북측에 '더 짧고 덜 손해를 가하는' 접근이 가능하지만, 공동의 공간(Origine Commune) 때문에 남측에 지역권을 행사해야 한다.

[p22] Les critèes préondéants selon l'enquêe sur l'indemnisation des servitudes de passage.

〈 통행지역권 보상조사에 따른 최우선 기준 〉

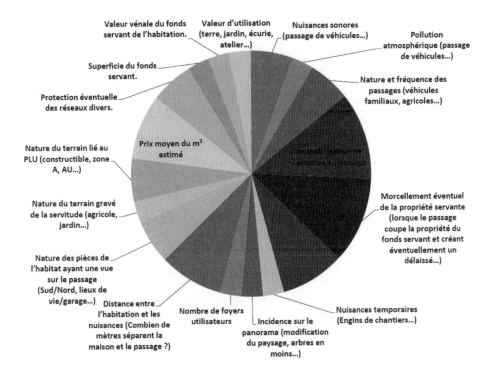

보상의 우선 순위 :

① 통행권의 고정화 = 승역지 소유권의 분할

② 주거와 생활방해사이의 거리 = 평균가격

③ 통로소음 = 통로의 성격과 빈도 = 통로가 보이는 주택의 특성(ex. 주거, 차고..)

= 지역도시계획과 관련된 지형의 특성(건물존재 등) = 다양한 네트워크 보호가능.

④ 통로 사용가치(ex. 대지,정원,작업장) = 주택 승역지의 가치 =사용자 가구수 etc.

[p25]

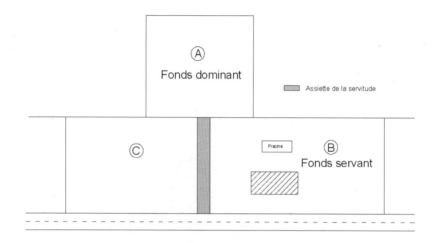

[p27]

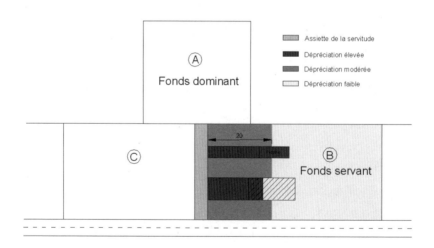

용어설명 : Piscine: 수영장(풀장), Assiette de la servitude: 통행지역권의 영역

　　　 Dépréciation élevée: 높은 감가

Dépréciation modérée: 중간 감가

Dépréciation faible: 낮은 감가

상황설명: 이 도식에서 여분의 감가는 일반적으로 구역에 따라 점진적으로 이루어짐을 관찰할 수 있고, 20미터가 초과하는 곳에서 재산이 더 이상 영향을 받지 않는다고 간주한다.

[p28]

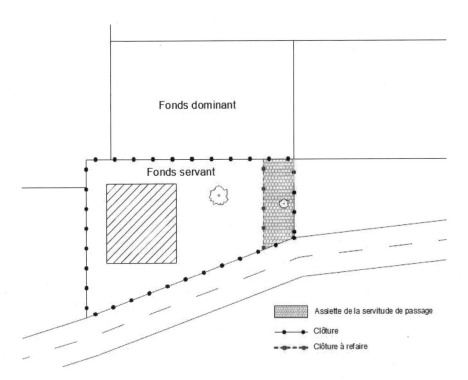

용어설명 : Clôture: 폐쇄(울타리 설치)　Clôture a refaire: 울타리 고치기

상황설명 : 위의 도식에서 요역지의 부지와 공도가 교통할 수 있도록 검은 울타리를 제거해야 한다. 이때의 손해는 예를 들어 건설 또는 담장의 설치의 형태일 수 있다. 그것은 요역지 소유자의 비용으로 붉은 울타리로 대체한다.

[p59] 〈사례 1〉

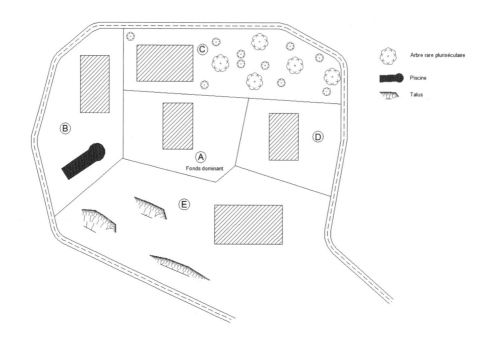

용어설명 : Ⓐ Fonds dominant : 요역지, Ⓑ Piscine : 수영장(풀장),

　　　　　 Ⓒ Arbre rare pluriséculaire : 희귀한 나무, Ⓔ Talus : 제방

상황설명 :

　Ⓐ 토지는 주변토지에 포위되어 있고, 그 소유자는 공도와의 통행을 위해서는 통행지역권
　　을 필요로 한다.

　Ⓑ 구역으로 통로를 개설할 경우 건축물과 수영장 사이를 관통하게 된다.

　Ⓒ 토지상에는 오래된 희귀목들이 많아 이를 벌목하는 것이 적절하지 못하다.

　Ⓓ 토지는 면적이 협소하여 그곳으로 통로를 개설할 경우 다른 토지와의 경계 및 집의 벽
　　을 침범할 소지가 있다.

　Ⓔ 토지상에는 제방 등이 설치되어 있고 경사가 심하여 개발이 어려운 지형이다.

주위토지통행권 요건과 관련하여 고려할 사항 :

　- 어떤 기준을 고려합니까?

[p60] 〈사례 2〉

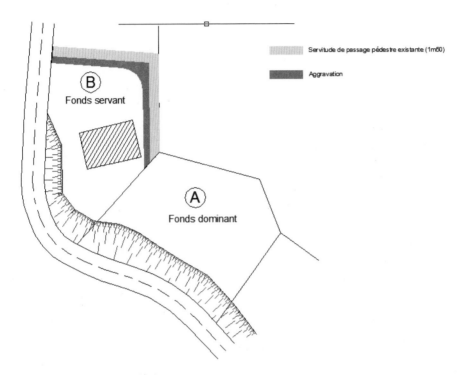

용어설명 : Aggravation: 악화,

servitude de passage pédestre existante(1m50): 기존 보행자의 통행지역권(1m50)

상황설명:

ⓐ 토지의 소유자는 접근을 허용하지 않는 큰 제방 때문에 ⓐ 요역지에 접근 할 수 없다.

ⓐ 토지는 (보행자가) 오랫동안 ⓑ 승역지를 통해서 접근할 수 있지만, 자동차를 통과시키는 것은 충분하지 않다.

그러나 기존의 지역권을 자동차 통행 가능한 폭으로 넓히면, 그 지역권은 승역지 ⓑ의 집과 매우 가깝다.

- « 자동차의 통과는 기존의 승역지의 부담을 악화시킨다. » CIV,1ère, 28 juin 1967 ; CIV.3ème, 17 oct. 1969 ; CIV.3ème, 22 mars 2011 ... - « 지방법원 판사는 통행지역권의 악화로 인한 피해 복구 방법을 고려하고, 악화를 막기 위해 요역지 소유자에게

명령할 수 있다(CIV. 2èe, 6 mai 1976)... 또는 보상을 통해 악화의 결과를 보상해야 한다(CIV.3èeme, 11 juin 1974).

보상과 관련하여 고려할 사항들 :

포위된 토지 또는 불충분한 문제를 정상화하기 위해 고려해야 할 기준은 무엇인가?

귀하의 의견으로는, 이것은 지역권의 악화입니까?

어떤 기준을 고려하고 있습니까?

[p62] 〈사례 3〉

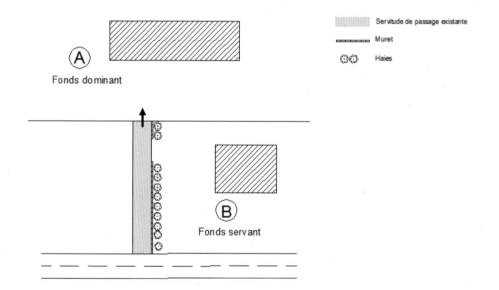

용어설명: servitude de passage existante: 기존의 통행지역권, Muret: 벽, Haies: 울타리

상황설명:

ⓑ 토지는 오랫동안 ⓐ 토지에 대한 접근을 제공하는 지역권으로 인해 혼란스러워졌다.

ⓑ 토지의 소유주는 주위토지통행로와 주위토지를 구분하는 벽과 울타리를 만들었다.

이제, 공동주택이 ⓐ 토지의 집을 대체할 것이고, 통로의 교통량증가와 기능을 악화시킬 것이다.

보상과 관련하여 고려할 사항들:

귀하의 의견으로는, 이것은 악화의 경우인가?

ⓑ의 소유자는 이를 보상받을 수 있을까? 그렇다면 어떤 기준에서?

또한 ⓑ의 소유자가 축조한 벽과 울타리가 불쾌감 (소음, 전망...)을 완화한다는

보상계산시 고려해야 할 사항은 무엇인가?

[p63] 〈사례 4〉

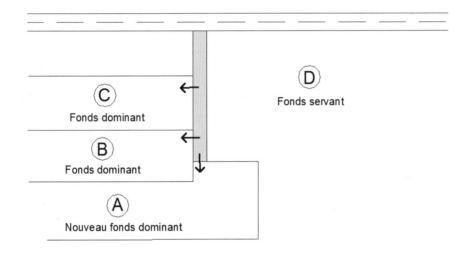

용어설명 : Ⓐ Nouveau fonds dominant: 새로운 요역지, Ⓑ Ⓒ Fonds dominant : 요역지,

　　　　　 Ⓓ Fonds servant : 승역지

상황설명 : Ⓑ Ⓒ 요역지는 오랜 기간 동안 Ⓓ 승역지에 대하여 통행지역권을 사용해왔고,

그 대가로 수천 유로를 지급하였다.

Ⓐ 요역지의 소유자가 Ⓑ Ⓒ 요역지가 사용하던 통행로를 사용할 수 있기를 희망한다.

보상과 관련하여 고려할 사항들:

Ⓐ 요역지의 소유자는 Ⓓ 승역지 소유자에게 보상해야 할까?

Ⓐ 요역지의 소유자는 또한 Ⓑ와 Ⓒ에 대해서도 보상해야 하는가?

통로의 교통량 증가에 대해서 고려하여야 하는가?

종전의 개발에 기여하였는가?

[p64] 〈사례 5〉

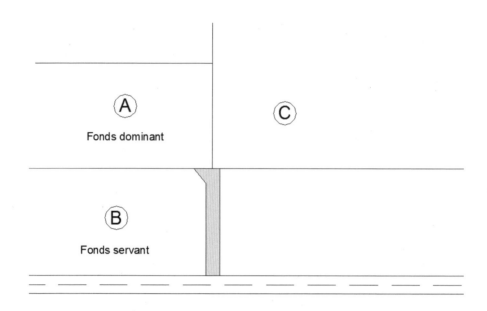

상황설명:

Ⓐ토지에 접근하는 지역권이 성립되었다.

Ⓒ토지는 실제로 개입하지 않았고 접근을 원하지도 않았지만, 공도로 통하게 되었다.

보상과 관련하여 고려할 사항들:

귀하의 의견으로는 Ⓒ의 소유자가 Ⓑ에게 보상해야하나?

그렇다면 Ⓐ와 Ⓒ의 보상 금액이 동일한가?

[p65] 〈사례 6〉

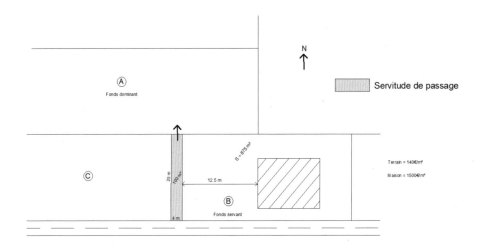

용어설명 : Terrain:대지, Maison:주택

상황설명 : 통로를 내려다보는 집의 방은 다음과 같다. – 거실, – 부엌.

보상과 관련하여 고려할 사항들:

　귀하의 의견으로는 보상금액이 무엇일까? (계산뿐만 아니라 고려된 기준을 정하라.)

[p66] 〈사례 7〉

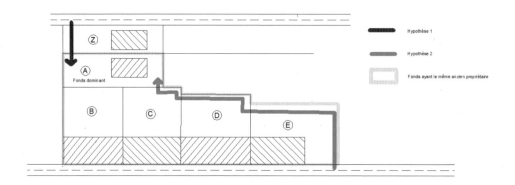

용어설명: Fonds ayant le même an cien propriétaire: 같은 해 소유권을 가진 토지

  hypothèse : 가설

상황설명:

  Ⓐ,Ⓑ,Ⓒ,Ⓓ,Ⓔ는 동일한 소유자의 토지이다.

  그러나 지금은 Ⓩ에 지역권을 설정하는 것이 더 분명하다.

보상과 관련하여 고려할 사항들:

  가장 좋은 가설은 무엇이라고 생각합니까?

  고려해야 할 기준과 쟁점은 무엇입니까?

K. 주위토지통행권으로 건축허가 긍정한 판례

1. 대법원 판례

(1) 한남동 판례

가. 한남동 사례의 3D 위성지도, 지적도.

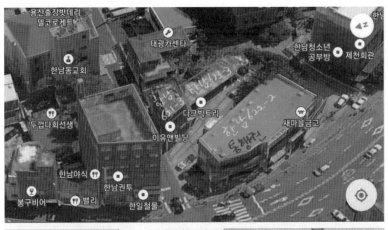

나. 해당 사례에 대한 대법원 의견

[대법원 1992. 4. 24. 선고 91다32251 판결]

(1) 판시사항

나. 건축법 제33조 제1항, 제8조의 각 규정만으로 당연히 포위된 토지 소유자에게 건축법에서 정하는 도로의 폭이나 면적 등과 일치하는 주위토지통행권이 생기는지 여부(소극)

……이러한 규정은 건물의 신축이나 증·개축 허가시 그와 같은 범위의 도로가 필요하다는 행정법규에 불과한 것이고, 위 규정 자체만으로 당연히 포위된 토지 소유자에게 그 반사적 이익으로서 건축법에서 정하는 도로의 폭이나 면적 등과 일치하는 주위토지통행권이 바로 생긴다고 단정할 수는 없다.

다. 위요된 토지가 도시계획구역 내의 일반주거지역에 위치하고 나대지인 상태로 되어 있어 이를 일정한 건축물의 건축부지로 이용하고자 하는 경우 주위토지통행권의 범위를 정함에 있어 건축법규상의 규제내용을 참작요소로 삼아야 하는지 여부(적극)

……만일 건축법규상의 규제에 적합한 통로의 개설이 허용되지 않는다고 하면 이는 그 토지 소유자로 하여금 건축물의 신축행위를 할 수 없게 하여 당해 토지의 용도에 따른 이용상에 중대한 지장을 주게 되는 매우 불합리한 결과가 생기게 되는바, 따라서 이러한 경우 건축법규상의 규제사항의 존재의 점만으로 당연히 그 규제에 적합한 내용의 주위토지통행권을 인정할 것은 아니라고 하더라도, 공익상의 견지에서 토지의 이용관계를 합리적으로 조정하기 위하여는 마땅히 건축법규상의 규제내용도 그 참작요소로 삼아, 위요된 토지의 소유자의 건축물 건축을 위한 통행로의 필요도와 위요지 소유자가 입게 되는 손해의 정도를 비교형량하여 주위토지통행권의 적정한 범위를 결정하여야 옳다.

(2) 사실관계

① 도시계획구역 내의 일반주거지역에 위치한 서울 용산구 한남동 623-3 대 123㎡는 원고의 소유로 건축물이 없는 공지이고 위 지상에 주택을 신축하려 함, 인접한 같은 동 622-2 전 829㎡는 피고들 공동 소유로 그 일부만 임시로 폐품적치장으로 이용될 뿐 나머지는 공지임, 원고의 위 포위된 토지는 포위된 토지로 북측 공

로나 서쪽 공로로 출입하기 위하여는 3층 건물이 있는 같은 동 621-3 토지나 피고들의 위 토지를 거쳐야 함. ② 원고는 건축허가를 받는데 필요한 토지를 확보하기 위하여 피고들과 협의를 하였으나 피고들의 거절로 협상결렬, 피고들은 자신들의 토지에 원고의 출입을 막기 위하여 양철로 된 울타리를 설치. ③ 원심(서울민사지방법원 1991.7.26. 선고 91나6220 판결)은 원고들에게 북측 공로 방향으로 사람이 충분히 통행할 수 있고, 물건 등의 운반이 가능한 폭 1.5미터 주위토지통행권만 인정하였는데, 이에 대하여 원고는 건축허가에 필요한 폭 2미터 주위토지통행권을 인정해달라는 취지로, 피고들은 주위토지의 시가가 현저하게 고가이고, 원고가 위 토지를 취득할 당시부터 포위된 토지라는 것을 알고 있었다는 이유로 폭 1미터 혹은 50센티미터 정도의 통행로면 족하는 취지로 각 상고함. ④ 대법원은 원고가 그 지상에 주택을 신축하려고 계획하고 있는데, 만일 피고들 소유의 위 토지상에 공로로 통하는 노폭 2미터 이상의 통로를 확보하지 못하게 되는 경우 행정당국으로부터 건축허가를 받을 수 없게 되고, 그렇게 되면 원고는 위 토지를 택지의 용도로 이용하지 못하고 달리 적절한 이용방법을 도모할 수 없는 처지가 되어 그로 인하여 막대한 손해를 입게 되는 반면, 피고들은 그 소유 토지를 마찬가지로 공지상태인 채로 두고 현재 그 일부만을 임시로 폐품적치장치로 이용하고 있을 뿐이고, 원고가 이 사건 통로의 개설을 요구하고 있는 부분이 위 토지의 동북단 경계부분쪽으로 길이 약 8미터 남짓되는 것임에 불과하여, 설사 피고들이 위 토지부분에 관하여 원고에 대하여 노폭 2미터 정도의 범위 내에서 통로의 개설에 따른 제한적인 사용을 수인한다 하더라도 위와 같은 통로의 위치나 면적, 현재의 토지이용상황 등 상린관계에 있어서의 제반 사정에 비추어 볼 때 그다지 큰 손해를 입게 될 형편은 아님을 넉넉히 알 수 있다는 이유로 원고의 상고를 받아들여 파기환송함.

(2) 암사동 판례

가. 암사동 사례의 위성지도, 지적도

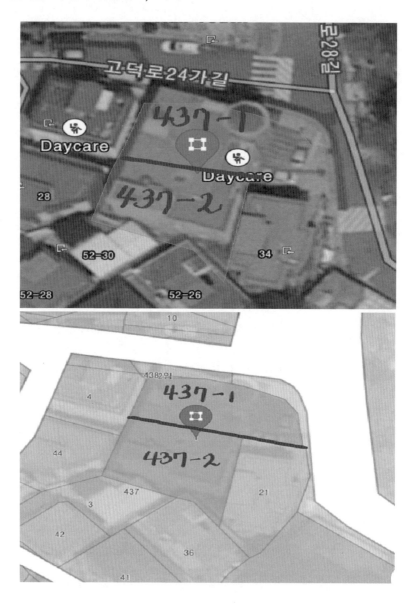

나. 해당 사례에 대한 대법원 의견

[대법원 1996.5.14. 선고 96다10171 판결]

(1) 판결요지

민법 제219조에 규정된 주위토지통행권은 공로와의 사이에 그 용도에 필요한 통로가 없는 토지의 이용이라는 공익목적을 위하여 피통행지 소유자의 손해를 무릅쓰고 특별히 인정되는 것이므로, 그 통행로의 폭이나 위치 등을 정함에 있어서는 피통행지의 소유자에게 가장 손해가 적게 되는 방법이 고려되어야 할 것이나, 최소한 통행권자가 그 소유 토지를 이용하는 데 필요한 범위는 허용되어야 하며, 어느 정도를 필요한 범위로 볼 것인가는 구체적인 사안에서 사회통념에 따라 쌍방 토지의 지형적, 위치적 형상 및 이용관계, 부근의 지리상황, 상린지 이용자의 이해득실 기타 제반 사정을 기초로 판단하여야 한다. 주위토지통행권의 범위를 결정함에 있어, 건축허가 요건 충족을 위한 2m 도로 확보 규정 등을 참작하여 통행로의 노폭을 2m로 인정한 원심판결을 수긍한 사례.

(2) 사실관계

① 도시계획구역 내의 일반주거지역에 위치한 서울 강동구 암사동 437-2 대 77평은 원고의 소유이고 채소밭으로 이용하고 있으나 위 지상에 주택을 신축하려고 함, 원고의 위 토지는 같은 동 437-1·3·4·21·36·44에 둘러싸여 있어 포위된 토지임, 피고 소유의 위 437-1을 제외하고 나머지 437-3·4·21·36·44에는 각 주택이 건축되어 있고, 주위의 건물들과 원고의 위 토지의 경계에는 블럭조 담장이 설치되어 있어 원고의 위 토지에서 북측 공로로 출입하기 위하여는 피고의 위 437-1 대 202㎡ 토지를 거쳐야 함 ② 원래 피고의 위 토지는 나대지였다가 1989. 12.경 위 지상에 주택을 신축하면서 폭 2m 정도의 통행로를 남겨두기로 하고(도로후퇴면적) 건축허가를 받았으나, 실제로는 폭 1.65m 또는 1.8m 정도의 통행로만 남겨둠, 게다가 원고가 위 통행로 매수에 소극적이다는 이유로 피고는 1992년 가을경에는 시멘트벽돌조 담장 및 대문을 설치하고, 그 안쪽을 텃밭으로 사용하는 방법으로 위 통행로를 아예 봉쇄함 ③ 원심(서울고등법원 1996.1.16. 선고 95나13335 판결)은 피고 소유의 위 토지상에 공로로 통하는 노폭 2m 이상의 통로를 확보하지 못하게 되는 경우 행정당국으로부터 건축허가를 받을 수 없게 되고, 그렇게 되면 원고가 위 포위된 토지를 택지의 용도로 이용하지 못하고 달리 적절한 이용방법을 도모할 수 없는 처지가 되어 그로 인

하여 막대한 손해를 입게 되는 반면, 피고는 이미 건축허가를 신청할 당시 폭 2m부분을 도로후퇴면적으로 하여 이를 제외시키기로 하였고, 담장, 대문, 텃밭 등이 꼭 필요한 부분이 아니라는 이유로 위 담장 등을 철거하고, 폭 2m의 주위토지통행권을 인정하는 판결을 하였고, 이에 대하여 피고는 노폭 1.5m정도면 사람의 통행에 지장이 없다는 이유로 상고함. ④ 대법원은 원고는 이 사건 토지를 건축물의 부지로 사용하려 한다는 것이고, 이 경우 건축법 제33조 제1항 및 제8조 의 규정에 의하면 원고의 위 포위된 토지가 2m 이상 도로에 접하여야 건축허가를 받을 수 있으므로, 원고로서는 노폭 2m의 통행로를 확보하여야 할 필요성이 절실하다 할 것이고, 피고도 장차 원고가 위 포위된 토지 상에 건물을 신축할 것에 대비하여 노폭 2m의 통행로를 남겨두고 건축허가를 받은 것으로 보여지므로, 통행로의 노폭이 건축허가에 필요한 요건을 충족하느냐의 여부는 원고의 주위토지통행권의 범위를 결정함에 있어 중요한 참작 요소가 된다 할 것이고 , 여기에 이 사건 기록에 나타난 원·피고 소유 토지 및 통행로의 위치와 면적, 현재의 토지이용 상황을 덧붙여 보면 이 사건 토지에 필요한 통행로의 노폭을 2m로 본 원심의 판단을 수긍할 수 있고, 거기에 민법 제219조의 법리를 오해한 위법이 있다고 할 수 없다는 이유로 피고의 상고를 기각함.

2. 하급심 판례

(1) 수원지법 2004.8.18. 선고 2003구합6499 판결 (항소)

포위된 토지상에 주유소 신축과 관련하여 선결문제로 주위토지통행권을 인정하여 주유소신축허가반려처분을 취소함...**신축** ✕

가. 시흥 월곶동 520-235 사례의 위성지도, 지적도

나. 사실관계

가. 원고는 2003. 9. 25. 피고에게 전○○ 소유의 시흥시 월곶동 520－235 염전 6,611㎡(아래에서는 이 사건 신청부지라고 쓴다) 지상 건축연면적 696.4㎡ 규모의 위험물저장 및 처리시설(주유소, 아래에서는 이 사건 주유소라고 쓴다)에 대한 건축허가를 신청하였다.

나. 피고는 2003. 10. 10. 원고에게 '피고의 개발제한구역내 주유소 배치공고 제

87호에 의하면 주유소간 거리는 편측 2km이상 유지되어야 하나 이 사건 주유소와 다른 주유소와의 거리가 1.8km에 불과하여 위 배치공고에 위배되고, 또한 영구시설물 축조를 금지하고 있는 지방재정법시행령 제89조에 의하여 원고가 진입로로 사용하고자 하는 같은 동 520-159, 171에 대한 영구점용은 불가능하다'는 이유를 들어 원고의 위 건축허가 신청을 반려하였다(아래에서는 이 사건 처분이라고 쓴다).

2. 이 사건 처분의 적법여부에 대한 판단

가. 원고의 주장

비록 이 사건 주유소와 ○○주유소 사이의 거리가 1.8km에 불과하지만 인천에서 시흥시 소재 시화공단으로 진행하는 차량들의 수가 많이 증가한 점, 이 사건 주유소에서부터 시화공단 사이의 약 20km 사이에는 주유소가 없는 점, 따라서 이와 같이 진행하는 차량들이 이 사건 주유소를 지난 지점에서 주유하기 위하여는 이 사건 주유소에서 진행하여 시화공단과 ○○주유소로 나뉘는 삼거리에서 ○○주유소 방면으로 좌회전하여 ○○주유소에서 주유한 후 다시 시화공단으로 진행하여야 하는 점 등에 비추어 보면 이 사건 토지 위에 이 사건 주유소를 건축할 필요가 있으며, 원고가 위 520-159, 171 지상에 이 사건 주유소로 진·출입할 수 있는 진입도로를 개설한다고 하여도 이는 영구시설물로 볼 수 없으므로, 원고의 주유소건축신청을 반려한 피고의 이 사건 처분은 위법하다.

다. 해당 사례에 대한 수원지법의 판단

(1) 주유소간 거리에 관하여

개발제한구역의지정및관리에관한특별조치법(아래에서는 개발제한법이라고 쓴다) 및 그 시행령이 개발제한구역 내에서 그 지정목적에 위배되는 건축물의 건축을 일반적으로 금지하면서도, 시장·군수·구청장으로 하여금 미리 세워둔 주유소 배치계획에 따라 주유소의 건축허가를 하도록 하고 있는데, 이는 도시의 무질서한 확산 방지나, 도시주변의 자연환경 보전을 목적으로 하면서도, 다른 한편으로는 주유소가 도로통행자들이나 주민들이 공동으로 이용하는 시설로서 접근의 편의성을 보장하여 주어야 한다는 목적이 함께 고려되어 있기 때문인 것으로 보인다. 이와 같은 두가지 목적을 고려하여 개발제한법시행규칙 제4조 제2호는 주유소 배치계획의 수립기준으로 주유소간의 간격을 당해 도로의 동일방향별로 2km 이상으로 한다고 규정하고 있다. 그러나 이와 같은 기준은 직선 도로만을 기준으로 하는 경우에는 별 문제가 없으나, 도로와 도로가 서로 연결되거나 교차되어 신축될 주유소에 접근하는 도로가 여러 개가 되는 경우에는 불합리한 결과가 발생한다. 즉, 신축될 주유소에 접근하는 수개의 도로 중 하나만에라도 제한거리에 미치지 못하는 지점에 주유소가 있으면 그 주유소를 건축할 수 없다고 해석한다면, 나머지 수개의 도로를 이용하는 도로통행자들이나 주민들은 주유소 이용에 상당한 불편을 겪게되는 결과를 가져와 명백히 불합리하다. 결국 위와 같은 기준은 신축될 주유소로 접근하는 도로가 수개인 경우 그 각 도로 모두 제한거리에 미치지 못하는 곳에 다른 주유소가 있는 경우에만 적용된다고 해석함이 상당하다.

이 사건에 돌아와 보건대, 이 사건 신청부지와 ○○주유소와의 거리가 1.8㎞에 불과한 사실은 당사자 사이에 다툼이 없으나, 을 제11호증의 1, 2의 각 기재와 갑 제8호증의 1, 2의 각 영상 및 수명법관의 현장검증결과에 변론의 전취지를 종합하면 ○○주유소는 인천방면에서 진행하여 이 사건 신청부지를 지나 ○○아파트단지로 들어가는 삼거리에서 직진하고 시화공단방면과 ○○주유소방면으로 나뉘는 삼거리 (아래에서는 시화공단삼거리라고 쓴다)에서 좌회전한 후 신천리와 ○○주유소로 나뉘는 삼거리에서 우회전한 곳에 위치하고 있는 사실, 이 사건 신청부지를 통과하는 차량 중에는 시화공단삼거리에서 우회전하여 시화공단방면으로 진행하는 차량들이 많은데, 위 차량들 중 주유가 필요한 차량은 시화공단삼거리에서 좌회전하여 서해주유소에서 주유한 후 유턴하여 시화공단으로 진행하여야 하는 사실을 각 인정할 수 있는바 이 사건 신청부지를 지나 시화공단삼거리에서 좌회전하는 경우에는 2㎞ 이내에 ○○주유소가 있으나, 시화공단방면으로 우회전하는 경우에는 2㎞ 이내에 주유소가 없으므로 이와 같은 경우에는 개발제한법시행규칙 제4조 제2호의 기준이 그대로 적용되지 아니한다고 할 것이다. 따라서 피고가 이와 달리 보고 주유소간 거리를 이유로 들어 주유소건축허가신청을 반려한 것은 위법하다. 이 점을 지적하는 원고의 주장은 이유 있다.

(2) 영구시설물의 설치에 관하여

어느 토지가 타인 소유의 토지에 둘러싸여 공로에 통할 수 없는 경우에 포위된 토지의 소유자에게는 주위토지통행권이 있다고 할 것인데, 갑 제2호증의 2 내지 10, 갑 제3, 4호증의 각 2, 3의 각 기재와 갑 제8호증의 1, 2의 각 영상 및 수명법관의 현장검증결과에 변론의 전취지를 종합하면 이 사건 신청부지는 타인 소유의 시흥시 월곶동 520-159 염전 8,986㎡, 같은 동 520-171 염전 25,320㎡, 같은 동 520-236 염전 6,611㎡, 같은 동 520-239 염전 6,611㎡ 등에 둘러싸여 있고 달리 공로에 이르는 통행로가 없는 사실, 위 520-159 토지와 520-171 토지의 각 일부가 이미 도로로 사용되고 있으며 이 사건 신청부지는 위 도로의 후면경사지와 연접하고 있는 사실을 인정할 수 있는바, 위 인정사실과 같은 이 사건 신청부지 및 주위 토지의 위치, 주위 토지의 이용현황, 도로에의 접근 편의성, 주위토지통행권을 인정할 경우 주위 토지의 피해 정도 등에 비추어 보면, 이 사건 신청부지는 포위된 토지로서 원고는 신축할 주유소의 통행에 필요한 범위 내에서 연접하여 있는 위 520-159 토지 또는 520-171 토지에 대하여 주위토지통행권을 가진다고 봄이 상당하다고 할 것이고, 이와 같이 원고가 위 토지에 대하여 주위통행권을 가진다고 보는 이상 이 사건 신청부지에의 출입에 지장이 있다는 이유를 들어 이 사건 신청부지에 주유소를 건축하는 것을 불허할 수는 없다고 할 것이다(대법원 2002. 10. 11. 선고 2002두6200 판결, 2003. 12. 26. 선고 2003두6382 판결 등 참조). 피고는 원고가 개설하고자 하는 진입로가 영구시설물에 해당하여 점용이 불가능하다고 주장하나, 갑 제2호증의 2 내지 9의 각 기재에 의하면 원고는 이 사건 신청부지로 통하는 진입로에 소형고압블럭의 설치를 계획하고 있는 사실을 인정할 수 있는바, 소형고압블럭은 이를 제거하는데 과다한 비용과 노력이 소요되는 것이 아니어서 영구시설물로 볼 수도 없으므로(대법원 1992. 10. 27. 선고 91누8821 판결 등 참조), 이와 달리 보고 위와 같은 이유를 들어 이 사건 건축허가신청을 반려한 것은 위법하다. 이 점을 지적하는 원고의 주장 또한 이유 있다.

관련 법령

■ 개발제한구역의지정및관리에관한특별조치법
제11조 (개발제한구역에서 행위제한)

① 개발제한구역에서는 그 지정목적에 위배되는 건축물의 건축 및 용도변경, 공작물의 설치, 토지의 형질변경, 죽목의 벌채, 토지의 분할, 물건을 쌓아놓는 행위 또는 국토의계획및이용에관한법률 제2조 제11호의 규정에 의한 도시계획사업(이하 "도시계획사업"이라 한다)의 시행을 할 수 없다. 다만, 다음 각호의 1에 해당하는 행위를 하고자 하는 자는 시장·군수 또는 구청장의 허가를 받아 이를 행할 수 있다.

1. 다음 각목의 1에 해당하는 건축물 또는 공작물로서 대통령령이 정하는 건축물의 건축 또는 공작물의 설치와 이에 따르는 토지의 형질변경
    가. 도로·철도 및 상·하수도 등 공공용시설
    나. 축사 및 창고 등 농림수산업을 영위하기 위한 건출물 및 공작물
    다. 주택 및 근린생활시설

라. 농로·제방·마을회관 등 개발제한구역의 주민이 공동으로 이용하는 시설

마. 옥외체육시설

바. 휴양림·수목원 등 도시민의 여가활용을 위한 시설

사. 국방·군사에 관한 시설

아. 학교·폐기물처리시설 및 전기공급시설 등 공익시설

4. 건축물의 건축을 수반하지 아니하는 토지의 형질변경으로서 영농을 위한 경우 등 대통령령이 정하는 토지의 형질변경

5. 벌채면적 및 수량 기타 대통령령이 정하는 규모 이상의 죽목의 벌채

■ 개발제한구역의지정및관리에관한특별조치법시행령

제13조 (허가대상 건축물 또는 공작물의 종류 등)

① 법 제11조 제1항 제1호의 규정에 의한 건축물 또는 공작물의 종류와 건축 또는 설치의 범위는 별표1과 같다.

[별표1] 건축물 또는 공작물의 종류와 건축 또는 설치의 범위

5. 주민공동이용시설

파. 휴게소·주유소 및 자동차용 액화석유가스충전소

(가) 시장·군수 또는 구청장이 수립하는 배치계획에 따라 시장·군수·구청장 또는 지정 당시 거주자가 국도·지방도 등 간선도로변에 설치하는 경우에 한한다.(단서생략)

(다) 휴게소는 개발제한구역안 당해 도로노선의 연장이 10킬로미터 이내인 경우에는 설치되지 아니하도록 하여야 하며, 주유소 및 자동차용액화석유가스충전소의 시설간의 간격 등 배치계획의 수립기준은 건설교통부령으로 한다.

■ 개발제한구역의지정및관리에관한특별조치법시행규칙

제4조 (주유소 등의 배치계획의 수립기준) 영 별표 1 제5호 파목(다)의 규정에 의한 주유소 및 자동차용 액화석유가스충전소의 시설간의 간격 등 배치계획(이하 "배치계획"이라 한다)의 수립기준은 다음 각호와 같다.

1. 주유소 및 자동차용 액화석유가스충전소는 개발제한구역의 훼손이 최소화될 수 있는 국도·지방도 등의 간선도로변에 설치할 수 있도록 하되, 당해 도로의 교통량 및 그 시설이용의 편리성 등을 고려할 것

2. 주유소간의 간격은 당해 도로의 동일방향별로 2킬로미터 이상으로 하고, 자동차용 액화석유가스충전소간의 간격은 동일방향별로 5킬로미터 이상으로 할 것

3. 개발제한구역을 통과하는 도로가 2 이상의 시·군·구에 걸치는 경우에는 당해 시·군·구의 장이 서로 협의하여 그 배치계획을 수립할 것

4. 배치계획은 도로의 신설·확장 또는 교통량의 현저한 증가 등으로 인하여 주유소 또는 자동차용 액화석유가스충전소의 추가적인 설치가 부득이한 경우에 한하여 변경할 것

■ 지방재정법시행령

제89조 (영구시설물의 축조금지) 당해 지방자치단체의 장외의 자는 다음 각호의 1에 해당하는 경우를 제외하고는 공유재산에 건물, 구거·교량 등 구조물과 그 밖의 영구시설물을 축조하지 못한다.

1. 기부를 조건으로 축조하는 경우

2. 제83조제1항의 규정에 의하여 기부재산의 무상사용·수익허가를 받기 위하여 축조하는 경우

3. 사용·수익허가 또는 대부를 받은 자가 공익상 필요하여 3년 이내의 기간동안 사용하기 위하여 자진철거 및 철거비용의 예치를 조건으로 축조하는 경우

4. 지방자치단체의 조례가 정하는 외국인투자기업이 사용·수익허가기간 또는 대부기간이 만료되는 때에 기부 또는 원상회복할 것을 조건으로 축조하는 경우

5. 제88조제1항제16호·제22호 또는 제26호의 규정에 의하여 재산을 대부받은 자가 당해 대부기간의 만료시 그 대부받은 재산의 매입을 조건으로 축조하는 경우

6. 다른 법률의 규정에 의하여 지방자치단체에 그 소유권이 귀속되는 공공시설을 축조하는 경우

7. 매각·양여·교환 등의 계약을 체결한 재산의 소유권을 이전하기 전에 그 사용을 승낙받아 축조하는 경우. 끝.

(2) 청주지법 2003.12.4. 선고 2001나4942(본소), 2003나1824(반소) 판결 (확정)

포위된 토지상에 건물 신축을 위해 폭 2m 상당의 주위토지통행권 인정(피고는 정화조 및 하수관을 이전 설치하여야 함) **신축 ✕**

가. 청주 사직동 사례의 3D 위성지도, 지적도

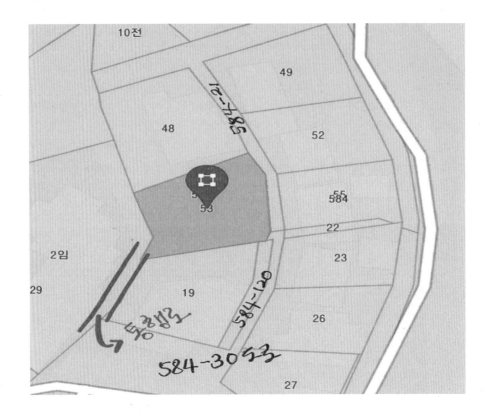

나. 사실관계

가. 원고의 소유인 청주시 흥덕구 사직동 584－53 대 195㎡(이하 이 사건 토지라 한다)는 도시계획법상 일반주거지역으로 별지 도면과 같이 북동쪽으로는 같은 동 584－48, 남서쪽으로는 제1심 공동피고 박○○ 소유의 같은 동 584－19 대 195㎡(이하 584－19 대지라 한다), 북서쪽으로는 피고들이 공유하고 있는 같은 동 829－2 임야 503㎡(이하 829－2 대지라 한다), 남동쪽으로는 같은 동 584－21 도로(이하 584－21 도로라 한다)에 둘러 쌓여 있고, 그 지상에 있던 건물이 1989. 6. 26. 멸실된 후 현재 공터로 되어있으나 원고가 건물의 신축을 계획하고 있다.

나. 이 사건 토지는 별지 도면과 같이 지적도상으로는 위 584－19 대지와 584－21 도로 사이에 위 584－21 도로와 연결된 같은 동 584－30 도로(이하 584－30 도로라 한다) 및 같은 동 584－120 도로(이하 584－120 도로라 한다)와 접해 있어, 584－120 도로 및 584－30 도로 중 이 사건 토지로 연결되는 부분(이하 이 사건 도로

부분이라 한다)을 통하여 공로(公路)로 사용되는 584-30 도로 부분(이하 이 사건 공로라 한다)으로 출입할 수 있을 것처럼 보이나, 이 사건 토지보다 7~8m 낮은 곳에 위치하여 있고, 제1심 공동피고 박○○이 584-19 대지에 주택을 신축하면서 설치한 옹벽(별지 도면 표시 ⑤부분)에 막혀 낭떠러지를 이루고 있으며, 584-21 도로 중 이 사건 토지와 접한 부분도 이 사건 토지보다 3~4m정도 낮은 곳에 위치하여 역시 낭떠러지를 이루고 있는 데다 폭이 1m정도밖에 되지 아니하고 인접 토지상의 스레트 기와지붕 건물의 일부분에 막혀 있어 통행이 사실상 불가능하고, 그 곳에 통로를 개설하는 것이 어렵고 위험할 뿐만 아니라 통로를 개설할 수 있다 하더라도 상당한 비용이 소요될 것으로 예상된다.

다. 원고는 원래 이 사건 토지로부터 이 사건 공로로 출입하기 위하여 584-19 대지를 이용하여 오다가 제1심 공동피고 박○○이 1994.경 584-19 대지 위에 2층 건물을 신축하면서 이 사건 토지 및 829-2 대지와의 경계에 담장을 설치한 다음부터는 584-19 대지를 통과할 수 없게 되었고, 별지 도면 표시 ㄹ, ㅁ, ㅂ의 각 점을 순차 연결한 선 부분의 담장(829-2 대지와 584-19 대지의 경계선에 설치됨, 이하 이 사건 담장부분이라 한다) 안쪽의 별지 도면 표시 ②부분에는 건물로 들어가는 철문과 콘크리트 계단이 설치되어 있으며, 위 박○○ 소유 건물의 건폐율은 기준치인 60%에 약간 미달하는 58.76%이기 때문에 위 담장을 건물에 바짝 붙여들여 쌓을 경우 건폐율이 기준치를 초과하게 된다.

라. 한편 829-2 대지 위에는 피고들이 거주하고 있는 3층 다세대주택이 있는데, 위 다세대주택과 이 사건 담장부분은 2m 이상 떨어져 있고, 이 사건 담장부분과 위 다세대주택 사이의 공간은 위 다세대주택의 부지로서 그 지하에 정화조탱크와 하수도 및 맨홀이 매몰되어 있고 보도블럭이 깔려 있으며 현재 피고들이 이 사건 공로로 출입하는 통행로로 사용되고 있다.

다. 해당 사례에 대한 청주지법(항소심)의 판단

가. 주위토지통행권의 발생

(1) 위 인정사실에 의하면, 이 사건 토지는 주위토지 중 이 사건 도로부분 및 584-21 도로를 통하여 공로에 이를 경우 이 사건 토지와의 심한 고저차는 물론 그 곳에 설치되어 있는 옹벽과 기존의 건축물로 인하여 통행이 불가능하고, 그러한 장소에 통로를 개설하는 것이 어렵고 위험할 뿐 아니라 과다한 비용이 소요될 것으로 보이므로, 다른 주위토지인 피고들의 토지를 통로로 하지 아니하면 공로에 출입할

402 제 8 장 마무리

수 없다 할 것이어서 원고에게는 피고들의 토지에 대하여 민법 219조에 따라 공로에 출입하기 위한 주위토지통행권이 인정된다.

(2) 한편 피고들은 이 사건 담장부분과 위 다세대주택 사이의 부지에 대하여 원고에게 주위토지통행권을 인정할 경우 그 지하에 설치된 정화조 및 하수관을 다른 곳으로 이전 설치를 해야 하는데 이는 기술상 불가능하고, 가능하다고 하더라도 과다한 비용이 소요되어 수인의무의 범위를 초과하므로 원고의 청구에 응할 수 없다고 주장하나, 주위토지통행권은 공로와의 사이에 그 용도에 필요한 통로가 없는 토지의 이용을 위하여 주위토지의 이용을 제한하는 것에 불과하므로 원고에게 주위토지통행권을 인정한다고 하여 피고들에게 수인한도를 넘는 손해가 발생한다고 볼 수 없으므로, 위 주장은 이유 없다.

나. 주위토지통행권의 범위

나아가 원고에게 피고들의 토지에 대한 주위토지통행권이 인정되는 범위에 관하여 보건대, 주위토지통행권은 공로와의 사이에 그 용도에 필요한 통로가 없는 토지의 이용을 위하여 주위토지의 이용을 제한하는 것이므로 통행권을 가진 자에게 필요할 뿐만 아니라 이로 인한 주위토지소유자의 손해가 가장 적은 장소와 방법의 범위 안에서 한정되어야 하며 이와 같은 범위는 사회통념에 따라 쌍방 토지의 지형적, 위치적 형상 및 이용관계, 부근의 지리상황, 상린지 이용자의 이해득실 기타 제반사정을 참작하여야 할 것인바, 건축법 제8조, 제33조 제1항의 규정에 의하여 원고가 이 사건 토지에 주택을 신축하려면 이 사건 토지가 2m 이상 도로에 접하여야 하는 점, 이 사건 담장부분과 위 다세대주택 사이의 부지를 피고들이 공로에 이르기 위한 통행로로 사용하고 있는 점 등 위 인정사실에 나타난 제반사정을 참작하면, 원고가 주위토지통행권을 행사할 수 있는 범위는 이 사건 토지부분으로 봄이 상당하고, 피고들은 위 부분 통행로의 소유자로서 그 부분에 대한 원고의 통행을 방해하는 일체의 행위를 하여서는 아니될 의무가 있다.

3. 피고들의 반소청구에 관한 판단

민법 제219조 제2항의 규정에 따라 원고는 이 사건 토지부분의 소유자인 피고들에게 그 통행으로 인한 손해를 보상할 의무가 있는바, 원고는 이 사건 변론종결 당시까지 보상기간·보상금액 등을 다투고 있어 장차 계속적·반복적으로 발생할 것으로 예상되는 손해를 스스로 이행하지 아니할 것이 예견되므로 피고들은 장차 발생할 손해의 보상을 미리 청구할 필요가 있다고 할 것이다.

먼저 보상기간에 관하여 보건대, 피고들은 이 판결 확정일부터 보상을 구하고 있으나, 갑 제4호증의 3, 4의 각 영상, 제1심 법원 및 이 법원의 각 현장검증결과에 변론의 전취지를 종합하여 보면, 이 사건 토지와 829 − 2 대지 사이에는 높이 1m 이상의 담장이 설치되어 있어 담을 넘지 않으면 통행이 불가능한 상태에 있고, 원고는 이 판결이 확정되어야 이 사건 토지에 관한 건축허가를 받으려고 계획하고 있는 사실을 인정할 수 있으므로, 손해보상의 시기는 원고가 이 판결 확정 이후 현실적으로 담장을 허물고 통행을 개시하는 날이라고 봄이 상당하고, 한편 손해보상의 종기는 피고들이 이 사건 토지부분의 소유권을 상실하거나 원고가 이 사건 토지의 소유권을 상실하는 날이라고 보아야 할 것이다.

　나아가 그 손해액에 관하여 보건대, 특별한 사정이 없는 한 주위토지통행권에 따라 계속적·반복적인 통행으로 인하여 발생하는 손해는 그 통행지에 대한 임료 상당액이라 할 것인바, 당심 감정인 양○○의 임료감정결과에 변론의 전취지를 종합하면, 이 사건 토지부분에 대한 2003. 6. 30.경의 임료는 연 250,200원에 이르는 사실을 인정할 수 있고, 그 후 그 임료가 변동하였다고 볼만한 사정이 보이지 아니하므로, 원고는 피고들에게 이 사건 토지부분에 대한 통행개시일부터 이에 대한 피고들의 소유권 상실일 또는 이 사건 토지에 대한 원고의 소유권 상실일까지 피고별로 연 25,020원(250,200원/공유자 10명)의 비율에 따른 금원을 지급할 의무가 있다.

(3) 창원지법 진주지원 2004.3.12. 선고 2002가단5817 판결

(항소): [통행방해배제 청구]

포위된 토지상에 주택 신축을 위해 폭 3m 상당의 주위토지통행권 인정

가. 산청 시천면 원리 사례 인공위성지도

경남 산청군 시천면 원리 197-1

나. 산청 시천면 원리 사례의 사실관계

다음 사실은 당사자 사이에 다툼이 없거나, 갑 제1, 2호증의 각 1, 2, 갑 제3, 7, 8호증, 을 제1호증, 을 제2호증의 1 내지 3의 각 기재와 이 법원의 현장검증결과 및 감정인 최○○의 측량감정결과에 변론의 전취지를 종합하면 이를 인정할 수 있다.

가. 원래 소외 송○○의 소유였던 분할 전 토지인 경남 산청군 시천면 원리 197 대 463평은 같은 리 197−1 대 738㎡(이하 이 사건 제1대지라 한다.), 같은 리 197−2 대 375㎡, 같은 리 197−5 대 330㎡ 등의 토지로 분할되어 1981. 1. 7.경 그 분할등기가 마쳐졌고, 그 후 위 197−2 대 375㎡와 위 197−5 대 330㎡는 같은 리 197−2 대 705㎡(이하 이 사건 제2대지라 한다.)로 합병되어 2003. 7. 15.경 그 합병등기가 마쳐졌는데, 그 소유권의 전전유통과정을 거쳐 이 사건 제1대지는 원고의, 이 사건 제2대지는 피고의 각 소유로 되었다.

나. 이 사건 제1대지의 지상에는 오래 전부터 가옥 2채가 존재하고 있었으나 현재는 그 가옥들이 철거된 채 밭으로 경작되고 있고, 위 대지의 남쪽으로 접하여 있는 이 사건 제2대지의 서쪽 절반 정도(합병 전 토지인 위 197−2 대 375㎡ 부분)의 지상에는 가옥 1채가 존재하고 있으며, 그 동쪽 절반 정도(합병 전 토지인 위 197−5 대 330㎡ 부분)의 지상에는 오래 전부터 가옥 1채가 존재하고 있었으나 현재는 그 가옥이 철거된 채 밭으로 경작되고 있다.

다. 원고 소유의 이 사건 제1대지는 별지 각 도면에서 보는 바와 같이 피고 소유의 이 사건 제2대지를 비롯하여 경남 산청군 시천면 원리 195, 196, 398−6 등의 타인 소유 토지들에 둘러싸여 있어서 타인 소유의 토지를 통과하지 않으면 공로(公路)에의 출입이 불가능한 상태인데, 이 사건 제1대지 지상의 가옥이 철거되기 전의 그 거주자들은 이 사건 제2대지를 통하여 공로에 이르는 것이 가장 빠르고 편리할 뿐만 아니라 원래 이 사건 제1, 2토지가 같은 토지에서 분할된 연유로 오랜 기간 동안 이 사건 제2대지의 중앙을 가로질러 난 폭 1.5m 정도의 길(합병 전 토지인 위 197−5 대 330㎡의 서쪽 끝 부분)로 통행을 하였다.

라. 그런데 피고가 합병된 이 사건 제2대지 지상에 주택의 신축을 계획하고 있어 만약 원고가 종전의 통로로 통행을 하는 경우 이 사건 제2대지가 사실상 두 부분으로 나뉘게 되어 그 대지의 효용가치가 많이 떨어지게 되는데, 원고가 선택적으로 통로개설을 원하는 이 사건 제2대지 중 별지 제2도면 표시 41, 57, 51, 48, 34, 35, 36, 37, 38, 39, 40, 41의 각 점을 순차로 연결한 선내 72㎡는 피고 소유의 이 사건 제2대지의 동쪽 끝 부분에 위치하고 있고 비록 그 일부 지상에 피고 소유의 축사와

소외 김○○ 소유의 화장실이 존재하기는 하나 종전의 통로와 마찬가지로 이 사건 제1대지와 공로를 가장 빠르고 편리하게 연결할 수 있다.

　마. 원고는 이 사건 제1대지 지상에 주택의 신축을 계획하고 있는데, 만약 원고가 공로로 통하는 노폭 3미터 이상의 통로를 확보하지 못하는 경우 행정당국으로부터 건축허가를 받을 수 없게 된다.

다. 해당 사례에 대한 창원지법 진주지원의 판단

　위 인정사실에 의하면, 이 사건 제1대지는 타인 소유의 토지에 둘러싸여 있어 토지의 용도에 필요한 공로에 이르는 통로가 없으므로 이 사건 제1대지의 소유자인 원고에게는 민법 제219조 제1항에 따라 공로에 출입하기 위한 주위토지통행권이 있다고 할 것이다.

　한편, 주위토지통행권은 공로와의 사이에 그 용도에 필요한 통행로가 없는 토지의 이용을 위하여 주위토지 소유자의 그 토지에 대한 독점적 사용권을 제한하는 권리로서 인접한 토지소유자간의 이해를 조정하는데 그 목적이 있는 것이므로 그 통행권의 범위는 통행권을 가진 자에게 필요할 뿐만 아니라 이로 인한 주위토지 소유자의 손해가 가장 적은 장소와 방법의 범위 내에서 인정되어야 하며, 이와 같은 범위는 결국 사회통념에 비추어 쌍방토지의 지형적, 위치적 형상 및 이용관계, 부근의 지리상황, 상린지 이용자의 이해득실 기타 제반 사정(건축법상 건축허가에 필요한 일정한 노폭 이상의 도로확보 요건 등)을 참작한 뒤 구체적 사례에 따라 판단하여야 할 것인바 (대법원 1992. 4. 24. 선고 91다32251 판결 참조), 위 인정사실에 나타난 제반 사정을 참작하면, 원고가 주위토지통행권을 행사할 수 있는 범위는 이 사건 제2대지 중 별지 제2도면 표시 35, 36, 37, 38, 39의 각 점을 연결한 선을 경계선으로 하여 그로부터 수평거리로 폭 3m인 선을 연결한 부분인 별지 제2도면 표시 41, 57, 51, 48, 34, 35, 36, 37, 38, 39, 40, 41의 각 점을 순차로 연결한 선내 72㎡로 봄이 상당하고, 피고는 위 부분 통행로의 소유자로서 그 부분에 대한 원고의 통로개설행위와 통행을 방해하는 행위를 하여서는 아니 될 의무가 있다.

(4) 수원지법 2003.5.30. 선고 2001나18626 판결 (확정)

포위된 토지상에 1963.경 건축되어 현재 폐가가 된 목조 함석지붕 단층 주택 25.12㎡의 개축 또는 신축을 위하여 폭 3m 상당의 주위토지통행권 인정

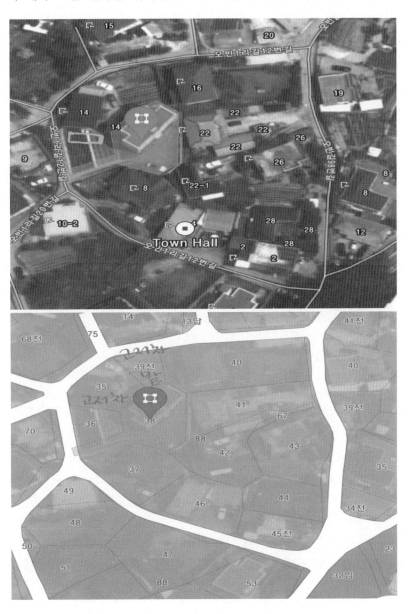

나. 사실관계

가. 경기 양평읍 오빈리 88의 38 대 387㎡(이하 '이 사건 제1대지'라 한다)는 원고의 소유이고, 같은 리 88의 36 대 228㎡(아래에서는 '이 사건 제2대지'라고 한다)는 피고의 소유이다.

나. 위 두 토지는 서로 경계를 맞대고 있고, 이 사건 토지에서 보면, 같은 리 88의 7 도로 부지로 구성된 현황도로가 유일한 공로이다.

다. 이 사건 제1대지는 별지 도면과 같이 같은 리 88의 35 내지 37, 같은 리 88의 39 내지 42 각 대지 등 타인 소유의 토지들에 둘러싸여 있어서 타인 소유의 토지를 통과하지 않으면 공로(公路)로 사용되는 같은 리 88의 7 도로에의 출입이 불가능하다.

라. 그런데, 이 사건 제1대지를 둘러싸고 있는 위 각 대지 위에는 건물이나 담장 등이 설치되어 있어, 실제 위 88의 7 도로에 우회하지 않고 이르는 방법은 위 88의 42 대지를 통과하거나, 위 88의 35 대지 위에 형성되어 있는 마당을 통과하거나, 이 사건 제2대지를 통과하는 방법이 있을 뿐이다.

마. 한편, 이 사건 제1대지에서 위 88의 42 대지를 통과하여 공로에 통할 수는 있으나, 위 88의 42 대지 부분은 마당으로 사용되고 있어 그 소유자의 사생활을 침해할 우려가 높고, 이곳으로 통로를 낼 경우 장거리를 필요로 하게 된다.

바. 또한, 이○○ 소유인 위 88의 39 대지에는 이○○이 고추, 파 등을 경작하는 밭으로 이용되고 있으며 달리 건축물은 건립되어 있지 않으나 위 대지는 이 사건 제1대지와 고저차가 심하여 통행에 지장이 있다.

사. 또한, 이○○ 소유의 위 88의 35 대지에는 이○○ 소유의 시멘벽돌조 스라브지붕 단층 주택 66㎡와 같은 화장실 2.88㎡가 건립되어 있고 나머지 대지 부분은 위 주택의 마당과 주차장으로 사용되고 있으며 역시 이 사건 제1대지와 어느 정도의 고저차가 있어 통행에 지장이 있다. 나아가, 위 88의 35 대지상의 마당을 통하여 이 사건 제1대지로 통할 수는 있으나, 그 소유자의 사생활을 침해할 우려가 높다.

아. 한편, 피고가 이 사건 제2대지를 이○○에게 이를 대부하여 그 지상에는 이○○ 소유의 목조 스레트지붕 단층 주택 20.50㎡가 건립되어 있고, 위 ㉮ 부분을 포함한 나머지 부분 대지에는 이○○이 고추, 파 등을 심어 놓은 상태이다.

자. 원고가 통행권확인을 구하는 위 ㉮ 부분은 이 사건 제1대지와 위 88의 7 도로를 직선으로 연결하고 있고, 피고 소유의 이 사건 제2대지의 남쪽 끝부분에 위치하고 있다.

차. 원고는 이 사건 제1대지상에 1963.경 건축되어 현재 폐가가 된 목조 함석지붕 단층 주택 25.12㎡의 개축 또는 신축을 계획하고 있다.

다. 해당 사례에 대한 수원지법(항소심)의 판단

나. ……사건 제1대지상에 주택을 개축 또는 신축하려는 원고로서는 만일 공로로 통하는 노폭 3미터 이상의 통로를 확보하지 못하게 되는 경우 행정당국으로부터 건축허가를 받을 수 없는 사실은 당사자 사이에 다툼이 없고, 그렇게 되면 원고는 위 대지를 이용하지 못하고 달리 적절한 이용방법을 도모할 수 없는 처지가 되어 그로 인하여 막대한 손해를 입게 되는 점, 위 각 주위토지 중 이 사건 제1대지와 고저차가 심한 같은 리 88의 39 대지 외에는 이 사건 제2대지보다 단거리로 통로를 개설할 수 있는 다른 토지가 없는 점 등 위 인정사실에 나타난 제반사정을 참작하면, 원고가 주위토지통행권을 행사할 수 있는 범위는 이 사건 제2대지 중 별지 도면 표시 3, 4의 각 점을 연결한 선을 경계선으로 하여 그로부터 수평거리로 폭 3m인 선을 연결한 부분인 별지 도면 표시 3, 4, 6, 5, 3의 각 점을 순차 연결한 선내 ㉮ 부분 45㎡로 봄이 상당하고, 피고는 위 부분 통행로의 소유자로서 그 부분에 대한 원고의 통행을 방해하는 일체의 행위를 하여서는 아니될 의무가 있다 할 것이다.

다. 이에 대하여 피고는, 원고의 위와 같은 주위토지통행권은 국유재산에 사권을 설정하는 것으로 부당하다는 취지의 주장을 하나, 민법상의 상린관계의 규정은 인접하는 토지 상호간의 이용관계를 조정하기 위하여 인지소유자에게 소극적인 수인의무를 부담시키는데 불과하므로, 그 중의 하나인 민법 제219조 소정의 주위토지통행권이 위에서 말하는 사권의 설정에 해당한다고 볼 수 없고, 또한 그러한 법정의 통행권을 인정받기 위하여 특별히 행정당국의 허가를 받아야 하는 것이라고도 할 수 없으므로(대법원 1994. 6. 24. 선고 94다14913 판결 참조), 피고의 위 주장은 더 나아가 살필 필요 없이 이유 없다.

L. 일반교통방해죄에 관한 판례

형법 제185조(일반교통방해) 육로, 수로 또는 교량을 손괴 또는 불통하게 하거나 기타 방법으로 교통을 방해한 자는 10년 이하의 징역 또는 1천500만원 이하의 벌금에 처한다.

1. 형법 제185조 소정의 '육로'의 의미(통행인의 다과는 불문. 사례)

(1) 판시사항 [대법원 2005. 8. 19. 선고 2005도1697 판결]

[1] 「형법」 제185조 일반교통방해죄에 정한 '육로'의 의미

[2] 허가를 담당하는 공무원이 허가를 요하지 않는다고 잘못 알려 준 것을 믿은 경우, 자기의 행위가 죄가 되지 않는 것으로 오인한 데 정당한 이유가 있는지 여부(적극)

(2) 판결이유

1. 일반교통방해의 각 점에 대하여

「형법」 제185조의 일반교통방해죄는 일반공중의 교통의 안전을 보호법익으로 하는 범죄로서 여기에서 '육로'라 함은 일반공중의 왕래에 공용된 장소, 즉 특정인에 한하지 않고 불특정 다수인 또는 차마가 자유롭게 통행할 수 있는 공공성을 지닌 장소를 말하고, 육로로 인정되는 이상 그 부지의 소유관계나 통행권리관계 또는 통행인의 많고 적음 등을 가리지 않는 것이다(대법원 1999. 4. 27. 선고 99도401 판결, 2002. 4. 26. 선고 2001도6903 판결 등 참조).

원심판결의 이유에 의하면, 원심은 그 판시와 같은 이유로 이 사건 각 토지 중 마을주민, 등산객, 성묘객 등이 사실상 통행로로 이용하여 오던 부분은 일반공중의 왕래에 제공되는 장소로서 「형법」 제185조 소정의 육로에 해당한다고 인정·판단하였는바, 관계증거들을 기록과 위의 법리에 비추어 살펴보면, 원심의 위와 같은 인정과 판단은 정당한 것으로 수긍이 가고, 거기에 채증법칙을 위배하여 사실을 오인하였거나 「형법」 제185조 소정의 '육로'에 관한 법리를 오해하는 등의 위법이 없다.

상고이유에서 들고 있는 대법원 1988. 5. 10. 선고 88도262 판결은 이 사건과 사안을 달리 하는 것으로 이 사건에서 원용하기에 적절하지 아니하다.

그러므로 이 부분 상고이유의 주장은 이유 없다.

2. 산림법위반의 점에 대하여

행정청의 허가가 있어야 함에도 불구하고, 허가를 받지 아니하여 처벌대상의 행위를 한 경우라도 허가를 담당하는 공무원이 허가를 요하지 않는 것으로 잘못 알려주어 이를 믿었기 때문에 허가를 받지 아니한 것이라면 허가를 받지 않더라도 죄가 되지 않는 것으로 착오를 일으킨 데 대하여 정당한 이유가 있는 경우에 해당하여 처벌할 수 없다(대법원 1992. 5. 22. 선고 91도2525 판결 등 참조).

그런데 기록에 의하면, 피고인은 자신의 소유인 경기 양평군 (이하 지번 생략) 임야 및 (이하 지번 생략) 대지상에 양어장 및 여관 신축공사를 하는 과정에서 생긴 토석을 사실상 나대지 상태인 위 임야에 적치할 계획을 가지고, 이에 관하여 양평군 산림과 담당공무원인 공소외인에게 문의하였던바 산림법상 문제가 되지 않는다는 답변을 듣고 위 임야 상에 토석을 쌓아둔 것이라고 변명하고 있고, 위 공소외인도 피고인의 질의에 대하여 "공사에서 발생한 토석을 나무가 없는 사실상 대지(나대지)에 쌓아도 산림법상으로는 문제가 되지 않는다."고 답변하였음을 확인하고 있으며 (공판기록 308면), 위 공소외인이 작성한 실황조사서에도 피고인이 위와 같이 토석을 쌓아둔 곳은 사실상 통행로와 나대지 상태라는 것인바, 사실관계가 이러하다면, 피고인으로서는 위 토지상에 공사 중 발생하는 토석을 쌓아두는 행위가 죄가 되지 않거나, 적어도 당국의 허가를 받을 필요까지는 없는 것으로 착오를 일으켜 그와 같은 행위에 나아갔고, 또 거기에 정당한 사유가 있다고 볼 여지가 충분함에도 불구하고, 원심은 이에 대하여 아무런 심리·판단도 하지 아니한 채 이 부분 공소사실을 유죄로 인정하고 말았으므로, 원심판결에는 「형법」 제16조에 관한 법리를 오해하였거나 필요한 심리를 다하지 아니하고 소송관계인의 주장에 대한 판단을 유탈함으로써 판결 결과에 영향을 미친 위법이 있다고 할 것이다.

3. 결 론

그렇다면, 원심판결 중 산림법위반의 점에 대한 부분은 나머지 상고이유에 대하여 나아가 살필 것도 없이 더 이상 유지할 수 없게 되었다 할 것인바, 위 죄는 유죄로 인정되는 각 일반교통방해죄와 「형법」 제37조 전단의 경합범 관계에 있어 하나의 형이 선고되었으므로 원심판결을 모두 파기하고, 사건을 다시 심리·판단하게 하기 위하여 원심법원에 환송하기로 하여 관여 대법관의 일치된 의견으로 주문과 같이 판결한다.

2. 형법 제185조 소정의 '육로'의 의미(여천시 봉계동 사례)

(1) 판결요지[대법원 1999. 4. 27. 선고 99도401 판결]

[1] 「형법」 제185조의 일반교통방해죄는 일반공중의 교통의 안전을 보호법익으로 하는 범죄로서 여기에서 육로라 함은 일반공중의 왕래에 공용된 장소, 즉 특정인에 한하지 않고 불특정다수인 또는 차마가 자유롭게 통행할 수 있는 공공성을 지닌 장소를 말한다.

[2] 불특정 다수인 또는 차마가 자유롭게 통행할 수 있는 공공성을 지닌 장소로 볼 수 없다는 이유로 「형법」 제185조 소정의 육로에 해당하지 않는다고 한 사례.

(2) 판결이유

원심은, 피고인이 1996. 6. 초순 일자불상경 여천시 봉계동 제1토지상에 있는 피고인 소유의 주택 뒤에 담장을 쌓으면서 그 중 일부는 마을 주민들의 통행로로 사용되었던 곳임에도 이를 막고 블록 벽돌로 담장을 쌓아 교통을 방해하였다는 이 사건 공소사실을 유죄로 인정하였다.

그러나 「형법」 제185조의 일반교통방해죄는 일반공중의 교통의 안전을 보호법익으로 하는 범죄로서 여기에서 육로라 함은 일반공중의 왕래에 공용된 장소, 즉 특정인에 한하지 않고 불특정다수인 또는 차마가 자유롭게 통행할 수 있는 공공성을 지닌 장소를 말한다(이 법원 1984. 9. 11. 선고 83도2617 판결 참조).

이 사건에서 보면, 피고인이 이 사건 담장을 설치한 곳은 위 봉계동 제2토지와 같은 동 제3토지 사이의 경계선상인바, 위 제2토지는 원래 마을 사람들이 통행로로 사용하던 도로였으나 폭이 좁아 같은 동 제1토지 및 같은 동 제4토지의 일부에 대체도로가 개설되면서 도로로서의 기능을 상실하고 같은 동 제1토지에 사실상 편입되어 그 토지의 소유자가 점유·사용하다가 피고인이 1974.경 위 제1토지를 매수하면서 함께 인도받아 그 지상에 건축한 주택의 마당으로 사용하던 토지이고, 위 제3토지는 같은 동 제5토지상에 있는 별정우체국의 진입로로서 그에 연접한 토지의 소유자들인 이 사건 고발인들도 그 토지를 통하여 대로에 통행하고 있으며, 또 위 제2토지와 제3토지 사이에는 원래 피고인이 설치한 담장이 있었는데 피고인은 고발인들의 요구로 그 담장의 일부를 헐고 고발인 등이 대로에 이르는 지름길로서 위 제2토지와 그 안쪽에 있는 피고인 소유의 제1토지를 통행하는 것을 묵인하다가 고발인 등이 그 토지상에 차량을 주차시키는 등의 행위로 피고인의 토지이용을 방해하자 원래의 경계선상에 다시 이 사건 담장을 설치한 것으로 보일 뿐, 그 안쪽의 토지가 불특정 다수인 또는 차마가 자유롭게 통행할 수 있는 공공성을 지닌 장소로는 보이지 아니한다.

그런데도 원심은 이 점에 관하여 자세히 가려보지 아니한 채 제1심판결이 든 증거들만으로 피고인이 설치한 이 사건 담장 안쪽의 장소가 육로에 해당한다고 인정하여 이 사건 공소사실을 유죄로 판단하였으니, 원심판결에는 채증법칙을 위반하고 심리를 다하지 아니하여 사실을 오인하거나 「형법」 제185조의 육로에 관한 법리를 오해하여 판결에 영향을 미친 위법이 있다. 따라서 이 점을 지적하는 상고이유의 주장은 이유 있다.

그러므로 원심판결을 파기하고, 사건을 원심법원에 환송하기로 하여 주문과 같이 판결한다.

3. 형법 제185조 소정의 '육로'의 의미(음식점으로 통하는 진입도로 사례)

(1) 판시사항 [대법원 2010. 2.25. 선고 2009도13376 판결]

[1] 형법 제185조 일반교통방해죄에서 '육로'의 의미

[2] '피고인 소유의 임야 내 타인의 음식점으로 통하는 진입도로'가 일반교통방해죄에서 정한 불특정 다수인을 위한 공공성을 가진 도로라고 보기 어렵다고 한 사례

(2) 판결이유

형법 제185조의 일반교통방해죄는 일반공중의 교통안전을 그 보호법익으로 하는 범죄로서 육로 등을 손괴 또는 불통하게 하거나 기타의 방법으로 교통을 방해하여 통행을 불가능하게 하거나 현저하게 곤란하게 하는 일체의 행위를 처벌하는 것을 그 목적으로 하는 죄로서(대법원 1995. 9. 15. 선고 95도1475 판결 등 참조), 여기에서 '육로'라 함은 일반공중의 왕래에 공용된 장소, 즉 특정인에 한하지 않고 불특정 다수인 또는 차마가 자유롭게 통행할 수 있는 공공성을 지닌 장소를 말한다(대법원 1999. 4. 27. 선고 99도401 판결 등 참조).

이 사건 공소사실의 요지는, 피고인은 2007. 4. 29.부터 같은 달 30.까지 광주시 중대동 (이하 지번 생략) 소재 임야 내 공소외 1의 음식점으로 통하는 진입도로에서, 위 임야의 소유권을 취득하였음에도 위 진입도로에 대한 소유권을 행사하지 못한다

는 이유로, 포크레인 등의 장비를 동원하여 위 진입도로 노면의 일부를 손괴하고 쇠사슬을 위 진입도로에 걸어 둠으로써 불특정 다수인이 통행하는 위 진입도로의 교통을 방해하였다라는 것이다.

원심 및 제1심은 그 채용 증거에 의하여, 공소외 1은 "위 진입도로(아래에서는 '이 사건 토지'라 한다)에 관한 형질변경허가를 받고도 아무런 조치를 취하지 아니하다가 기존의 도로를 사용할 수 없게 되어 대체도로를 만들고자 하였다"고 진술하고 있는 점, 공소외 1이 2007. 3. 말경 콘크리트 포장공사를 하기 전까지 이 사건 토지에는 돌이 쌓여 있고 낙엽이 많이 쌓여 있는 등 평소에 사람이 통행하기에 부적합한 상태였던 것으로 보이는 점, 공소외 1이 운영하는 음식점으로 연결되는 도로로는 이 사건 토지와 기존의 포장된 아스팔트 도로가 있었는데, 위 음식점에 가기 위해서 포장되어 있지 않던 이 사건 토지보다는 포장된 위 아스팔트 도로가 주로 이용된 것으로 보이는 점, 공소외 1은 1997년에 산지전용허가를 받은 이후 이 사건 토지에 도로를 개설하려고 몇 차례 개설을 위한 일부 공사를 하였으나 완료하지 못하다가 기존의 도로를 사용할 수 없게 되자 비로소 콘크리트 포장공사를 하였고, 이에 이 사건 토지의 소유자인 피고인이 공소사실 기재와 같이 도로 이용을 저지하게 된 점, 공소외 1이 피고인을 상대로 제기한 이 사건 토지에 대한 통행권확인청구가 기각되어 피고인의 승소로 확정됨으로써 공소외 1이 더 이상 피고인에게 이 사건 토지에 대한 통행권을 주장할 수 없게 된 점 등을 인정하였다.

위와 같은 사정을 앞서 본 법리에 비추어 보면, 이 사건 토지는 일반교통방해죄에서 정한 불특정 다수인을 위한 공공성을 가진 도로라고 보기 어렵다 할 것이므로, 같은 이유에서 이 사건 공소사실에 관하여 피고인에게 무죄를 선고한 제1심판결을 유지한 원심의 판단은 옳은 것으로 수긍이 가고, 거기에 상고이유의 주장과 같은 일반교통방해죄에 대한 법리오해 등의 위법이 없다.

그러므로 상고를 기각하기로 하여 관여 대법관의 일치된 의견으로 주문과 같이 판결한다.

4. 형법 제185조 소정의 '육로'의 의미(정당행위 불성립 사례)

(1) 판시사항 [대법원 2007. 3. 15. 선고 2006도9418 판결]
[2] 형법상 자구행위의 의미
[3] 정당행위의 성립요건

　　[4] 주민들이 농기계 등으로 그 주변의 농경지나 임야에 통행하기 위해 이용하는 자신 소유의 도로에 깊이 1m 정도의 구덩이를 판 행위가 일반교통방해죄에 해당하고 자구행위나 정당행위에 해당하지 않는다고 한 사례

(2) 판결이유

　　2. 형법상 자구행위라 함은 법정절차에 의하여 청구권을 보전하기 불능한 경우에 그 청구권의 실행불능 또는 현저한 실행곤란을 피하기 위한 상당한 행위를 말하는 것인바(대법원 1984. 12. 26. 선고 84도2582, 84감도397 판결, 2006. 3. 24. 선고 2005도8081 판결 등 참조), 이 사건 도로는 피고인 소유 토지상에 무단으로 확장 개설되어 그대로 방치할 경우 불특정 다수인이 통행할 우려가 있다는 사정만으로는 피고인이 법정절차에 의하여 자신의 청구권을 보전하는 것이 불가능한 경우에 해당한다고 볼 수 없을 뿐 아니라, 이미 불특정 다수인이 통행하고 있는 육상의 통로에 구덩이를 판 행위가 피고인의 청구권의 실행불능이나 현저한 실행곤란을 피하기 위한 상당한 이유가 있는 행위라고도 할 수 없으므로, 이 점에 관한 상고이유의 주장도 받아들일 수 없다.

　　3. 어떠한 행위가 위법성조각사유로서의 정당행위가 되는지의 여부는 구체적인 경우에 따라 합목적적, 합리적으로 가려야 하는바, 정당행위로 인정되려면 첫째 행위의 동기나 목적의 정당성, 둘째 행위의 수단이나 방법의 상당성, 셋째 보호법익과 침해법익의 균형성, 넷째 긴급성, 다섯째 그 행위 이외의 다른 수단이나 방법이 없다는 보충성의 요건을 모두 갖추어야 한다(대법원 2005. 2. 25. 선고 2004도8530 판결, 2001. 9. 28. 선고 2001도3923 판결 등 참조).

　　원심은, 피고인이 이 사건 도로에 구덩이를 파는 등으로 공중의 통행을 저지한 이상 이 사건 도로가 피고인의 소유라고 하더라도 그러한 피고인의 행위는 정당행위에 해당하지 않는다고 판단하였는바, 위와 같은 법리와 기록에 비추어 살펴보면, 이러한 원심의 판단은 옳은 것으로 수긍이 가고, 거기에 정당행위에 관한 법리오해의 위법이 있다고 할 수 없다.

　　4. 그러므로 상고를 기각하기로 하여 관여 법관의 일치된 의견으로 주문과 같이 판결한다.

5. 형법 제185조 소정의 '육로'의 의미(2가구 이용하는 통로사례)

(1) 판시사항 [대법원 2007. 2. 22. 선고 2006도8750 판결]

[2] 사실상 2가구 외에는 달리 이용하는 사람들이 없는 통행로라 하더라도 이는 일반교통방해죄에서 정하고 있는 육로에 해당한다고 본 사례

[3] 통행로의 현황, 개설시기 및 이용상황 등 제반 사정에 비추어, 통행로 중 폭 100m 길이 부분을 포크레인으로 폭 2m 정도로 굴착하고 돌덩이까지 쌓아 놓은 행위가 정당행위나 정당방위에 해당한다고 보기는 어렵다고 한 사례

(2) 판결이유

1. 채증법칙 위반, 법리오해의 점에 대하여

가. 원심이 채용한 증거들을 기록과 대조하여 보면, 공소외 1의 집이 있는 곳에서 같은 리 288 토지 쪽은 폭이 좁은 논둑으로 되어 있어 경운기조차 통행할 수 없는 정도이고, 위 289-7, 289-2, 289-3 토지 쪽은 논·밭으로 되어 있을 뿐 아예 통로가 없음이 분명하므로, 원심이 이 사건 통행로 외에는 공소외 1과 공소외 2의 집과 밭에서 공로에 이르는 통로가 없다고 인정한 것은 정당하고, 거기에 상고이유로 드는 채증법칙에 위배한 위법이 없다.

나. 「형법」제185조의 일반교통방해죄는 일반공중의 교통의 안전을 보호법익으로 하는 범죄로서 여기서의 '육로'라 함은 사실상 일반공중의 왕래에 공용되는 육상의 통로를 널리 일컫는 것으로서 그 부지의 소유관계나 통행권리관계 또는 통행인의 많고 적음 등을 가리지 않는다(대법원 1988. 4. 25. 선고 88도18 판결, 2002. 4. 26. 선고 2001도6903 판결 등 참조).

원심은, 그 판시의 채용증거들을 종합하여, 이 사건 통행로가 피고인이 상속받아 경작하고 있는 강원 횡성군 둔내면 자포곡리 (지번 1 생략), (지번 2 생략), (지번 3 생략), (지번 4 생략) 밭들을 따라 이어지다가 같은 리 (지번 5 생략) 대지와 (지번 6 생략) 밭에 다다르고, 이를 거쳐야 안쪽의 같은 리 (지번 7 생략) 대지, (지번 8 생략) 밭에 다다를 수 있는 사실, 공소외 1은 1995. 7.경 위 (지번 5 생략) 대지 및 (지번 6 생략) 밭을 매수하여 그곳에 거주하면서 위 (지번 6 생략) 밭을 경작하고 있고, 공소외 2도 1996년경 위 (지번 7 생략) 대지와 (지번 8 생략) 밭을 매수하여 그곳에 거주하면서 밭을 경작하고 있는 사실, 공소외 1이 위 토지를 매수할 당시에는 이 사건 통행로는 경운기가 지나갈 정도였고, 공소외 2가 위 토지를 매수하여 이 사건 통행로를

다닐 당시에는 현재의 통행로와 같이 차량 진행도 가능한 상태였던 사실, 앞서 본 바와 같이 공소외 1과 공소외 2는 이 사건 통행로를 거치지 않고는 일반 도로에서 자신들 소유 토지에 다다를 수 없는 사실 등을 인정하였다.

사실관계가 위와 같다면 이 사건 통행로는 사실상 일반공중의 왕래에 공용되는 것으로 일반교통방해죄에서 정하고 있는 육로에 해당한다고 할 것이고, 이는 사실상 위 통행로를 공소외 1과 공소외 2, 2가구 외에는 달리 이용하는 사람들이 없다 하더라도 달리 볼 것은 아니라고 할 것이다.

같은 취지의 원심 판단은 정당하고 거기에 일반교통방해죄에 있어서의 육로에 관한 법리를 오해한 위법이 없다고 할 것이다. 이를 다투는 상고논지도 받아들일 수 없다.

2. 판단누락의 점에 대하여

기록에 의하면, 피고인이 사건 통행로가 '육로'에 해당한다고 하여도 피고인의 행위가 정당방위, 정당행위에 해당한다는 주장을 명시적으로 하였는바{제1심에서의 2006. 6. 29.자 변론요지서(공판 99쪽), 원심에서의 2006. 11. 9.자 변론요지서(공판 148쪽)}, 이러한 주장은 「형사소송법」 제323조 제2항에서 정한 "법률상 범죄의 성립을 조각하는 이유되는 사실이 진술"에 해당하므로, 원심은 이에 대한 판단을 명시하였어야 할 것이다.

그러나 「형법」 제20조에 정하여진 '사회상규에 위배되지 아니하는 행위'라 함은 법질서 전체의 정신이나 그 배후에 놓여 있는 사회윤리 내지 사회통념에 비추어 용인될 수 있는 행위를 말하고, 어느 행위가 정당행위에 해당한다고 인정하려면 그 행위의 동기나 목적의 정당성, 행위의 수단이나 방법의 상당성, 보호법익과 침해법익과의 법익균형성, 긴급성, 그 행위 외에 다른 수단이나 방법이 없다는 보충성 등의 요건을 갖추어야 하는 것이며(대법원 2004. 8. 20. 선고 2003도4732 판결, 2005. 2. 25. 선고 2004도8530 판결 등 참조), 어떠한 행위가 정당방위로 인정되려면 그 행위가 자기 또는 타인의 법익에 대한 현재의 부당한 침해를 방어하기 위한 것으로서 상당성이 있어야 하므로, 위법하지 않은 정당한 침해에 대한 정당방위는 인정되지 아니하고, 방위행위가 사회적으로 상당한 것인지 여부는 침해행위에 의해 침해되는 법익의 종류, 정도, 침해의 방법, 침해행위의 완급과 방위행위에 의해 침해될 법익의 종류, 정도 등 일체의 구체적 사정들을 참작하여 판단하여야 하는 것인바(대법원 2003. 11. 13. 선고 2003도3606 판결 참조), 기록에 나타난, 이 사건 통행로의 현황, 개설시기 및 이용상황 등 제반 사정에 비추어 보면, 피고인이 이 사건 통행로 중 폭 100m 길이 부분을 포크레인으로 폭 2m 정도로 굴착하고, 돌덩이까지 쌓아 놓은 행위가 정당행위나 정당방위에 해당한다고 보기는 어렵다고 할 것이다.

결국, 원심의 판단누락은 판결 결과에 아무런 영향을 미친 바 없으므로, 이를 다투는 상고논지도 받아들일 수 없다.

3. 결 론

그러므로 상고를 기각하기로 하여 관여 대법관의 일치된 의견으로 주문과 같이 판결한다.

6. 형법 제185조 소정의 '육로'의 의미(펜스 설치사례)

(1) 판시사항 [대구지법 2018.05.31 선고 2017노4935 판결(확정)]

갑 도로는 인근 거주자들의 농기계, 수레 등의 통행이 가능할 정도의 폭을 가진 도로였는데, 피고인이 갑 도로 인근의 토지를 낙찰받은 이후 도로 위에 사람이 겨우 지나다닐 수 있는 정도의 폭만 남긴 채 철재로 된 펜스를 설치하는 방법으로 육로의 교통을 방해하였다고 하여 일반교통방해로 기소된 사안에서, 제반 사정을 종합하면 피고인이 육로인 갑 도로의 교통을 방해하였다는 이유로 유죄를 인정한 사례

(2) 판결이유

갑 도로는 인근 거주자들의 농기계, 수레 등의 통행이 가능할 정도의 폭을 가진 도로였는데, 피고인이 갑 도로 인근의 토지를 낙찰받은 이후 도로 위에 사람이 겨우 지나다닐 수 있는 정도의 폭만 남긴 채 철재로 된 펜스를 설치하는 방법으로 육로의 교통을 방해하였다고 하여 일반교통방해로 기소된 사안이다.

갑 도로는 도로포장이 되지 않은 공터였다가, 을 주식회사가 공장 차량 등의 통행로로 이용하기 위하여 도로포장을 한 이후부터는 공장 차량 등뿐만 아니라 인근 토지의 거주자들도 이를 도로로 이용하여 온 점, 인근 토지는 경사로인 갑 도로 위쪽에 위치하고 있고 뒤로는 산이 바로 맞닿아 있는 관계로, 인근 토지의 거주자들은 갑 도로를 지나지 않고서는 언덕 아래 도로로 나아갈 수 없을 것으로 보이고, 갑 도로 우측에 사람의 보행이 가능한 정도의 지목상 구거(구거)가 있으나 갑 도로가 포장된 이후로는 돌층계로 길이 중간에 막혀 더 이상 통행로로 이용할 수 없게 되었으므로 갑 도로는 인근 토지 거주자들의 유일한 통행로로 이용되어 온 점, 따라서 갑 도

로는 사실상 일반공중의 왕래에 공용되는 육로에 해당하고, 이를 인근 토지 거주자들 외에는 이용하는 사람들이 없더라도 달리 볼 것이 아닌 점, 피고인이 제출한 갑 도로 부지에 대한 입찰 정보에 '위 토지의 일부가 도로로 이용 중'이라는 내용이 기재되어 있어, 피고인은 위 토지를 낙찰받을 때부터 갑 도로 부지 중 일부가 도로로 이용되고 있다는 사실을 충분히 알았을 것으로 보이는 점 등의 사정을 종합하면, 피고인이 육로인 갑 도로의 교통을 방해하였다는 이유로 피고인에게 유죄를 인정한 사례이다.

7. 형법 제185조 소정의 '육로'의 의미(농로는 육로 부정사례)

(1) 판시사항 [춘천지방법원 2016. 7.21 선고 2015노527 판결]

이 사건 농로(아래 공소사실 기재 '○○길'을 말함)는 공중 일반이 자유롭게 통행하는 일반교통방해죄의 '육로'에 해당하지 않는다.

(2) 판결이유

1. 공소사실의 요지 및 원심의 판단

가. 공소사실의 요지

피고인은 2014. 3.경 강원 영월군 (주소 1 생략) 등에 있는 폭 4m의 비포장도로 '○○길'에서, 출입지점에 대문을 설치하고 도로 중간에 돌탑 등을 설치하는 방법으로 그곳을 통행하는 주민들의 교통을 방해하였다.

나. 원심의 판단

원심은 이 사건 공소사실을 유죄로 인정하였다.

2. 당심의 판단

가. 관련 법리

1) 형사재판에서 범죄사실의 인정은 법관으로 하여금 합리적인 의심을 할 여지가 없을 정도로 공소사실이 진실한 것이라는 확신을 하게 하는 증명력을 가진 엄격한 증거에 의하여야 하므로, 검사의 입증이 위와 같은 확신을 하게 하는 정도에 충분히 이르지 못한 경우에는 비록 피고인의 주장이나 변명이 모순되거나 석연치 않은 면이 있는 등 유죄의 의심이 간다고 하더라도 피고인의 이익으로 판단하여야 한다(대법원 2011. 4. 28. 선고 2010도14487 판결 등 참조).

2) 「형법」 제185조의 일반교통방해죄는 일반공중의 교통안전을 그 보호법익으로 하는 범죄로서 육로 등을 손괴 또는 불통하게 하거나 기타의 방법으로 교통을 방해하여 통행을 불가능하게 하거나 현저하게 곤란하게 하는 일체의 행위를 처벌하는 것을 그 목적으로 하는 죄로서, 여기에서 '육로'라 함은 일반공중의 왕래에 공용된 장소, 즉 특정인에 한하지 않고 불특정 다수인 또는 차마가 자유롭게 통행할 수 있는 공공성을 지닌 장소를 말한다(대법원 2010. 2. 25. 선고 2009도13376 판결).

나. 판 단

원심이 적법하게 채택·조사한 증거에 의하여 인정되는 다음과 같은 점에 비추어 보면, 검사가 제출한 증거만으로는 이 사건 농로가 불특정 다수인 또는 차마가 자유롭게 통행할 수 있는 공공성을 지닌 장소, 즉 육로에 해당함을 인정하기에 부족하다.

① 이 사건 농로는 피고인 소유 토지 내에 있고, 피고인이 공소사실 기재와 같이 대문을 설치한 지점은 피고인 소유 토지 바로 앞 지점이며, 돌탑을 설치한 지점은 피고인 소유 토지 내이다.

② 이 사건 농로는 피고인이 토지를 매입하기 전인 1995년경에 고소인 공소외 1 소유 토지(강원 영월군 (주소 2 생략), 이 사건 농로를 통과하여 다다르는 토지로 피고인 소유 토지 윗부분에 위치해 있다. 이하 '(주소 2 생략) 토지'라고 한다)의 전 소유주가 사람이나 차량이 통과할 수 있게 넓혀 놓았다. 그 후 공소외 2가 1996년경 피고인 소유 토지와 (주소 2 생략) 토지 사이에 위치한 강원 영월군 (주소 3 생략) 토지를 매입하여 컨테이너를 설치하고 농사를 지었고, 공소외 1이 1997년경 위 (주소 2 생략) 토지를 매입하였다. 공소외 2가 1996년 이후부터 가끔 (주소 3 생략) 토지에 와서 농사를 짓기 위해 이 사건 농로를 사용하였고, 2014년경부터는 공소외 1이 (주소 2 생략) 토지 지상에 건축물을 신축하기 위해 이 사건 농로를 사용하였다.

이처럼 이 사건 농로를 그 소유주인 피고인 이외에 사용한 사람은 공소외 2, 공소외 1뿐이었던 것으로 보이고(공소외 2가 원심 법정에서 공소외 2, 공소외 1 이외에 2~3인이 이 사건 농로를 사용한 적이 있다는 취지로 진술하였으나 믿기 어렵다), 이 사건 농로가 있는 토지의 전 소유주가 (주소 2 생략) 토지 전 소유주나 공소외 1, 공소외 2에게 위 농로에 대한 사용을 허락하였다는 증거는 없으며, 피고인이 이 사건 농로가 있는 토지를 취득한 2001년 이후부터 공소외 1이 이 사건 농로를 사용하기 이전인 2014년까지 공소외 2는 피고인의 일시적인 사용승낙을 받아 이 사건 농로를 사용하였다.

③ (주소 2 생략) 토지에는 이 사건 농로 외에 기존부터 공중의 왕래에 이용되던 도로가 있었는데, 위 도로는 공소외 1이 2014년경 석축을 쌓아 현재 통행이 불가능

한 상태이다. 이에 따르면 (주소 2 생략) 토지가 원래부터 이 사건 농로 외에 도로가 없어 맹지인 상태라고 보기도 어렵고 설령 맹지라고 하더라도 위와 같이 이 사건 농로를 사용한 사람이 공소외 1, 공소외 2(공소외 2는 피고의 사용승낙을 받아 이용하였다) 뿐이어서 이 사건 농로를 불특정 다수인 또는 차마가 자유롭게 통행할 수 있는 공공성을 지닌 장소, 즉 육로 보기 어렵다.

다. 소결론

결국 검사가 제출한 증거만으로는 피고인에 대한 이 사건 공소사실이 합리적인 의심을 할 여지가 없을 정도로 증명되었다고 보기 어렵다. 그럼에도 원심은 그 판시와 같은 이유로 피고인에게 유죄를 선고하였으므로, 이러한 원심판결에는 사실을 오인하여 판결에 영향을 미친 위법이 있다.

4. 결 론

그렇다면 피고인의 항소는 이유 있으므로, 「형사소송법」 제364조 제6항에 의하여 원심판결을 파기하고 변론을 거쳐 다시 아래와 같이 판결한다.

M. 소규모 공공시설 안전관리 등에 관한 법률

소규모 공공시설 안전관리 등에 관한 법률 (약칭: 소규모공공시설법)

[최초시행 2016. 7. 25] [법률 제17375호, 2020. 6. 9, 일부개정]

제1장 총 칙

제1조(목적) 이 법은 소규모 공공시설에 대하여 안전점검 등 안전관리, 그 위험시설의 정비 계획 수립, 긴급안전조치 등을 규정함으로써 재해로부터 국민의 생명과 재산을 보호하고 공공의 안전에 이바지함을 목적으로 한다.

제2조(정의) 이 법에서 사용하는 용어의 정의는 다음과 같다. <개정 2019. 12. 10.>

1. "소규모 공공시설"이란 「도로법」, 「하천법」 등 다른 법률에 따라 관리되지 아니하는 소교량, 세천, 취입보, 낙차공 등 대통령령으로 정하는 시설(※평균 폭 2.5m 이상의 농로, 평균 폭 3m 이상의 마을진입로)을 말한다.

2. "재해"란 「재난 및 안전관리 기본법」 제3조제1호가목의 재난으로 발생한 피해를 말한다.

3. "소규모 위험시설"이란 소규모 공공시설 중 재해 위험성이 높아 피해가 우려되는 시설로서 제7조에 따라 지정·고시한 시설을 말한다.

4. "위험도 평가"란 소규모 공공시설에 대하여 사회적·지리적 여건, 재해위험 요인 및 피해예상 규모, 재해발생 이력 등을 분석하기 위하여 경험과 기술을 갖춘 자가 육안 또는 기술적 검사를 실시하고 정량(定量)·정성(定性)적으로 위험도를 분석·예측하는 것을 말한다.

5. "관리청"이란 소규모 공공시설을 관리하고 있는 특별자치시장·시장(「제주특별자치도 설치 및 국제자유도시 조성을 위한 특별법」 제11조제1항에 따른 행정시의 시장을 포함한다. 이하 같다)·군수·구청장(자치구의 구청장을 말한다. 이하 같다)을 말한다.

6. "사업시행자"란 관리청, 제12조에 따라 관리청의 허가를 받은 자 또는 관리청으로부터 사업을 도급 받은 자를 말한다.

제3조(관리청의 책무) 관리청은 관할구역 내의 소규모 공공시설에 대한 점검 및 정비 등을 통하여 피해를 경감하는 데 노력하여야 한다.

제2장 소규모 공공시설의 안전점검 및 관리

제4조(소규모 공공시설 대장 작성) ① 관리청은 관할구역 안에 있는 소규모 공공시설의 위치, 규모 등을 명시한 소규모 공공시설 대장을 작성·관리하여야 한다.

② 소규모 공공시설 대장의 작성·관리 등에 필요한 사항은 행정안전부령으로 정한다. <개정 2017. 7. 26.>

제5조(소규모 공공시설의 안전점검 등) ① 관리청은 관할구역 안에 있는 소규모 공공시설에 대하여 안전점검을 실시하고, 그 결과를 행정안전부장관에게 통보하여야 한다. 이 경우 관리청인 시장·군수·구청장은 특별시장·광역시장·도지사·특별자치도지사(이하 "시·도지사"라 한다)에게도 이를 통보하여야 한다. <개정 2017. 7. 26., 2019. 12. 10.>

② 관리청은 제1항에 따른 안전점검을 실시할 경우에는 시설별 관계 전문가를 위촉하여 합동으로 현지조사를 실시할 수 있다.

③ 행정안전부장관 또는 시·도지사는 관리청의 안전점검 결과에 대한 확인점검을 실시할 수 있으며, 필요한 경우 관리청으로 하여금 정비 및 보수 등의 조치를 취하도록 하여야 한다. <개정 2017. 7. 26.>

④ 관리청은 제1항에 따른 안전점검 결과 및 제3항에 따른 확인점검 결과를 해당 지방자치단체의 공보 또는 인터넷 홈페이지를 통하여 공개하여야 한다. <신설 2020. 6. 9.>

⑤ 행정안전부장관 및 시·도지사는 안전점검 결과에 따라 필요한 경우 행정적·재정적 지원을 할 수 있다. <개정 2017. 7. 26., 2020. 6. 9.>

⑥ 제1항에 따른 안전점검의 내용·방법 및 점검사항에 대한 결과의 통보와 제4항에 따른 공개 대상 안전점검 결과 및 확인점검 결과의 범위 등에 필요한 사항은 대통령령으로 정한다. <개정 2020. 6. 9.>

제6조(소규모 공공시설 관리기준 고시 및 이행) ① 행정안전부장관은 소규모 공공시설의 안전점검, 보수·보강 등 유지관리에 필요한 기준(이하 "관리기준"이라 한다)을 정하여 고시하여야 한다. 이를 변경하는 때에도 또한 같다. <개정 2017. 7. 26.>

『소규모 공공시설 유지관리기준: 제6장 농로 및 마을 진입로 - 6.1 일반 사항
포장도로의 유지보수는 포장의 기능이 저하되었을 경우 그 기능을 시공 당시의 상태로 회복시키기 위하여 통상적으로 실시하는 작업을 말하며 태풍, 지진, 산사

태, 산불, 돌풍 또는 심한 교통 체증 등으로 인한 비규칙적인 보수도 유지보수에 포함되기도 한다. 또한 도로 폭 협소(교행불가) 및 선형불량(심한만곡, 시야 미확보)등과 같은 구조적 문제점과 농로입지에 따른 위험성을 조사하여 평가한다. 』

② 관리청은 관할구역 내 소규모 공공시설의 점검·보수·보강 등 유지관리 시에는 관리기준을 준수하여야 한다.

제7조(소규모 위험시설의 지정 및 관리) ① 관리청은 제5조에 따라 안전점검을 실시한 결과 재해 위험성이 높다고 판단되는 경우에는 해당 소규모 공공시설을 소규모 위험시설로 지정하여야 한다.

② 제1항에 따라 소규모 위험시설을 지정할 때에는 대통령령으로 정하는 위험도 평가를 실시하여야 한다. 다만, 재해 위험성이 급박한 경우에는 그러하지 아니하다.

③ 관리청은 제1항에 따라 소규모 위험시설을 지정하는 때에는 대통령령으로 정하는 바에 따라 그 명칭과 위치 등을 고시하여야 한다. 이를 변경하거나 해제하는 때에도 또한 같다.

제8조(통행 제한) ① 관리청은 제7조에 따라 지정된 소규모 위험시설이 위험하다고 판단되는 경우 통행을 금지하거나 제한할 수 있다.

② 제1항에 따라 통행을 금지하거나 제한하는 경우에는 안내표지판을 설치하여야 한다.

③ 제1항 및 제2항에서 규정한 사항 외에 통행의 금지 또는 제한에 필요한 사항은 대통령령으로 정한다.

제3장 소규모 위험시설 정비계획 수립

제9조(소규모 위험시설 정비 중기계획) ① 관리청은 관할구역의 재해예방 및 체계적인 소규모 위험시설의 정비를 위하여 소규모 위험시설 정비 중기계획(이하 "중기계획"이라 한다)을 5년마다 수립하여야 한다. 이 경우 소규모 위험시설 정비의 우선순위를 포함하여야 한다.

② 중기계획을 수립한 경우 특별자치시장은 행정안전부장관에게, 시장·군수·구청장은 시·도지사에게 각각 제출하여야 한다. <개정 2017. 7. 26., 2019. 12. 10.>

③ 시·도지사는 제2항에 따라 시장·군수·구청장으로부터 중기계획을 제출받은 경우 다른 법률에 따라 수립된 해당지역의 개발 및 정비계획과의 관련성 등을 검토한 의견을 첨부하여 행정안전부장관에게 제출하여야 한다. <개정 2017. 7. 26.>

④ 행정안전부장관은 제2항 및 제3항에 따라 제출받은 중기계획에 대하여 필요하

다고 인정되는 때에는 관리청에게 중기계획의 수정 또는 보완을 요구할 수 있다. <개정 2017. 7. 26.>

⑤ 중기계획의 변경에 관하여는 제1항부터 제4항까지를 준용한다.

⑥ 그 밖에 중기계획의 수립 내용 및 절차 등에 필요한 사항은 대통령령으로 정한다.

제10조(소규모 위험시설 정비사업 실시계획 수립 등) ① 관리청은 중기계획에 따라 소규모 위험시설 정비사업 실시계획(이하 "실시계획"이라 한다)을 수립하여 소규모 위험시설의 정비사업을 시행하여야 한다. 다만, 대통령령으로 정하는 소규모 위험시설을 정비하려는 경우에는 그러하지 아니하다.

② 관리청은 제1항에 따라 실시계획을 수립할 때 관계 기관이 있는 경우에는 사전협의를 거쳐야 한다.

③ 관리청은 제2항에 따라 사전협의를 거쳐 확정된 실시계획을 행정안전부령으로 정하는 바에 따라 공고하고, 설계도서를 일반인이 열람할 수 있도록 하여야 한다. <개정 2017. 7. 26.>

④ 실시계획의 변경에 관하여는 제1항부터 제3항까지를 준용한다.

⑤ 행정안전부장관은 실시계획에 대한 시행실적을 행정안전부령으로 정하는 바에 따라 평가한 후 포상을 할 수 있다. <개정 2017. 7. 26.>

⑥ 관리청은 실시계획에 따라 소규모 위험시설의 공사를 준공한 때에는 대통령령으로 정하는 바에 따라 그 내용을 고시하여야 한다.

⑦ 실시계획의 수립에 관한 세부 내용 및 절차 등에 필요한 사항은 대통령령으로 정한다.

제11조(소규모 위험시설 설계기준 작성ㆍ운영) ① 행정안전부장관은 제10조에 따른 실시계획의 체계적인 수립을 위하여 대통령령으로 정하는 바에 따라 소규모 위험시설 설계기준을 작성하여 보급하여야 한다. <개정 2017. 7. 26.>

② 관리청은 제1항에 따른 소규모 위험시설 설계기준을 제10조에 따른 실시계획 수립 시 적용하여야 한다.

제12조(관리청이 아닌 자의 공사시행) ① 관리청이 아닌 자(국가와 지방자치단체는 제외한다)는 관리청의 허가를 받아 소규모 공공시설 공사를 시행할 수 있다. 다만, 대통령령으로 정하는 경미한 공사의 경우에는 허가 없이 시행할 수 있다.

② 관리청은 제1항에 따른 허가를 하려는 때에는 다음 각 호의 사항을 검토하여야 한다.

1. 해당 공사가 제9조의 중기계획 및 제10조의 실시계획에 지장을 주는지 여부

2. 공사비와 공사기간이 적정한지 여부

3. 설치하려는 인공구조물이 관계 설계기준에 적합한지 여부

4. 재해발생 위험

5. 소규모 공공시설의 보전 및 관리가 필요한지 여부

③ 관리청은 제1항에 따라 공사시행을 허가한 경우에는 행정안전부령으로 정하는 바에 따라 이를 공고하여야 한다. <개정 2017. 7. 26.>

④ 제1항에 따라 소규모 공공시설 공사를 하려는 자는 그 공사를 완료하면 지체 없이 관리청의 준공검사를 받아야 하며, 관리청은 준공검사가 완료된 때에는 대통령령으로 정하는 바에 따라 그 내용을 고시하여야 한다.

⑤ 관리청은 제1항에 따른 허가를 할 때에 필요한 경우 허가를 신청한 자로 하여금 공사비의 전부 또는 일부를 예치(豫置)하게 할 수 있다.

⑥ 제5항에 따라 공사비를 예치하게 할 수 있는 공사의 범위, 예치금의 기준과 예치 시기, 그 밖에 필요한 사항은 대통령령으로 정한다.

제13조(다른 법률에 따른 인가 · 허가 등의 의제) ① 관리청이 제10조에 따라 실시계획을 수립 · 변경하거나 제12조에 따라 관리청이 아닌 자에게 소규모 공공시설 공사의 시행을 허가하는 때에는 다음 각 호의 허가 · 인가 · 면허 · 승인 · 신고 · 결정 또는 협의 등(이하 이 조에서 "인 · 허가등"이라 한다)에 관하여 제3항에 따라 관계 행정기관의 장과 협의한 사항은 그 인 · 허가등을 받은 것으로 보며, 실시계획 및 공사시행허가 내용을 공고한 때에는 해당 인 · 허가등의 고시 · 공고를 한 것으로 본다. <개정 2018. 12. 24.>

1. 「공유수면 관리 및 매립에 관한 법률」 제8조에 따른 공유수면의 점용 · 사용허가, 같은 법 제10조에 따른 협의 또는 승인, 같은 법 제17조에 따른 점용 · 사용 실시계획의 승인 또는 신고, 같은 법 제28조에 따른 매립면허, 같은 법 제35조에 따른 국가 등이 시행하는 매립의 협의 또는 승인 및 같은 법 제38조에 따른 공유수면매립실시계획의 승인

2. 「관광진흥법」 제54조에 따른 조성계획의 승인 및 변경승인

3. 「국토의 계획 및 이용에 관한 법률」 제30조에 따른 도시 · 군관리계획(같은 법 제2조제4호다목의 계획 중 기반시설만 해당한다)의 결정, 같은 법 제56조에 따른 개발행위의 허가, 같은 법 제86조에 따른 도시 · 군계획시설사업의 시행자 지정 및 같은 법 제88조에 따른 실시계획의 작성 · 인가

4. 「농어촌정비법」 제111조에 따른 토지의 형질변경 등의 허가

5. 「농지법」 제34조에 따른 농지의 전용허가, 같은 법 제35조에 따른 농지의 전용신고 및 같은 법 제36조에 따른 농지의 타용도 일시사용 허가 · 협의

6. 「문화재보호법」 제35조제1항제1호·제2호 및 제4호에 따른 국가지정문화재의 현상 변경 등 허가, 같은 법 제56조에 따른 국가등록문화재의 현상 변경 신고 및 같은 법 제66조 단서에 따른 국유문화재 사용허가와 「매장문화재 보호 및 조사에 관한 법률」 제8조에 따른 협의

7. 「사도법」 제4조에 따른 사도 개설허가

8. 「사방사업법」 제14조에 따른 벌채 등의 허가

9. 「산림자원의 조성 및 관리에 관한 법률」 제36조제1항 및 제4항에 따른 입목벌채등의 허가·신고

10. 「산림보호법」 제9조제1항 및 같은 조 제2항제1호·제2호에 따른 산림보호구역(산림유전자원보호구역은 제외한다)에서의 행위의 허가 및 신고

11. 「산지관리법」 제14조에 따른 산지전용허가 및 같은 법 제15조에 따른 산지전용신고, 같은 법 제15조의2에 따른 산지일시사용허가·신고 및 같은 법 제25조에 따른 토석채취허가 등

12. 「수도법」 제52조에 따른 전용상수도 설치인가 및 같은 법 제54조에 따른 전용공업용수도의 설치인가

13. 「자연공원법」 제23조에 따른 공원구역에서의 행위허가

14. 「도로법」 제36조에 따른 도로관리청이 아닌 자에 대한 도로공사의 시행 허가, 같은 법 제61조에 따른 도로의 점용 허가 및 같은 법 제107조에 따른 도로관리청과의 협의 또는 승인

15. 「소하천정비법」 제8조에 따른 소하천정비시행계획 수립, 같은 법 제10조에 따른 관리청이 아닌 자의 공사시행허가

16. 「초지법」 제21조의2에 따른 초지조성지역에서의 행위허가 및 같은 법 제23조에 따른 초지 전용 허가·신고 또는 협의

17. 「하수도법」 제16조에 따른 공공하수도공사 시행의 허가, 같은 법 제24조에 따른 점용허가

18. 「하천법」 제27조에 따른 하천공사시행계획의 수립, 같은 법 제30조에 따른 하천관리청이 아닌 자의 하천공사 시행의 허가, 같은 법 제33조에 따른 하천의 점용허가 및 같은 법 제38조에 따른 하천예정지 등에서의 행위허가

19. 「군사기지 및 군사시설 보호법」 제9조제1항제1호에 따른 통제보호구역 등의 출입허가 및 같은 법 제13조에 따른 행정기관의 허가 등에 관한 협의

② 관리청이 아닌 자가 제1항에 따라 인·허가등의 의제를 받으려는 경우에는 제12조에 따른 소규모 공공시설 공사시행 허가를 신청하는 때에 해당 법률에서 정

하는 관련 서류를 함께 제출하여야 한다.

③ 관리청은 제10조에 따라 소규모 위험시설 정비사업 실시계획을 수립·변경하거나, 제12조에 따라 관리청이 아닌 자의 소규모 공공시설 공사를 허가하려는 경우 제1항 각 호의 사항이 포함되어 있는 때에는 미리 관계 행정기관의 장과 협의하여야 한다.

④ 다음 각 호의 어느 하나에 해당하는 때에는 관리청이 제1항에 따라 의제되는 인·허가등에 따른 준공검사·준공인가 등에 관하여 제6항에 따라 관계 행정기관의 장과 협의한 사항은 해당 준공검사·준공인가와 그에 따른 고시가 있는 것으로 본다.

1. 제10조제6항에 따라 소규모 위험시설 공사의 준공내용을 고시하는 때

2. 제12조제4항에 따라 준공검사를 완료하여 고시하는 때

⑤ 관리청이 아닌 자가 제4항에 따라 준공검사·준공인가 등의 의제를 받으려는 때에는 제12조제4항에 따라 준공검사를 신청하는 때에 해당 법률에서 정하는 관련 서류를 함께 제출하여야 한다.

⑥ 관리청은 제10조제6항에 따라 준공하거나, 제12조제4항에 따라 준공검사를 함에 있어서 그 내용에 제1항에 따라 의제되는 인·허가등에 따른 준공검사·준공인가 등에 해당하는 사항이 있는 때에는 미리 관계 행정기관의 장과 협의하여야 한다.

제14조(토지 등의 수용) ① 관리청은 소규모 위험시설 정비사업을 시행하기 위하여 필요하다고 인정하면 사업구역에 있는 토지·건축물 또는 그 토지에 정착된 물건의 소유권이나 그 토지·건축물 또는 물건에 관한 소유권 외의 권리를 수용하거나 사용할 수 있다.

② 제10조에 따라 실시계획을 공고한 경우와 제12조에 따라 소규모 공공시설 공사의 시행 허가사항을 공고한 때에는 「공익사업을 위한 토지 등의 취득 및 보상에 관한 법률」 제20조제1항 및 제22조에 따른 사업인정 및 사업인정의 고시를 한 것으로 보며, 재결의 신청은 같은 법 제23조제1항 및 제28조제1항에도 불구하고 사업의 시행기간 내에 할 수 있다.

③ 제1항에 따른 수용 또는 사용에 관하여는 이 법에 특별한 규정이 있는 경우를 제외하고는 「공익사업을 위한 토지 등의 취득 및 보상에 관한 법률」을 준용한다.

제15조(토지에의 출입 등) ① 사업시행자는 소규모 공공시설 관련 안전점검을 위한 현지조사, 실시계획의 수립을 위한 조사나 측량을 하고자 할 때와 정비사업 시행 등을 위하여 필요한 때에는 타인이 점유하는 토지에 출입하거나 타인의 토지를 일시 사

용할 수 있으며, 나무·흙·돌, 그 밖의 장애물을 변경하거나 제거할 수 있다.

② 제1항에 따라 타인의 토지에 출입, 토지의 일시 사용 또는 나무·흙·돌, 그 밖의 장애물을 변경·제거하려는 사업시행자는 미리 해당 토지 또는 장애물의 소유자·점유자(이하 이 조에서 "관계인"이라 한다)의 동의를 얻어야 한다. 다만, 관계인이 현장에 없거나 주소의 불명으로 그 동의를 얻을 수 없을 때에는 관할 관리청의 허가를 받아야 한다.

③ 제1항에 따른 행위를 하려는 사업시행자는 그 권한을 나타내는 증표를 지니고 이를 관계인에게 내보여야 한다.

제16조(토지에의 출입 등에 따른 손실보상) ① 제15조에 따른 행위로 인하여 손실을 받은 자에 대해서는 사업시행자가 그 손실을 보상하여야 한다.

② 제1항에 따른 손실보상에 관하여는 사업시행자와 손실을 받은 자가 협의하여야 한다.

③ 제2항에 따른 손실보상에 관하여 협의가 성립되지 아니하거나 협의를 할 수 없을 때에는 관할 토지수용위원회에 재결신청을 할 수 있다.

④ 제3항의 관할 토지수용위원회의 재결에 관하여는 「공익사업을 위한 토지 등의 취득 및 보상에 관한 법률」 제83조부터 제87조까지의 규정을 준용한다.

제4장 응급대책 및 응급부담

제17조(재해예방을 위한 긴급 안전조치 등) 관리청은 소규모 공공시설에서 재해가 발생하였거나 발생할 우려가 있는 때에는 대통령령으로 정하는 바에 따라 그 시설의 사용을 제한·금지하거나 보수·보강 또는 제거하는 등의 긴급 안전조치를 하여야 한다.

제18조(토지 등의 시설의 일시 사용 등) ① 관리청은 관할구역에서 소규모 공공시설에 재해가 발생하였거나 발생할 우려가 있어 응급조치를 하여야 할 사정이 있는 때에는 해당 재해현장에 있는 자 또는 인근에 거주하는 자에 대하여 응급조치를 하도록 하거나 대통령령으로 정하는 바에 따라 다른 사람의 토지·건축물·공작물, 그 밖의 소유물을 일시 사용할 수 있으며, 장애물을 변경 또는 제거할 수 있다.

② 관리청은 제1항에 따른 응급조치로 손실이 발생한 때에는 「공익사업을 위한 토지 등의 취득 및 보상에 관한 법률」에 따라 보상하여야 한다.

③ 제1항에 따라 응급조치에 종사한 자에 대한 관리청의 치료와 보상에 있어서는 「재난 및 안전관리 기본법」 제65조를 준용한다.

제5장 보 칙

제19조(기술증진 및 연구개발) ① 행정안전부장관은 시·도지사, 관리청과 협의하여 소규모 공공시설의 안전관리와 재해예방에 필요한 안전관리기준 등 기술증진정책을 강구하여야 한다. <개정 2017. 7. 26.>

② 시·도지사 및 관리청은 제1항에 따른 기술증진정책에 적극 협력하여야 한다.

③ 소규모 공공시설의 재해예방 등을 위한 연구개발사업의 육성에 관한 사항은 「자연재해대책법」 제58조를 준용한다.

제20조(소규모 공공시설의 정보체제 구축) ① 행정안전부장관은 소규모 공공시설의 효율적 정비 및 유지관리 등 재해예방을 위하여 필요한 정보를 제공하고 기술을 축적·보급할 수 있는 정보체제를 구축·운영하여야 한다. <개정 2017. 7. 26.>

② 행정안전부장관은 제1항에 따른 정보체제의 구축과 관련하여 시·도지사 및 관리청에 대하여 필요한 정보를 요청할 수 있다. 이 경우 시·도지사 및 관리청은 특별한 사유가 없으면 이에 따라야 한다. <개정 2017. 7. 26.>

제20조의2(업무의 대행) ① 관리청은 다음 각 호의 업무 중 기초·타당성 조사, 분석, 기본·실시 설계 등 전문성이 요구되는 사항에 대하여 「자연재해대책법」 제2조제14호에 따른 방재관리대책대행자(이하 "대행자"라 한다)로 하여금 대행하게 할 수 있다.

1. 제5조에 따른 소규모 공공시설의 안전점검
2. 제7조제2항에 따른 위험도 평가
3. 제9조에 따른 중기계획의 수립
4. 제10조에 따른 실시계획의 수립

② 대행자의 선정 절차·방법 등에 관한 사항은 대통령령으로 정한다.

③ 관리청이 대행자로 하여금 업무를 대행시키는 경우 업무 대행 비용의 산정기준, 대행자 등록의 결격사유, 대행자의 준수사항, 업무의 휴업 또는 폐업, 대행자 실태 점검, 대행자의 등록취소, 청문, 등록취소 또는 업무정지된 대행자의 업무 계속 등에 관하여는 「자연재해대책법」 제38조제2항 및 제38조의2부터 제44조까지의 규정을 준용한다.

[본조신설 2019. 12. 10.]

제6장 벌 칙

제21조(벌칙) ① 제20조의2제3항에 따라 준용되는 「자연재해대책법」 제38조제2항에 따른 대행자 등록을 하지 아니하고 업무를 대행한 자는 1년 이하의 징역 또는 1천만원 이하의 벌금에 처한다. <신설 2019. 12. 10.>

② 다음 각 호의 어느 하나에 해당하는 자는 6개월 이하의 징역 또는 500만원 이하의 벌금에 처한다. <개정 2019. 12. 10.>

1. 제12조제1항에 따른 허가를 받지 아니하고 소규모 공공시설 공사를 한 자
2. 제15조제1항에 따른 행위를 정당한 사유 없이 방해한 자
3. 정당한 사유 없이 소규모 공공시설을 파손하거나 기능에 지장을 초래하게 한 자

제22조(양벌규정) 법인의 대표자나 법인 또는 개인의 대리인·사용인, 그 밖의 종업원이 그 법인 또는 개인의 업무에 관하여 제21조의 위반행위를 하면 그 행위자를 벌하는 외에 그 법인 또는 개인에게도 해당 조문의 벌금형을 과(科)한다. 다만, 법인 또는 개인이 그 위반행위를 방지하기 위하여 해당 업무에 관하여 상당한 주의와 감독을 게을리하지 아니한 경우에는 그러하지 아니하다.

부칙 〈제17375호, 2020. 6. 9.〉

제1조(시행일) 이 법은 공포 후 6개월이 경과한 날부터 시행한다.

제2조(안전점검 결과 및 확인점검 결과의 공개에 관한 적용례) 제5조제4항의 개정규정은 이 법 시행 이후 실시하는 안전점검 및 확인점검부터 적용한다.

참고문헌

[국내문헌]

• **단행본**

강태성, 『물권법』, 대명출판사, 2015.

고상룡, 『물권법』, 법문사, 2001.

고상룡, 『민법학특강』, 법문사, 1997.

곽윤직, 『물권법』, 박영사, 2003.

곽윤직, 『민법주해 V 물권(2)』, 박영사, 2011.

국토교통부, 『2016년도로관리실무(도로점용(연결)허가중심)업무매뉴얼』, 2016.

국토교통부, 『건축행정 길라잡이』, 2013.12.

국토교통부, 『국토계획법 질의회신사례집』, 2006.

그레고리 맨큐, 『맨큐의 경제학(Principle of Economics)』 6th ed., 김경환/김종석 역, CENGAGE Learning, 2014. 2.

김동희, 『행정법 Ⅱ』, 박영사, 2016.

김상용, 『물권법』, 법문사, 2006.

류지태, 『행정법신론』, 신영사, 1996.

박균성, 『行政法論(下)』, 박영사, 2019.

박윤흔, 『행정법강의(상)』, 국민서관, 1991.

박준서 편집대표, 『주석 민법(물권 Ⅰ)』, 한국사법행정학회, 2001.

서영창, 『건축과 도로』, 맑은샘, 2018.

성낙인, 『헌법학입문』, 법문사, 2014.

송덕수, 『물권법』, 박영사, 2014.

안정근, 『부동산평가이론』, 양현사, 2013.

안정근, 『현대 부동산학』, 양현사, 2019.

양창수/권영준, 『권리의 변동과 구제(민법 Ⅱ)』, 박영사, 2015.

유해웅, 『부동산공법론』, 탑북스, 2011.

윤철홍, 『물권법강의』, 박영사, 1998.

이시윤, 『신민사소송법』, 박영사, 2018.

이시윤, 『신민사집행법』, 박영사, 2016.

이은영, 『물권법』, 박영사, 2006.

이재상, 『형법각론』, 박영사, 1998.

정동윤 외 공저, 『민사소송법』, 법문사, 2019.

정종섭, 『헌법학원론』, 박영사, 2006.

정회철, 『헌법』, 한울아카데미, 2002.

한국건설관리공사, 『지방자치단체 관리도로 제도개선방안 연구』, 2017. 7.

한국건설기술연구원, 『도로의 접근관리 방안 연구』, 1995.

한국토지개발공사, 『주요국의 토지제도 비교[우리나라를 비롯한 일본, 프랑스, 영국, 미국,
　　　독일, 대만 등 7개국]』, 1992.

해양수산부, 『공유수면 업무 길라잡이』, 2017.

해양수산부, 『내륙공유수면 업무처리요령』, 2014. 2.

호문혁, 『민사소송법』, 법문사, 2014.

홍성재, 『물권법』, 대영출판사, 2010.

• 논 문

구재군, "주위토지통행권에 관한 연구", 『토지공법연구』 37(1), 2007. 8.

권영준, "배타적사용수익권 포기법리에 관한 비판적 검토", 서울대학교 『법학』 47(4), 2006.

김동원, "주위토지통행권자의 통행지소유자에 대한 보상의무의 범위에 관한 검토", 『法曹』
　　　724, 2017.8.

김면규, "수목장림 조성에 관한 법제와 그 개선방안", 『경희법학』 53(3), 2018.

김명선, "한말(1876~1910) 근대적 주거의식의 형성", 서울대 박사학위논문, 2004.

김영희, "형성권 논의의 의미", 『비교사법』 11(4), 2004.

김용문, "러시아 법제도의 사회주의적 기원과 계승−사적 소유권 미발달에 대한 논의를 중
　　　심으로−", 『법조』 (통권 제578호), 2004. 11.

김용훈, "영국의 건축안전 법제에 관한 비교법적 연구", 한국법제연구원, 2015.

김원중, "홍콩특별행정구역의 토지공급 및 관리제도 고찰", 『Journal of Real Estate Analysis』
　　　2(1), 2016.5, 133−134면.

김종보, "건축법과 민사법의 접점", 『중앙법학』 4(2), 2002.

김종보, "건축허용성의 부여와 반영". 『서울대학교 법학』 53(3), 2012. 9.

김종보, "도로의 설치와 관리 그리고 점용허가", 『행정법연구』 54, 2018.

김종보, "막다른 도로와 손실보상", 『현대공법학의 과제』, 청담최송화교수화갑기념논문집, 2002. 6

김현준, "건축법상 도로", 『토지공법연구』, 2002.

김현희, "프랑스 건축허가제도에 관한 연구", 경희대 박사학위논문, 2009.

김현희, "프랑스와 한국의 건축허가제도에 관한 비교법적 검토", 『토지공법연구』 45, 2009.

남진호 외 공저, "주위토지통행권이 인정된 필지의 지적공시에 관한 연구", 『한국지적학회지』 33(3), 2017.

박건우, "도로점용허가와 주민소송 – 대법원 2019. 10. 17. 선고 2018두104 판결 사례 –", 『행정법연구』 62, 2020. 8.

박건우, "도로점용허가와 주민소송 – 대법원 2019. 10. 17. 선고 2018두104 판결 사례 –", 『행정법연구』 62, 2020. 8.

박균성, 『行政法論(下)』, 박영사, 2019.

박동민, "建築許可의 法的 性質에 관한 研究", 한양대대학원 석사학위논문, 2011.

박동민, "建築許可의 法的 性質에 관한 研究", 한양대대학원 석사학위논문, 2011. 8.

박재영외, "터널 내 차로변경 허용 및 변속차로 실치방안에 관한 연구, 201년 한국ITS학회 춘계학술대회, 2011.

박종욱, "사도의 법률관계", 『사법논집』 20, 1989.

변종춘, "주위토지통행권에 관한 소고", 『사법논집』 19, 법원행정처, 1988. 12.

서경환, "배타적 사용수익권 포기 법리의 문제점과 그 대안으로서의 통행지역권", 『사법논집』 54, 2012.

서순탁 외, "한국과 일본의 개발행위 허가제 비교연구", 주택도시연구원, 2007. 12,

소재선/임종선, "어업권의 특징과 법적성질에 관한 소고", 『토지공법연구』 54, 2012.

신영철, "주위토지통행권과 건축허가 요건–91다9961호 판결", 『사법행정』 32(8), 사법행정학회, 1991, 8.

신영철, "주위토지통행권과 건축허가요건", 『대법원판례해설』 1991상(통권 제1호), 1991.

신종철/김인유, "토지소유권의 현대적 의의와 그 제한에 관한 연구", 『인문사회과학논총』, 1997.

신치현 외 공저, "「도로와 다른 시설의 연결에 관한 규칙」개정 내용", 『교통기술과 정책』 12(2), 2015.

안창환, "주위토지통행권–통로 폭과 비용부담", 『판례연구』 9, 부산판례연구회, 2008. 2.

유광흠 외, "건축법의 체계적인 정비를 위한 기본방향 연구", 2010.

윤의섭, "주위토지통행권에 관한 연구", 성균관대학교 박사학위논문, 1998.

이규철, "근대이행기 건축법의 도입과정 연구", 『대한건축학계논문집－계획계』 29(5)(통권 제295호), 2013.

이기우, "미국의 상린관계법", 『토지법학』 23(2), 2007.

이기우, "상린관계의 법리에 관한 연구", 전주대학교 박사학위논문, 1992.

이기우, "상린관계의 현대적 조명", 『토지법학』 19, 한국토지법학회, 2003.

이병준, "사도의 사법상 법률문제", 『토지법학』 30(2), 2014.

이상태, "주위토지통행권", 『민사판례연구Ⅹ』, 박영사, 1999.

이상태, "주위토지통행권", 『일감법학』 3, 1998.

이상호, "주위토지통행권과 건축허가", 『재판실무연구』 제3권, 수원지방법원, 2006.

이성욱, "토지문제와 토지공개념", 국민경제제도연구원, 1991.

이승길, "주위토지통행권", 『토지법학』 18, 2002. 12.

이재삼, "현행 도로 관련법상 쟁점사항에 관한 연구", 『토지법학』 30(2), 2014.

이철수, "주위토지통행권 -사례를 중심으로-", 『사법연구자료』 17, 1990.

전경운, "상린관계에 관한 민법개정논의", 『토지법학』 28(2), 2012.

전경운, "주위토지통행권의 법적 성질 등에 관한 일고찰", 『토지법학』 30(1), (사)한국토지법학회, 2014. 6. 30.

전장헌, "민법의 상린관계와 건축법의 접점에 관한 연구", 『법학연구』 17(1), 한국법학회, 2017.

전장헌, "주위토지통행권의 성립요건과 통로 폭의 인정범위에 대한 고찰", 『법학연구』 17(4), 한국법학회, 2017.

정다영, "프랑스민법상 상린관계", 『민사법학』 63(2), 2013.

정매화, "중국 토지이용계획 및 규제제도의 특성에 관한 연구", 2007.

정매화/최막중, "중국 토지이용제도 특성에 관한 연구", 『국토계획』 43(3), 2008.

조연팔/최철호, "건축법상 지정도로에 관한 비교법적 연구", 『법학논총』 37, 2017.

채우석, "도로관리에 관한 법적 고찰", 『토지공법연구』 56, 2012. 2.

천영진 외 공저, "산림경영기반시설의 주요 환경영향－선형사업(임도) 중심으로", 한국환경정책 · 평가연구원, 2012.

최광, "민주주의와 자본주의 시장경제", 『한국경제의분석』 10(3), 한국금융연구원, 2004.

최명진 외 공저, "건축법상 대지와 도로와의 관계에 관한 제도 개선 연구", 『대한부동산학회지』 36(3), 2018.

최봉경, "상린관계에 관한 연구－민법개정안을 중심으로-", 『법학연구(연세대학교법학연구원)』 27(4), 2017.

최봉경, "주위토지통행권 행사의 한계－대법원 2009. 6. 11. 선고 2008다75300 판결", 『민사판례연구』 33, 박영사, 2011. 2.

최춘근, "주위토지통행권의 범위－건축법상 도로에 관한 제한규정과 관련하여", 『대법원판례해설』 1991상(통권 제15호), 1991.

허양수, "주위토지통행권", 『판례연구』, 부산판례연구회, 1992. 2.

황은경/박근수, "한국과 일본의 건축허가 체계 비교연구", 『대한건축학회 학술발표대회 논문집－계획계』 29(1)9 (통권 제53집), 2009. 10.

황해봉, "아시아각국의 토지제도의 특징과 발전방향－사회주의국가를 중심으로", 『법제』 2012(8), 2012.

[외국문헌]

岡本詔治, "法定通路の成否·幅員と建築規制(接道要件)", 『法律時報』 73卷1号(900号), 2001. 1.

岡本詔治, 『隣地通行權の理論と實際』, 信山社, 1992.

吉田克己, "建築基準法上の接道要件と圍続地通行權 (最三小判平11·7·13) ", 『判例タイムズ』 51卷 11号(No. 1024), 判例タイムズ社, 2000. 5.

島田信次/關哲夫, 『建築基準法大系』, 酒井書店, 1991.

藤田宙靖, 『西ドイツの土地法と日本の都市法』, 創文社, 1988.

山口和男, "隣地を通行し得る權利について", 『日本法學』 第32卷 第3号.

山下淳, "西ドイツにおける土地の建築的利用規制(二)－建築自由に關する豫備的考察", 『自由』 59卷 11号, 1983.

三島武宜·三井 健 編輯, 『新版注釋民法(7)』, 有斐閣, 2007.

星野英一, "建築法規上必要な幅員の通路と袋地通行權", 星野英一/平井宜雄編, 『民法判例百選Ⅰ總則·物權(第3版)』, 有斐閣, 1995.

安藤一郎, 『私道の法律問題』, 三省堂, 1984.

安藤一郎, 『相隣關係·地役權』, ぎょうせい, 1988.

川島武宜/川井 健 編集, 『注釋民法(7)』 物權(2), 有斐閣. 1968.

千種秀夫, "借地が袋地の場合と隣地使用の法律關係", 中川善之助/金子一 監修, 『不動産法體系第3卷借地·借家』, 靑林書院, 1970.

秋山靖浩, "圍繞地通行權と建築法規(1)－ドイツ法における論議を素材として", 『早稻田法學』 第77卷 第4号, 2002.

秋山靖浩, "圍繞地通行權と建築法規(3·完)－ドイツ法における論議を素材として", 『早稻田法學』第78卷 第4号, 2003.

澤井裕, 『叢書民法總合判例硏究⑩隣地通行權』, 一粒社, 1987.

東京高裁 1973. 3. 6. 判例時報 弟702号.

法典調査委員會, 『民法議事』7卷.

『裁判民集』第193号, 1997. 7.

『判例タイムス』第1010号, 1997. 7.

『判例時報』第1687号, 1997. 7.

Barlowe, Raleigh, *Land Resource Economics: The Economics of Real Estate 5th ed*, Englewood Cliffs: Prentice-Hall, 1986.

Basler Komm/Rey, Zivilgessetzbuch Ⅱ, 3. Aufl., 2007. Art 694.

BVerwGE 50, 282 = NJW 1976, 1987.

H. Roth, in J. von Staudingers Kommentar zum Bürgerlichen Gesetzbuch, Buch 3 Sachenrecht, 13. Aufl. 1966, §917, Rn 20

Handkommentar zum Schweizerischen Zivilgessetzbuch(ZGB)/Fischer, 2005, Art. 694.

Hrsg. Heinrich Honsell/Nedim Peter Vogt/Thomas Geiser, Zivilgesetzbuch II, 3. Aufl, 2007, Art. 694.

K. Gelzer/H-J. Birk, Bauplanungsrecht, 5. Aufl., 1991, Rn 561-564.

LM Nr. 14 §917 BGB = NJW 1979, 104.

Münchener Kommentar Bürgerlichen Gesetzbuch, 3. Aufl., München, 1997.

Paul Méjean, "L'indemnisation des servitudes de passage dans leur éablissement et leur aggravation", Sciences de l'environnement. 2016.

Staudinger-Beutler, 12. neubearbeitete Aufl., Berlin, 1982, §918 Rn 3-7.

Staudingers Komm/Roth, 13. Aufl., 1996, §917.

Staudingers Kommentar zum Bürgerlichen Gesetzbuch mit Einführungsgesetz und Nebengesetzen, 1982.

TRB, "Introduction and Concept", Access Management Manual, 2017.

TRB, "Right-of-Way and Access Control", Access Management Manual, 2017.

U. Welner/W. Müller, Baurecht von A-Z, 7. Aufl., 2000, S. 375-377.

W. Brohm, Öffentliches Baurecht, 3. Aufl., 2002, §1 Rn 10-12, §4 Rn 1.

W. Krebs, in : Schmidt-Aßmann, Besonderes Verwaltungsrecht, 11. Aufl., 1999, 4. Abschnitt

Rn 5-7.

W. Nehner, Nachbarrecht : Gesamtdarstellung des privaten und öffentlichen Nachbarrechts des Bundes und der Länder (mit Ausnahme des Landes Bayern), 7. Aufl., 1996, B § 27., S. 8 Fn 20b.

Wolfgang Lüke, Sachenrecht, 2009.

[기 타]

국유림, https://terms.naver.com/entry.naver?docId=1067046&cid=40942&categoryId=31884 (2021. 3. .28. 검색)

국토교통부, "정책정보", http://www.molit.go.kr/USR/policyData/m_34681/dtl.jsp?id=36 (2021. 2. 8검색)

"도로경찰", http://www.molit.go.kr/brocm/USR/WPGE0201/m_15056/DTL.jsp(2021. 3. 23. 검색)

"도로관리와 도로경찰의 관계",http://www.molit.go.kr/brocm/USR/WPGE0201/m_15056/DTL.jsp(2021. 3. 23검색)

도로의 기능 및 구분, https://moneyjjang.tistory.com/60(2021. 1. 25. 검색)

법제처, "통행지역권이 도로개설을 위한 개발행위허가의 사용권에 해당되는지(「국토계획법시행규칙」 제9조 제1호 본문 관련)", 법령해석사례[안건번호16-0144 회신일자 2016. 7. 20]

시가지건축취체규칙[1913. 2. 25. 총독부령 제11호]", 조선총독부관보, 1912. 2. 25.

진입도로", 다음사전, https://dic.daum.net/search.do?q (2019. 3.12.검색).

홍만식 리슈건축가 이야기, m.blog.naver.com/richuehong2/220773006139(2019. 5. 1. 검색)

판례 색인

사항 색인

저자 약력

- 성균관대학교 법학과 졸업
- 경남대학교 대학원 법학과 졸업(법학박사: Ph.D. in Law)
- 법무부 law educator 역임
- 경남대학교 법학과 겸임교수

저술/논문

- 경제법령(법현사)
- 통일 후 북한지역 토지제도에 대하여(경남대학신문)
- 수목장림 조성에 관한 법제와 그 개선방안(경희법학)
- 토지의 진입도로 법제개선에 관한 연구(박사학위논문)

진입도로법의 체계: 맹지에 대한 새로운 접근

초판발행   2021년 7월 20일

지은이   김면규
펴낸이   안종만 · 안상준

편 집   김상인
기획/마케팅   정성혁
표지디자인   BEN STORY
제 작   고철민 · 조영환

펴낸곳   (주) **박영사**
          서울특별시 금천구 가산디지털2로 53, 210호(가산동, 한라시그마밸리)
          등록 1959. 3. 11. 제300-1959-1호(倫)
전 화   02)733-6771
f a x   02)736-4818
e-mail   pys@pybook.co.kr
homepage   www.pybook.co.kr
ISBN   979-11-303-3915-3 93360

정 가   19,000원